种子经营管理

高灿红　周吉忠　王玉玺　主编

中国农业大学出版社
·北京·

内 容 简 介

本书分为绪论、种子商品与种子市场、种子市场营销、现代种子企业管理、种子企业品种研发和知识产权管理、种子生产及质量控制管理、不同作物种子经营策略及模式、种子市场管理以及种子经营管理实践实训9章。全书阐述了种子经营与管理相关的基本理论和基本知识，系统地介绍了种子经营与管理的主要环节和应用策略。本教材旨在为培养懂种子经营和企业管理的现代种业人才，为服务于我国种子行业的技术培训做出应有的贡献，以不断提高我国种子企业经营管理水平。本书为普通农业高等院校和高等职业院校种子专业学生和全国种子行业技术人员编写，内容适合种子专业和植物生产类相关专业人员使用，同时可供种子行政管理和企业经营管理人员参考。

图书在版编目(CIP)数据

种子经营管理 / 高灿红，周吉忠，王玉玺主编. --北京：中国农业大学出版社，2022.4
ISBN 978-7-5655-2762-3

Ⅰ.①种… Ⅱ.①高… ②周…③王… Ⅲ.①种子-经营管理 Ⅳ.①F306.6

中国版本图书馆 CIP 数据核字(2022)第 061789 号

书　　名 种子经营管理
作　　者 高灿红　周吉忠　王玉玺　主编

策划编辑 张　玉　张　蕊　　**责任编辑** 张　玉
封面设计 郑　川
出版发行 中国农业大学出版社
社　　址 北京市海淀区圆明园西路 2 号　　**邮政编码** 100193
电　　话 发行部 010-62733489,1190　　读者服务部 010-62732336
编辑部 010-62732617,2618　　出　版　部 010-62733440
网　　址 http://www.caupress.cn　　**E-mail** cbsszs @ cau.edu.cn
经　　销 新华书店
印　　刷 北京鑫丰华彩印有限公司
版　　次 2022 年 5 月第 1 版　　2022 年 5 月第 1 次印刷
规　　格 185 mm×260 mm　　16 开本　　21 印张　　520 千字
定　　价 59.00 元

种子系列教材编委会

编写人员

主　编　高灿红　周吉忠　王玉玺

副主编　吴　伟　舒英杰　朱国富　吴奇志　刘化宙

编　者　（以姓氏笔画为序）

王　洋（浙江农林大学）
王玉玺（全国农业技术推广服务中心）
方　玉（安徽荃银高科种业股份有限公司）
朱国富（浙江省农业科学院）
刘化宙（浙江科诚种业股份有限公司）
孙　继（温州科技职业学院）
吴　伟（浙江省种子管理总站）
吴奇志（安徽农业大学）
吴德相（山东省种子管理总站）
宋文坚（浙江大学）
张小燕（山东省农业科学院）
陈剑华（安徽省农业农村厅）
周吉忠（温州科技职业学院）
赵良侠（安徽农业大学）
徐福乐（福建超大现代种业有限公司）
高灿红（安徽农业大学）
舒英杰（安徽科技学院）
童　敏（安徽鲁研种业有限公司）

总　序

农业发展，种业为基。党中央、国务院历来高度重视种业工作。习近平总书记强调，要下决心把民族种业搞上去，从源头上保障国家粮食安全。李克强总理指出，良种是农业科技的重要载体，是带有根本性的生产要素。

当前我国农业资源约束趋紧，要确保"谷物基本自给、口粮绝对安全"，对现代种业发展、加强种业科技创新、培育和推广高产优质品种提出了更高、更迫切的要求。与此同时，全球经济一体化进程不断加快，生物技术迅猛发展，农作物种业国际竞争日益激烈。要突破资源约束、把饭碗牢牢端在自己手中，做大做强民族种业、提升国际竞争力，必须加快我国现代种业科技创新步伐。

培养大批种子专业技术人才和提升现有种业人才的技术水平是加快我国现代种业科技创新步伐的关键之举。目前我国农作物种业人才培养主要有两个途径：一是通过高等院校开设相关专业培养；二是通过对种子企业科研、生产、检验、营销、管理等人员及种子管理机构的行政管理、技术人员进行定期培训。由于我国高等农业职业教育办学起步较晚，尚没有成套的种子专业全国通用教材，而种子行业培训也缺乏成套的全国通用技术培训教材。为培养农作物种业优秀人才，加大种业人才继续教育和培训力度，落实《国务院关于加快推进现代农作物种业发展的意见》有关要求，全国农业技术推广服务中心与温州科技职业学院联合组织编写了这套可供全国高等职业教育种子专业和种子行业技术培训兼用的全国通用系列教材。

该系列教材由种子教学、科研、生产经营与管理经验丰富的专家教授共同编写。在编写过程中坚持"五个相结合"原则，即坚持种子专业基础理论、基本知识与种业生产实际应用相结合；坚持提高种业生产技术与操作技能相结合；坚持经典理论、传统技术与最新理论、现代生物技术在种业上的应用相结合；坚持专业核心课程精与专业基础课程宽相结合；坚持教材实用性与系统性相结合，力争做到教材理论与实践紧密结合，便于学生(员)更好地学习应用。

这套教材系统地介绍了现代种业基础理论与实用技术，包括《种子学基础》《作物遗传育种》《种子生产技术》《种子检验技术》《种子加工技术》《种子贮藏技术》《种子行政管理与技术规范》《种子经营管理》《植物组织培养》9种教材。其中，《种子行政管理与技术规范》《种子生产技术》《种子加工技术》《种子贮藏技术》《种子检验技术》5种教材兼作种子行业技术人员培训教材。希望本系列教材的出版发行能在我国高等农业院校、高等职业院校种子专业学生培养和种子行业技术人员培训中发挥重要作用。

全国农业技术推广服务中心主任 陈生斗

2016年3月

前　言

种子是农业的基石，种业是农业的“芯片”，是国家战略性、基础性核心产业。种业作为整个农业产业链的起点是粮食根基，粮食安全的重要源头就是种业。保障种源自主可控，就是保障粮食安全，把饭碗牢牢端在自己手中的根本之基。种业的竞争关系到整个国家、整个农业产业的竞争能力，是一场看不见硝烟的高科技战争。从 2011 年国务院印发《关于加快推进现代农作物种业发展的意见》到 2021 年中央全面深化改革委员会审议通过《种业振兴行动方案》，国家出台了系列推进种业发展的政策和指导性文件，指出必须把民族种业搞上去，要解决好种子和耕地问题，开展种源“卡脖子技术”攻关，立志打一场种业翻身仗，全面实施种业振兴行动方案。此外，《中华人民共和国种子法》经过 2015 年的修订，2021 年的再次修正，与之配套的政策正在开始加速落地。

为了适应当前种业发展的新形势，提高种子经营管理能力和水平，并结合普通农业高等院校和高等职业院校种子专业及全国种子行业技术培训需要，我们组织编写此教材。全书分为绪论、种子商品与种子市场、种子市场营销、现代种子企业管理、种子企业品种研发和知识产权管理、种子生产及质量控制管理、不同作物种子经营策略及模式、种子市场管理，以及种子经营管理实践实训 9 章。全书阐述了种子经营管理的基本理论和基本知识，全面和系统地介绍了种子市场开发、种子市场营销、现代种子企业管理、种子经营模式和策略、种子市场监督和管理等内容，以期提高种子企业管理能力和水平。

本教材参考了现行的种子经营管理方面的教材，引用了种子企业经营管理的最新研究成果，增加了实践实训、观赏植物种子(苗)的经营管理等内容，融入了现代种业企业管理理念和方法。在编写过程中注重内容的系统性和条理性，力争做到科学性与可操作性、政策性与实用性、理论与实践的有机统一，旨在培养适应现代种业发展的创新型、应用型、复合型的人才，不断提高我国种子企业经营管理水平，加快推进我国现代种业发展。

本书的编写人员及分工为：绪论由高灿红编写；第一章由高灿红、吴奇志编写；第二章由高灿红、舒英杰、赵良侠编写；第三章由周吉忠、刘化宙、吴奇志、吴伟、宋文坚编写；第四章由周吉忠、高灿红、孙继、吴伟编写；第五章由舒英杰、王洋、吴德相、吴伟编写；第六章由王洋、朱国富、童敏、赵良侠、张小燕、徐福乐编写；第七章由高灿红、陈剑华、方玉、刘化宙编写；第八章由舒英杰、高灿红、朱国富、周吉忠、陈剑华编写；第九章及附录由高灿红、赵良侠、刘化宙编写。最后由高灿红、王玉玺、吴伟统稿。

本书编写过程中参阅了大量期刊、书籍、网站资料及种子企业经营管理案例，限于篇幅，在此对本书所引用的参考文献作者表示谢意。中国农业大学出版社张玉编辑对本书出版给予了大力支持和帮助，山东省种子管理总站张保友参与了部分工作，在此一并深表谢意。

随着我国种子产业快速发展、种子科技不断进步、种子市场日益规范，以及种业政策的调整与完善，种子经营管理内容还将呈现出许多新理论、新知识、新技术、新方法，虽然编者付出了大量心血，但由于水平有限，加之编写时间仓促，书中难免存在不足之处，恳请广大读者提出宝贵意见，以便编者在再版时修订完善。

编　者

2021 年 12 月

目　　录

第一章 绪论

“国以农为本，农以种为先”，农业兴则国家兴，种业兴则农业兴。种子是农业生产中具有生命的、特殊的、不可替代的、最基本的生产资料，是农业科学技术和各种农业生产资料发挥作用的载体，是农业发展的核心推动力，也是人类赖以生存和发展的基础。种子行业位于整个农业产业链的起点，是提高农作物产量、改善品质、增加农民收入、确保粮食安全、关系国计民生的基础型、战略性产业。随着生物技术发展引发育种科技的革命，种子产业的技术含量越来越高，未来农业的竞争已经变成了种业的竞争，种子产业已成为衡量一个国家农业科技水平高低的标志。谁控制了种业，谁就掌握着农业竞争的主动权。因此，当今世界，各国政府都把加强种子科技研究，推动种子产业发展，列为促进农业发展的重要举措。推广优良品种已经成为世界各国发展农业生产和解决粮食安全问题最重要的手段。

第一节 世界种业发展概况

一、世界种业现状

自世界第一家种子公司——法国威马种子公司（现隶属于法国利马格兰集团）1743 年成立以来，世界种业经历了近 280 年的发展历程。世界种业的兴起是以 1923 年杂交玉米种子的商业化为起点，有将近 100 年的发展历史。全球种子市场规模迅速发展，得益于杂交育种技术的发明和利用，转基因技术和基因编辑技术等生物技术的应用与发展，种子商品化率和种子单价的提高，农作物种植面积的扩大。据国际种子联盟（ISF，International Seed Federation）统计，全球种子市值从 1975 年的 120.0 亿美元增加到 2014 年的 538.0 亿美元，40 年来种子市场规模扩大了约 4.5 倍。2017 年全球种子市值为 706.6 亿美元，根据相关数据预测，到 2024 年全球种子市值将达到 903.7 亿美元。全球商品化种子市场呈现出明显的区域性，70%以上的商品种子市场集中在 20 个国家。其中美国市场规模位列第一，约占全球份额 1/3，其次是中国，约占全球份额 1/4，法国、巴西、加拿大、印度、日本和德国等位列其后（表 1.1）。全球种子市场按区域来分，主要有北美、欧洲、亚太和拉美等地区。

表 1.1 2015 年全球主要国家种子市场规模统计表

排名	国家(地区)	市场规模/亿美元	排名	国家(地区)	市场规模/亿美元
1	美国	158.30	12	西班牙	6.60
2	中国	104.79	13	荷兰	5.90
3	法国	28.00	14	俄罗斯	5.00
4	巴西	26.25	15	英国	4.50
5	加拿大	21.20	16	南非	4.28
6	印度	20.00	17	澳大利亚	4.00
7	日本	13.50	18	韩国	4.00
8	德国	11.70	19	墨西哥	3.50
9	阿根廷	9.90	20	捷克共和国	3.05
10	意大利	7.67	21	匈牙利	3.00
11	土耳其	7.50			

资料来源:International Seed Federation,2016

(一)世界各地种业发展现状

1.北美种业发展现状

北美种子市场主要以美国和加拿大为主,市场规模位居全球第一,2014 年种子市场规模为 176 亿美元,市场占有率为 32.7%。自 2010 年以来美国国内种子市场规模常年稳定在 110 亿美元以上,稳居世界第一。2014 年美国种子市场规模为 140 亿美元,市场占有率约为 26%。美国商品种子市场主要包括玉米、大豆、棉花、蔬果等作物。最近十几年,随着以转基因技术为代表的生物育种的迅速发展,目前美国 92%的玉米、94%的大豆、94%的棉花都是转基因种子。目前美国涉及种子业务的企业有 700 多家,其中种子公司 500 多家,除了孟山都、杜邦先锋、先正达、陶氏等跨国公司,还有从事专业化经营的小公司或家庭企业,以及种子包衣、加工机械等关联产业企业 200 多家。美国种子市场非常集中,经营规模位列前几位的孟山都(2018 年由德国拜耳收购)、杜邦先锋(2017 年与陶氏益农平等合并)、先正达(2017 年被中国化工收购)、利马格兰、拜耳、陶氏益农、巴斯夫等跨国公司在美国的种子市场份额已经高达 75%,占据另外 25%市场的中小企业,也有相当一部分是由几大巨头投资或者与其技术合作。加拿大也拥有发达的种子产业,以其完善的管理制度、质量控制体系和产品质量享誉世界。2006 年加拿大国内种子年销售额约为 5.5 亿美元,经过 10 年的发展,种业规模扩大约 4 倍,2015 年为 21.2 亿美元,位居全球第五位。加拿大种子公司主要生产经营谷物、大豆、油菜、饲料草种、蔬菜和花卉等作物种子。加拿大出口的种子主要是豆类、苜蓿、牛毛草、低芥酸油菜、亚麻等作物种子,进口的种子主要是玉米、花卉、蔬菜等作物种子。

2.欧洲种业发展现状

欧洲以法国、德国、意大利、西班牙和荷兰为主,2014 年种子市场规模为 97 亿美元,市场占有率为 18%。2015 年欧洲种子市场种子公司近 7 200 家,共有 50 000 名员工,粮油(主要来自向日葵、玉米和油菜籽等作物)产量占全球粮油总产量的 20%。法国种子市场规模为 28 亿美元，位居全球第三。德国种子市场规模为 11.7 亿美元，意大利为 7.67 亿美元，西班牙为 6.6 亿美元，荷兰为 5.9 亿美元。法国、荷兰和德国占据全球四大种子出口国中的三个席位，并将在维持欧洲种子市场增长中扮演关键角色。欧洲的大型种业公司主要有法国的利马格兰、瑞士先正达（2017 年 6 月被中国化工收购完成交割），荷兰的瑞克斯旺、安莎、比久、纽内姆、德瑞特等园艺花卉公司，德国的拜耳、巴斯夫、科沃施（KWS）和丹麦的丹农等种子公司。

3. 亚太种业发展现状

亚太市场以中国、印度、日本和韩国为主，2014 年种子市场规模为 165 亿美元，市场占有率为 31%，与北美接近，位列第二。种子市场规模位居亚洲前三位的国家是中国、印度和日本。2015 年中国种子市场规模为 104.8 亿美元，位居全球第二；印度种子市场规模为 20 亿美元位居第六；日本种子市场规模为 13.5 亿美元位居第七；韩国种子市场规模为 4 亿美元。目前亚太地区，日本种业发展水平处于领先地位，中国、印度和韩国种业发展态势强劲。中国和印度被认为是未来亚太地区种业发展最有潜力的 2 个国家。亚洲可与欧美种子企业竞争的企业多为蔬菜种子企业，如日本龙泮种苗株式会社、坂田种苗株式会社和泰国正大等公司。中国的水稻种子企业国际竞争优势明显，如 2017 年首次进入全球种业十强的隆平高科（排第九位）。中国一直以来都是全球最大的农业生产国，也是最大的种子需求国之一，农作物种子市场规模呈稳步上升趋势，2016 年我国种子市场总规模约为 1 230 亿元，2018 年上升为 1 321 亿元，约占世界种子市场总规模的 20%，成为仅次于美国的全球第二大种子市场。由于种植面积大、商品化率高，玉米、水稻和小麦种子是中国种子市场的主要组成部分，占种子市场规模总量的 70%。近年来，中国种子行业的整合速度明显加快，种业企业数量呈逐年减少趋势，一大批不具备竞争力的种子企业被市场淘汰或被并购，种子企业数量大幅度下降，行业集中度进一步提升，种业资源开始向行业强者集中。截至 2018 年 12 月底，中国种子企业数量有 5 808 家，较 2010 年减少 2 892 家，较 2016 年增加 1 492 家。种业 50 强企业经营额占主要农作物种子市场份额达 35%左右；上市种子企业 50 多家，总市值超千亿元。在日本，历史悠久的泷井和阪田两家种子企业（前者成立于 1835 年，后者成立于 1913 年）垄断了 51.9% 的国内种子市场。日本坂田种苗株式会社一直处于全球十强种子企业行列，2017 年排名第八位。其西兰花和白花菜种子排名全球第一，坂田 316 胡萝卜种子也风靡中国，矮牵牛、凤仙等花卉种子方面也取得骄人的成就。日本泷井种苗株式会社，一直处于全球种业 9～11 位，系全球最早推出杂交萝卜、杂交芹菜、杂交白花菜、杂交西兰花的日本种子企业。印度种业市场改革后，其国有种子企业的主体地位逐渐为私人企业所替代，HLL、ICI、嘉吉、迪卡、孟山都等跨国私营企业中所占的投资份额逐年上升。印度经营杂交水稻、玉米和棉花的公司超过 300 家，如 Kaveri、Advanta、Bioseed、Rasi Seeds、DCM Shriram 和马哈拉施特拉等，大约 10 个国内和跨国公司控制了 80%的市场份额。总部在印度塞勒姆的 Rasi Seeds 公司也在开始进入蔬菜种子领域。韩国当前有几个龙头种业公司已经被跨国企业兼并，只有韩国农友 BIO 株式会社在苦苦支撑。作为韩国最大的蔬菜种子公司，台湾农友种苗占有韩国 25%的蔬菜种子市场份额。

4. 拉美种业发展现状

拉美种子市场以巴西、阿根廷为主，2014 年种子市场规模为 47 亿美元，市场占有率为 9%，主要是以玉米、大豆和棉花等作物为主。2015 年巴西种子市场规模为 26.3 亿美元，位居全球第五位；阿根廷为 0.99 亿美元，位居全球第九位。巴西和阿根廷是世界上较早开放国内种子市场的国家，同时也都是批准转基因作物种植的国家。这两个国家种业市场发展的路径十分相似，孟山都、杜邦先锋、先正达、陶氏益农等跨国种业巨头通过兼并这两国本土的种子企业，将专利技术应用于当地的作物品种，迅速占领市场，实现对这两国种业市场的垄断控制。巴西、阿根廷种植的玉米、大豆、棉花等作物品种基本上是转基因的，分别位居全球第二和第三位。巴西玉米、大豆转基因品种均占整个种植面积的 94%以上。阿根廷大豆的 100%是转基因品种，玉米、棉花 95%以上是转基因品种。

(二)种业兼并重组与转基因育种推动种业发展

1.种业主要作物构成

从种子市场品类结构来看，按用途分，2018 年，全球转基因种子市场规模占比超半数，达 54.3%，传统蔬菜种子占比更小，仅为 13.8%；按种类分，2018 年，玉米、大豆和蔬菜三大品种的市场规模占比合计达 78%，其中，玉米种子的占比最大为 42.5%，其次是大豆和蔬菜，占比分别为 20.3%和 15.2%。

2.种业兼并重组推动种业发展

世界发达国家的种子行业已发展成集科研、生产、加工、销售、技术服务于一体，相当完善的可持续发展产业体系。自 20 世纪 80 年代以来，国际种业巨头通过跨国(跨地区)兼并、重组等方式，凭借着雄厚的资本、先进的技术和育繁推一体化的生产经营模式，逐渐控制了国际种子市场，少数几家大型种子集团垄断了世界种子行业的大部分市场，行业集中度呈现出高度集中的态势。2019 年，我国有 4 家企业(先正达、隆平高科、垦丰种业、苏垦农发)进入全球销售额 Top20。在其他的 Top20 企业中，美国有 1 家(科迪华)，德国有 3 家(拜耳、巴斯夫、科沃施)，荷兰有 4 家(瑞克斯旺、安莎种业、必久种业、百绿集团)，法国有 4 家(利马格兰、佛洛利蒙-德佩育种公司、RAGT Semences、优利斯集团)，日本有 2 家(坂田种苗、泷井种苗)，印度有 1 家(安地种业)。拜耳、科迪华 2 家第一梯队领跑，其销售总额占 Top20 企业总销售额的近 60%。先正达、巴斯夫、利马格兰、科沃施等 4 家构成第二梯队，其销售总额约占 Top20 企业总销售额的 24%，其余 14 家企业经营各具特色的蔬菜、水稻、小麦等业务，销售总额占 16%。

表 1.2 2019 年全球种子销售额 Top 20 企业 亿美元

排名	公司名称	2018 年销售额	国别	排名	公司名称	2019 年销售额	国别
1	拜耳	106.67	德国	11	瑞克斯旺	4.40	荷兰
2	科迪华	75.90	美国	12	安莎种业	3.79	荷兰
3	先正达	30.83	中国	13	佛洛利蒙-德佩育种	3.57	法国
4	巴斯夫	16.19	德国	14	必久种业	3.28	荷兰
5	利马格兰	14.91	法国	15	百绿集团	0.26	荷兰
6	科沃施	12.63	德国	16	RAGT Semences	0.24	法国
7	丹农	7.79	丹麦	17	优利斯集团	0.233	法国
8	坂田种苗	5.87	日本	18	安地种业	0.231	印度
9	泷井种苗	4.84	日本	19	垦丰种业	0.19	中国
10	隆平高科	4.50	中国	20	苏垦农发	0.18	中国

随着2016—2018年国际农化巨头的并购，世界种业格局正在发生改变，中国化工收购先正达、陶氏和杜邦合并、拜耳正式收购孟山都(表1.3)，全球种业市场集中度再次提升，全球种子行业将形成明显的拜耳(拜耳 ＋ 孟山都，占33.5%)和陶氏杜邦(占21.5%)双寡头垄断模式，而第三的先正达仅占7%。在转基因性状领域，基本处于完全垄断的格局。全球种业基本形成了“两超、四强、差异化发展”的新格局。

表1.3 2017年全球种业主要的竞争格局

公司名称	市场份额/%	国别
拜耳＋孟山都(拜耳)	33.5	德国
陶氏杜邦(科迪华)	21.5	美国
先正达	7	中国
利马格兰	5	法国
其他	33	

资料来源：2018年农财网种业宝典整理。

3.转基因育种推动种业发展

世界各国为抢占科技制高点和增强农业国际竞争力，跨国种业巨头投入巨资从事生物技术的研究。孟山都、先正达、杜邦、陶氏益农、拜耳、巴斯夫等六家跨国公司控制着世界的转基因品种，转基因品种商业化种植在全球范围内得到快速发展。国际农业生物技术应用服务组织(ISAAA)的报告显示2019年全球共有29个国家/地区种植转基因作物，其中24个为发展中国家，5个为发达国家，全球转基因作物种植面积为1.904亿公顷，比1996年的170万公顷增长约112倍。大豆、玉米、棉花、油菜是全球四大转基因种植品种，2019年四大品种种植面积占比为99.1%。从单一作物品种的应用率来看，根据作物种植面积测算，转基因大豆的应用率更高，为94%；其次是棉花、玉米和油菜。

全球转基因种植面积集中，两极分化严重。2019年全球转基因作物种植面积保持前五位的国家是美国、巴西、阿根廷、加拿大和印度，种植面积分别为7 150万公顷、5 280万公顷、2 400万公顷、1 250万公顷、1 190万公顷，五大转基因种植国家的种植面积占全球近九成，美国种植面积占比37.55%，位列第一，中国种植面积320万公顷，位列第7位。根据英国咨询机构Cropnosis的估计，2017年全球转基因作物种子的市场价值为172亿美元，是2007年的2.2倍，1996年的149.6倍，占全球商业种子市场的30%。预计全球转基因种子的市场价值到2022年末和到2025年末将分别增长8.3%和10.5%，如果继续在全球种植转基因作物，会得到来自种子市场的巨大的经济收益。全球农业生物育种和产业化发展进入了战略机遇的关键时期。

最近越来越受关注的是基因编辑技术。该技术被认为能比以往更快更准确地改变农作物的特性，受到期待。美国2018年宣布原则上不限制基因编辑，而欧洲认为，对于基因编辑技术应像以往的转基因技术一样审查安全性，采取了慎重应对。在日本方面，厚生劳动省于2019年1月发布了报告书草案。在通过切除破坏基因时，仅申报即可，或将采取处于美欧中间的监管水平。我国虽然在基因编辑作物育种应用研究方面取得了一系列国际领先的新材料和新品种，包括烟草、水稻、玉米、高粱、大豆、西瓜、黄瓜、西红柿、香蕉、杨树等，但尚无任何基因编辑作物被批准上市。

二、世界种业发展历程与趋势

(一)世界种业发展历程

1.种子产业萌芽阶段(18 世纪末至 20 世纪初)

现代种业以 1743 年成立的世界第一家种业公司——法国威马种子公司为标志。在此后近 100 年的时间里,首批世界著名的种子公司陆续成立,包括:法国的特兹尔种子公司(Tezier,1785),荷兰格鲁特种子公司(Groot,1813),美国康斯托克·费雷种子公司(Comstock,Ferre & Co,1829),日本泷井种子公司(Takii,1835)等。19 世纪中期,达尔文(1856)与孟德尔(1866)的遗传学理论问世,奠定了现代育种技术的理论基石。随着遗传学、植物病理学和昆虫学的不断发展与应用,一批掌握现代育种技术的种子公司,如德国 KWS(KWS,1856)、美国阿斯格罗(Asgrow ,1865)、荷兰斯拉斯·格鲁特(Sluis 等, 1867)、荷兰圣尼斯(Royal Slui,1868)、瑞典 Weibull(1870)、荷兰 Vander Have(1879)以及法国 Clause(1891)相继诞生。随着种子交易活动的频繁,成立一批国际种业协会,包括美国种子贸易协会(1883)、荷兰种子协会(1909)、波兰种子协会(1919)、意大利种子协会(1921)以及加大拿种子协会(1923)等,其主要功能便是将种子生产批发商与零售商组织在一起,从而终结了由政府免费发放种子的时代。至此,世界种子产业建立起较为完整的产销结构与经营体系。

在美国最早进行交易的种子是牧草、蔬菜和花卉。19 世纪初叶,三叶草和梯牧草就已成为出口商品。当时的纽约、费城、巴尔的摩和波士顿成为主要的牧草种子市场。美国第一家种子公司是由戴维·兰德里斯(David Landreth)1784 年在费城建立的,主要经营蔬菜种子,如菜豆、包心菜、胡萝卜、洋葱、豌豆和生菜。到 1850 年已发展到 45 家种子公司,主要通过邮购方式销售蔬菜、花卉和牧草种子。1883 年 6 月美国种子贸易协会(ASTA)成立,第一次将种子批发和零售商整合,并开始关注影响种业发展的一些问题,如关税和种子邮寄收费问题,受到世界许多著名种子公司的关注。美国种子贸易协会成立时有会员 35 个,1897 年会员为 122 个,1956 年会员总数达到 642 个,目前会员超过 900 个。1862 年美国农业部设立种子处,负责搜集世界各地新的农作物种子和种苗,并进行适应性种植试验,然后推广。1916 年,美国农业部设立种子营销处,专门研究种子的经营和销售,以促进种子产业的发展。这一阶段仅仅是种子行业的萌芽阶段,由于杂交种子还没有得到利用,交易的种子品种仅限于园艺类种子,大部分农民还是以自己每年留种给下一年使用为主,很少会在外面购买大量的商品种子,农作物种子的商品化程度还很低。1915 年,美国自留种的比例为 97%,余下 3%中的绝大部分由向邻居购买多余的种子构成。

总之,在这一阶段以农民自留种为主,商品化种子少,种子公司数量和规模都比较小且弱,种子产业还算不上一个成熟的产业。

2.种子商品化阶段(20 世纪初至 20 世纪 70 年代)

世界种业结构第一次巨变发生在 20 世纪 30 年代,此前,种子公司多数是经营规模较小的家族企业,没有足够的资金用于种子研发,再加上当时的专利、品种保护不力,公司很少做育种研究,品种选育主要由公共科研机构、农业大学承担,而种子公司主要负责种子的扩繁和销售。

20 世纪 30 年代以后,美国通过颁布《植物专利法》(1930 年),《联邦种子法》(1939 年),《植物品种保护法》(1970 年)等法律,以及 1961 年在欧洲法国巴黎国际植物新品种保护联盟

(UPOV)(1961 年)的成立,建立发展有效的植物品种保护体系,促进种业市场化,以公立机构经营为主开始向以私立机构为主的转变。美国一些新兴种子公司开始替代公共部门进行杂交品种的研究,并在杂交玉米育种上取得突破性成果。因农民种植了杂交种子之后,再利用预留种子来年再次种植的产量远不如第一年,而且抗逆,抗病虫害等能力也会下降,农民自留种意愿开始下降,商品化种子的比例大大提高。随着杂交育种的实现,种子真正开始商品化,先锋公司创立并崛起。1926 年,亨利·华莱士创办了世界第一家杂交玉米种子公司——先锋良种。约有 150 家私营种子企业在这一时期也应运而生,开始从事杂交种子业务,到 1965 年,美国杂交玉米的比例已经超过了 95%。

3.私人种子企业发力育种研究,掀起种业并购潮(20 世纪 70—90 年代)

20 世纪 70 年代以前,美国种业以中小企业、家庭型公司为主,经营规模小,总体实力弱,加上品种保护不力,众多种子企业无力投资育种研发。直到美国《植物专利法》《联邦种子法》《植物品种保护法》等法律的颁布,为私人公司的育种成果提供法律保护,从而大大加快私人种业公司扩大市场规模的步伐,由此引起世界种业结构的第二次巨变。《Stevebson-Wydler 技术创新法》规定联邦政府负责转化国家投入形成的科技成果并推动向地方政府和企业转移,美国政府对育种投入也做出相应调整,育种研究开始向私人部门开放,私人企业逐渐成为商业化育种研究的主体。一些实力较强的玉米种子公司,开始组建成立属于自己的研究与育种机构。

从 20 世纪 70 年代到 90 年代,私人种子公司居美国种业的主导地位,私人企业育种研发投入增长 220%以上,从 1976 年开始就一直超过公共机构研究投入,占全美种业研发投入的 60%以上。转基因生物技术在此时得到快速发展,也由此带来更强的知识产权保护和大量的私人投资。孟山都公司从 1980 年开始投资 10 亿美元建立世界上最大的生物技术研发中心,在 1986 年研发出世界第一个转基因牵牛花,并在此后的发展中一路领先。伴随着技术变革,这个阶段很多大型种子公司开始增加育种投资和生物技术开发,一些实力较强的种业公司开始兼并中小型公司,同时有许多来自制药、化工与食品领域大集团纷纷进入种业领域进行兼并重组。如孟山都建立之初是以生产糖精为主的一家化学公司,1982 年,完成了对 Jacob Hartz 种子公司的收购(该公司以生产大豆种子而知名),从此,依靠兼并收购,孟山都向种业生产研发领域大举迈进。1970 年,瑞士两大化工企业——嘉基公司和汽巴公司合并成立汽巴-嘉基公司,并在 1974 通过兼并美国 Funk 种子公司进入种业生产领域。

从这一时期起,种子公司朝着大型化和科研、生产、销售、服务一体化的垄断方向发展,跨国种业巨头初现端倪。

4.跨国跨行业兼并整合,寡头垄断格局形成(20 世纪 90 年代至今)

进入 20 世纪 90 年代,种子产业最明显的特点是育种研究、种子生产与营销供应的国际化趋势加强,兴起集育、繁、销于一体的跨国种业集团公司,对国际种子市场垄断趋势越来越大。20 世纪 90 年代后期至今,随着知识产权在育种领域的不断延伸,大型财团公司在世界范围掀起种业三次并购的大浪潮。第一次浪潮是 1997—2000 年;第二次浪潮是 2004 年—2008 年;第三次浪潮是 2016—2018 年。

第一次浪潮是 1997—2000 年,这一系列的并购主要是由于孟山都公司率先发起的。从 1997 年起,孟山都公司的并购势头非常猛,先后并购了迪卡、嘉吉的北美部分、Holdens、

Asgrow、Hartz 等主要玉米和大豆种子公司。杜邦公司在这种形势下急起直追，1997 年，以 17 亿美元收购了当时世界最大的种子公司——先锋海布雷国际有限公司 20%的股份，1999 年又以 77 亿美元购买余下的 80%股份，成为现代种业史最为瞩目的并购事件之一。先正达公司诞生于这个时期，2000 年由英国的帝国化学工业公司和瑞士的 Astra AB 国际制药公司的合资公司阿斯特拉捷利康与瑞士诺华公司分别剥离出其农业相关业务共同组建。

第二次浪潮是 2004—2008 年，在这轮浪潮中，孟山都并购了美国的岱字棉和圣尼斯蔬菜种子公司，杜邦也做了小规模的并购，先正达完成了其另外一半的并购；拜耳、巴斯夫和陶氏益农分别做了一些生物技术和种子公司的并购。世界种业形成了以农化集团为基础的六大集团：孟山都、杜邦、先正达、拜耳、陶氏益农、巴斯夫。此外，还有两个独立的种子公司，德国的 KWS 和法国的利马格兰。

第三次浪潮是 2016—2018 年。2014 年起农化行业步入寒冬，导致孟山都、杜邦和先正达等国际种业巨头业绩逐年下滑，为减少竞争，国际种业市场正式进入资源整合的“强强联合”时代。第三次并购浪潮的特点与前两次完全不同。第一次是生物技术进入种业；第二次是农化集团觉醒并开始全面并购种业公司，特别是有生物技术能力的种业公司；第三次是农业集团的超级并购，即拜耳并购孟山都、中国化工并购先正达、杜邦与陶氏合并，这一系列并购牵扯到高达 2 000 亿美元。

2017 年 6 月 8 日中国化工集团公司在北京宣布已经完成对先正达的交割，最终以 430 亿美元达成交易协议，并拥有先正达股份 94.7%。这项总交易金额是迄今为止中国所实施的最大规模的海外企业并购。2017 年 8 月 31 日陶氏化学公司(陶氏)与杜邦公司(杜邦)成功完成对等合并，合并后的陶氏杜邦(Dow DuPont)，将农业部门拆分独立上市。2018 年 2 月，陶氏杜邦农业事业部公布英文商标名称为 Corteva Agriscience，同年 8 月启用中文名称科迪华；2019 年 6 月，科迪华从陶氏杜邦完成分拆独立在纽交所上市。2018 年 5 月 29 日美国司法部当地时间有条件批准拜耳 660 亿美元收购孟山都，6 月 7 日拜耳将成为孟山都的唯一股东，这意味着全球最大种子农化公司的诞生。这些并购对于全球种子市场来说，影响非常巨大。据统计，2017 年拜耳和孟山都种子业务占全球种业市场的 33.5%、杜邦和陶氏益农合并后占 21.5%，而中国化工收购先正达只占 7%，全球种子行业将形成明显的双寡头垄断模式。全球农业巨头强强联手，这是 10 多年来农业的第一次大变革。

与此同时，过去几十年里以转基因技术、基因编辑技术等为代表的生物育种技术的进步和发展，已经成为行业主流，并且有力推动了全球农作物产量成倍增长。在转基因性状领域，基本上被孟山都、杜邦、先正达、陶氏、拜耳、巴斯夫六大生物技术巨头所拥有并控制，形成垄断的格局。

(二)世界种业发展趋势

综观世界种业演进的历史和发展现状，全球种业已经由传统的劳动密集型、管理粗放型、资本松散型的种植业演变成了技术集约型、资本密集型、市场垄断型、竞争全球化的现代化产业。高新科技和人才成为未来种业竞争的焦点。未来世界种业竞争焦点之一的生物技术持续强势，以转基因技术、基因编辑技术为主的生物育种已成为行业发展的新方向。种业竞争焦点之二的人才，特别是科研育种人才和企业管理人才。随着欧美等发达国家农作物种业工业化、现代化和国际化进程的完成，逐步进入垄断阶段，当今世界种业呈现出以下发展趋势。

1.种子消费市场越扩越大,市场规模持续增长

据国际种子协会(ISF)的评估数据显示(表 1.4),1975 年以来世界种子市场规模不断扩大,2017 年已达到 706 亿美元,预计 2024 年将达到 903.7 亿美元。目前,美国种子市场规模最大,其次是中国。在 2007—2012 年的 6 年里,世界种子消费市场增长 23.3%,而同期中国和美国的种子市场规模分别增加了 59.5 亿美元和 35.0 亿美元,两国市场增加额之和超过了全球种子市场的净增加值。

表 1.4 全球种子市场规模变化情况 亿美元

年份	1975	1985	1996	2006	2008	2010	2012	2014	2017	2024
种子市值	120	180	300	340	365	420	450	538	706	903.7(预测)

2.种子市场集中度高,呈现寡头垄断市场格局

世界现代种业发展近 100 多年以来,发达国家种子公司已成为发展种业的主体,掌控着大部分农作物种子和种业市场的发展走向。跨国种业公司依靠科技、资本和成熟的运营体制基本主宰了世界种业市场。世界大型种子企业通过跨国兼并重组,企业规模越来越大。如杜邦公司于 1997 年和 1999 年两次以总额 77 亿美元收购了当时最大的种子公司先锋公司,一举成为当时世界最大的种子公司。2005 年,孟山都公司以 14 亿美元收购了圣尼斯种子公司,取代杜邦公司成为世界最大的种子公司和最大的蔬菜种子公司。企业的并购直接导致了少数大公司对世界种业的垄断和控制。孟山都公司通过 2007 年收购 Delta & Pine Land 公司,其转基因特性占全球生物技术作物的 86%,在与种子密切相关的转基因特性市场上处于垄断地位。

近 20 年来,少数大型种子企业对全球种业的垄断呈加剧态势。世界前十大种业公司的种子销售收入在 1996 年仅占全球种子市场份额的 16%,而 2012 年则提高至 62%,前 3 家种业大公司孟山都、杜邦先锋和先正达 2012 年种子营业额达 205 亿美元,约占全球种子市场份额 450 亿的 45.6%。据保守估计,这 3 家种子公司控制着全世界 65%的玉米种子市场和超过 50%的大豆种子市场。美国的跨国种子企业控制了全球约 50%的种子市场、70%的基因专利和 40%的商用种质资源。六大基因巨头孟山都、杜邦、先正达、陶氏益农、拜耳和巴斯夫几乎控制了 100%的转基因种子市场。少数大型种业寡头垄断国际种业市场的格局已经形成。

3.种子企业育繁加推销一体化,知识产权保护意识强

西方发达国家在推进种业发展的进程中赋予种子企业经营主体、技术创新主体和国际竞争主体等职责,通过立法、保护知识产权等措施,促进种子企业向育繁推一体化发展。例如,先锋种业在全世界建立了 200 多个研究实验中心,1000 多个育种基地,80 多个种子加工厂,9 个质量控制中心,其玉米种子在加拿大、德国和菲律宾等 100 多个国家和地区广泛种植,产品销售网络遍及亚、非、欧、美四大洲,每年可向全世界用户提供 200 个以上各类农作物品种,每年都有 15～20 个新品种投入生产。世界种业知识产权保护力度日益增强。目前已有 67 个国家或地区加入国际植物新品种保护联盟(UPOV),其中,49 个国家或地区选择《国际植物新品种保护公约》1991 年文本,对植物新品种实行更严格的保护措施。我国选择加入《国际植物新品种保护公约》1978 年文本。

4.种业创新主体企业化,科研投入不断加大

在西方发达国家,种业创新基本上来自种子企业,跨国种子公司非常重视科技,每年对种业的研发投入巨大。国外农作物品种的研究和更新,70%由种子企业完成,种子企业在西方国家农业研发中已成为名副其实的创新主体。发达国家种子企业一般将其销售收入的10%左右用于投资高新技术研究和开发领域,有的甚至高达15%～20%。如2010年,孟山都公司育种研发经费达到12.1亿美元,先锋种业10.0亿美元,先正达4.0亿美元以上。目前,孟山都公司开发的转基因产品占世界的50%,其中抗虫棉和抗虫玉米品种中所含的抗虫基因占世界的90%。跨国种业公司不仅在传统的杂交育种方面优势明显,而且在转基因技术、基因编辑技术、分子设计育种、种质资源创新等高端农业科技领域也显示出了强劲的实力。

5.种子企业产品经营多元化,分工专业化

种业既是高利润的产业,也是高风险的产业。为了有效抵御种业研发和销售中的高风险,孟山都、先正达等多数大型跨国种业巨头采取在产业内部拓展其他种子业务或直接开展农化业务,实现企业的多元化经营。2015年,孟山都营业收入为150.01亿美元,农化和种子业务分别占31.72%和68.28%;孟山都种子营业收入102.43亿美元,其中玉米种子59.53亿美元(占39.68%),大豆种子22.76亿美元(占15.17%),棉花种子5.23亿美元(占3.49%),蔬果种子8.61亿美元(占5.74%),其他种子6.75亿美元(占4.50%)。2015年,杜邦先锋种业销售收入达到68亿美元占杜邦农业业务的69%,全球仅次于孟山都。2015年,先正达公司全年销售额为134.11亿美元,其中种子业务为28.38亿美元。

跨国种业在产品多元化的同时,分工专业化。从全球来说,杜邦先锋是玉米种子老大,垄断了国际上绝大部分的玉米种质资源;孟山都主要专注于转基因育种,包括抗虫棉等系列转基因产品;欧洲、以色列、荷兰等知名公司专做蔬菜和花卉品种。

6.种子企业管理精细化

一个优秀的种子企业持续、健康、高效发展,离不开品种、营销、运营模式及企业的精细化管理。品种是种子公司的根本和载体;种子企业的营销不仅是传递品种的核心价值,而且还是放大产品优势的利器;稳定而有效的企业运营模式是良好品种和卓越营销得以延续的基础。西方发达国家的跨国种子公司正是依靠一批精英的管理层,通过快捷、精细的生产管理和高效、灵活的营销管理,实现了企业生产布局全球化、生产过程机械化、种子加工精细化、品质管理极致化、营销活动精确化。如先锋种业的先玉335玉米品种因其成熟后脱水速度快、种子质量高等特点,配合适合用于机械化单粒播种等卓越营销方式,在中国迅速大面积推广,给企业创造了巨大的经营业绩。

7.种子市场拓展全球化

随着种子公司实力的增强和本国市场的有限性,有实力的种子相继到国外拓展业务,全球化拓展种子市场已成一种发展趋势。如孟山都旗下的圣尼斯种子公司,在全球150个国家和地区拥有超过3500个种子网点。孟山都公司1996年开始进入阿根廷,2002年孟山都转基因大豆占据了阿根廷大豆种植面积的99%。在西欧,玉米种子市场的80%由6大种子公司占有。作为拥有全球第二大种业市场的中国,正吸引着跨国种业巨头抢滩登陆。外资企业蔬菜种子销售数量已控制了我国50%的蔬菜种子市场,占据了我国80%以上的蔬菜种子经营利润。

第二节 我国种业发展概况

一、我国种业现状

中国是全球最大的农业生产国和最大的种子需求国之一。长期以来，我国种业在政府主导下，形成了大田作物品种选育以科研机构为主、种子生产经营以国有种子公司为主渠道、各级乡镇推广机构为分销网络，蔬菜、花卉作物种子的科研、生产、经营百花齐放的格局。自2000年《中华人民共和国种子法》(以下简称《种子法》)颁布实施以来，国内种子企业数量和行业市场规模得到迅猛发展，种子企业的市场主体地位日渐突出，开始呈现多元化的格局。现代种业经过上百年的发展已成为典型的高科技产业，并已步入生物分子育种的新时代。海外种业龙头是基于新一代高通量基因测序、分子技术和信息技术等技术，建立起常规育种与生物育种相结合的技术手段，育种效率大幅度提高。我国种业发展较晚、起步较低、科研投入较少，还处于传统杂交育种技术阶段，种子企业存在数量多、类型杂、结构较散、经营管理较乱等现象，同时还存在行业集中度低、育种研发能力弱、竞争力不强、种子商品化率低、法规制度不完善等诸多问题，因此我国与发达国家的种子产业相比差距很大。

(一)种子产业的市场规模和效益

我国作为农业大国，种子行业具有巨大、稳定的市场需求。从种子市场规模来看，我国是世界第二大种业市场，仅次于美国。随着种植面积、种子商品化率和种子价格的不断增加和提高，农作物种子市场规模呈稳步上升趋势。据统计，2011 年我国农作物种子市场规模约为 990 亿元，2019 年达到了 1 210 亿元(表 1.5)。随着杂交玉米和杂交水稻种子的普及和推广，我国种子商品化率仍有较大的上升空间，未来随着我国良种政策的进一步实施，种子科技含量和商品化率的提高，我国种子市场规模将进一步扩大。据测算，到 2025 年中国种业的销售额将突破 1 500 亿元。

表 1.5 2011—2019 年中国种子市场规模 亿元

年份	2011	2012	2013	2014	2015	2016	2017	2018	2019
种子市值	990	1 038	1 113	1 149	1 170	1 229	1 222	1 174	1 210

从经济效益来看，目前大田常规作物种子的毛利率较低，平均水平在 10%～30%，而杂交种子、蔬菜和经济作物等的毛利率则在 50%以上，以杂交水稻、杂交玉米、抗虫棉和瓜菜作物种子的毛利率 60%以上。总的来说，我国种子行业的盈利水平略高于其他传统产业。但是与发达国家相比，我国种子的相对价格和毛利率仍然很低，以美国为例，美国主要粮食作物种子和粮食价格比为(30～40)∶1，而我国为(8～10)∶1，相差 3～5 倍；美国种子成本占种植业产值比重为 6%，而我国仅为 1.5%，相差 4 倍，差距相当大。

从社会效益来看，我国种子对种植业产量增长的贡献率达到了 30%～40%，产生的社会效益巨大。种子产业的社会效益还体现在其科技价值上。由于生物技术的发展而引发的育种科技革命,使种子产业的技术含量越来越高,未来农业的竞争已经变成了种业的竞争,种子产业已成为衡量一个国家农业科技水平高低的标志。

(二)种子企业的数量和规模

近年来,我国种子行业的整合速度明显加快。我国一大批不具备竞争力的种子企业被市场淘汰或被并购,行业集中度进一步提升,种子企业数量逐年大幅下降,而种子企业净资产超亿元的规模企业数量剧增。据统计,2010 年我国拥有种子生产经营许可证的种子企业数量 8 700 多家,2016 年减少到 4 316 家,截至 2018 年 3 月 6 日为 3 068 家,减少 65%以上(表 1.6)。在企业数量大幅下降的同时,我国净资产亿元以上的企业大幅增加。2016 年,我国净资产 1 亿元以上的企业数量达到 341 家,较 2012 年增加 1 倍多,其中净资产 10 亿元以上的企业由 2012 年的 7 家,增加到 2016 年的 15 家(表 1.6)。目前,我国规模种子企业(注册资本≥3 000 万元)在不断成长,其种子销售收入占全国种子企业总收入的比例稳步提高,由 2013 年的 74%,提高到 2016 年的近 80%,已成为我国种子市场的绝对主体。

表 1.6 2010—2018 年全国种业企业净资产规模及数量的变化 家

规模	2010	2011	2012	2013	2014	2015	2016	2017	2018
10 亿元以上	—	—	7	7	8	13	15	14	14
5 亿～10 亿元	—	—	8	11	11	22	24	35	38
1 亿～5 亿元	—	—	140	189	189	272	302	332	339
1 亿元以下	—	—	5 848	5 742	4 856	4 353	3 975	3 075	2 677
小计 1 亿元以上	—	—	155	207	208	307	341	381	391
总计	8 700	6 991	6 003	5 949	5 064	4 660	4 316	3 450	3 068

注:“—”表示未作分类统计。

我国种业近些年集中度虽然不断提高,但和发达国家企业相比,仍然很低。2015 年中国种业前 10 强企业的市场份额占据了 18%,前 50 强企业的市场份额占 35%,比 2011 年分别提高了 3%和 15%,但 2015 年,美国孟山都的市场份额占全球种业的 26%,孟山都、杜邦先锋、先正达、利马格兰等全球七大种业集团合计市场份额占比 71%。随着国家出台各种政策支持推动种业领域的企业兼并重组,尽快缩小与跨国种业企业的差距,通过努力,力争到 2020 年前 50 强种子企业集中度达到 60%以上,力争中国的种业企业在国际种业企业里有更强的竞争力。

(三)种子产业产品结构和商品化率

由于我国种植面积大、商品化率高,玉米、水稻和小麦种子是我国种子市场的主要组成部分。从产品结构来看,2019 年我国种子市场规模 1 192 亿元,其中玉米种子约为 346.9 亿元、水稻种子约为 286.1 亿元、小麦种子约为 187.1 亿元、大豆种子约为 165.7 亿元、马铃薯种苗约为 120.414 亿元,蔬菜等其他农作物种子约为 85.8 亿元,分别占总规模的 29.1%,24.0%,15.7%,13.9%,10.1%,7.2%,玉米、水稻和小麦种子合计占比约 68.8%,是我国种子行业的主战场。

从种子商品化率来看,受农户长期使用自留种(如小麦、大豆等作物)的种植习惯等因素影响,目前我国种子商品化率整体还不到50%,而国际上种子商品化率平均可达70%,发达国家更高达到90%以上,我国与发达国家有一定差距。目前,我国杂交玉米、杂交水稻、棉花、油菜、蔬菜等品种商品化率较高,而常规水稻、小麦、大豆等作物种子商品化率比较低。

(四)种子生产量和消费量

据国家统计局公布,我国农作物总播种面积基本维持在25亿亩左右,变化幅度不大。因我国作物种植面积基数庞大,种子市场的总体需求规模较大。据统计,2007我国种子产量(供应量)为125亿千克,消费量为125亿千克,到2015年分别达到187亿千克和185.5亿千克,亦呈逐年增加趋势(表1.7)。从近年来我国种子市场供需态势来看,我国种子市场供需基本处于平衡态势,但杂交水稻和杂交玉米种子生产数量过剩,种子库存严重。

表1.7　2007—2018年我国种子供应量和消费量统计表　亿千克

年份	2007	2008	2009	2010	2011	2012	2013	2014	2015	2016	2017	2018
供应量	125	132	140	148	156	165	168	180	187	170	167	178
需求量	125.0	132.3	140.1	148.1	156.1	165.2	167.9	178.0	185.5	102.8	102.0	99.3

二、我国种业发展历程与趋势

(一)我国种业发展历程

中国是世界农业发源地之一,也是世界上历史最悠久的农业大国之一。在距今7 000多年以前,中国人民的祖先就已开始从事农业生产;早在2 300余年前的《诗经·大雅·生民》中就提到"嘉种"(良种),说明中国先民很早就认识到种子质量在农业生产上的重要性;公元前3世纪《吕氏春秋》一书就有关于种子选育加工的记载;16世纪的《天工开物》中有清选种子采用风车的记载等。新中国成立前农作物品种改良和推广工作基础十分薄弱,种子事业发展极为缓慢。新中国成立后,在党和政府的重视支持下,我国种子事业得到快速发展。中国种子事业从无到有发展比较迅速,从1950年的群众性选留种到种子产业化,建立新型种业体系,从种子商品化及市场程度上来看,我国种业发展大致经历了以下几个发展阶段:

1."家家种田,户户留种"阶段(1949—1957年)

新中国成立初期,我国还处于典型的自给自足的小农经济时期,种子基本上由农民"自繁、自留、自用"。1950年2月,农业部召开华北农业技术会议,制定了《粮食作物良种普及计划实施方案》,提出就地选种就地推广的原则,农村普遍实行"家家种田,户户留种"。到国民经济恢复时期(1950—1952年)的后期,省、专区、县级国有农场发展较快,并承担良种繁育的任务。1956年7月,农业部成立种子管理局,随后全国各级农业部门成立了种子机构,实行行政、技术两位一体。这一阶段,我国仅将良种普及作为一项重要的农业生产技术措施,农业生产用种以"以粮换种"的方式进行,但种子生产的目的不是为了销售种子,因而不具备商品的特征。

2.“四自一辅”阶段(1958—1977年)

这期间农村普遍成立了农村生产合作社,原有的“家家种田,户户留种”的用种方式已不适应生产发展的需要。中央政府在1958年召开全国种子工作会议,会议提出:农村用种主要依靠群众,自繁,自选,自留,自用,辅之以必要的调剂,即“四自一辅”。在“四自一辅”的方针指引下,1962年11月《中共中央关于加强种子工作的决定》明确提出“种子第一,不可侵犯”,将种子工作提到新的高度。1972年10月国务院批转农林部《关于当前种子工作的报告》,要求全国范围内建立健全的种子机构,加强领导。全国各地逐步建立起以县良种场为核心、公社良种场为桥梁、生产队种子田为基础的三级良种繁育推广体系,农业生产用种问题得到基本解决。此阶段种子、粮食生产分开,尽管交换方式仍为以物换物,但是作为调剂辅助供应的种子日益体现出其使用价值,体现出商品的特性。由于种子商品及种子专门生产供应单位的出现,这一时期是我国种业的萌芽期。

3.“四化一供”阶段(1978—1982年)

随着农业生产水平和科学种田水平的提高,“四自一辅”种子工作已不适应生产力的发展。1978年4月国务院批转农林部《关于加强种子工作的报告》,批准在全国范围内建立种子公司和种子生产基地,实行行政、技术、经营三位一体。同时提出“种子生产专业化、加工机械化、质量标准化和品种布局区域化,以县为单位组织统一供种”的方针,简称“四化一供”。1978年原农林部成立中国种子公司,随后各省、地(市)、县相继成立种子公司(站),与原种场、良种场、科研单位等组成了比较完整的良种繁育和种子经营体系。“四化一供”制度极大地推动了我国种子事业的发展,在我国种业发展史上发挥了重要作用。

4.种子市场化转型阶段(1982—1994年)

1982—1994年,是计划经济向市场经济的转型期,是种子产业向何处发展的争论期,是种子工作者探索、追求、自我扬弃的痛苦期。1982年国务院机构改革,农业部种子局改为事业单位性质的全国种子总站,与中国种子公司仍为两块牌子、一套人马,承担部分行政职能,农业部农业局设种子处。1987年10月,为进一步改革种子工作政、事、企不分的体制,强化种子管理,促进种子企业发展,农牧渔业部将全国种子总站与中国种子公司分设,全国种子总站为部属事业单位,与农业局种子处合署办公,共同承担行政、事业职能,中国种子公司为部属企业。这一时期,种子产业向何处发展的争论一直持续。有的领导和专家认为种子工作方针不明确,体制没理顺,政策不配套,设施不适应,应进行改革;也有的认为“一、二、三、四”好,即一块牌子、两套人马、三位一体(行政、技术、经营)、四化一供,种子应实行专营。这一时期争论没有停止,但改革的步伐也没有停止。1989年国务院颁布实施《中华人民共和国种子管理条例》,放开了蔬菜和园艺等非主要农作物种子的计划管制,实行市场调节,民营种子企业与国外种子公司开始进入蔬菜园艺种子市场,而主要农作物种子仍实行计划供应,由国有种子公司垄断经营。这标志着我国的种子市场开始起步,我国种子产业制度开始实行计划和市场的双轨制。

5.种子工程实施阶段(1995—1999年)

这个阶段是进入了适应市场经济体制,以实施种子工程,建设现代化种子产业为重点的新时期。国务院在1995年9月召开全国种子工作会议，姜春云副总理做了题为“创建种子工程，推动农业上新台阶”的重要讲话，“种子工程”开始在全国组织实施。1997年3月国务院发布了《中华人民共和国植物新品种保护条例》，1999年我国加入世界植物新品种保护联盟，建立了种子知识产权的保护法律体系。

“种子工程”主要内容是建立五个系统（良种引进、生产繁殖、加工包装、推广销售和宏观管理）。抓好几个环节包括资源收集、育种、试验、生产、加工、推广、营销和管理等，最终实现“四个根本性转变”，即由传统的粗放型生产向集约化大生产转变；由分散的小规模生产经营向专业化的大中型企业或企业集团转变；由行政区域的自给性生产经营向社会化、国际化、市场化转变；由科研、生产、经营相互脱节向育、繁、推一体化转变，建立适应社会主义市场经济体制的现代化种子产业体系。我国实施“种子工程”的步骤主要以种子加工和包装为突破口，建设种子生产基地为基础，促进种子生产专业化。“种子工程”作为“九五”期间农业和农村经济的新增长点，自创建实施以来，加强基础设施建设，加速良种培育、推广，改革管理体制和经营机制，强化种子生产经营管理等方面，取得了较大的成绩。

6.种子市场化发展阶段(2000—2011年)

为了防止国外大型种业集团对国内企业的冲击，提高国内种业企业的整体竞争力，国家采取了先对内资企业全面开放的策略。2000年12月1日颁布实施《种子法》，全面放开国内种业市场，取消了国家对主要农作物种子的管制，各种经济成分的种子企业纷纷成立，打破了原国有种子公司一统天下的局面，我国种子行业开始进入市场化阶段。2006年国务院发布了《国务院办公厅关于推进种子管理体制改革加强市场监管的意见》（国办发〔2006〕40号）要求全面实现政企分开，种子经营由市场主体企业承担，种子公司与农业行政管理部门脱钩。2011年4月国务院办公厅发布了《国务院关于加快推进现代农作物种业发展的意见》（国发〔2011〕8号），明确指出农作物种业是国家战略性、基础性核心产业，是促进农业长期稳定发展、保障国家粮食安全的根本。鼓励种子企业间的兼并重组，尤其是鼓励大型优势种子企业整合农作物种业资源，优化资源配置，培育具有核心竞争力和较强国际竞争力的“育繁推一体化”种子企业。引导种业科技资源向企业流动，加强农作物种业国际合作交流，实施企业税收信贷优惠政策，鼓励保险机构发展种业保险，探索“信贷 + 保险”模式。

由此开始，我国的种子公司开始进入整合期，没有竞争力的种业公司逐渐被市场淘汰，通过整合少数有实力的企业快速发展壮大。

7.现代种业发展阶段(2012年至今)

为保障我国种业产业化和市场化的发展，2012年国务院相继出台了《全国现代农业发展规划（2011—2015年）》（国发〔2012〕4号）和《全国现代农作物种业发展规划（2012—2020年）》（国办发〔2012〕59号），2013年又出台了《国务院办公厅关于深化种业体制改革提高创新能力的意见》（国办发〔2013〕109号）等种业相关文件和政策。2020年12月中央经济工作会议指出要解决好种子和耕地问题。保障粮食安全，关键在于落实藏粮于地、藏粮于技战略。2021年中央一号文件（2月21日）明确强调要开展种源“卡脖子”技术攻关，立志打一场种业翻身仗，种业现代化已经上升为国家战略。2021年7月9日，习近平总书记主持召开中央全面深化改革委员会第二十次会议，审议通过了《种业振兴行动方案》。这是时隔60年后，中央层面再次专门就种业发展做出部署。在新阶段新时代，中央提出推进种业振兴，必须把民族种业搞上去，把种源安全提升到关系国家安全的战略高度，集中力量破难题、补短板、强优势、控风险，实现种业科技自立自强、种源自主可控。2022 年中央一号文件(2 月 22 日)明确指出要大力推进种源等农业关键核心技术攻关。推进种业领域国家重大创新平台建设。贯彻落实种子法，实行实质性派生品种制度，强化种业知识产权保护，依法严厉打击套牌侵权等违法犯罪行为。此外，2015 年 11 月中华人民共和国第十二届全国人民代表大会常务委员会第十七次会议通过修订《种子法》，2021 年 12 月中华人民共和国第十三届全国人民代表大会常务委员会第三十二次会议通过《全国人民代表大会常务委员会关于修改〈中华人民共和国种子法〉的决定》，自 2022 年 3 月 1 日起施行。这些标志着我国种业开始进入现代种业发展阶段和全面快速发展时期。

(二)我国种业当前存在的问题

我国农作物种业发展尚处于初级阶段，与发展现代农业的要求还不相适应，存在问题主要表现在：一是育种创新能力较低。育种材料深度评价不足，育种力量分散，育种方法、技术和模式落后，成果评价及转化机制不完善，育种复合型人才缺乏。二是种子企业竞争能力较弱。企业数量多、规模小、研发能力弱，尚未建立商业化育种体系。三是种子生产水平不高。种子繁育基础设施薄弱，抗自然灾害风险能力差，机械化水平低，加工工艺落后。四是市场监管能力不强。种子管理力量薄弱，监管技术和手段落后，工作经费不足。五是种业发展支持体系不健全。种子法律法规不能完全适应农作物种业发展新形势的需要，财政、税收、信贷等政策扶持力度有待进一步强化。

(三)我国种业发展趋势

随着社会的发展和科技的进步，跨国种业公司的进入，特别是近几年种业新政的实施，我国种业正在发生或将要发生巨大的变化，变化的大趋势如下：

从市场层面上分析，主要趋势有国内市场需求增长从快速到缓慢或停滞；供求关系从公司供给主导到农民需求引导；产品和服务从满足国内到走向世界；国际种业巨头从布局到开战。

从研发层面上分析，主要趋势有育种研发从以国有科教机构为主到以企业为主；育种目标从生物特性到兼顾商业特性；育种技术和手段从传统到现代；作物品种从稀缺到饱和。

从产品层面上分析，主要趋势有产品从种子到“种子＋服务”；产能从平衡到过剩；利润从暴利到微利。

从经营层面上分析，主要趋势有产业链从分离到整合；生产基地从分散到集中；经营模式从代理制到多样化。

从企业层面上分析，主要趋势有企业从多、小、弱到少、大、强；发展动力从凭机遇到凭实力；发展方式从滚雪球到大资本；控股资本从“国退民进”到“民退国进”。

同时，以生物组学、合成生物学等为代表的前沿学科揭示了种子性状形成机理，理论突破正在形成，以基因编辑、全基因组选择等为代表的技术加快进步，使育种定向改良更加便捷，育种效率几何级增长，育种由随机朝定向、可设计转变，品种“按需定制”正成为现实，种业发展也将迎来“跨界融合”阶段。

第三节 种子经营管理研究内容与任务

一、种子经营管理相关概念

经营是艺术，管理是科学，两者相辅相成，既有联系，又有区别。经营是一种决策性活动，在国家的方针、政策和计划指导下，面向市场和用户，合理分配组合各种经营要素，力求达到公司外部环境、内部条件和经营目标之间的动态平衡，以获取最佳经济效益的全部经济活动过程。管理是一种实施性活动，在整个生产经营活动中，通过计划、组织、指挥、监督、协调、控制和激励等手段，以实现预定的经营目标的活动过程。所谓的经营管理指在企业内部，为使生产、经营、劳动力、财务等各种业务，能按经营目的顺利地执行、有效地调整而所进行的系列管理、运营之活动的总称。本书所涉及有关种子经营管理方面的主要概念如下：

(1)种子商品　是指为满足种子消费，通过育种者育成，得到国家有关部门推广准许的、企业生产的、符合国家生产用种标准的种子。

(2)商品种子　是指用于营销目的而进行交易的种子，即跟营销交易买卖等有关联的种子。

(3)种子市场　是指种子商品交换的场所，从经营管理角度上是指对种子具有购买意向且有购买能力的人群的消费需求，即对种子有需求且有能力购买的用种户群体。

(4)种子产业化　是一种新的生产经营方式，是以市场为导向，以科技为基础，以效益为中心，以育繁推一体化为载体的产业体系，是种子生产、加工、销售、科技各环节有机联系、相互促进、共同发展的一项系统工程。

(5)种子经营　是指在遵守国家有关法规和政策的前提下，面向市场，充分利用外部的有利环境和内部环境条件，合理组织品种研发、种子生产与销售，以获取最佳经济效益的全部经济活动的过程。

(6)种子管理　是指种子企业在整个经营运转中，通过计划、组织、指挥、监督、协调、控制和激励等手段，为集体活动配置资源，建立秩序，营造氛围，以实现预定目标的活动过程。

(7)种子行政管理　是国家行政机关以国家的名义对种子行业的管理活动，通过法律的形式，在全国和本行政区域内实施种子行政管理。

(8)种子企业管理　是一个系统管理的过程，具体内容包括品种研发的管理、生产管理、加工管理、种子质量管理、储运管理、销售管理、售后管理、财务管理、人力资源管理和组织管理等。

种子企业经营管理是指根据客观规律的要求，对种子企业的整个生产经营活动，进行决策、计划、组织、指挥、控制、协调和激励等；使人、财、物各种要素合理结合，充分利用，以提高经济效益，实现公司的任务和目标的活动过程。

二、研究内容与任务

(一)研究内容

种子经营管理的研究内容主要包括种子商品与种子市场、种子市场营销、种子企业管理系统、种子企业品种研发及知识产权管理、种子生产及质量控制管理、不同作物种子经营策略及模式和种子市场管理等。

(二)种子经营管理的研究任务

通过本课程的学习,使学生了解国内外种子产业的现状及发展趋势、种子经营管理的内容和特点,熟悉现代种子企业的管理模式、种子质量控制、种子行政管理与执法、种子信息管理和决策等常用的方法,掌握种子商品的特殊性、种子市场调查、种子经营预测和决策、种子经营计划的编制、主要农作物的经营、种子合同签订和内部财务管理等基本知识,为学生今后从事与种子相关的农业企业的经营管理工作提供重要参考。

本章小结

本章主要介绍了世界各地的种子市场规模、种子市场的作物构成,以及世界种业和中国种业的发展历程与发展趋势,简述了种子经营、种子管理、种子市场、种子商品、种子企业管理等与种子经营管理相关的概念,以及种子经营管理的研究内容和任务。

复习思考题

1. 名词解释:种子经营、种子管理、种子市场、种子商品、种子企业经营管理。
2. 简述世界种业的现状和发展趋势。
3. 简述中国种业的现状和发展趋势。
4. 论述种子经营管理的研究内容和任务。

第二章　种子商品与种子市场

知识目标

◆ 了解种子商品的特性、种子市场的类型以及种子商品的发展趋势。

◆ 理解种子市场需求和供给弹性在企业市场营销实践中的作用。

◆ 掌握种子市场细分、种子目标市场选择及其定位方法。

能力目标

◆ 学会分析影响种子市场需求和供给的因素。

◆ 学会种子市场调查和预测方法。

◆ 能够通过种子市场调查进行种子市场预测。

第一节　种子商品的特性及发展趋势

一、种子商品概念

(一)种子的概念

种子在植物学上是指由胚珠发育而成的繁殖器官。在农业生产上,种子是植物用于繁衍后代和生产播种材料的总称,它包括植物学意义上的种子、与种子类似的果实、用于繁殖的植物器官和组织以及胚状体人工种子。《种子法》规定,种子是指农作物和林木的种植材料或者繁殖材料,包括籽粒、果实、根、茎、苗、芽、叶、花等。

(二)种子商品概念

商品是人类社会生产力发展到一定历史阶段的产物,是用于交换的劳动产品。商品的基本属性是价值和使用价值。使用价值是指商品能够满足人们某种需要的属性,价值是指凝结在商品中的无差别的人类劳动。

随着我国商品经济的发展,种子作为一种特殊生产资料,由过去的自给物转变为一种用来交换的劳动产品。如果生产的种子不用来交换销售，也就不具备商品的属性。因此种子作为一种商品，具有商品的共同特征，具有交换价值和使用价值。然而，种子与其他商品虽有相同的外延（都是商品），却具有浑然不同的内涵（本质属性）。它远比一般商品深广得多，既不是一般的生产资料，更不是一般的消费商品，而是一种特殊的商品，是具有生命的更为重要的生产资料。农作物商品种子是由种子生产经营活动形成的物质产品。种子商品价值体现在种子商品的性能和种子的市场价格两方面。种子商品的性能又与种子的使用性能（如增产潜力、增效潜力、品质、新颖性、创新性和抗逆性改良等）和种子商业性能（如种子净度、饱满度、色泽、包装、销售和服务质量等）有关。种子的市场价格由生产价格（包括品种选育的技术成本和种子生产的直接成本），种子流通费用和经营者的利润等方面组成。因此，种子商品是指为满足种子消费，通过育种者育成，得到国家有关部门推广准许的，企业生产的，符合国家生产用种标准的种子。商品种子是指用于营销目的而进行交易的种子，即跟营销交易买卖等有关联的种子。商品种子又可以分为在途种子、库存种子和在销种子等类型。

二、种子商品特殊性

种子商品和其他产品一样，有自己的内在功能及外部联系，在流通过程中同样受商品经济规律的支配。种子商品作为一种特殊的商品，除具备一般商品所有的特征以外，还具有与种子商品研发、生产、贮藏、运输、销售和售后服务等有关的特征特性。因此，我们研究种子商品，不仅要研究它与一般商品的共同属性，更重要的是要研究它与一般商品不同的特殊属性，才能在种子经营管理过程中运筹帷幄，不会盲目草率，同时更有助于种子工作的改革。种子是商品，又是农业生产资料，种子商品作为自然物本身具有如下特殊性。

1. 种子商品具有生命特性

种子商品是有生命的商品，是植物繁衍后代的载体。种子商品的有用性不同于其他生产资料商品的地方在于它是有生命的群体，而且这一生命群体基因型具有一致性。种子的生命性还体现在种子休眠、种子呼吸代谢和种子寿命等方面。尤其是种子寿命除取决于种子本身的遗传特性以外，还与种子所处的温度、水分、气体等环境条件相关。正常贮藏条件下，绝大多数作物种子商品的寿命较短，再加上种子价格和行情年际间变化起伏大，具有强烈的时效性和风险性，间接影响着种子市场选择及其分销。因此，种子生产和营销计划不当或信息不畅，都会造成种子市场的种子短缺或过剩。

2. 品种研发周期长，科技附加值高

品种的选育是一个露天与室内作业相结合的过程。一个农作物新品种，无论是常规品种从变异株的选择、株行比较、品系比较、区域试验到合法推广，还是杂交品种从自交系的选育、杂交组合的配制、品比试验、区域试验到合法推广，一般至少要经历 5～8 年以上的时间，甚至是研究者一生的艰辛。要培育一个综合性好、有突破性的一流品种难度非常大。许多育种科研人员一生的努力也没有培育出一个好品种，因此品种研发具有很大的风险性。种子是科学技术的载体，随着现代生物技术与农业科学的相互融合，育成的品种在品质、产量、抗性等方面与传统的品种相比具有较大的突破，科技含量高，这为农作物产量的提高、品质改良等创造了很大的潜力，同时也为种子使用者提供了更大的价值空间。因而，种子具有较高的科技附加值。

3.种子商品具有区域性和时效性

种子是特殊的农业生产资料，每个品种都有其特定的适宜生态区域和栽培条件。作物的不同种类和品种均在不同的生态条件下生长，如马铃薯和小麦主要种植于我国北方，而水稻主要种植于我国南方。即使是同一作物的不同品种也有一定的地区适应性，不是所有的品种在所有的地方都适应。有的品种适应性比较差，只能在局部区域适用，而有的品种相对适应性较广，销售区域范围广。农作物在某一区域，只有在适宜的季节播种，种子内在优良性状才能得到正常发挥和显现，种子商品具有一定的播种时间性。因此，种子营销时要充分考虑销售时间、销售区域、销售品种合理布局，及其相适应的配套栽培措施。

4.种子商品的市场需求弹性小

通常情况下，一个国家或地区的耕地面积长期相对稳定，这决定了种子的用量亦相对稳定。种子不会因用种人的偏好而发生较大改变，当然总量相对稳定情况下，不同品种的数量变化非常活跃，品种间数量的变化除受其种子生命周期影响以外，还受营销人员和环境影响。如品种由成熟期向衰退期过渡时速度快而时间短，往往给生产经营单位造成大量的种子积压，这点应引起种子企业的注意。

5.种子商品供给具有不稳定性

种子的生产受自然条件影响较大。如果遇到干旱、涝灾、连阴雨天气、高温、早霜等自然灾害均会造成商品种子严重减产或失去商品性。此外，还受上一年种子供求关系影响，同一作物品种会出现年际供应量的变化。种子商品供给具有不稳定性，因此，种子企业比经营其他商品的企业，具有更大的风险性。一般情况下，为确保市场种子供应，种子企业应当每年适当多生产一部分种子，作为储备种子。

6.种子商品的生产和销售具有季节性

每种农作物在每一个地区都有其适宜的种植和生长季节，因此在生产、收购商品种子时，具有很强的季节性。同时，农民在进行农作物生产时，也具有严格的季节性，这样就造成了种子营销的季节性很强。这些特征需要种子生产经营者抓住种子收购、销售的黄金季节，集中人、财、物，搞好种子收购、销售工作。

7.种子商品使用者具有相对固定性

种子市场在广阔农村，市场所面对的是农村千家万户。使用种子商品的用户基本是具有固定性的农民，或承包大户，这些用户保持长期的稳定性。农户购买种子首先考虑的是种子的使用价值，即对品种的要求是品种要对路，质量要优良，价格要合理，增产幅度要大。农户所购的这些种子在生产中一旦表现与预期或与经销商宣传的结果出现明显差异，农民就会不愿再购买原来品牌的种子或更换经销商。因此，种子企业在生产经营种子时，要坚持“质量就是生命”的原则。

8.种子商品受政策影响大

种子商品生产和经营受国家政策影响较大。如国家政策要求对农业产业结构进行调整，由高产向优质、由粮食作物向经济作物种植的转换，转基因产品的政策限制。种子作为国家战略物资，在国际进出口贸易中亦受到国家监管或限制。

三、种子商品发展趋势

种子商品是种子市场的重要构成要素，种子商品的发展状况不仅影响着种子市场的发育和完善，而且还左右着种子企业的经营活动。分析种子商品的发展变化趋势有助于种子企业开展经营活动和制定公司的发展战略。鉴于种子商品的特殊性，种子商品的发展趋势主要表现在以下几个方面：

1.品种多样化

随着我国工农业生产的发展，人民生活水平的提高，消费结构的变化，以及农产品国际贸易的日益增加，客观上要求培育不同的品种满足不同的市场需求。这些因素导致作物品种向多样化方向发展。例如大豆，有的需要脂肪含量高的用于榨油，有的需要蛋白质含量高的做豆腐，还有的专喜欢小粒生产豆芽。玉米过去主要是作粮食，现在作饲料，有的品种是高淀粉和高油分玉米，此外还有鲜食甜糯玉米，这样玉米不仅要有食用品种，而且还需要有饲用品种。水稻过去为满足温饱问题，主要是高产品种，现在需要好吃的优质品种，还有适应不同生态环境的品种等。

2.育种商业化

商业化育种是指以企业为主体、以市场为导向、以技术创新为支撑、以产业化运作为手段、以资本为纽带的新型农作物品种选育及推广体系。在欧美发达国家，市场经济发展高度完善，市场自主配置资源的空间很大，商业化育种体系比较成熟，而我国商业化育种则是相对于现存的以科研院所育种为育种主体而提出来的全新的市场化育种概念，与国外商业化育种差距巨大。中国要想成为世界种业强国，亟须解决公益育种惯性与商业育种趋势、育种目标论文导向与市场导向、主体政策先行与配套政策滞后等矛盾，必须拥有国际一流的跨国种业集团，以及分工明确的现代种业创新体系和先进高效的商业化育种模式。

3.品种杂交化

随着商品经济的不断发展，种子商品日益市场化。农民追求高产高效，种子企业追求利润。通过杂交育种技术选择和培育，获得的新品种具有杂种优势，因此，该技术在花卉、果蔬及农作物育种中得到极其广泛的应用。杂交育种可以将双亲控制不同性状的优良基因结合于一体，或将双亲中控制同一性状的不同微效基因积累起来，产生在该性状上超过亲本的类型。杂种优势是指两个遗传组成不同的亲本杂交产生的杂种第一代，在生长势、生活力、繁殖力、抗逆性、产量和品质上比其双亲优越的现象。杂交品种杂种优势明显，一致性强，不像常规品种那样直接繁殖，作为下一年的生产用种，其 F_1 种植以后 F_2 及其后代分离严重，导致农民不能自留种，每年都要向种子企业购买，从而提高了种子企业的生产经营积极性。此外，杂交品种是由亲本杂交而成，不能直接被其他企业育种家利用，从而育种家的权益易得到保护。因此，杂交品种在今后相当长的一段时间内得到广泛的应用。

4.种子标准化

种子质量直接影响着农作物的产量、品质以及其他功能。商品种子必须达到一个规定的最低质量标准才可上市。种子标准化对农业的可持续发展具有重要意义。种子标准化是指通过总结种子生产实践和科学研究的成果，对农作物优良品种和种子的特征、生产加工、质量、检验方法及种子包装、运输、贮存等方面，作出科学、合理、明确的技术规定，制订出一系列先进、可行的技术标准，在生产、使用、管理过程中贯彻执行。简单地说，种子标准化就是实行品种标准化和种子质量标准化。品种标准化是指大田推广的优良品种符合品种标准（即保持本品种的优良遗传特征或特性），种子质量标准化是指大田所用农作物优良品种的种子质量达到国家规定的质量标准。为适应市场经济体制及“供给侧改革”的政策要求，把国际先进技术标准融入我国种业发展，生产出优质的种子，具有非常重要的现实意义。

5.生产专业化

建立种子生产基地、实行种子生产专业化是遵循自然规律和经济规律的客观反映。实行种子生产专业化的基本条件，必须拥有较稳固的种子生产基地。没有种子生产基地，生产专业化就无从谈起。各类杂交品种的成功选育，使种子生产具有很大的技术性、专业性和区域性，改变了过去谁用种、谁制种的做法，为专业化种子生产奠定了基础。同时，应用专业技术和专业人员在标准化、集约化、规模化、机械化的生产基地上生产种子，制种产量比较高，质量比较好，成本比较低，效益比较高，为种子专业化生产提供了充分的条件。根据2012年国务院办公厅印发的《全国现代农作物种业发展规划（2012—2020年）》，我国在农作物种子生产布局上建设三个国家级主要粮食作物种子生产基地，分别是西北杂交玉米种子生产基地、西南杂交水稻种子生产基地和海南南繁基地。除三大国家级基地外，还将根据不同区域生态特点，在粮食生产核心区建设100个区域级种子生产基地，在种子生产面积1万亩以上的制种大县建设县（场）级种子生产基地。

6.加工现代化

农业生产的高速发展，要求有高质量的种子。高质量种子的内因在于其本身的特性，外因来源于种植基地的繁育条件和收获后采用的加工手段。种子加工广义的是指种子从收获后到播种前进行加工处理的全过程，主要包括脱粒、精选、干燥、预加工、清选分级、包衣等选后处理、包装、储存等内容。种子经现代化加工处理以后，种子外形基本均匀一致，种子净度、发芽率及种子活力等质量综合指标明显提高，是实现种子商品化、标准化的主要因素，是促进农业向机械化、精准化发展的基础，是提高农作物单产、保障国家粮食安全的有效措施，也是实现农业现代化的重要组成部分。实践证明，在日照充足、经过人工精心呵护条件下晾晒的玉米种子，虽然发芽率可以达到90%以上，但其发芽势明显低于机械化干燥的种子。

国家明确提出鼓励育繁推一体化种子企业采用先进种子加工技术及装备，提升种子质量和加强种子生产基地基础设施建设，改善生产条件，建设现代化种子加工中心和配送体系，提高种子生产、加工能力和服务水平。可见，种子加工已被列为农作物种业发展中的重要位置，成为实现农业现代化不可分割的组成部分。中外合资的敦煌种业先锋良种有限公司，在我国甘肃酒泉建设了世界上规模最大的现代化种子加工厂，季节加工能力3 000多万千克。

7.服务社会化

种子作为商品出现以后，它就再不是为种子生产者所自用，而是为全社会的粮食和其他农产品生产者所利用。种子从培育到种植农户等消费者手中，需要经过许多中间环节，这些工作不是某个部门、某些企业或某些地区单独能完成的，而是需要社会化背景下的种子服务。当前，种企之间的竞争已由拼质量延伸到拼服务，服务范围也从最基本的辨别真假种子的科普宣传扩展到标准化技术推广、农产品收购、信息共享、农业金融、保险等各个领域。农户、种企、科研单位、市场终端企业通力合作，才能方便农户购买种子，企业开拓种子市场，实现种子服务社会化。如山西高科农种业公司提供从种到收的管家服务创新，宣传推介“只要决定种玉米，其余的交给我”。这一模式的三个要点是高科京东贷为农户购种提供金融服务、先锋商学院专家提供春夏管护服务、高科农机联盟提供春种夏管秋收服务。这种全产业链服务模式成为该公司适应种植业革新和国家粮食安全要求的应对之笔，奠定了其在山西种业引导者的地位。

8. 管理规范化

种子作为商品出现在生产和流通领域之后，规范化的管理不仅是提高种子质量的手段，还是保护品种选育者、种子生产者、经营者和使用者正当权益的重要举措。种子管理规范化，就是从农作物品种的选育、试验、审定（或登记）到种子的生产、加工、检验、经营、销售和使用，都要有科学的规章、制度、法规和方针、政策作为依据，以便大家共同遵守。

9. 种子信息化

信息化是指以现代通信、网络、数据库技术为基础，对所研究对象各要素汇总至数据库，供特定人群生活、工作、学习、辅助决策等和人类息息相关的各种行为相结合的一种技术。随着现代科技的进步，当前农业信息化已成为农业现代化的重要组成部分，借助农业信息化建设，实现种子信息化管理，是种业发展的必然趋势。通过信息网络连通种子政策信息、生产信息、市场信息、品种研发信息、种子检测管理信息、品种管理信息和推广服务等相关信息，实现信息资料自动采集、上传、备份、入库、分析、查询和站点网页及时自动更新，实现数据和信息交换、模拟预测、智能决策、综合信息查询以及新成果新技术和信息发布、产品销售、网上培训等，让农业生产者和各级种业经营者从信息的交流互动中受益，形成种子信息化市场。信息化是未来种业品质保障的一个重要手段，也是建立种子可溯系统的重点环节，同时还是未来整个种业产业体系健全的一个重要支撑力量。

第二节 种子市场

一、种子市场概述

(一)种子商品市场概念

市场是商品经济中生产者与消费者之间为实现产品或服务价值，满足需求的交换关系、交换条件和交换过程。所以市场的存在要有若干基础条件：首先，市场是建立在社会分工和商品生产，即商品经济基础上的交换关系；其次，市场中要有交易主体，即交易当事人，也就是生产者和消费者。作为生产者一方，他们能提供满足消费者需求的产品；作为消费者一方，他们有某种需要或欲望，并拥有可供交换的资源。同时，市场的存在还需要有促成交换双方达成的交易条件和交易规范，如交易双方可接受的价格、时间、空间、服务方式以及法律保障等。

种子商品市场是指商品种子的交换场所及其交换关系的总和。种子商品市场也是一个由诸多因素构成的整体，主要的组成要素有交易对象、交易主体、交易条件和交易规范。交易对象，即交易物，也就是商品种子；交易主体，就是商品种子买卖的双方，主要是农户、种子生产企业和种子销售企业等；交易条件，即种子交易的场所、设施和环境条件；交易规范，即规范种子交易方式、交易行为的法律、政策法规等，例如对种子商品市场中种子企业销售未经审定的、无证生产的、套牌侵权的、假冒伪劣的种子等违法行为进行规范的法律法规。

(二)种子商品市场的类型

经济学将市场分为4种基本类型：完全竞争市场、完全垄断市场、垄断竞争市场、寡头垄断市场。中国种子市场是典型的垄断竞争市场。

从市场销售角度，种子商品市场又可划分为不同的类型。

1. 终端市场和中间商市场

按购买种子的目的可分为终端市场和中间商市场。终端市场是指购买者是真正的消费者及产品使用者，种子终端市场就是购买种子进行生产的种植户。例如种子企业建立的乡村种子连锁超市、配送中心、零售商店等针对种植户的基层销售网络。种子中间商是指那些购买商品种子和服务并将之转售或出租给他人，以获取利润为目的的组织。种子中间商市场以进一步转卖或加工生产为目的，整批买卖商品种子和劳务，而不是将商品大量直接卖给终端消费者——农产品种植户。

2. 种子现货市场和期货市场

按市场交易方式可分为种子现货市场和期货市场。现货市场是指在限定的极短时间内完成的“一手交钱，一手交货”的市场；期货市场是指先达成交易契约，然后到一定日期共同履约完成“成交在前，履约在后”的市场。目前大部分种子市场是现货市场，即一手交钱，一手交货，但我国也在发展农产品的期货市场。

3. 地方市场、区域市场、全国市场和国际市场

按种子市场经营区域可分为地方市场、区域市场、全国市场和国际市场。地方市场是指以中小城市或县镇为中心形成的当地市场；区域市场是指以中心城市为依托的区域经济范围内的市场；全国市场也叫国内统一市场，是指商品交换以全国范围为活动空间的市场；国际市场是指商品交换以全世界为活动空间的市场，它反映了市场主体支配交换客体的活动空间的世界性。由于农作物对自然环境的依赖性，决定了有些作物种子只能覆盖地方市场，有些作物种子能覆盖较大的区域市场。例如，对于小麦来说，在黄淮海麦区适合高产、优质的强筋小麦品种和广适、节水、高产的中筋小麦品种，在长江中下游麦区适合高产、优质、抗逆性强的弱筋和中筋小麦品种，在西南麦区适合高产、优质、抗旱节水、抗病抗逆性强的中筋小麦品种，在东北麦区适合高产、优质、早熟、抗逆性强的强筋和中筋小麦品种。这就决定了不同区域小麦种子的不同需求。

(三)种子市场的特点

种子市场交易的对象是种子，种子是具有时限的生命体，是凝结了农业科学技术的商品，它的特殊性决定了种子市场除具备一般商品市场的特征外，还具有以下特点：

1. 具有复合性

种子市场不仅是物质商品市场，同时又是技术商品市场，所以说它是个复合市场。这种市场的性质是由种子市场交换的对象——种子本身决定的：一方面，种子是一种农产品，是农业

劳动的凝结物，具有物质商品的性质，因此种子市场是物质商品市场中农产品市场的一部分。另一方面，种子具有较强的技术性，种子是农业科学技术的载体，优良品种能否实现高产，既取决于品种本身的产量特性，也跟自然条件和栽培技术息息相关，种植时要有相应的科学栽培技术措施相配套。

2.具有极强的区域性

这是由不同作物品种的生态适应性所决定的。具体表现在以下两个方面：一方面表现在不同的地区具有生产某种种子的相对的区位优势，例如马铃薯种薯主要在黑龙江等地生产，玉米制种主要集中在我国西北和东北几个省份；另一方面，种子还有一个地区适应性问题，不是所有的品种在所有的地方都适用。有些作物的品种适应性比较差，如南种不能北调，北种不宜南引等。

3.强烈的营销季节性

种子市场的季节性表现在收购种子和销售种子均有季节性。这就要求经营者抓住购、销的黄金季节，集中人力、物力、财力，搞好种子的收购、销售工作。同时要求经营者在购销淡季做好种子贮存保质的同时，开展多种经营。

4.明显的周期性

种子市场也和其他商品市场一样，供过于求和供不应求的状态交替发生。所不同的是，其他商品市场供求状态交替变换的时间长短很难预料，呈不规则变化；而种子市场则不然，一旦供过于求或供不应求，这种状态将持续较长时间，至少要持续一个生产季节。如果一年只有一个生产季节，则至少持续一年。某种供求状态不可能在短期内得到改变。

5.供给的不稳定性

种子供给的不稳定性主要包括两个方面，一是种子生产受自然条件影响较大；二是种子生活力的变化及其贮存量直接影响了种子市场容量的变化。因此，种子市场的产销平衡很难做到，而一旦种子过剩，又会给经营者带来很大的损失。因此，经营种子比经营其他商品具有更大的风险性。为了分担和化解种子经营风险，确保农业生产所需种子供应，国家一般还储备一定数量的救灾备荒种子。

6.较强的计划性和极大的风险性

种子与其他商品不一样，当年生产的种子不是在当年就销售，而是为种子用户下一年种植所用。尤其是杂交种子，至少还要比大田生产用种杂交种 F_1 提前一年繁殖亲本。即种子企业营销部和生产部要提前做好种子生产与销售计划，以销定产，防止生产过剩，造成库存压力，因此种子市场具有较强的计划性。种子销售与其他商品最大的区别就在于种子是有生命的商品且具有季节性和地域性。一旦种子生产过剩或购进过多，当季销售不完，剩余的种子要么在低温低湿等条件下保存至第二年销售，要么转为一般商品粮，特别是杂交种子转为商品粮，种子企业损失更大。此外，在种子生产过程中若遇到连续低温阴雨、高温干旱等自然灾害，导致种子制繁种失败，损失更严重。因此，种子市场具有极大的风险性。这就要求种子企业做好产、购、销的衔接计划，加强种子生产和贮藏技术的研究，降低市场风险。

7.竞争日趋多元性

随着种子市场的不断发展，我国种子多元化市场竞争格局正在形成。主要体现在两个方面，一是种子生产经营主体日趋多元化，国有、集体、民营和中外合资等种子企业多元化，加剧了种子市场的竞争,二是种子企业经营的品种多元化,作物与品种繁多,如粮食作物种子、经济作物种子、工业原料种子、饲料作物种子和药材作物种子等。国外主流种子企业经营活动与业务范围日趋于多元化,在产品经营上都采用以一种或几种作物种子为主、兼营其他多种作物种子的经营模式。例如,美国杜邦先锋公司就以经营杂交玉米种子和大豆种子为主,同时兼营小麦、油菜等作物种子。这种经营模式既可确保主导商品的市场份额,又可在一般商品种子或业务中实现市场渗透,积累必要的技术储备。

二、种子市场需求与供给

我国种子用户主要是农民,他们购买常规品种种子后通常留种比例高,而杂交和蔬菜种子主要通过市场满足用种需求;购买数量少、频次多、随意性强;对优良品种的认知滞后、专业知识欠缺;季节性强、购买时间相对集中等。针对种子用户的以上需求特点,来分析他们的购种动机、行为类型以及需求特征,才能在种子市场营销中做到有的放矢。

(一)种子市场需求

1.种子市场需求的概念与特征

种子市场需求是指种子用户在某一时期,在各种可能的价格水平上愿意购买并且能够购买的各种商品种子的数量。从经济学的角度讲,种子需求的形成必须同时具备两个条件:一是种子用户具有购买愿望;二是种子用户在现行价格下具有支付能力。如果种子用户对某种农作物品种只有购买欲望而没有一定支付能力,或虽然有购买能力但没有购买欲望,都不能形成对种子的有效需求。一般来说,种子市场的需求也符合一般的需求规律,即在其他因素保持不变的情况下,种子需求量与种子价格呈反方向变化,即种子需求量随种子价格的上升而减少,随种子价格的下降而增加。

具体来说,种子用户对种子需求具有多种特征,主要表现在以下三方面。

(1)种子需求的多样性　我国土地辽阔,生态类型多样,气候差异很大,自然地理因素导致种子用户对种子需求的差异很大,所以,不同地域、不同生态环境下的种子用户对种子的需求不同。即使是同一地区、同一村庄的种子用户,在购买种子时,需求也可能不同。以西瓜为例,有人喜欢早熟品种,有人喜欢晚熟品种,有人喜欢黄瓤无籽品种等,因而造成种子需求的复杂性和多样性。同时,不同种子用户在文化程度、生活方式、经济收入、技术特长等方面存在差异,在选择种子品种时,也不相同。

(2)种子需求的流行性和时间性　在种子需求的流行性方面,某些农作物品种由于在某些方面表现突出,深受用户欢迎,形成一定热潮。例如,在推广西瓜京欣系列新品种时,由于其早熟、优质、抗病、丰产、口感佳等特点,种植该西瓜品种的种植户越来越多。

种子需求的时间性主要体现在两个方面:一是农业生产季节性很强,因此种子购买有一定的季节性。种子用户一般不具备种子保管条件,保管不善,种子容易霉变或遭虫鼠损害或混杂,导致种子发芽率下降,所以种子用户一般都不会过早把种子买回家。二是种子使用的时间性,一个品种会随着时间推移,由新品种变成老品种,而老品种经常会被更新品种替代。例如"吉农大"系列玉米品种曾经是吉林省种植的主要品种之一,随着"先玉 335"玉米品种在吉林的推广,"吉农大"系列玉米种子销售量迅速减少。

(3)种子需求的可引导性　种子需求是可以引导的,特别是外界因素的变化会对种子购买需求产生很大的影响。例如，农产品供求的变化、农产品价格的变动、政府农业经济政策的变化、农技部门对农作物品种的推广、广告的宣传等都有可能引导种子用户改变其购买决策。

2.种子市场需求弹性分析

弹性本来是物理学的概念，表示一物体受外力作用时所引起的伸缩反应。在经济学上，弹性被用来表示因变量对自变量变化的反应的敏感程度。具体到需求弹性，是指影响需求各种因素的变动对需求量的影响程度。商品需求弹性的大小，通常用弹性系数来表示。需求弹性主要有需求价格弹性、需求收入弹性、需求交叉价格弹性等，在这里我们只介绍需求的价格弹性。

(1)种子市场需求价格弹性的概念　需求价格弹性表示在一定时期内一种商品的需求量变动对于该商品的价格变动的反应程度，也就是当价格变动1%时，需求量变动的比率。其公式为：

需求价格弹性系数＝－需求量变动率÷价格变动率

如果用 E_{dp} 代表种子的需求价格弹性系数，用 P、ΔP 表示种子价格和种子价格变动量，Q_d、ΔQ_d 代表种子需求量和种子需求量的变动量，则 $\Delta P/P$ 为种子价格变化的相对量，$\Delta Q_d/Q_d$ 为种子需求量变化的相对量。由定义得出种子需求价格弹性系数为：

$$E_{dp}=-(\Delta Q_d/Q_d)/(\Delta P/P)$$

例如：当种子市场上某水稻品种的种子价格为 25 元/千克时，该水稻品种种子的需求量为 100 万千克，当该水稻品种的种子价格下降到 23 元/千克时，需求量上升至 110 万千克，求该水稻品种种子的需求价格弹性系数。

$$\begin{aligned}E_{dp}&=-(\Delta Q_d/Q_d)/(\Delta P/P)\\&=-[(110-100)/100]/[(23-25)/25]\\&=1.25\end{aligned}$$

也就是说，该水稻品种种子的价格下降 1%，需求量增加了 1.25%。

(2)种子需求价格弹性的大小　从理论上说，需求价格弹性的大小有 5 种情况，即需求完全无弹性、需求缺乏弹性、需求具有单位弹性、需求富有弹性、需求富有完全弹性。但在种子市场中常见的主要是需求缺乏弹性和需求富有弹性两种情况。一是种子需求缺乏弹性，即种子价格变动 1%时，种子的需求量变动小于 1%，$E_{dp}<1$。如水稻、玉米等杂交种子，由于使用越代种子会造成严重减产，所以对杂交种来说，若其价格上涨 1%，种子的需求量变动会小于 1%。二是种子需求富有弹性，即种子价格变动 1%时，种子的需求量变动大于 1%，$E_{dp}>1$。如一些名、特、优、新品种的种子，当其价格下降时需求量会大增，当其价格上涨时需求量会明显减少。

(3)种子需求价格弹性与销售收入　在现实的经济生活中经常会发生这样的现象：有的种子企业提高种子的价格，能使自己的销售收入得到提高；而有的种子企业提高种子的价格，却反而使自己的销售收入降低了。这意味着，以降价促销来增加种子企业销售收入的做法，对有的商品种子适用，而对有的商品种子却不适用。这是因为，种子的市场需求价格弹性与企业的销售收入两者之间存在相互关系。从经济学的角度看，某种作物种子的价格变动时，需求弹性的不同，这种种子的销售收入的变动量也会不同。我们知道，种子企业销售收入等于商品的价格乘以商品的销售量。在此假定种子企业销售量等于市场上对其商品的需求量。这样，种子企业销售收入就等于商品的价格乘以商品的需求量。通常，需求弹性大于1的种子，价格的变动与销售收入呈反方向变化，即对于需求弹性小于1的种子，降低种子价格会降低种子企业的销售收入，而提高种子价格会增加种子企业的销售收入。所以如果某种子市场需求缺乏弹性，可以适当涨价来增加销售收入；而如果某种子市场需求富有弹性，可以采取适当跌价来增加销售收入。

3.种子市场需求的影响因素分析

(1)价格因素　价格因素主要表现在两个方面：一是运用种子本身的价格进行分析，在种子用户收入水平不变的情况下，种子自身价格的高低是影响其需求的最直接因素。在正常情况下，种子价格越低，其需求量越大；种子价格越高，其需求量越小。二是运用种子所生产出来的农产品价格进行分析，农产品价格越高，对种子的需求量就越大；农产品价格越低，对种子的需求量就越小。随着我国国民经济的发展，农产品除了作为粮食、食油、蔬菜和水果外，还作为饲料、食品、药品、纺织、化工等农产品加工业的原材料，需求量越来越大。农产品加工业的生产规模越大，对作为原材料的农产品需求就越多，对相关种子的需求量就越大。

(2)种子因素　种子因素中最核心的因素是种子的质量。种子质量是指种子这种特殊商品所要满足人们使用种子所要求的特征特性的总和。种子质量包括两个方面：一是种子的品种属性，二是种子的播种品质。品种属性指品种纯度、丰产性、抗逆性、早熟性、产品的优质性及良好的加工工艺品质等。播种品质是指种子的充实饱满度、净度、发芽率、水分、活力及健康度等。高质量的种子应当兼有优良的品种属性和良好的播种品质，缺一不可。同时种子的外观要有吸引力，如籽粒饱满、纯度高、光泽度好、包装美观大方等，这样的种子能给用户留下好印象，增加用户对种子的需求量。

(3)种子用户的科技文化素质　种子用户的科技文化素质影响其获取种子信息和识别信息的能力、决策能力、对新品种的接受能力、种植技术水平，最终影响到种子用户的种植效益和对种子的需求，科技文化素质较高的用户对新品种需求较高。

(4)政府的农业经济政策和法规　在社会主义市场经济条件下，政府主要职能是宏观调控，更多是采取经济手段干预市场对农产品的需求。例如通过对小麦、水稻实行最低收购价格政策，使小麦、水稻的种植面积比较稳定，小麦、水稻种子的需求也就比较稳定。政府还可以通过调节税收、贷款条件和贷款利率、种植与良种补贴等方式，鼓励或调减某些农产品的生产，鼓励农户推广应用优良品种，从而影响用户对相关种子的需求。

(5)农业产业发展及其经济因素　一个地区的经济发展水平、农业产业发展状况以及农民的收入水平对商品种子的需求会产生影响。一般来说，经济发达地区的农民收益比较高，对农业的投入热情大，信息灵通，对商品种子的需求量较多，自留种子数量较少。经济落后地区，农户对商品种子的需求量较少，自留种子数量较多。目前，随着我国农业产业化的发展和农村土地经营权的大量流转，使得有一定规模的农业企业、家庭农场、农民专业合作社大量出现，这些农业组织对商品种子的需求不仅数量大，而且对商品种子的品质要求越来越高。

(6)农业科技推广体制因素　种子是科技的物资载体，科技水平的提高，能促进种子的更新速度，提高种子商品化程度。一般来说，种子生产中科技含量越高，种子的商品化程度越高。如常规种子可以自繁，杂交种子则需要有亲本才能制种，且杂交种制种需要一定的制种技术。同时农业科技推广体制的完善，科技人员对新品种增产增收作用的培训、示范，对种子市场需求的扩大具有一定推动作用。

除了以上因素以外，还有许多因素会对种子需求产生影响，如气候因素、政治因素、社会因素等。总之，影响种子需求的因素多种多样，既有经济因素，又有非经济因素，这些因素的共同作用决定了种子的市场需求量。

（二）种子市场供给

1.种子市场供给的概念与特征

种子供给是指种子生产经营者在一定时间内，在一定价格条件下愿意并可能出售的种子数量。从经济学的角度讲，种子供给的形成必须同时具备两个条件：一是生产经营者有出售种子的愿望；二是生产经营者有供应种子的能力。如果只有出售种子的愿望而没有供应种子的能力，或虽然有供应种子的能力但并没有出售种子的愿望，都不能形成种子的有效供给。通常，种子市场的供给也符合一般的供给规律，即在其他因素保持不变的情况下，种子供给量与种子价格呈同向变化，即种子供给量随种子价格的上升而增加，随种子价格的下降而减少。

种子的供给与种子的生产密不可分，受到农业生产中各个因素的影响。因为农业生产有其特有的生产特性，因此，种子供给也具有本身的特点，主要表现在以下四个方面。

（1）种子供给的有限性　由于土地是种子生产不可替代的基本生产资料，而土地又是有限的稀缺资源，所以，在一定地域和一定技术条件下，种子的供给总量是有限的，不会随市场价格的提高呈现无限增长趋势。种子价格的提高只能在一定范围之内促进供给量的增加，而这个范围又是有限的。

（2）种子供给的季节性和周期性　农业生产的特点，决定了种子供给的季节性和周期性，种子企业必须在播种前期销售即将播种的作物种子。种子企业必须提前选择销售的作物和品种，备好种子，最大限度地满足种子用户的需求。农产品生产周期比较长，这一过程是不能间断的，也是不能违背自然规律的，如果种子供给不足，会影响这种农产品的供给。种子是有生命的商品，如果生产或购进的种子数量过多，当季销售不完，剩余的种子要么在一定条件下保存，要么转为商品粮，这样种子企业就要承担较大的损失，所以种子企业一定要选择适销对路的农作物品种，把握好生产或购进的种子数量，不可过多也不能过少。

（3）种子供给的地域性　农产品生产是有生命的动植物和微生物的再生产过程。土壤、温度、湿度、光照、降水等自然生态环境都对农产品的生产产生影响，所以农作物品种具有一定的区域适应性。这就要求种子企业必须熟悉当地自然、经济状况和品种特性，在深入调研的基础上，选择适合当地自然、经济现状的农作物品种。

（4）种子供给的合法性　种子是特殊的农业生产资料，根据《种子法》规定，主要农作物品种和主要林木品种在推广应用前应当通过国家级或者省级审定；应当登记的非主要农作物品种未经登记的，不得发布广告、推广，不得以登记品种的名义销售。所以作为种子企业必须遵守国家种子法律法规，不生产、销售未经审定的品种，不得推广未经登记的非主要农作物品种，不销售不合格的种子，以维护种子用户的利益。

2.种子市场供给主体的类型

2000年《种子法》正式颁布实施，规定农作物种子不再列入国家专营商品范畴，鼓励、支持单位和个人从事农作物良种选育与开发，种子市场成为一个开放的国际市场。种子供给主体间的竞争日趋激烈，逐渐形成多渠道、多元化的种子供应格局。目前，我国种子市场的供给主体主要是各类种子公司。

种子企业主要包括国有种子公司、民营种子公司以及中外合资种子企业等。第一类是国有种子公司，它是国家重点扶持的种子公司。例如，合肥丰乐种业股份有限公司，它是中国种子行业第一家上市公司，注册资本2.99亿元，公司拥有完整的科研、生产、加工、销售和服务体系，公司“两系”杂交水稻种子产业和玉米种子产业规模和实力位居行业前列，西甜瓜种子产销量位居全国首位。该公司的实际控制人为合肥市人民政府国有资产监督管理委员会。第二类是民营种子公司。随着种子市场的开放，民营种子公司得到了飞速发展。在百强种子企业中，民营种子企业占有一席之地。例如，安徽荃银高科种业股份有限公司曾是一家民营上市种子企业。企业集农作物种子科研、生产、加工、国内外营销等业务于一体，以经营杂交水稻、油菜、棉花、各类瓜菜等农作物种子为主导产品，在全国16个省建立了较为健全的市场网络营销体系，与东南亚多个国家和地区建立了贸易合作关系。它的第一大股东为个人，目前持股比例为10.73%。第三类是外资种子企业。外资种子企业主要通过品种和资本进入的途径进入中国市场，品种进入主要依靠其优势的品种或品牌进入中国市场，资本进入主要是跨国公司来华投资。随着我国农作物种子的逐步开放，外资种子企业在我国的市场占有率会不断提高。例如，2006年9月美国杜邦公司所属先锋海外公司与甘肃省敦煌种业有限公司共同投资组建了敦煌种业先锋良种有限公司。

3.种子市场供给弹性分析

(1)种子市场供给弹性的概念　供给弹性通常是指供给的价格弹性，它表示在一定时期内一种商品供给量变动对于该商品价格变动的反应程度，也就是当价格变动1%时，供给量变动的比率。其公式为：

供给价格弹性系数＝供给量变动率÷价格变动率

如果用E_{sp}代表种子的供给价格弹性系数，用P、ΔP分别表示种子价格和种子价格变动量，Q_s、ΔQ_s分别表示种子供给量和种子供给量的变动量，则$\Delta P/P$为种子价格变化的相对量，$\Delta Q_s/Q_s$为种子供给量变化的相对量。由定义得出种子需求价格弹性系数公式为：

$$E_{sp}=(\Delta Q_s/Q_s)/(\Delta P/P)$$

例如：当种子市场上某水稻品种种子价格为22元/千克时，供给量在150万千克，当该品种的价格上涨为24元/千克，供给量则达到170万千克时，求该水稻品种种子的需求价格弹性系数。

$$\begin{aligned}E_{sp}&=(\Delta Q_s/Q_s)/(\Delta P/P)\\&=[(170-150)/150]/[(24-22)/22]\\&=1.47\end{aligned}$$

也就是说，该水稻品种种子的价格上涨1%，供给量增加了1.47%。

(2)种子市场供给弹性的大小　从理论上说，供给弹性的大小也有5种情况，即供给完全缺乏弹性、供给缺乏弹性、供给具有单位弹性、供给富有弹性、供给富有完全弹性。但在种子市场中常见的主要是供给缺乏弹性和供给富有弹性两种情况。一是种子供给缺乏弹性，即种子价格变动1%时，种子的供给量变动小于1%，$E_{sp}<1$。如新选育审定刚进入市场的农作物新品种，种子数量有限，即使该品种价格上涨，也不能使该农作物种子供给数量大增，所以这时种

子供给缺乏价格弹性。二是种子供给富有弹性，即种子价格变动1%时，种子的供给量变动大于1%，$E_{sp}>1$。如已经推广种植一些年份的自花授粉作物种子，如果该品种价格上涨，将促使种子生产商将高产示范田的该品种种子作为商品种子出售，增加该品种种子的供给量。

种子企业在生产经营实践中，能根据种子市场需求与供给弹性来制定生产与营销决策。从种子的生产特点来看，由于土地刚性限制等因素的制约，种子的需求缺乏弹性。而种子的供给是富有弹性的，作为种子的生产企业，从种子生产周期的角度考虑，要适当多生产一些种子，以防供种缺货。从经销商角度考虑，因需求缺乏弹性，种子过剩就有转为商品粮的危险，在购种时应采取留有余地的策略。

对新育成的高产、优质类品种，因基础种子数量少，会出现供给弹性小、需求弹性大的现象。作为种子企业可以制定高价，满足一小部分种子用户的需求；另一方面，要采取迅速扩张的经营策略，增加制繁种面积，扩大繁殖系数，迅速生产新品种的种子，满足农民对新品种的需求。

4.种子市场供给的影响因素

在市场经济条件下，影响种子市场供给的因素主要有以下4个方面。

(1)种子价格　种子自身的价格对商品种子的供给产生决定性的影响，当商品种子价格下降时，种子生产企业就会减少种子的生产；商品种子价格上升时，种子生产企业就会增加种子供给。

(2)农业自然条件和农业科技水平　农业自然资源从基础条件上决定了商品种子生产的可能性，资源条件的优劣也决定了商品种子生产的多与少。在农业自然资源既定条件下，若要继续增加商品种子的供给量，就要充分发挥科技的作用，生产技术的提高会使资源得到更充分的利用，从而增加种子市场供给。

(3)商品种子生产者数量　在其他情况不变的条件下，同类商品种子生产者越多，种子供给的数量就越多，种子生产者数量和种子供给呈正方向关系。

(4)政府的农业产业政策　政府的农业产业政策会对商品种子的供给产生影响。如对种子生产企业实施税收优惠、信贷扶持以及农业补贴等政策，会提高种子企业的生产积极性，致使商品种子供给量增加。

第三节　种子市场调查与预测

《礼记·中庸》中说“凡事预则立，不预则废”。说的是不论做什么事情，事先有准备就能得到成功，否则就会失败。对于种子企业来说，要想在竞争激烈的种子市场上获得成功，必须首先做好充分准备。而进行种子市场调查，及时获得制定种子生产与营销决策所需的市场信息，是种子企业获得成功的第一步。在市场调查的基础上，种子企业运用科学的方法分析研究所收集的信息，进行种子市场预测，对种子市场的发展趋势做出准确判断，也是种子企业不可或缺的重要工作。

一、种子市场调查

（一）种子市场调查的概念和意义

1.种子市场调查的概念

有效的种子营销活动必须建立在种子市场调查的基础上，种子市场调查是运用一定的科学方法，有组织、有计划地收集、记录、整理、分析种子市场经营信息的活动。种子企业通过市场调查，能了解种子市场供求发展变化的历史和现状，为种子企业的决策者制定营销计划和营销策略提供主要依据。

2.种子市场调查的意义

种子市场调查在种子营销中具有重要意义。第一，通过市场调查，种子企业能及时发现营销中存在的问题。假设某种子企业近一年的种子销售量下降，就要寻找造成的原因，是种子价格过高、种子质量存在问题，还是出现了新的竞争产品，这时种子企业就要对种子经销商和种子用户进行调查，收集市场情况资料，以便从中发现问题，找出问题原因。第二，通过市场调查和分析，能了解种子市场种子的供给量与需求量，并进行预测，为制定制种计划提供参考。第三，通过市场调查和分析，可以提高种子企业的经营管理水平，增强企业竞争力。种子企业要在竞争激烈的市场中生存和发展，必须提高企业的经营管理水平。如何以最低的价格、最优质的种子、最短的路途、最快的速度、最合理的储存方式将种子送到农户手中，就必须进行市场调查和分析，也必须不断学习先进的经营管理理论和经验，采取有效的经营管理策略，来提高种子企业的经济效益。

（二）种子市场调查的内容

种子市场调查的内容十分广泛，凡是涉及影响种子企业生产经营活动整个过程的重要信息都应该调查了解。具体来说主要包括以下 5 个方面。

1.种子市场环境

种子市场环境调查主要包括与种子生产经营有关的经济环境、政治环境、社会文化环境和自然地理环境等。经济环境调查，主要包括农民的收入水平、农业产业结构调整、科技发展水平等。一个地区农民的收入比较高，对种子的需求量就会比较多，特别是新、特、优品种的种子。一个地区农业产业结构的调整，会对这个地区种子市场容量和种子类型的需求产生影响，种子企业要密切关注不同地区的农业发展规划，及时根据农业产业结构的变动来调整种子的生产与经营。政治环境调查，主要包括政府制定的农业经济政策和法律法规，如与种子生产经营有关的价格、税收、财政补贴、信贷优惠、生产经营等方面的政策法规，反映了政府对种子行业的支持力度。社会文化环境调查，主要包括农民的文化教育程度、种植习惯、价值观、对农业新技术的接受程度和采用情况，以及农业技术推广和社会化服务体系的健全程度等内容。自然地理环境调查，主要包括光、温、水、土壤等生态环境条件和交通运输状况等内容。种子营销受自然条件的影响和制约，具有强烈的地域性和季节性，这些自然条件决定了农作物品种的生态类型和适应区域，也决定了品种生产的区域和流通方向，为种子企业选择适销对路的农作物品种提供主要依据。

2.种子市场需求

种子市场需求调查主要包括对种子市场需求量、种子市场需求结构、种子市场需求趋势、种子企业市场份额等情况进行调查。种子市场需求量调查，是种子企业调查一定地区范围内农作物的生产情况，确定该地区种子的需求量，以便妥善安排好种子生产，确保种源充足。种子市场需求结构调查，是指对某地区各类作物的种子需求量，如小麦、水稻、玉米、棉花、蔬菜、瓜果等不同种子需求量所占的比重，以及同种作物不同品种的需求量所占的比重进行调查。种子市场需求趋势调查，是指随着农作物种植结构的变化和作物布局的调整、消费者对农产品需求的变化以及农业新技术的推广应用，种子用户对种子的需求结构发生的变化。种子企业对种子市场需求趋势进行调查，帮助企业了解未来种子市场的作物种类和品种需求趋势。种子企业市场份额调查，是指种子企业调查本企业在某一区域各类农作物种子的市场占有率情况进行调查。

3.种子市场供给

种子市场供给调查主要包括种子市场供给量的调查和种子市场供给结构的调查。种子市场供给量的调查是调查各类作物种子的生产总量和供给总量。种子市场供给结构的调查，是指在种子总供给量中各类农作物种子所占的比例，以及在同类农作物种子中不同品种种子所占的比例进行调查。

4.种子市场营销因素

种子市场营销因素调查主要包括产品、价格、渠道和促销的调查。种子企业产品调查主要包括对作物新品种选育和审定、登记情况、种子用户对种子使用情况、种子用户对种子的评价等方面进行的调查，例如了解种子用户不愿使用某品种种子的原因，是因为该品种产量不高、还是农作物品质不好、还是种植管理太费人工，通过对种子产品调查来寻找原因。种子的价格调查主要是种子用户对种子价格的接受情况和敏感性调查；种子销售渠道调查主要包括对种子销售渠道的布局、经销商的服务情况、种子用户对经销商的满意情况等进行调查。例如，调查县乡种子销售网点情况、种子的储存和运输成本以及进一步拓展种子销售网络的可能性等；种子促销活动调查主要包括各种种子促销活动的效果，如广告实施的效果、人员推销的效果、营业推广的效果和对外宣传的市场反应等。

5.种子企业市场竞争情况

种子企业市场竞争情况调查主要包括对种子企业竞争对手的基本情况、竞争能力、潜在的竞争对手等情况进行调查。例如调查竞争对手的数量、区域分布、经营规模、经营的产品作物与品种、市场占有率、销售渠道、种子质量、包装规格、销售价格、服务质量、发展前景等情况，做到知己知彼，这能帮助种子企业确定企业的竞争策略。

(三)种子市场调查的方式方法与步骤

1.种子市场调查的方式方法

(1)种子市场调查的方式　是指种子企业在市场调查过程中，调查者在选择调查对象时所采用的不同方式。主要包括普查、重点调查、典型调查和抽样调查等方式。

普查是统计调查的组织形式之一，是将调查对象中全部单位进行逐个调查，属于全面调查。这种调查方式所获得的资料全面，可以使企业全面地了解市场情况，且准确性高，规范化程度也较高，所以普查所获得的数据为抽样调查或其他调查提供基本依据。但由于普查涉及面广、调查单位多，需要耗费大量的人力、物力和财力，所以种子企业很难做到全面普查。

重点调查是指在全体调查对象中选择一部分重点单位进行调查，以取得统计数据的一种非全面调查方法。此种方法的优点是，所投入的人力、物力少，而又较快地搜集到统计信息资料。一般来讲，在调查任务只要求掌握基本情况，而部分单位又能比较集中反映研究项目和指标时，就可以采用重点调查。例如，要想了解大型种子企业主营业务的生产情况和财务状况，就可以对丰乐种业、荃银高科、隆平高科、敦煌种业、登海种业、大北农、农发种业等上市种子企业进行重点调查。

典型调查就是根据调查目的和要求，在对调查对象进行初步分析的基础上，有意识的选取少数具有代表性的典型单位进行深入细致的调查研究，从而了解总体基本情况的一种非全面调查方法。典型调查要求搜集大量的第一手资料，搞清所调查的典型各方面的情况，做系统、细致的解剖，从中得出用以指导工作的结论和办法。其优点是了解的事物生动具体，资料详尽，对问题的研究深入细致，但在调研中一定要选好典型，要有代表性，不能以偏概全。

抽样调查是根据随机的原则从总体中抽取部分实际数据进行调查，并运用概率估计方法，根据样本数据推算总体相应的数量指标的一种统计分析方法。抽样调查虽然是非全面调查，但它的目的却在于取得反映总体情况的信息资料，因而，也可起到全面调查的作用。抽样调查的优点是经济性好，实效性强，适应面广，准确性较高。但抽样调查与其他调查一样，也会遇到调查的误差和偏误问题。

(2)种子市场调查的方法　种子市场调查方法很多，应当结合调查的目的和内容适当加以选择，常用的调查方法主要有以下四种。

①询问调查法　询问调查法是指通过走访调查、电话和网络调查、信函调查等手段，收集所需要的信息资料，它是市场调查的常用方法之一。走访调查是由调查者直接面对面向调查对象进行询问，可以个别地按照事先拟订的调查表或访问提纲进行询问，也可以调查人员与被访问者自由交谈的访问。由于该方式是面对面的提问讨论方式，当发现问题时可以随时纠正并解释清楚，还可以相互启发，便于深入了解和研究问题，达到原设计没有预料到的效果。电话和网络调查是利用现代通信工具对某一调查内容向调查对象询问意见，其优点是资料收集快、成本低，其缺点是不能询问较复杂问题，也不容易使人了解。信函调查是指调查者将所需调查的内容制成调查表寄给调查对象，填写后寄回，其优点是调查范围广、费用低，缺点是信函回收率较低。

②现场观察法　现场观察法是指调查者亲临现场对调查对象的行为及特点进行观察、记录并收集有关资料。调查人员可以肉眼观察、手工记录，也可以利用仪器设备收录和拍摄，收集现场真实现象和数据。例如对某品种种子质量情况的调查、种子用户对某农作物品种的市场需求量调查、对种子销售人员的服务质量和水平的调查等。

③实验调查法　实验调查法是从影响市场调查效果的若干因素中，选择几个因素加以小规模实验，然后对实验结果做出分析，研究是否值得大面积推广的一种调查方法。例如，在影响某农作物种子销售量变动的几个因素中，选择包装和价格两个因素进行实验，在其他因素不变的情况下，通过变动种子的包装规格和销售价格，观察种子销售量的变化情况。

④资料分析法　资料分析法是依靠历史和现实的动态统计资料，在室内进行统计分析的

调查方法。例如,通过种子销售相关资料统计,可以分析种子市场供求趋势、某品种种子市场占有率等情况。

2.种子市场调查的步骤

进行种子市场调查,因时间、地点、费用、设备等条件不同,种子市场调查的步骤会有一些不同,但一般来说,市场调查包括五个步骤,如图 2.1 所示。

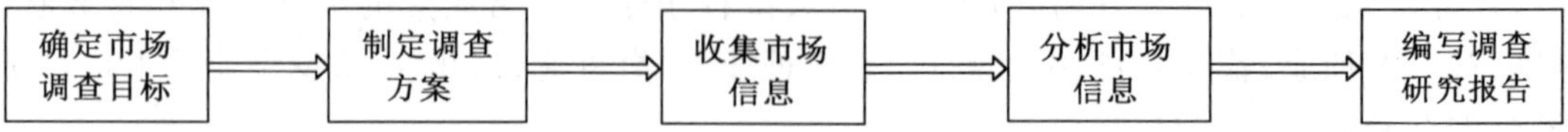

图 2.1　种子市场调查的步骤

(1)确定市场调查目标　在进行种子市场调查时,首先要确定调查的目的、范围和要求。种子市场调查的问题主要有两类,一是在种子经营过程中出现的亟须解决的问题;二是对种子经营决策有较大影响的问题。例如,在某作物种子销售旺季,销量比往年同期销量大幅下降,就需要对这种情况出现的原因进行调查分析。

(2)制定调查方案　在正式进行调查之前,必须设定调查方案。包括列出必须收集哪些方面的资料、到哪些单位去收集、调查的地区和时间、基本的调查方法以及调查人员的组织和调查经费的预算等方案。

(3)收集市场信息　收集市场信息即根据预先设计的方案对被调查者进行咨询,收集有关资料。收集市场信息是一项较为复杂烦琐的工作,要按照事先划定的调查区域确定每个区域调查样本的数量、调查的内容等情况,要及时了解调查人员在调查中遇到的问题,并及时解决。另外,要选择好实地调查对象,如调查市场需求应向农业部门、种子销售部门和农户了解;调查品种质量问题,应向良种场、种子生产基地了解。

(4)分析市场信息　调查工作完成后,所得到的资料是凌乱的,也不排除真实性不够的成分存在。因此对资料必须进行整理和分析,资料的整理分析包括分类、校对、编号、列表等。分类是把相同或相近的调查资料归类;校对是要去掉有明显错误或模糊的资料,如果发现某一方面的资料不够或不实,则应抓紧时间补充;编号是将资料按类型编号便于整理;列表是将归类的资料列表表示,使调查结果更直观。

(5)编写调查研究报告　调查研究报告编写的主要内容包括调查进程概况、调查目的与要求、调查结果与分析、结论与建议、附录等。编写的原则包括应紧扣主题、内容客观扼要和重点突出。最后,调查研究报告的结论应在实践中加以校验,如果方法对路,结论正确,建议合理,就应该予以采纳;若结论不正确或不完善,则需进一步调查,加以补充或修正。

二、种子市场预测

(一)种子市场预测的概念和作用

1.种子市场预测的概念

种子市场预测是种子企业在市场调查的基础上,运用科学的方法,对影响市场供求的各种因素及其变化进行分析和推断,以确定种子商品供求未来变化和发展趋势的活动,为种子企业制定营销策略提供科学依据。

2.种子市场预测的作用

(1)为种子企业确定计划目标和制定营销策略提供科学依据　预测是为决策服务的,种子企业要科学地制订种子生产计划和营销策略,就必须运用各种预测技术和方法,预测未来一定时期内市场对商品种子需求的变化及其发展趋势,从而为企业确定计划目标、制定营销策略提供科学依据。在目前种业大发展的时期,种子市场的供求处于动态环境中,种子企业决策部门应经常对有关的情报和资料进行综合分析,对未来或未知的经营前景进行科学分析和推测。

(2)能提高种子企业的市场竞争力　通过市场预测,种子企业可以及时地把握农业生产对种子品种、质量及数量的新要求,以便及时采取相应对策。也可以了解和预测其他种子企业的经营状况及发展趋势,以便适时地制订和修正自己的计划,增强种子企业的竞争能力。

(3)能提高种子企业的经营管理水平和经济效益　种子市场预测是在分析研究所收集的种子市场情报的基础上进行预测,能一定程度上把握未来种子市场变化的有关趋势,减少决策的盲目性和未来的不确定性,降低决策可能遇到的风险,使决策目标得以顺利实现,从而提高种子企业经营管理水平和经济效益。

(二)种子市场预测的内容和方法

1.种子市场预测的内容

市场预测的内容十分广泛丰富,从宏观到微观,二者相互联系、相互补充。从宏观方面看,预测主要研究全国和各地区种子供求总量的变化趋势,以及种子市场供求的影响因素与影响程度对未来种子市场的影响。如农业生产的发展与种子供求的变化趋势;种子销售价格和经济政策的变化对种子市场的影响及其影响程度等。从微观方面看,预测主要研究市场供求变化对种子企业经营发展的影响。如对农民种子购买力、市场占有率与经营效果预测等。

从种子市场经营的观点看,种子企业的市场预测应该包括以下 3 个方面的内容。

(1)种子市场的需求总量预测　种子市场需求总量预测是指在一定时期、一定市场销售范围内农民对购买某一作物种子的总数量的预计。在需求总量预测时,要考虑到人口的变化、人民生活水平的变化以及农产品加工业的发展等因素的影响。例如,随着我国国民经济的发展与人民生活水平的提高,社会对农产品的质量和结构的要求均在不断变化,种子用户对农作物种子的需求就会发生变化。比如畜牧业的发展,对饲料用玉米种子的需求量会不断增加。对农作物种子的潜在需求做出准确预测,可以更好地适应未来市场发展的需求。

(2)种子企业的种子销售量预测　种子企业在某一地区的市场销售量预测,取决于某一地区各种作物的种植面积、作物的田间布局、农户的种植习惯以及竞争对手的数量等因素。企业在预测出某作物的种子在该地区的销售总量的同时,根据本企业在市场竞争中所处的地位,最终确定本企业品种在市场上的预计销售量。

(3)种子品种生命周期预测　随着农业科技的发展,育种水平不断提高,新育成品种在产量、品质、抗性等性状上不断改进,新品种选育的速度正在加快。因此,加强待开发的新品种生命周期预测对一个种子企业来说十分重要。要做好这方面的工作,需了解各类作物育种的动向,了解各类作物品种区试、生产试验及品种审定以及品种登记情况,掌握新品系的配套栽培技术和繁育技术，以便及早组织有苗头的新品种种子生产和经营。另外，还需进一步了解新品种的特征特性，明确其优缺点，并结合农业生产要求预测新品种的生命周期。

2.种子市场预测的方法

市场预测的方法很多，各种预测方法都有其特定的用途。在实际工作中要根据预测内容和要求的不同以及掌握资料的情况，选择合适的方法。种子市场预测的方法主要有定性预测和定量预测两大类。

(1)定性预测的方法　定性预测是根据掌握的信息资料，凭借预测者的知识、经验和对各种资料的综合分析能力，对种子市场未来的趋势、规律、状态作出主观的判断和描述。

①种子用户意向调查法　对有计划购买种子的用户进行调查，了解其对种子品种、种子价格及售后服务等方面的需求，从而推断种子市场需求的变化趋势。该方法比较准确，但适用于客户较少的种子市场预测。

②种子营销人员意见法　种子营销人员是直接面向种子用户的，对整个种子市场行情比较了解，通过他们的分析、判断，预测今后一段时间内种子供求变化及发展趋势。该方法及时、迅速。

③专家意见法　种子企业先选定与预测问题有关的几位专家，通过通信或通信调查，将他们的初步意见进行综合、整理、归纳，再反馈给各位专家，征求意见。该方法适用于新品种的开发和新市场的开拓。

(2)定量预测的方法　定量预测是根据历史和现在的统计数据资料，选择或建立合适的数学模型，分析研究其发展变化的规律并对未来作出预测。

①时间序列预测法　时间序列是按时间(如年、季、月等)先后排列起来的一组数据。依时间序列进行预测的方法称为时间序列预测。时间序列预测法主要包括简单算术平均法、加权平均法、几何平均法、指数平滑法等预测方法。这里只介绍简单算术平均法。简单算术平均法是将观察期内预测目标时间序列值加总平均，求得算术平均数，并将其作为下期预测值。例如，某种子企业 2015—2019 年销售某水稻种子分别为 70 万千克、72 万千克、71 万千克、68 万千克、74 万千克，采用简单算术平均法预测 2020 年水稻种子的销售量为(70＋72＋71＋68＋74)/ 5 ＝ 71 万千克。

②回归分析预测法　回归分析是确定两种或两种以上变量间相互依赖的定量关系的一种统计分析方法，其利用其他变量的已知数值来判断所预测的变量值。回归分析按照涉及的自变量的多少，可分为一元回归分析和多元回归分析；按照自变量和因变量之间的关系类型，可分为线性回归分析和非线性回归分析。

第四节　种子市场开发

在种子市场调查与预测的基础上，种子企业结合自身的资源、财务情况做出决策，准备开发种子市场。开发种子市场一般要经过种子市场细分、目标市场选择、市场定位、确定进入目标市场的策略等过程。

一、种子市场细分

(一)种子市场细分的概念

市场细分就是企业根据市场需求的多样性和购买者行为的差异性,按照一定的标准,把整体市场划分为若干具有某种相似特征的子市场,以便选择确定自己的目标市场。由于消费者的需求动机和购买行为的差异性,任何企业都无法满足市场的全部需要,所以企业必须在对市场进行调查分析的基础上,对市场进行细分,根据企业自身的优势确定目标市场并进行市场定位。

现代种子企业也面对众多需求各不相同的消费者,即使是在同类产品上需求也表现出很大的差异性,所以种子企业也必须进行市场细分。所谓种子市场细分,是指根据不同的农作物种类、生态区域和品种特征,把所有的种子用户(整体市场)划分为若干个种子需求相同或相似的使用者群体的过程,各个种子需求相同的用户群组成种子细分市场。例如,按作物种类可分为大田农作物种子市场、瓜菜种子市场、花卉种子市场和园林苗木市场等;大田农作物种子市场又可分为不同的子市场,像水稻种子市场、小麦种子市场、棉花种子市场、玉米种子市场等具体农作物品种市场;还可以按种子的品质、播种时间等划分成更小的子市场。通过种子市场细分,种子企业比较容易了解种子用户的需求状况和满足程度,从而发现那些还没有得到满足的市场。这样就可以根据自己经营理念、生产技术和营销力量确定具体的种子目标市场。

(二)种子市场细分的方法步骤

种子生产经营企业在进行市场细分时,可以按如下步骤进行。

(1)选择与确定种子企业营销目标　选择与确定种子生产经营企业从事哪些种子的生产销售,这是种子市场细分的前提。由于种子用户具有居住地分散、地域分布广、需求复杂等特点,导致种子用户种子购买行为的差异性。为此,种子生产经营企业必须进行深入细致的调查研究,分析种子用户的具体需求,从而做出相应决策。例如,就玉米种子来说,有的用户需要加工型玉米种子,有的用户需要饲用型玉米种子,有的用户需要特种玉米种子。

(2)明确种子市场细分标准　依据种子用户的需求情况,列出种子市场细分标准。常用的种子市场细分的依据有地理因素、心理因素、作物分布和购买行为等。

(3)分类比较,筛选细分市场　将种子生产经营企业的实际情况与种子各细分市场的特征进行比较,筛选出最能发挥企业优势的细分市场。例如,登海种业以登海、西白等自育玉米杂交种和大白菜杂交种为其主营业务,就是找到了最大程度发挥该企业优势的细分市场。

(4)初步确定种子细分市场名称　尽量用形象化的方法来为种子细分市场定名。

(5)再次检验各细分市场合理性　再次检验种子企业是否合理、有效地进行了种子市场细分。也就是种子企业所选定的细分市场必须与企业自身状况相匹配,确保企业有优势占领这一市场。同时种子企业选定的细分市场容量要足以使企业获利,这就要求种子细分市场的潜在规模足够大,规模过小、需求量小的市场一般是无意义的。

(6)确定细分市场　在做完充分的市场调查,多次分析评估企业自身情况与市场状况后,种子企业确定种子细分市场。

二、种子目标市场选择

(一)种子目标市场选择的含义与作用

种子目标市场就是种子企业决定要进入的市场。种子企业划分好细分市场之后,可以进入既定市场中的一个或多个细分市场。种子目标市场选择是指种子企业在评估每个细分市场的市场潜力、竞争状况、本企业资源条件等多种因素之后,选择进入一个或多个细分市场。市场细分是种子目标市场选择的基础和条件,而种子目标市场选择是种子企业进行市场定位、制定相应种子营销策略组合的基础。

种子目标市场选择的作用主要表现在:第一,种子目标市场的选择,可以使种子企业有针对性地进行种子新品种的培育、改良、合理价格的制定、适合流通渠道的选择以及种子促销和广告策略的制定,最大程度避免种子企业生产经营中的盲目性,提高经济效益。第二,选择种子目标市场,有利于企业随时根据目标市场环境因素的变化调整营销策略,在不断变化的需求中,推陈出新,提高种子企业竞争力和市场占有率。

(二)种子目标市场选择的策略

种子企业选定了目标市场以后,要根据已选中的目标市场制订一定的营销策略,以达到企业预期目标,这就是种子目标市场营销策略。可供选择的目标市场营销策略主要有无差异性营销策略、差异性市场营销策略和集中性市场营销策略等三种。

1. 无差异性营销策略

无差异性营销策略是指企业将产品的整个市场视为一个目标市场,用单一的营销策略开拓市场。无差异性营销策略只考虑消费者在需求上的共同点,而不关心他们在需求上的差异性(图 2.2 所示)。对于种子企业来说,如果不进行种子市场细分,以单一的农作物品种和单一的营销策略满足所有种子用户的需求,这就是无差异性营销策略。无差异性营销策略的优点是成本的经济性。生产单一产品,可以减少生产与储运成本;不进行市场细分,可以减少企业在市场调研、产品开发、制定各种营销组合方案等方面的营销投入。对于种子企业来说,采用该营销策略的缺点是忽略了不同种子用户对商品种子需求的差别。

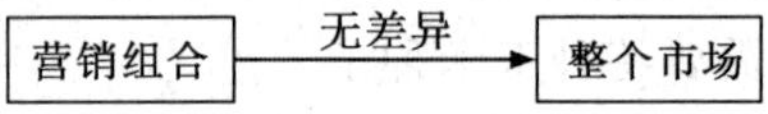

图 2.2 无差异性市场营销策略

2. 差异性市场营销策略

差异性市场营销策略是将整体市场划分为若干细分市场,针对每一细分市场制定一套独立的营销方案(图 2.3 所示)。差异性营销策略的优点是产品品种多、针对性强,消费者需求能更好地得到满足,由此促进产品销售。另外,由于企业是在多个细分市场上经营,一定程度上可以减少经营风险。但由于公司必须针对不同的细分市场发展独立的营销计划,会增加企业在市场调研、促销和渠道管理等方面的营销成本。对于种子企业,针对不同的种子市场,要研发不同的优良品种,并采取不同的促销策略。例如合肥丰乐种业选育的两系杂交水稻品种'丰两优香一号'为安徽省、湖北省的主推品种,早稻品种'丰优一号'通过广西审定,晚稻品种'两优 18''丰两优晚三'分别通过江西省和国家审定,针对不同地区选育不同的水稻品种,丰乐种业获得较好的经济效益。

3.集中性市场营销策略

集中性营销策略则是集中力量进入一个或少数几个细分市场，实行专业化生产和销售(图2.4)。刚刚进入种子行业的中小种子企业或老种子企业针对某个薄弱的种子细分市场，通常采用这种营销策略。集中营销策略的优点是能够有效使用企业资源，集中资源优势在某个或某几个细分市场进行竞争，但企业经营风险较大，一旦目标市场突然发生变化，可能使企业因没有回旋余地而陷入困境。

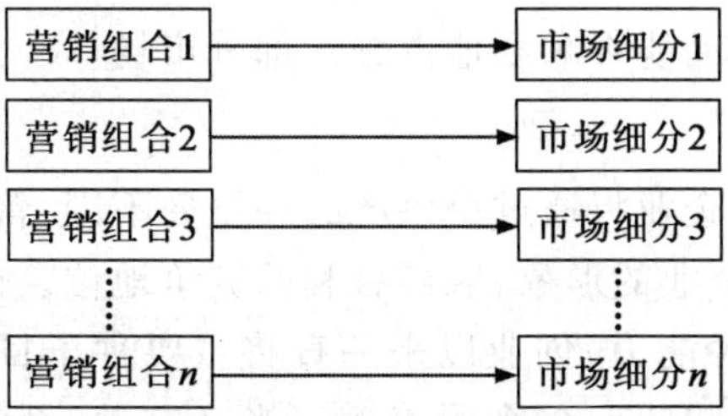

图 2.3　差异性市场营销策略

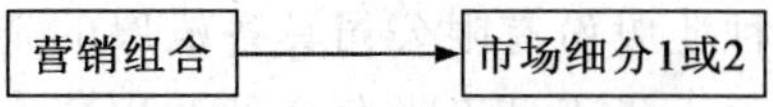

图 2.4　集中性市场营销策略

(三)种子目标市场选择的步骤

国内学者郭杰曾提出市场细分“七步法”，其基本内容为：

第一步，选定种子企业欲开发各品种的市场范围。确定种子生产经营单位从事哪些种子的生产销售，是种子市场细分的前提。

第二步，列出选定市场的所有潜在顾客——欲购种农户的所有需求。根据种子市场细分的标准，列出种子用户群体的需求情况，是确定种子市场细分的依据。

第三步，将农户分类，以他们最迫切的需求为细分标准。找出各类种子用户的典型，分析他们需求的具体内容，然后按前述细分依据进行细分。

第四步，寻找每个细分市场上的具有特征的需求，作为进一步细分的标准。将种子生产经营单位的实际条件同各细分市场的特征进行比较，选出最能发挥本单位优势的细分市场。

第五步，初步确定本企业的开发子市场，并尽量用形象化的方法为细分市场命名。

第六步，进一步研究子市场的不同需求与购买行为特征。再次检查各个分市场是否符合本单位的实际情况，以便对各个分市场进行必要的合并和分解，使之形成更为有效的目标市场。

第七步，决定市场细分的大小以及市场需求的潜力，确定目标市场。

以上是一般市场细分步骤，种子企业在具体应用时，可根据种子市场的实际情况及发展变化做出相应调整。

三、种子目标市场定位

种子企业在选定目标市场之后，还要研究怎样占领市场。因为在企业选定的目标市场上，可能已经存在若干竞争者的同类产品，所以种子企业在进入目标市场前，需要了解同类竞争者种子的市场地位及其产品特色，以及种子用户对该类种子的各种属性的重视程度，从而为自己的产品和品牌确定一个适当的市场定位。

（一）种子市场定位的含义与作用

1.种子市场定位的含义

种子市场定位是指种子企业根据竞争者现有产品在市场上所处的位置，针对种子用户对该类种子的某些特征或属性的重视程度，塑造出本企业产品与竞争者不同的形象并传递给目标顾客，使该产品在细分市场上占有强有力的竞争位置。种子市场定位是种子企业全面战略计划的一个重要组成部分，它关系到种子企业的产品能否顺利地占领一部分市场。

2.种子市场定位的作用

市场定位是塑造一种产品在细分市场的位置，企业将通过提供产品和服务不同、营销方式不同等，在目标市场与竞争者以示区别，从而树立企业的形象，取得有利的竞争地位。例如，山东登海种业股份有限公司具备雄厚的杂交玉米育种能力，创业以来一直将主要种子目标市场之一定位于紧凑型玉米杂交种的选育，目前已选育出100多个紧凑型玉米杂交种；而西瓜、甜瓜种子是安徽丰乐种业的拳头产品之一，年产销量一直居全国第一位，现有品种多达100多个，比如西瓜种子‘西农八号’的鲜明特色是西瓜口感风味佳，质细脆汁多，并且抗枯萎病和炭疽病，果皮坚硬，耐储运。

种子市场定位的作用主要体现在两方面：一是有利于建立企业及种子产品的特色市场，提高企业竞争力。市场定位的过程就是企业差别化的过程。在市场经济环境中，许多种子企业生产同类作物的种子或者同品种的种子，为了争夺有限的种子用户，市场竞争非常激烈。所以种子企业必须在产品、服务、营销手段等方面为其种子产品培养一定的特色，在种子市场树立一定的企业形象，提高种子用户的满意度。二是种子市场定位决策是企业制定营销策略组合的基础。不同种子企业可以根据自身资源优势制定不同营销策略。例如，对于研发能力强的种子企业，对于自己新研发的品种，可以以优质、高价作为市场定位。在保证产品品质的基础上，注重产品的包装设计、保证营销渠道畅通、服务优质、广告宣传到位，让种子用户真切感受到物有所值，成为忠诚的消费者。

（二）种子市场定位的步骤

种子市场定位是一个种子企业通过识别其潜在竞争优势、选择相对的竞争优势和显示其独特竞争优势三个步骤来实现的。

1.分析竞争形势

对种子企业竞争形势的分析，主要包括确定主要的竞争对手，分析竞争对手的经营战略、未来目标、存在的优势和劣势以及竞争对手的反应。种子企业确定了主要的竞争对手后，在具体分析竞争对手的经营战略和市场占有率等状况的基础上，还要从竞争对手的业务经营能力、产品营销能力和财务能力等方面评估竞争者。

2.找出自身优势

种子企业与竞争对手相比较，不可能在每个方面都占有优势。种子企业应把企业主要的生产经营活动加以分类，并将主要环节与竞争者相应环节进行比较分析，从而找出企业的竞争优势。比如找出企业在种子研发、种子生产规模、产品质量、服务质量、销售渠道及其品牌知名度等方面的优势。

3.显示独特的竞争优势

显示独特的竞争优势的做法主要是建立与市场定位相一致的形象，比如通过广告宣传等营销手段让种子用户了解和熟悉该种子企业的市场定位，并使种子用户对该种子企业的市场定位认同和偏爱。切忌市场定位模糊与混乱，若出现这种情况，一定要及时纠正。

4.种子市场定位的依据

种子企业由于经营的种子种类、品种不同，所处的经营环境不同，面对的种子用户不同，所以市场定位的依据也不同。种子企业除了根据种子种植后的收获物品质和价格定位外，还要根据种子的品种特征特性以及特定使用用途定位。

(1)根据种子的品质和价格定位　种子用户在购买商品种子时，首先会考虑种子种植后的收获物品质与价格这两个因素。所以对于规模较大、技术力量雄厚的种子企业，由于种子收获物品质较好、市场营销能力较强，企业可以进行“高质高价”的市场定位，以使企业获得较高利润，同时弥补高品质带来的高研发成本。但如果市场竞争非常激烈，为了确保市场占有率，种子企业可以用“高质低价”的市场定位。而对于实力薄弱、技术力量差的种子企业，为了维持企业生存，种子企业必须用“低质低价”的市场定位。种子企业按照种子的品质和价格定位时，也要考虑分销策略和促销手段。

(2)根据种子的品种特点定位　种子是一种特殊的商品，它是有生命力的生物体，所以构成农作物种子品种内在特色的许多因素都可以作为市场定位的依据，比如种子品种的产量、抗性、熟期等。种子用户都希望农作物具有高产、优质、抗逆、省工、省肥等特性。许多种子企业根据种子用户的这些需求进行市场定位。例如湖北荃银高科种子有限公司推广的新两优223再生稻，该水稻抗高温能力强，稻曲病少，产量高，而且再生稻是利用水稻收割后稻桩上的潜伏芽萌发，在适宜的温、光、水、肥条件下培育出的一季稻。该种子一种两收，种一季，收两季，具有省种、省时、省肥、省药等特点。又如隆平农业高科技股份有限公司致力于杂交水稻、杂交辣椒、杂交棉花、杂交玉米、杂交油菜等杂交品种的选育创新和推广销售。

(3)根据种子的特定使用用途定位　为销售的种子品种确定适当的用途和使用范围，或者为老的种子品种找到新用途，是为该品种创造新的市场定位的一种方法。例如，随着畜牧产业化的快速发展，饲用玉米的需求量大增，种子企业推广产量高、营养丰富的饲用玉米可以作为一种市场定位。

(4)根据消费者得到的利益定位　种子用户使用种子的目的是为了收获农产品，如果生产出来的农产品具有产量高、品质好或者价格高等特点时，就能使种子用户得到实实在在的利益，种子的这些特点也可以作为市场定位的依据。

(5)根据企业的竞争战略定位　企业的竞争战略就是对企业竞争中整体性、长期性、基本性问题的计谋。企业竞争战略要解决的核心问题是，如何通过明确顾客需求、竞争者产品及本企业产品这三者之间的关系，来确定本企业产品在市场上的特定地位并维持这一地位。而企业的市场定位必须服从企业的竞争战略。

5.种子市场定位的策略

市场定位作为一种竞争战略，显示了一种产品或一家企业同类似的产品或企业之间的竞争关系。定位方式不同,竞争态势也会不同,从而采取不同的定位策略。

(1)避强定位　这是一种避开强有力的竞争对手的市场定位。种子企业不与对手直接对抗,将自己置身于某个市场的空隙,发展目前市场上没有的种子新品种,或者开拓竞争对手没有进入的市场领域。优点是能够迅速地在市场上站稳脚跟,并能迅速在种子用户中树立形象。这种市场定位方式市场风险较小,成功率相对较高。但是,如果该市场容量不是很大,种子企业进行定位时就要谨慎。

(2)迎头定位　这是一种与在市场上占据支配地位的竞争对手"对着干"的定位方式。也就是种子企业选择与竞争对手处于相同的细分市场,争取相同的目标消费者,彼此在产品、价格、分销渠道、促销手段等方面没有太大区别。显然,这种定位有时会产生危险,所以实行对抗性定位,必须知己知彼,尤其要清醒估计自己的实力,否则营销失败的可能性很高。

(3)重新定位　这是对销路较窄、市场反应差的商品种子进行二次定位。这种定位目的是使种子企业摆脱困境,重新获得增长与活力。这种困境可能是种子企业决策失误引起的,也有可能是初次定位后,遭到原有竞争对手的强力反击,导致本企业市场占有率很低;或者在这细分市场上出现了新的强有力的竞争对手,企业不得已进行重新定位。不过,也有种子企业重新定位并不是因为已经陷入困境,而是由于发现新的种子市场销售范围引起的。

重新定位对种子企业来说具有一定冒险性,所以种子企业在重新定位前要考虑:一是种子企业重新定位对现有消费者购买欲望的影响;二是种子企业对新的细分市场的规模、购买力、竞争对手以及重新定位所需的费用等情况作出评价。

(4)创新定位　企业通过创新,开发有潜在市场需求的新产品,从而填补市场空白。随着科技的进步,大量的种子新品种不断涌现。例如彩色棉花、香味西瓜、水果玉米、牛奶味草莓等作物新品种的培育。采用创新定位的种子企业必须要有强大的研发团队,这就要求种子企业实力雄厚,或者要依托科研机构。

6.种子进入目标市场策略

种子企业进入目标市场的策略取决于目标市场定位。种子目标市场定位后,选择正确的策略进入目标市场对企业实现市场目标极为重要。因此,种子企业为了使种子产品顺利地进入目标市场,而对进入方式和进入渠道所采取相应的策略。种子企业进入目标市场的常用策略主要有以下 4 种方式。

(1)收购现成的品种或企业　收购现成的品种或企业是企业进入目标市场最快捷的方式。通常企业依靠自己内部的发展方式进入一个新行业或新市场时,会受到技术力量、经济规模、营销渠道等一系列条件的限制,当依靠自身发展进入目标市场的成本高于收购现成的品种或企业时,企业通常会考虑进行直接收购。例如 2017 年 9 月,主要从事饲料产品生产和销售的北京大北农科技集团股份公司收购了山东荣昌育种股份公司,山东荣昌育种股份公司是专注于美系种猪培育和品种改良的省级龙头企业。

(2)以内部发展的方式进入市场　内部发展的方式是指企业依靠自身的实力进入目标市场。以这种方式进入市场的原因主要是企业内部发展的方式有利于巩固该企业的市场地位,便于开拓新品种,扩大市场竞争力,或者目前没有适当的企业可供收购,或者被收购对象要价过高等等因素。目前我国较大的种子企业主要是以内部发展的方式进入市场的。

(3)与其他企业合作进入市场　采用合作的方式进入市场的优点主要有,一是合作的企业将在技术上、资源上相互支持,取长补短,相互协作,共同发展;二是风险共担。企业间的合作,可以是生产企业与生产企业的合作，也可以是生产企业与销售企业的合作。例如，2017 年 8 月北京金色农华种业公司与荃银高科签署了合资经营协议书，共同投资设立安徽荃华种业科技有限公司，这两者的联合更有利于将产业做大做强。

(4)择时进入市场 择时进入市场就是种子新品种选择适当的时机进入市场。当企业研发出某一种子新品种时，如果品种性状明显优于竞争对手的品种时，就要火速打入市场。当企业以换代的新品种进入市场取代老品种时，就要控制第二代新品种投放市场的速度。当第一代种子品种盈利能力很强时，适时推出第二代新品种，当第一代品种盈利能力下降后，第二代新品种已经进入成长后期或成熟期，这样可使企业始终处于盈利能力较高水平。

案例分析 影响种子用户购种行为的市场调查分析

合肥丰乐种业的科技人员前往安徽省寿县的 27 个乡镇种子经销处，对购种农户的购种行为进行随机抽样调查和分析，为企业在广阔的农村市场进行营销策略的制定和政府部门制定相关政策提供依据。本次调查活动在每个乡镇发放调查问卷 40 份，发放调查问卷共计 1 080 份，收回有效问卷 832 份。种子用户行为的市场调查内容和结果见表 2.1，并对调查结果做如下分析。

表 2.1 种子用户行为的市场调查内容和结果

调查项目	项目分类	统计数/人	所占比例/%
农民文化程度	小学	437	53.1
	初中	326	39.6
	高中	54	6.6
	高中以上	15	1.1
农民家庭收入来源 (此项目为多选项)	种植收入	590	71.7
	打工收入	241	29.3
	经商收入	70	8.5
	其他收入	10	1.2
农民对试种的态度	非常愿意	239	29.0
	少量试种	355	43.3
	不愿意	228	23.9
农民对价格的接受程度 (‘汕优 63’比市场平均种子价高出额)	0.4 元/千克	240	28.9
	0.8 元/千克	206	24.8
	1.2 元/千克	75	10.7
	1.6 元/千克	312	35.6
农民购买种子的信息来源和依据	往年经验	547	66.5
	农技员介绍	191	23.2
	亲友介绍	95	11.5
	广告宣传	70	8.5

(1)农民文化程度 购种农户的学历小学及其以下的农户占 53.1%，初中及初中以下的农户占 92.7%，可以说，绝大多数农户是文盲、半文盲，这说明在一些落后地方，农民整体的文

化素质偏低。因此,种子企业在科技推广、编制宣传资料和促销时,要注意贴近农户,用词要通俗易懂,要重视新品种的示范推广工作。

(2)农户家庭收入主要来源　在农户的家庭收入来源中,种植业占了71.7%的比例。由此可知,目前农村大部分农户的经济收入还是靠种植业,但从事农业生产的效益较低,农户种田的积极性不高,在种子方面的投入就会减少,这样会形成一种“恶性循环”,不利于农业生产和种子企业的发展。家庭收入靠“打工”的占29.3%,居第二位。由于打工人数的增加,农村劳动力中性别与年龄结构的变化不利于农业新技术、新品种的普及和推广,更不利于农业、农村产业结构的调整。因此,种子生产经营单位要及时调整品种结构,为农民提供适销对路的优质良种和优质服务,真正使农民从种田中获得良好收成和效益。

(3)农户对新品种的试种态度　调查结果表明,农户对新品种的试种是持接受态度的。愿意对新品种(包括愿意和少量试种)试种的农户占了72.3%,这反映了农户对品种求新欲望较强。新品种在推广过程中,试种是展示新品种的最好方式,也是种子销售中最佳的促销方式之一。因此,种子企业要重视新品种的试验、示范和试种工作。在试种过程中一定要加强指导,确保农民试种成功,因为农民对试种持观望态度,成功与否无所谓,但对种子企业则不同,若试种不成功,则会对企业的产品销售、新品种推广、企业形象等方面造成一定的负面影响。因此,种子企业要重视新品种试验、示范体系的建设,扩大新品种的试种范围和数量,这样一方面可以加速企业新品种的推广速度,另一方面也可指导农户正确使用新品种,使农户正确掌握新品种的栽培方法,提高农民的种植水平。但是,仍有27%的农户对新品种不愿意试种,这就要求种子企业在进行新品种研究的同时,要加强新品种的试验和示范工作,通过试种示范作用,让农民逐渐了解认识并接受新品种。

(4)农户对良种价格敏感度　2000—2001年度‘汕优63’的市场平均零售价位7.0元/千克。大部分的农民认为:他们信得过的、质量可靠的名牌产品的价格比市场平均价格高10%仍可接受,价格高点无所谓,关键在于质量好。这说明种子的需求价格弹性低,农民在一定价格范围内并不关注低价产品。因为种子是农民增产增收最重要的生产资料,若农民购买的种子质量不好,其他生产要素投入再多也不会有好的效益,所以,农户在购种时,他愿意花高价购买放心的种子。虽然销售中价格是很重要的因素,但是在种子销售中完全依靠低价来提高市场占有率是不明智的,种子企业在品种定价策略上应充分考虑这一点。

(5)农户购买种子的信息来源和依据　由表2.1可以得出,农民购种的信息来源和依据主要根据自己的往年经验的占66.5%,这说明农民对品种和品牌的忠诚度相当高,因此,种子企业在注重企业形象宣传的同时一定要注重种子质量。农民购种依据农技员介绍的占23.2%,说明农技员在农民心目中的地位还是很高的,所以品种推广要注意结合农技员介绍宣传,并取得农业推广部门的支持。另外,种子企业选择代理商,特别是乡镇零售网点的选择上,应注意考虑经销商是否具有一定的专业知识和专业技能。依据亲友介绍的占11.5%。因此,企业要注重产品质量和服务质量,最大限度地让顾客满意,这样顾客才会向亲友介绍,也就是1∶13∶18原理,即顾客用某一品牌产品,该产品好的话他会向13个人推荐,不好的话会向18个人介绍。广告宣传的占8.5%,根据盖洛普咨询公司的统计,农产品销售70%的因素是靠产品本身,只有30%靠广告宣传,调查结果正好验证了这一结论。在信息传递快捷的今天,一个新品种的推广必须借助于现代传媒,利用广告这一现代传播手段迅速扩大新品种的影响,引导农民选用新品种。所以种子企业在销售种子时,一定要为农民提供真正优良的种子,同时注意利用现代传播媒介进行广告宣传。

根据上述案例分析资料，试做如下分析、调查：

(1)种子用户的购种行为的特点及其影响因素；

(2)根据你家乡的情况，试设计“影响农户购买种子的信息来源和依据”调查表，进行调查，并撰写调查报告。

本章小结

本章首先介绍了种子的概念与类型，分析种子商品的特殊性和发展趋势；接着介绍了种子商品市场的概念和类型，阐述了影响种子市场需求和供给的因素，以及种子市场需求和供给弹性的计算方法，种子市场调查和预测的作用、内容和方法；最后阐述了种子企业在种子市场调查与预测的基础上，如何结合自身的资源、财务情况开发种子市场。开发种子市场，首先要对种子市场进行细分，种子市场细分是指根据不同的农作物种类、生态区域和品种特征，把所有的种子用户(整体市场)划分为若干个种子需求相同或相似的使用者群体的过程，各个种子需求相同的用户群组成种子细分市场，然后采取无差异性营销策略、差异性市场营销策略和集中性市场营销策略等选择种子目标市场。因目标市场上存在若干竞争者的同类产品，种子企业在选定目标市场之后需要采取相应的步骤和策略为自己的产品和品牌进行目标市场定位。种子目标市场定位后，选择合适的策略进入目标市场，实现企业的市场目标。因此，开发种子市场一般要经过种子市场细分、目标市场选择、市场定位、确定进入目标市场的策略等过程。

复习思考题

1. 名词解释：种子商品、商品种子、商业化育种、种子商品市场、种子需求、种子供给、种子市场调查、种子市场预测、种子市场细分、种子市场定位

2. 简述种子商品的特殊性。

3. 简述种子商品的发展趋势。

4. 简述种子市场的特点。

5. 简述影响种子市场需求和供给的因素。

6. 简述种子市场定位的依据和种子目标市场选择的策略。

7. 论述种子市场调查和预测的主要内容、方法和步骤。

8. 假若你是某种子企业的销售总监，你要如何开发种子市场？

第三章 种子市场营销

知识目标

◆ 了解种子市场营销组合的内容、种子营销的新模式、种子合同的变更及解除。

◆ 理解种子市场营销的主要理论、营销策略及种子合同在种子营销中的作用。

◆ 掌握种子营销计划的制订、种子营销策略的应用及种子合同的签订。

能力目标

◆ 能制订合理的种子营销计划书并执行。

◆ 能根据种子营销策略进行种子实地营销。

◆ 能起草和签订规范的种子经济合同。

第一节 种子市场营销概述

一、市场营销含义

市场营销(Marketing),又称为市场学、市场行销或行销学。市场营销的含义随着企业营销实践活动的发展而发展。20世纪初,市场营销成为美国大学课程,这时企业营销主要限于流通领域的推销和促销活动,市场营销含义比较狭窄,与推销同义。格隆罗斯认为市场营销就是在变化的市场环境中,旨在满足消费需要、实现企业目标的商务活动过程,包括市场调研、选择目标市场、产品开发、产品促销等一系列与市场有关的企业业务经营活动。就市场营销定义而言,最具影响力的当属美国市场营销协会(AMA)在不同时期所做的定义。1960年,AMA市场营销的定义是引导货物和劳务从生产者向消费者或用户所进行的一切商务活动。1985年,市场营销定义是指对思想、货物和服务进行构思、定价、促销和分销的计划和实施的过程,从而产生能满足个人和组织目标的交换。2004年,将1985年的概念更新为市场营销既是一种组织职能,也是为组织自身及利益相关者的利益而创造、传播、传递客户价值,管理客户关系的一系列过程。2008年,市场营销定义为既是一种行为、一套制度,也是创造、传播、传递和交换对消费者、代理商、合作伙伴和全社会有价值的物品的过程。本次概念进一步明确了“利益相关者”的内容，最大的变化是强调了对“全社会”的价值。2013 年 7 月，美国市场营销协会董事会一致审核通过市场营销概念，认为市场营销就是在创造、沟通、传播和交换产品中，为顾客、客户、合作伙伴以及整个社会带来价值的一系列活动、过程和体系。

市场营销包含 3 个基本的含义：① 市场营销是一种交换活动，交换作为一种活动，既具有社会性，也具有管理性；② 交换活动是以满足需求为核心的；③ 市场营销活动形式上是在出售产品，但是活动的真正目的是为满足市场需要进行的创造性活动。

二、种子市场营销含义和内容

种子市场营销是指种子企业在创造、沟通、传播和交换种子商品中，为顾客、客户、合作伙伴以及整个社会带来价值的一系列活动、过程和体系。具体来说包含 3 个层含义：第一，种子市场营销是以满足农户需求为中心来组织的企业活动，通过满足社会发展、消费者需求，企业发展和职工利益等多方面利益需求来达到实现企业制定的目标；第二，种子企业营销以整体性的手段来适应和影响种子市场需求；第三，种子企业市场营销不是某一方面的活动，而是贯穿企业经营活动的始终，是一种综合性的营销活动。

种子市场营销是一项系统工程，包含一整套策划、组织、实施、协调与控制的过程，具体地说包括以下 3 方面内容：①种子市场营销活动是以盈利为目的商业活动，以交换为中心，又远远超出流通交换的领域。②种子市场营销活动是以满足种子市场需求、促进种子生产、扩大种子销售为目的，以求达到最大的企业效益。③种子市场营销活动包括了除财务、人事管理工作之外的一系列经营管理活动。如种子市场调研、目标市场选择、品种研发、种子生产、种子加工、种子贮运、种子销售、种子促销和售后服务、信息交流等。

三、种子市场营销组合

所谓市场营销组合是指企业针对目标市场的需要，综合考虑环境、能力、竞争状况，对自己可控制的各种营销因素（如产品、价格、分销、促销等）进行优化组合和综合运用，使之协调配合，扬长避短，发挥优势，以取得更好的经济效益和社会效益。种子市场营销组合是市场营销理论体系中一个具体的应用与发展，现将有关种子方面的营销组合简要介绍如下。

（一）基于 4P 理论的种子营销组合

在 20 世纪 50 年代初，美国麦卡锡教授把企业开展营销活动的可控因素归纳为 4 类，即产品（Product）、价格（Price）、销售渠道（Place）和促销（Promotion），提出了市场营销的 4P 组合。其理论基础是企业按正确的价格，以适宜的促销方式在正确的地点销售正确的产品，那么市场营销计划将是有效的和成功的。

种子企业的产品由核心产品、有形产品和附加产品构成。核心产品为所经营作物品种的内在特性，是种植农户真正要购买的东西。有形产品是核心产品的载体，即向市场提供的实体和服务的可识别的形象表现，包括种子外观、包装、品牌名称等。附加产品是指顾客购买有形产品时所获得的附加服务和利益，包括对下游经销商在经营种子时的广告和品牌支持、经营策略指导、示范推广、现场会以及对种植户的种植指导和培训等。价格即种子企业认为与种子价值对应的合理的种子价格。渠道即销售或分销渠道，包括种子生产者、经营性种子企业、种子中间商、用种农户。促销是指种子企业运用各种短期诱因，鼓励购买或销售企业所经营品种种子的经营活动。如人员推销、广告、宣传、短期价格折扣、抽奖、赠送礼品等。

(二)4C、4R及4V种子营销组合

4C、4R及4V种子营销组合理论是对4P种子营销理论的补充和修正,其具体应用有以下三方面。

1.4C理论

20世纪90年代美国市场学家罗伯特·劳特伯恩提出了4C市场营销组合理论。4C组合即由顾客(Customer)、成本(Cost)、便利(Convenience)和沟通(Communication)组成。该理论针对产品策略,提出应更关注顾客的需求与欲望(Customer's needs and wants);针对价格策略,提出应重点考虑顾客为得到某项商品或服务所愿意付出的成本(Cost);并强调促销过程应是一个与顾客保持双向沟通(Communication)的过程。4C营销理论重视客户导向,其精髓是由顾客定位品种,充分考虑顾客对种子的心理定价,从农户的角度考虑销售渠道的设计,并注意与顾客进行沟通、建立双赢的关系。4C营销理论对种子企业的要求:①要提供客户想要买的而不是企业能生产的种子。②要了解客户为某个品种的种子所愿意付出的成本。③应当考虑农户如何方便得到种子。④应该重视与客户的双向沟通,建立基于共同利益之上的新型种子企业与顾客的关系。4C理论的思想基础是以消费者为中心,强调企业的营销活动应围绕消费者的所求、所欲、所能来进行,这与以企业为中心的4P理论有着实质上的不同。

2.4R理论

21世纪初,美国学者唐·舒尔茨提出了基于关系营销的4R组合,即关联(Relevance)、反应(Response)、关系(Relationship)和回报(Return)。其主要内容体现以下4个方面:①与顾客建立联系,提高顾客的忠诚度,赢得长期而稳定的市场。②提高市场反应速度,从顾客的角度及时倾听他们的希望和需求,并及时答复和迅速做出反应,满足顾客需求。③重视关系营销,与顾客建立长期而稳定的关系,让交易变成责任,顾客变成朋友。④回报是营销的源泉,要领会到市场营销的价值在于为企业带来短期或长期的收入和利润。

4R组合理论以竞争为导向,注重企业与顾客之间的关系和互动,对种子企业提出如下要求:①企业应侧重考虑获得长期回报,而不是短期回报。②为获得长期回报,企业应重视其与顾客互动、互助、互需关系的管理,建立与顾客长期而稳定的关系,赢得市场地位。③关注顾客特别是种植户的希望和需求,站在他们的角度及时提供他们需要的品种和服务。④企业应充分认识到种子销售不仅是交易,更是责任,帮助种子经销商和用种户获得较好的经济效益。

3.4V理论

4V理论围绕保持和增强企业竞争力这一核心思想展开。4V组合是指差异化(Variation)、功能化(Versatility)、附加价值化(Value)、共鸣(Vibration)的营销组合理论。4V营销理论对种子企业的要求:①差异化营销,要求种子企业提供品种的内在特性、质量优于现有水平的品种、具有本企业特点的种子核心产品、有别于其他企业的特色宣传、灵活的促销活动,周到的服务,在消费者心中树立起良好的形象和品牌。②功能化是指种子企业根据用种户需求的不同,提供不同特性和功能系列化的品种。如种子企业可同时提供不同生育期、不同季节种植、不同生命周期的种子、适应不同土壤和肥力水平、不同品质、不同包装规格、不同价位的种子。消费者可以根据自己的习惯与承受能力选择具有相应功能的产品——农作物种子。③附

加价值化是指种子企业强调和注重提高围绕种子核心产品和有形产品的价值。如通过提高种子品牌价值或企业质量、服务信誉来增加种子的销量和维持本企业种子的较高价格，以此保持在市场中的竞争优势，同时也可以在一定程度上避免在竞争激烈的状况下陷入行业企业间竞相降价的困境。④共鸣强调将种子企业的创新能力与客户所重视的价值联系起来，通过为客户提供价值创新使其获得最大限度的满足，从而成为企业忠实客户。如某番茄生产基地因面积扩大，想开拓远距离产品销售市场，目前当地主要种植高产、薄皮、色泽和鲜食性好的品种，现要引进高产、耐贮运、货架期长、色泽好、品味好、果型及大小整齐一致、耐热、耐寒的品种。如果种子企业能满足其对品种的需求，不仅该基地效益可大幅提高，而且种子企业提供的种子价格可比普通品种高好几倍。这就形成了种子企业与用户双方效益最大化的共鸣。

4V 营销理论首先强调企业要实施差异化营销，一方面使自己与竞争对手区别开来，树立自己的独特形象；另一方面也使消费者相互区别，满足消费者个性化的需求。其次，4V 理论要求产品或服务有更大的柔性，能够针对消费者具体需求进行组合。最后，4V 理论更加重视产品或服务中的无形要素，通过品牌、文化等以满足消费者的情感需求。

第二节　种子经营决策与经营计划

一、种子经营决策

(一)种子经营决策的含义和作用

决策是在为达到同一目标的多种可供选择的方案中，选定一种最优方案的行为。种子经营决策是对种子经营活动进行的决定，是指在种子经营活动中，为实现某一特定目标，从若干个为达到同一目标的预选方案中选择最优方案的过程。也就是说，种子经营决策是指种子经营活动最终要达到的设定目标，以及为实现这些目标需要解决的问题，所做出的最优化选择和决定。

种子经营决策是对种子企业总体发展和重要经营活动的决定，是整个种子经营管理的工作核心。正确的经营决策是种子企业经营活动健康发展的保证，是种子企业开拓发展的基础，决定着一个种子企业的经营效果、各项管理工作和管理人员的水平，可以提高种子企业的竞争能力和经济效益。

(二)种子经营决策的类型

1.确定型决策

确定型决策是指对未来种子市场可能发生的情况，在已经了解和掌握的前提下所做出的决策。这种决策是以未来种子市场发展变化趋势的条件、选择的目标以及达到目标的可行性方案等已经确定为前提。如在了解各种因素的前提下，决定购买或卖出什么品种、买卖多少，属于此类决策。

2. 非确定型决策

非确定型决策是指种子未来市场发生变化趋势的条件状态和发生概率不能确定情况下的策略，即对其中有的条件不十分肯定，涉及目前不能肯定的未来变动因素。这种决策虽然掌握了一些数据资料，但都是过去的，未来的情况怎么样，因受自然、经济影响大而难以确定。在非确定型条件下进行决策，常用“最大期望值”“最小期望值”“最大(最小)利益损益值”“后悔值”等方法。如：某公司有 3 个水稻或玉米品种，这些品种在丰年、歉收年和灾年等不同情况下产量差异较大，未来市场需求变化趋势又不能预测确定，在这种情况下，公司究竟明年生产什么品种、生产多少难以确定，此类属于非确定性决策。

3. 风险型决策

风险型决策是指未来种子市场的条件状态虽然不能肯定，但是掌握了其统计概率值，可大致估计出其可能性的决策。该决策对未来的有关状况不能完全肯定，所做出的决策常带有一定的风险性。

风险性决策一般要具备以下 5 个条件：①有一个决策者企图达到的明确目标。②有两个以上可供选择的行动方案。③有不以决策者的主观意志为转移的两种以上的客观状态，或称自然状态。④不同行动方案在不同自然状态下的损失和利益是可以计算出来的。⑤未来将出现哪种自然状态，决策者虽然不能肯定，但可以大致估计其出现的概率。

(二)种子经营决策的程序

1. 找出问题，确定目标

进行种子市场调查研究，分析企业经营存在的主要问题，找出解决问题的关键，据此决定决策目标。

2. 拟订备选方案

根据决策目标要求，寻求和拟定实现目标的多种方案。

3. 评价和选择方案，做出决策判断

根据种子企业自身和外界条件，采用一定的具体指标评估方案。在决定前决策者最好再仔细考虑全部的事实或信息，或听听相反的意见，然后全盘考虑从备选方案中选出一个比较满意的方案。

4. 方案的实施与追踪

方案一经选定，就要及时组织实施，这是决策过程中最关键的一步。方案要具体，目标要明确，责任要到人。方案在实施过程中，应根据企业和市场情况的变化进行修正和完善方案，需要分阶段地监督和评估方案实施结果。

二、种子经营计划

种子企业的经营计划，就是根据经营决策所确定的经营目标，对经营活动的各个方面、各个环节及其相互关系做出的具体安排。经营计划是经营决策结果的具体落实，是进行各项经营活动的依据和行动指南。种子企业的经营计划一般具有 3 个方面的特点：一是以目标利润为中心；二是以适应外部环境变化为出发点；三是中长期计划为主要目标。种子企业的经营计划应具有普遍性、领先性、创造性、应变性和效率性。

(一)种子经营计划类型

根据种子经营计划内容的不同,种子经营计划一般可分为综合性计划和专题计划。

1.综合性计划

综合性计划又称战略经营计划,通常是种子企业经营的整体计划,即企业目标、战略、结构运行的计划。内容比较全面,根据计划期限的长短,又可分为长期计划、年度计划和阶段计划。

(1)长期计划　长期计划是在战略上、总体上确定种子企业经营的发展方向,明确在一定条件下应达到的目标以及为完成计划目标所应采取的重大措施和实施步骤。长期计划的年限一般在3年以上,通常与国家及地方的五年发展计划及十年发展规划的年限一致。长期计划主要包括种子企业的经营方向、品种发展、生产规模、良种销售、设备投资、经营成果的主要指标以及员工和管理队伍的建设和培训等。

(2)年度计划　年度计划是种子企业最基本的计划,是根据长期规划确定的经营方向、目标及已实现程度,在充分考虑本年度与生产经营有关的各种因素的基础上,对种子企业一年内所要进行的生产经营活动做出比较具体、详细而又接近实际的安排。年度计划主要包括种子生产计划、种子收购计划、种子加工与运输计划、种子销售计划、基本建设计划、人员培训计划、财务与工资计划、物资采购与供应计划等。

(3)阶段计划　阶段计划是根据年度计划的要求,结合不同实施阶段的实际情况,制订出本阶段的具体目标、任务和相应的资源利用的行动方案。阶段计划是年度计划得以实现的基础。计划中具体规定了各个季度应完成的购销种子的数量,是保证种子企业按品种、数量、质量、时间完成种子流转和产销任务的得力措施。

2.专题计划

专题计划是种子企业为了完成特定时期某些特定、重大而复杂的任务所拟订的特定计划,如新杂交种制种计划等。专题计划通常包括生产、营销、技术、人事、财务等专项计划。专题计划的特点是以一项专业为中心,计划对象集中、计划内容具体细致,计划以问题为中心,而不是以时间为中心,不受年限的限制,可以跨年度甚至跨几个年度执行。

(二)种子经营计划的编制

1.种子经营计划编制的程序

(1)准备工作　首先要收集有关材料,如下游种子销售企业的种子销售计划,购种、供种合同,销售预测资料,前期计划执行过程的原始记录和统计资料,各种技术标准及技术经济定额等。其次应建立健全计划编制机构,组成由各有关人员参加的编制小组,具体负责计划的编制工作。

(2)经营计划的编制　种子经营计划具体编制主要步骤如下:

①调查研究种子企业的外部环境,这是编制种子经营计划的前提条件。这些前提条件包括农业生产对种子的需求和市场条件,还应搞好市场调查,结合企业当年的购销情况及历年平均种子销售数量,从而确定下一年度当地各种作物种子的用种量,然后将其列入种子经营计划中去。

②制定方案,对各种方案进行评价比较和选择。要集思广益,拿出多种可供选择的种子生

产经营计划方案，然后进行评价比较与选择。评比时要由粗到细，反复研究，逐步淘汰不理想的方案，最后确定一个最佳方案。

③综合平衡，编制计划草案。根据当地农业生产计划、市场预测结果和种子购销合同等，提出计划指标，经过大家讨论后，编制出种子经营计划草案。

2.种子经营计划编制的方法

(1)综合平衡法　综合平衡法是通过在数量上协调两个或两个以上的经济因素，使这些因素之间具有合理的比例关系的一种方法。种子企业在经济活动中，需要进行平衡的基本内容有以下方面：

①产需平衡　种子市场需求状况是制订种子生产计划的主要依据，为使种子生产符合市场需求，必须进行深入调查研究，搞好市场需求预测，使种子生产和需求达到平衡。既要防止种子生产过剩和积压造成的浪费，又要预防种子供应过度脱销，失信于客户，失去已有的种子市场。

②购销平衡　在编制种子流转计划时，应合理安排种子的收购与销售，而且要以销为主导，搞好收购计划与销售计划的平衡。平衡的内容应注重品种、数量、质量的平衡和收购期和销售期的平衡，以提高种子销售计划的实施能力。

③作物和品种间的平衡　在耕地面积和复种指数比较稳定的情况下，作物之间、品种之间存在着互为消长的关系，应搞好作物及品种的平衡，才能确保种子购销之间的平衡。

④价值平衡　种子生产、收购与销售存在一定时间差，所以种子企业在制定营销计划时要考虑到资金筹集与使用之间的平衡。

在种子经营计划编制工作中具体运用平衡法时，常使用平衡表来进行(表 3.1)。通过编制平衡表，可以对生产需要与生产能力、费用与效果等方面进行核算与平衡。平衡表一般由需要、来源、余缺及平衡措施 4 部分组成。将有关资料的各种数据填入平衡表，将需要与来源两栏合计，可计算出余缺。若余缺太大，则要依据其他条件调整各栏有关数据。经过反复调整后，使最后余或缺的量达到许可的范围内，即达到平衡。

表 3.1　某公司种子经营计划平衡表(样式)

项目	需要	来源	余缺	平衡措施
合计				

(2)滚动式计划法　滚动式计划法是按照预订量、滚动期和间隔期，由前向后连续滚动的一种动态计划。此种方法主要用于编制长期计划，也可以用来编制短期计划。由于经济发展中有许多难以准确预测的因素，所以长期计划不可能考虑得十分周密。为了提高长期计划的科学性，可以采取“近细远粗”的办法，将近期计划制定得细致一点、具体一点；而远期计划则制定得粗略一点、概括一点。同时，也可以采取滚动的形式，即每年制定完善一次，每次把计划期向前推进一年。例如，2010 年编制的 2011—2015 年的五年计划，到 2011 年底时，对该年度的计划执行情况作一次总结分析，并对原定的五年计划进行必要的修订，把计划向前推进一年，

也就是制订出2012—2016年新的五年计划。以后每年如此,逐年向前推进。

(三)种子经营计划的执行

1.经营计划的检查与修正

在计划执行的过程中,应经常检查计划的执行情况,并根据变化了的情况对计划做必要的修正,这是计划管理的必然要求。这是由于计划仅是一种事先的安排,还有各种难以预料的因素可能出现,当这些因素出现后,如果不顾已经变化了的情况而一味坚持计划的严肃性不做出调整,不但不能避免不利因素,而且也可能失去可以利用的新出现的有利条件。因此在计划的执行过程中,对原计划进行检查并做出调整是非常有必要的。

2.经营计划执行的保障措施

在计划执行中,还必须采取一些有效措施,以保证计划的顺利执行。主要有下列5方面:

(1)目标管理　目标管理是计划执行单位落实计划的主要手段。目标管理就是将计划指标层层分解,将其落实到有关组织和人员,使计划的执行者各司其职、各负其责,从而保证计划的全面执行。

(2)签订合同　通过签订种子购销合同可以使种子生产经营所需和产品出路确有保证,从而使生产经营活动能按计划执行并得到落实。

(3)行政调节　行政管理就是依靠公司行政管理,运用行政命令、考核指标、规定等形式,促使经营计划顺利执行。

(4)经济调节　经济调节就是以经济利益作为杠杆来促进计划的执行。如价格、税收、信贷、工资、奖金以及物质的分配等均可作为调节的杠杆。

(5)法律调节　法律调节即使用法律手段来促使种子经营计划的执行。如经济合同法等。

在计划执行中,以上各种保证措施一定要配合使用,才能收到种子经营计划执行的良好效果。

第三节　种子市场营销管理

一、种子营销计划

(一)营销计划的内容

种子营销计划是指种子企业对销售活动中那些未来不确定的问题进行有意识的活动。种子企业的营销计划主要包括执行概要和目录表、当前营销状况、SWOT分析、目标、营销策略、行动方案、营销预算、控制8个方面。如果一个种子企业包括若干不同的产品和子市场,也可按照每种产品、品牌和市场制订具体的营销计划,如产品计划、品牌计划和市场计划等。

1.执行概要和目录表

制定一个营销计划,首先应该有一个内容提要,相当于编写大纲,即对主要目标和建议事项的简要概括和说明。有了执行概要，企业高层管理者能迅速了解和把握住计划的要点，便于他们对计划的执行情况进行检查监督。

2. 当前营销状况

当前营销情况包括以下几个方面：

（1）市场情况　市场情况包括市场范围、公司产品市场占有率、种子市场销售情况、各种子市场近几年营销额、种子用户需求等。

（2）产品情况　计划营销的作物品种（组合）占种子市场的份额、价格、销售量、利润等情况。

（3）竞争情况　种子营销有哪些竞争对手，各竞争对手在品种、质量、价格、促销、售后服务等方面采取的策略，竞争者产品的市场占有率以及市场变化情况等。

（4）分销渠道情况　各重点种子企业的主要分销渠道、近期销售额及其发展趋势等。

3. SWOT 分析

SWOT 分析，即竞争优势（Strength）、竞争劣势（Weakness）、机会（Opportunity）和威胁（Threat）分析，是基于内外部竞争环境和竞争条件下的态势分析，就是将与种子企业密切相关的各种竞争优势和劣势、机会和威胁等，通过市场调查列举出来，并依照矩阵形式排列，然后用系统分析的方法，各种因素相互匹配加以分析，从中得出一系列相应的结论，从而为种子营销计划的制定和种子营销决策服务。

4. 目标

目标即确定种子营销计划中想要达到的有关销售量、市场份额和利润等领域的目标。种子营销目标一定要明确，但不能过高，也不能过低，一般是在上一年的基础上制订的，是通过努力可以实现的目标。

5. 营销策略

营销策略是指实现营销目标的途径和手段，即为实现营销目标而采取的主要营销方法。包括目标市场的选择、市场定位、各种营销组合策略、营销费用策略等。其中营销策略组合指种子企业准备在各个子市场采取的具体营销策略，包括产品策略、定价策略、渠道策略、促销策略和广告策略等。

6. 行动方案

行动方案是指根据营销策略制定的具体的活动程序，包括将要做什么、何时开始、何时完成、由谁完成、需要多少成本等。

7. 营销预算

营销预算是种子企业根据营销计划所拟定的盈利或亏损报告，包括收入预算和支出预算。在预算收入时应说明预计销售量及平均净价；在预算支出时应说明生产成本、实体分销成本及各项销售费用等。营销预算编制出来后，经高层管理者审批，预算批准后，就成为购买原材料、安排生产和劳动人事、各项营销活动的依据。

8. 营销控制

控制是营销计划的最后一部分，是对执行计划的控制。通常是将计划确定的目标和预算按月或季来分解，以便管理者的监督和检测，及时督促未完成计划任务的部门采取措施确保计划完成。有时营销控制部分应该有权变计划,即经营管理者在遇到特殊的不利情况时应采取的应急营销措施,如遇到价格战。

(二)营销计划的编制

不同种子企业营销计划的格式可能不完全一致,但营销计划的框架基本一致。营销计划的编制一般包括以下步骤:

(1)分析市场情况和企业营销中存在的主要问题,并进行系统归纳分析。

(2)形成市场营销目标和战略。

(3)制定行动方案。

(4)测算计划实施所需经费。

(5)营销计划实施的保障措施。

(6)编制营销计划。

(三)营销计划的执行

种子营销计划的执行,是将种子营销计划转化为具体行动并达到既定目标的过程。通常包括相互联系的6个方面:

1.制定行动方案

制定行动方案即计划的具体安排,包括人员配备、目标分解、资源分配、时间要求等。行动方案应尽可能详细具体,明确营销计划实施的关键性决策和任务,并将决策和任务落实到个人或小组。

2.建立组织机构

组织机构是指为完成某一项营销任务而成立的临时组织,在种子营销计划的实施过程中主要起组织和协调作用,往往对营销计划的实施起决定性作用。组织结构要求与种子企业的战略部署一致,具体负责营销计划实施时人员配备和团队组织以及实施过程中的人员和资金等方面的协调。

3.设计决策和报酬制度

决策和报酬制度是营销计划得以顺利实施和完成的重要保障,必须与企业的长远战略目标相适应,使员工的个人发展与企业的长远发展紧密结合,才能实现企业与员工的共同发展。

4.开发人力资源

种子营销计划的完成最终得靠种子企业的员工来完成,所以企业人力资源的开发尤为重要,包括人员的选拔任用、培养提拔、安置考核、培训、激励等方面。人力资源开发的关键是做到待遇留人、事业留人、情感留人和制度留人以及股权留人有机结合。

5.协调管理

种子市场营销计划的执行必须由种子企业各个部门的通力合作才能完成。成功的营销计划执行取决于企业科学高效运行的管理制度,同时部门领导在企业中的协调管理能力也非常重要。

6.审计和奖惩

营销计划执行完毕之后,一般会进行审计核算,对照营销计划目标,企业根据完成情况兑现奖惩承诺。

二、种子营销组织结构

种子营销的组织形式有多种，无论哪种组织形式都必须适应营销活动的4个基本方面，即职能、营销区域、作物品种、顾客。

1.职能型组织结构

职能型组织结构是最常见的营销机构组织形式，由各种营销职能专家组成，营销副总经理负责协调各营销职能专家之间的关系，这种组织形式的主要优点是便于管理。但随着种子企业产品品种的增多和市场的扩大，其弊端也明显暴露出来。一是由于没有一个人对一项产品或一个市场负全部责任，有些产品或市场就很容易被忽略；二是各个职能部门为了获得更多的预算和较其他部门更高的地位而竞争，致使营销经理经常陷于难以调解的纠纷之中。

2.地区型组织结构

在全国范围内或较大区域范围营销的种子企业如种子集团公司往往按地理区域组织安排销售队伍。采用这种组织结构形式的主要原因：一是由于地区气候、土壤条件的差异性，导致不同地区种子用户需求和作物种植的差异性，为有效进行营销管理，需要根据地理区域设置管理组织；二是营销范围广的种子企业，推销任务复杂，推销人员的工资相对较高，并且推销人员的工作情况对企业利润的影响大，这种分层控制是非常有必要的。

3.产品管理型组织结构

生产农作物种子品种多，差异性大的种子企业，往往按产品或品牌建立管理组织，实行专业管理和销售，即由一名产品主管经理负责，下设几个产品大类经理，产品大类经理之下再设各个具体产品经理去负责各具体的产品。如果种子企业生产经营的各种产品之间差别很大，并且产品数量又很多，超过了职能组织所控制的范围，则适宜建立这种产品管理型组织。

产品管理型的优点是：①能够为开发某种产品市场协调各方力量。②能够对市场上出现的问题迅速做出反应。③较小的品种或品牌也因有专人负责而不致遭忽视。④由于必须与各方人员打交道，产品经理成为锻炼年轻经理的极好位置。

该模式的缺陷是：①缺乏整体观念。因各个产品经理相互独立，会为保持各自的利益发生摩擦。②部门冲突。因为产品经理职权有限，他们不得不同广告、销售等部门合作，而各部门往往把他们看作是低层管理者而不予重视。③产品管理系统的成本比预期的组织管理费用高，因为产品管理人员的增加导致人工成本增加，结果使企业承担了巨额的管理费用。为了克服上述缺点，需要对产品经理的职责以及他们同职能专家的分工合作关系做出适当的安排。

4.市场管理型组织结构

通常由一名市场主管经理管理几名市场经理，各市场经理负责自己所辖市场的年度销售利润计划和长期销售利润计划。这种结构的优点：企业可围绕着特定客户的需要开展一体化的营销活动，而不是把重点放在彼此裂开的产品或地区上。在西方国家，越来越多的企业营销组织都是按照市场管理型结构建立的。有些营销专家认为，以各主要目标市场为中心来建立相应的营销部门和分支机构，是确保企业落实“以顾客为中心”的现代营销观念的唯一办法。

5.产品市场管理型组织结构

面向不同市场、生产多种不同产品的种子企业如种子集团，在确定营销组织结构时面临是采用产品管理型还是采用市场管理型的两难抉择，这种情况下，种子企业可建立一种既有产品经理，又有市场经理的两维矩阵组织。产品经理负责产品的销售利润和计划，为产品寻找更广泛的用途；市场经理则负责开发现有潜在的市场，着眼市场的长期需要，而不只是推销眼前的某种产品。这种结构的缺点是：冲突多，费用高，时有权力和责任界限不清的问题。绝大多数经理认为，只有对那些相当重要的产品和市场才需要同时分设产品和市场经理。但也有些经理认为，这种组织的高管理费用和多冲突并不可怕，它所带来的效益远远超出所付出的代价。

因观念差异和业绩评价标准的差异可能会造成营销部门与其他部门间的冲突，因此要协调好营销部门与其他部门之间的关系，一是加强企业内部各部门的交流；二是适当改变企业业绩评估和奖惩制度；三是调整企业的组织结构；四是聘请及培养具备多种能力的部门经理；五是建立现代化的市场营销计划制度。

三、种子营销控制

种子营销控制指营销管理者检查营销计划的执行情况，及早发现问题，并对计划或计划的实施方式做出必要调整，保证营销计划顺利完成的过程。种子营销控制包括年度计划控制、获利控制和战略控制 3 种。

1.年度计划控制

年度计划控制主要是检查种子营销活动的结果是否达到年度种子营销计划的要求，并在必要时采取调整和纠正措施。目的在于保证种子企业实现其在年度计划中所制定的销售、利润及其他目标，是一种短期的即时控制。年度计划控制的中心是目标管理。年度计划控制的内容主要对销售额、市场占有率、费用率等进行控制。

(1)销售分析　主要用于衡量和评估经理人员实际销售额与计划销售额之间的差距。有两种具体方法：一是销售差异分析，即分析各种不同因素对销售业绩的影响程度；二是微观销售分析，即分别从产品、销售地区及其他有关方面考察其没有完成预定销售额的原因。

(2)市场占有率分析　销售分析只能说明企业本身的销售业绩，但不能反映企业在市场上的竞争地位，只有市场占有率分析才能显示出企业竞争地位的变化。因市场占有率剔除了一般的环境影响来考察企业本身的经营工作状况，所以，当企业的市场占有率上升时，才说明其竞争地位在上升。

市场占有率分析有 3 种不同的方法：一是整体市场占有率，指企业销售额(或销售量)占整个行业的百分比。它反映企业在本行业中的实力地位，使用该方法必须注意是以单位销售量还是以单位销售额表示市场占有率，及合理确定本行业的范围。二是目标市场占有率，即企业的销售额在其目标市场上所占的比重。三是相对市场占有率，指企业销售额占市场主导者(或最大三家竞争者)销售额的百分比，可反映企业与主要竞争者之间的力量对比关系。

(3)营销费用－销售额比率分析　营销费用－销售额比率指企业完成一定量的销售额占所耗用的销售费用的百分比。假定某种子企业营销费用－销售额比率为 30％，即每销售 100 元种子支出费用 30 元，其中人员推销费、广告费、营业推广费、营销调研费、营销行政管理费分别占销售额的 15％、5％、6％、1％、3％。管理者应对各项费用率进行分析，并将其控制在一定限度内。如果某项费用率变化不大，处于安全范围内，则不必采取任何措施；如果变化幅度过大，或上升速度过快，以至接近或超出控制上限，则必须采取有效措施。

年度计划控制除进行上述 3 种分析外，还要进行财务分析和顾客态度跟踪分析等活动。

财务分析是对各项费用率和其他的比率进行全面的财务分析，提高企业获利水平；顾客态度跟踪分析是通过建立专门机构追踪顾客、经销商以及营销系统中其他参与者的态度，在其态度对种子销售产生影响作用之前进行监控，以便管理人员能及早采取活动。

2.获利性控制

除年度计划控制外，种子企业还要进行获利性控制，即测算各类产品在不同地区、不同市场、不同渠道出售的实际获利能力。获利性控制能帮助管理人员决策哪些产品或哪些市场应予以扩大，哪些一贯缩减，以至放弃。获利性控制主要包括营利能力分析和选择最佳调整措施两个方面。

(1)营利能力分析　通过对财务报表和数据的一系列处理，把所获利润分摊到诸如产品、地区、渠道、顾客等方面，从而衡量出每一因素对于企业最终获利的贡献大小、获利能力如何。如某种子公司的营销经理要测算公司在不同地区销售种子的营利性。该公司种子产品主要销售地区为湖北、湖南和江西，根据各地区财务部门提供的资料，重新编制的损益情况如表 3.2。

表 3.2　各地区种子经营损益表　　万元

项目	湖北地区	湖南地区	江西地区	总计
销售额	4 000	1 500	500	6 000
销售成本	2 667	1 000	333	4 000
销售毛利	1 333	500	167	1 200
费用	480	480	540	1 500
推销费	200	300	400	900
广告费	80	80	40	200
包装运输费	200	100	100	400
净利润	853	20	−373	500

(2)选择最佳调整措施　通过对各地区损益表的直观分析，应放弃江西地区，甚至湖南地区，而集中力量于湖北地区的种子营销。但那未免过于简单化。如还应进一步考虑：上述 3 个地区的市场潜力如何？本企业的市场占有率及竞争对手情况怎样？3 个地区市场的未来趋势如何？企业对上述 3 个地区的市场营销策略是否适宜？

营销管理者应在进行深入调查研究的基础上，依据具体情况做出适当的决定。如种子企业一是对江西、湖南地区增加广告次数；二是对江西、湖南地区种子用量较大的区域进行推销，以提高推销的成功率，降低费用；三是暂时不采取具体措施，看发展而定。如果江西、湖南地区市场销售额逐渐上升，预期前景良好，而湖北地区发展潜力不大，那么应在江西、湖南地区和其他新地区市场上进行重点开发；四是暂时放弃或缩减在湖北地区的营销努力，集中力量在湖南、江西地区发展。

3.战略性控制

战略控制的目标是确保种子企业目标、政策、战略和措施与市场营销环境相适应。因为在复杂多变的市场环境中，原来制定的目标和战略往往很快过时，所以，每个种子企业都应利用一种被称为“营销审计”的工具，批判性地定期重新评估企业的营销战略及其实施情况。

营销审计是对企业战略或业务单位的营销环境、目标、战略和营销活动等诸方面进行独立、系统和综合的定期审查，以发现营销机会，找出问题所在，提出改善营销工作的行动计划和建议，供企业领导者决策时参考。营销审计由营销环境审计、营销战略审计、营销组织审计、营销制度审计、营销生产率审计和营销功能审计 6 个部分组成。营销审计不是只审查几个出问题的地方，而是覆盖整个营销环境、内部营销系统以至具体营销活动的所有方面。营销审计通常由企业外部一个相对独立的、富有经验的营销审计机构定期进行，而不是出现问题时才采取临时行动。

第四节　种子营销策略

一、种子产品策略

产品策略是种子企业营销组合策略中最重要的方面，品种是种子产品的核心内容，也是种子企业的核心竞争力，因此产品策略是种子企业营销组合策略的重中之重。

（一）产品的概念

根据菲利普·科特勒的一个著名的营销学术观点，产品是市场上任何可以让人注意、获取、使用或能够满足某种消费需求和欲望的东西，包括实物（如种子、化肥）、包装、服务（技术咨询、指导）、场所（销售点、售后服务店）、思想、心理满足等。产品一般分为核心产品、有形产品和附加产品等。

1. 核心产品

核心产品也就是顾客真正要购买的利益，即产品的使用价值。就种子产品而言，农户购买种子，其最终目的并不是种子本身，而是购买某个品种种子所具有的高产或优质特性，进而通过种植获得良好的收益。因而，种子核心产品是指某个品种的种子所具有的内在遗传特性，并可通过种植表现出的符合农户和市场需求的优良特性。

2. 有形产品

有形产品，又称形体产品或形式产品，是核心产品得以实现的形式，即向市场提供的实体和服务的形象。如果有形产品是实体物品，则它在市场上通常表现为产品质量水平、外观特色、式样、品牌名称和包装等。种子有形产品表现为品种名称、实物形态的种子、种子外观与质量、特征特性、包装、商标名称等。

3. 附加产品

附加产品是指顾客购买核心产品和有形产品时所获得的附加服务和利益。包括对下游经销商在经营品种时的广告支持、品牌支持、经营策略指导、示范推广及现场会等；对种植户的信息服务、技术指导和培训、市场引导、销售协助及合同收购等。同样类型的种子企业，或经营同一品种的各企业间，其经营效果在很大程度上取决于附加产品的多少和质量。

(二)种子核心产品营销策略

种子核心产品的实质体现在品种或品种名称上,因而,核心产品的营销策略实质是品种的经营策略。

1.垄断经营策略

垄断经营策略是指一个或少数种子企业拥有某个品种的经营权,并将其种子的生产、销售牢牢地掌握在自己手中的种子经营策略。在种子营销中的'郑单958'玉米、'伊利莎白'厚皮甜瓜和'R144'番茄等都是独家垄断经营的成功案例。种子企业采取垄断经营时应注意的问题有:

(1)本企业或少数种子企业拥有该品种的合法的经营权。

(2)有非常可靠的亲本繁殖和种子生产基地,以及可靠的生产技术人员。

(3)品种在一定区域表现非常突出,深受种植户欢迎。

(4)提高知识产权保护意识,谨防其他企业套牌销售。

(5)少数种子企业对某一品种垄断经营时,企业间应有良好的种子经营总量控制和协调机制。

品种地区总代理或总经销也属于垄断经营的类型,选择这种策略时,要注意与上游企业建立良好的合作关系,自身要有良好的市场运作能力和雄厚的资金实力,否则可能因为经营利润有限或大量外债无法收回而使企业面临倒闭,因此在选择垄断经营策略时要十分慎重。

2.品种领先策略

品种领先是指某企业在某种作物的品种选育方面处于领先的地位,并一直保持这种优势。品种领先的实质是科技领先,这是科研实力较强的种子企业常常采取的经营策略。如湖南隆平高科种业有限公司在杂交水稻品种的选育,山东登海种业股份有限公司在夏玉米品种选育,湖南湘研种业有限公司在辣椒品种选育领域均处于全国领先水平。

品种领先策略,需要强大的科研实力作支撑,并且要维持长久的核心产品优势以及良好的质量信誉,所取得的利润也是丰厚的。不断超越自己,并有持续的超一流品种推出,是种子企业长期采取这一策略的关键。

3.品种跟进策略

品种跟进策略是指种子企业在品种研发或开拓新品种市场的过程中,不是主动投入大量的人力、财力和物力,而是在看好领先品种的市场前景,充分了解领先品种的优点和缺点之后,对领先品种进行改良和创新,从而占领市场的一种营销策略。

品种跟进策略市场风险相对较小,相对于品种领先策略,品种跟进策略是一种取巧策略。但是企业要有培育出跟进品种的实力才可以采取该种策略。20世纪90年代,美国孟山都生物公司在中国推广的抗虫棉获得成功,让中国农业科研单位及种子企业看到了广阔的市场前景,但该公司的品种经营上存在两大弱点:一是品种单一;二是价格太高。针对其弱点,包括中国农业科学院棉花所和生物技术中心在内的数家中国农业科研单位,陆续培育出更加适合本地区栽培和价格相对低廉的抗虫棉品种,在经营效益和争夺国内棉花种子市场上取得了成功。

4.填补市场空白策略

填补市场空白策略是指某些中小企业针对大中型企业的市场空白或薄弱领域进行新品种

的开发和经营。现在，国内种子市场已进入竞争性较强的阶段，刚进入种子行业且经济实力不强的企业，往往采取避实就虚的经营策略，这样可以避免与实力强大的种子公司之间的正面交锋。如随着土地的流转，种植大户和家庭农场主们越来越青睐适合机械化采收的农作物品种，这给许多中小种子企业填补市场空白带来机遇。填补市场空白策略是一种逃避竞争策略，且市场大都是一些小市场或低价值市场。由于市场竞争的加剧及大型种子企业市场的拓展，种子企业依靠这一策略可以在短期内赢得自己的生存空间，想要长期依靠其生存或有大的发展是较困难的。

5.品种多样化策略

品种多样化策略即种子企业同时经营多种农种作物品种的种子，或经营同一作物多种类型的品种的种子。前一种也可称作品种综合经营型，国内许多种子公司都采用这一类型的策略，特别是区域或地方直接面对农户销售种子的企业，如丰乐种业原本以西甜瓜种子为主，但也陆续涉足其他蔬菜种子、杂交水稻、杂交玉米、棉花、杂交油菜的品种开发和经营；山东登海种业以经营玉米种子为主，但现在向花卉、蔬菜种子市场进军。

同一作物多种类型的品种策略，其实是企业为了扩大自己的市场份额，同时抑制竞争对手的一种营销策略。如中国农业科学院蔬菜花卉研究所推出的甘蓝系列品种，天津科润黄瓜研究所研制的黄瓜系列品种等，这些优良系列品种的推出，让想涉足其品种推广地区该领域的许多种子企业几乎看不到生存的空间或希望，因而能使其维持长期的优势地位。采取这种策略，需要强大的科研实力为后盾，并且每个细分市场都有优异的品种。

6.优质取胜策略

优质取胜策略顾名思义是指通过品种的优良质量在市场竞争处于不败之地的一种营销策略。经营同一或类似品种的种子企业发生正面竞争是不可避免的事情，在这种情况下，采取竞相降价的策略只能是两败俱伤，应尽量避免，正确的策略应该是以质取胜。

种子质量包括品种品质和播种品质，其中品种品质是指品种的纯度和真实性，播种品质包括净度、发芽率、水分、活力、健康度、千粒重等，其中纯度、净度、发芽率和水分是最重要的指标。要想在激烈竞争的种子市场立于不败之地，种子质量是根本保证。如近几年美国的‘先玉335’玉米品种之所以能占领我国东三省玉米市场的半壁江山，与其具有很高的成苗率和易脱水干燥的优点是分不开的。

(三)种子有形产品及附加产品经营策略

种子企业仅仅依靠核心产品是不能在市场竞争中取胜的。种子企业只有在种子的核心产品、有形产品和附加产品3个层面均具有完美的营销策略时，才能实现良好的营销目标。

1.优良品观策略

种子有形产品表现为品种名称、实物形态的种子、种子外观及质感、包装、商标名称等。良好的种子外观，如饱满、成色好、籽粒整齐均匀、干净等是种子商品非常重要的外观质量，对于客户购买决策的影响是不容忽视的。同样的品种，客户当然喜欢外观好的种子。所以种子企业在注重品种品质的同时，应该注意种子的外观品质。

2.品牌及商标策略

品牌是一个名称、术语、符号、标记、图案或其组合，用以识别一个或一群卖者的产品或劳务。如湘研系列辣椒、津春系列黄瓜、屯玉系列玉米等。品牌是企业的无形资产，是企业核心竞争力的重要方面，知名品牌对于种子的销售保障和推动作用虽是无形的，却是巨大的。品牌中的品牌名称或品牌标志经向政府有关部门注册登记后，成为商标。商品是品牌的重要载体形式，商标在经营中最主要有两项功能：一是易识别功能，农户可以根据商标识别不同企业；二是营销功能，商标代表种子企业的形象和对市场的承诺。

种子企业商标应具备有特色、易于鉴别，简单、美观、大方，能表达本企业文化特点和具有种业或农业的行业特色等特点。如奥瑞金种业的商标的寓意是：立志成为中国种子之源。"○"有圆满、圆梦之意；"S"代表奥瑞金蓬勃的生机与活力；"●"表示利用科技致力杂交育种；整个商标的字体用绿色隶书，象征希望的田野绿涛起伏之壮美；商标整体有平衡、和谐、共同进步之意。

3.包装策略

种子的包装具有以下功能：一是物理功能，防止种子散失、受损或变质；二是识别功能，每一家种子企业的包装材料的色彩和图案都是不尽相同的；三是宣传作用，包装可承载介绍企业和品种的宣传作用，同时可承载品种介绍和栽培指导作用。包装可分为运输包装和销售包装，销售包装的营销策略有：

(1)类似包装策略　同一种子企业的各类种子在包装外形上采用相同的图案，近似的色彩，相同的包装材料和相同的造型，便于顾客识别出本企业产品。这种策略不仅具有促销作用，还可以节约包装设计和制作成本，更重要的是有利于企业品牌的培育。

(2)配套包装策略　按消费者的消费习惯，将数种有关联的产品配套包装在一起成套供应，便于消费者购买、使用和携带，同时还可扩大产品的销售。在配套产品中如加进某种新产品，可使消费者不知不觉地习惯使用新产品，有利于新产品上市和普及。如对未包衣的种子，可以在种子包装中放入相应数量的拌种药剂等。这样配套包装，既方便了农民，又可延伸种子企业的产业链，增加企业种子经营的附加值。再如在花卉苗木销售时，将基质、专用肥、农药等一起销售，不仅方便了消费者，还能拓宽企业的产品和业务。

(3)再使用包装　指包装内的产品使用完后，包装物还有其他的用途，如易拉罐包装的西瓜种子。这种包装策略可使消费者感到可以一物多用而引起其购买欲望，而且包装物的重复使用也起到了对产品的广告宣传作用。种子行业要谨慎使用该策略，避免因成本加大引起商品价格过高而影响产品的销售。

(4)附赠包装策略　这种包装的主要方法是在包装物中附赠一些物品，从而引起消费者的购买兴趣，有时还能造成顾客重复购买的意愿。如在种子袋中附赠农药、微肥或激素等。

(5)分组包装　即对同一种产品，可以根据顾客的不同需要，采用不同级别的包装。如同一品种的玉米种子，针对种植大户可以采用大袋包装(50 千克/袋)，而针对一般家庭种植者可以采用小袋包装(3 千克/袋)。再如同一产品，有的按质量等级包装，有的可以按粒数包装等。

(6)改变包装策略　即改变和放弃原有的产品包装，改用新的包装。由于包装技术、包装材料的不断更新，消费者的偏好不断变化，采用新的包装以弥补原包装的不足，企业在改变包装的同时必须配合好宣传工作，以消除消费者以为产品质量下降或其他的误解。

(7)绿色包装策略　随着消费者环保意识的增强，绿色环保成为社会发展的主题，伴随着绿色产业、绿色消费而出现的绿色概念营销方式成为企业经营的主流。因此在包装设计时，选择可重复利用或可再生、易回收处理、对环境无污染的包装材料，容易赢得消费者的好感与认同，也有利于环境保护和与国际包装技术标准接轨，从而为企业的发展带来良好的前景。如用纸质包装替代塑料袋装，国外很多种子，特别是花、草种子基本是用纸袋包装的。

无论采取哪种包装策略，均应考虑到适量和环保，遵循生态包装（绿色包装或环境友好包装）的“3R1D”原则，即减量化（Reduce）、重复使用（Reuse）、再循环（Recycle）和可降解（Degradable）。

4.方便购买策略

方便性策略是指忘掉固定的分销渠道，而重视消费者购买商品和享受服务的方便性。对种子营销来说，就是将好的品种推销到种植户手中去，如果农户不能方便地购买到实物形态的种子，再好的品种，其经营仍然是失败的。因为购买不方便，或用于购买种子的附加成本过大，农户在选购品种时，通常会采取求其次的做法。因此，种子企业在经营品种时，销售渠道应尽量达到基层零售点，以便于农户的购买。方便购买策略，是品种由核心产品转变为有形产品以及实现最终价值的不容忽视的策略。近几年，许多种子企业的销售网络终端纷纷下移，也正说明了方便购买策略已得到越来越多种子企业的重视。

5.优质服务策略

现代企业经营导向已经转向客户服务，优质服务已成为市场对种子企业必需要求，也是种子企业面对激烈市场竞争的重要手段和策略，同时是优秀种子企业的一大标志。种子企业的优质服务包括针对经营本企业品种的下游企业和种植户，针对经营本企业品种的下游企业应包括下列 4 方面服务内容。

(1)购买前市场信息交流　下游企业在购买种子之前，种子企业根据自已掌握的种子产业(品种)的发展趋势、种植结构调整、种子市场供求状况等信息，应及时和下游企业沟通交流这些市场信息，帮助其对经营品种作建议性调整，而不是根据订购合同一卖了之。

(2)广告与种子调配　在种子销售过程中，如市场竞争较激烈时，为下游企业提供当地的广告支持，帮助下游企业改变销售策略，扩大种子销售量，同时对下游企业之间的品种和种子数量进行调配，减少下游企业的库存压力，从而扩大公司的总体销售量。

(3)帮助出谋划策　在下游企业经营发生困难时，种子企业主动为其出谋划策，帮助其制定并调整经营计划和策略，尽力帮其渡过难关。

(4)及时处理种子质量纠纷　种子出现质量问题，种子企业应及时协助下游企业处理，及时地为下游企业提供纠纷处理建议、实施策略，乃至支持政策，让下游企业及时妥当处理与农户之间的种子质量纠纷，以便把种子质量纠纷抑杀在萌芽中，防止事件扩大化。

针对种植户的优质服务体现在 3 个重要环节：一是播种前的种植技术指导或培训；二是在生长的关键时期解决种植过程的技术难点或困难；三是收获后听取种植户对品种的反映并提供种植产品的市场信息。成功的种子优质服务应该是：使农民购种时放心，种植时省心，收获后开心。

6.订单生产策略

订单式生产即根据客户订单，设计并制造客户所定做的产品，如种子包装标签和广告设计等。根据产品特性不同，订单式生产也可分为两种模式：一是模组化订单生产，即将产品的规格模组化，再依客户需求加以适当修改。如设计公司可以根据不同种子企业的需求，在设计好种子包装模组中加入不同种子企业的文化元素，以满足不同种子企业的需求。二是顾客化订单生产，即对现有产品的功能或外形做修改，以满足客户的需求。如种子企业可以根据自己的想法要求设计公司设计种子包装袋的外形及功能，以满足不同类型的种子包装。第一种模式由于有相关的产品规格模组，相对简单，生产速度较快，生产成本较低，适合中小型种子企业；第二种模式由于需要重新设计，相对较复杂，速度也较慢，生产成本也较高，适合大型组织企业。

二、种子定价策略

价格是企业经营中十分敏感又较难控制的因素，它关系着市场对产品的接受程度，影响着市场需求和企业的利润多少，涉及生产者、经营者、消费者等各方面的利益。种子企业在完成种子生产，进入实质性销售阶段，面对客户时都必须有明确的报价。随着我国加入 WTO，种子市场进一步放开，竞争更加激烈，营销环境日益复杂，制定种子价格难度越来越大，不仅要考虑成本补偿问题，还要考虑用户对价格的接受程度、竞争状况等。种子定价是种子企业在经营活动中的一项复杂工作，种子价格是否合理直接影响到种子企业市场份额的大小和盈利的高低，关系到营销目标的实现。种子企业只有通过种子定价策略来谋求利润最大化，才能提高种子企业经济效益。

(一)影响种子定价的因素

影响种子定价的因素很多，有种子企业的内部因素，也有外部因素，有主观因素，也有客观因素。概括起来，主要有 4 个方面，分别是企业定价目标、种子产品成本、市场需求情况和竞争者的产品价格。其他因素如品种价格区位、品种的生命周期、环境因素、品种的替代性、价格的敏感度、消费者心理和习惯等也会影响种子定价。

1.企业定价目标

种子企业的定价目标有利润最大化目标、市场占有率目标、维持生存目标、稳定价格目标、信誉目标、质量领先目标等。不同的定价目标决定了不同的定价策略，优于种子企业所处的经营环境不同和自身条件的差别，定价目标也各不一样。同一种子企业随着时期和市场条件的改变其定价目标也会随之改变。所以，各种子企业应根据当前自身情况、市场变化情况以及长远目标，灵活确定适宜的定价目标。

2.种子产品成本

种子产品成本由生产成本、收购、加工、贮藏、流通、管理、销售等费用构成。种子生产成本是指在生产过程中所耗费的物质资料和人工费用的货币总额，它是构成种子价格的基础；也是制定种子价格的最低经济界限。其中种子收购费用和销售费用为可变成本，其余为固定成本。

3.市场需求情况

种子定价除了考虑企业的营销目标、营销组合策略、自身因素以及品种的生命周期等内部因素以外，还应该考虑市场的需求情况。进行品种定价之前必须了解品种定价与市场需求的关系，根据不同的市场类型定价。一般来说，产品最低定价取决于产品的成本费用，而最高价格则取决于产品的市场需求。需求量的变化与价格的高低存在着弹性互动。

4.竞争者的产品价格

种子企业根据生产成本和市场需求确定种子的最低价格和最高价格后，最终的价格是多少，还要取决于竞争者同一品种或同类品种的价格水平。企业可以通过各种方式或渠道了解竞争者同一品种的质量和价格信息。根据质量、品牌、成本、销售能力等的对比，最终确定自己的价格。

（二）种子定价策略

1.折扣定价策略

该策略是通过折扣吸引消费者的一种策略。折扣通常有4种类型：一是现金折扣。鼓励经营商尽快付清款项而采取的策略。如规定发货时付现款、到站付款、到货后30天付款等不同的价格折扣。二是数量折扣。这种折扣是企业给那些大量购买种子的顾客的一种变相减价，如当进货超过一定数量时，按总货款的一定比例（如5%）返还给客户。三是合同折扣。企业对提前订立合同的经销商在销售时给予价格的优惠，而对临时决定购买者不以折扣让利。这是对老客户的感情投入，也鼓励其他客户下一年与本企业提前建立联系，从而扩大客户群体。四是功能折扣。企业在新的区域开拓市场时，可以用折扣的方式给新加盟的经销商让利，作为其开拓市场或在当地做广告的补偿。

2.心理定价策略

每一件产品都能满足消费者某一方面的需求，其价值与消费者的心理感受有着很大的关系，这就为心理定价策略的运用提供了基础。心理定价是指运用心理学原理，根据消费者的消费心理，对品种的价格进行调整。心理定价策略包括尾数定价、整数定价、习惯定价、声望定价等。

（1）尾数定价策略　尾数定价也称零头定价或缺额定价，即给产品定一个零头数结尾的非整数价格。大多数消费者在购买产品时，乐于接受尾数价格，如某玉米品种4.99元/千克。消费者会认为这种价格经过精确计算，购买不会吃亏，从而产生信任感。同时，价格虽离整数仅相差几分或几角钱，但给人一种低一位数的感觉，符合消费者求廉的心理愿望。

（2）整数定价策略　整数定价与尾数定价正好相反，企业有意将产品价格定为整数，以显示产品具有一定质量。整数定价多用于价格较贵的品种或新上市、种植者还不太了解的品种，顾客往往把价格高低作为衡量品种质量的标准之一，容易产生“一分价钱一分货”的感觉，从而有利于销售。

（3）声望定价策略　即针对消费者“便宜无好货、价高质必优”的心理，对在消费者心目中享有一定声望、具有较高信誉的品种制定高价。

（4）习惯定价策略　有些产品在长期的市场交换过程中已经形成了为消费者所适应的价格，称为习惯价格。企业对这类产品定价时要充分考虑消费者的习惯倾向，采用“习惯成自然”的定价策略。对消费者已经习惯了的价格，不宜轻易变动。降低价格会使消费者怀疑种子质量是否有问题。提高价格会使消费者产生不满情绪，导致购买的转移。在不得不需要提价时，应采取改换包装等措施，减少抵触心理，并引导消费者逐步形成新的习惯价格。

3.地区定价策略

企业将种子销售给不同的地区，其运输成本是不同的。所谓地区定价策略，就是企业要决定对于卖给不同地区顾客的种子，是分别制定不同的价格，还是制定相同的价格。地区定价策略的形式有以下5种：

(1)FOB原产地定价　FOB(free on board)即原产地定价，也称离岸价，就是各地顾客按照企业的统一定价购买，企业只负责将种子运到本地的某种运输工具上交货。从企业所在地到顾客目的地的一切风险和费用均由顾客承担。这种策略看似合理，但远地的顾客可能产生选择购买离其近的企业，而放弃在该企业的购买意向。

(2)统一交货定价　又叫邮资定价，即对于同一品种，企业对于不同地区顾客都按相同价格加相同运费定价。也就是说，对全国不同地区的顾客，不论远近，都实行一个价格。

(3)分区定价　这种形式介于两者之间。所谓分区定价，就是企业把全国分为若干价格区，对于不同价格区顾客，根据距离远近，分别制定不同的价格。距离企业远的价格区，价格定得较高；距离企业近的价格区，价格定得较低。在各个价格区范围内实行统一价格。企业采用分区定价也有问题：在同一价格区内，有些顾客距离企业较近，有些顾客距离企业较远，前者就不合算；处在两个相邻价格区界两边的顾客，他们相距不远，但是要按高低不同的价格购买同一种品种的种子。

(4)基点定价　即企业选定某些城市作为基点，然后按一定的厂价加上从基点城市到顾客所在地的运费来定价。有些公司为了提高灵活性，选定许多个基点城市，按照顾客最近的基点计算运费。

(5)免运费定价　企业为了扩大市场，或急于将产品打入某些地区市场，负担全部或部分运费。采取免运费定价，加大了企业的成本，但可以使企业获得更大的市场份额，从某种程度上抵偿这些增加的费用。

4.竞争者变价定价策略

种子市场竞争激烈，竞争者变价是常事。在种子企业竞争日趋激烈的市场形势下，企业如何对竞争者的变价作出及时、正确的反应，是企业定价策略的一项重要内容。

针对竞争者变价的定价策略可分为两种情况：一是在同质产品市场上，如果竞争者降价，企业必须随之降价，否则顾客就会购买竞争者的产品；如果竞争者提价，其他企业也随之提价，且提价对整个行业有利，本企业应该一起提价。二是在异质产品市场上，企业对竞争者变价的反应有更多的选择余地，因为顾客选择卖方时不仅考虑产品价格因素，而且考虑产品的质量、性能、服务等多方面因素。因而在这种产品市场上，顾客对于较小的价格差异并不在意。

面对竞争者的变价，企业必须在调查清楚以下4个问题的前提下再作出变价策略：①竞争者变价的真正目的是什么？②竞争者变价是暂时的还是长期的？对竞争者变价置之不理将对企业有何影响？③其他企业会作出什么反应？④竞争者和其他企业对于本企业的采取的定价策略会有什么反应？企业在变价时还应该考虑产品在其生命周期中所处的阶段及其在企业产品投资组合中的重要性、市场对价格的敏感性、双方成本费用比较优势、双方经济实力和竞争力强弱等问题。

5.新品种定价策略

(1)撇脂定价　撇脂定价是指产品生命周期的最初阶段，把产品的价格定得很高，以攫取最大利润，犹如从鲜奶中撇取奶油。此法一般适用于刚刚推出的、少数种子企业垄断的品种，或有自主知识产权的品种。采用这种策略应具备以下条件：①新品种有足够的购买者，用户能够接受较高的价格。②竞争者难以迅速进入市场。③新品种与同类品种相比具有较大的优势和不可替代的功能。④新品种采取高价策略获得的利润足以补偿因高价所带来的损失。

(2)渗透定价 渗透定价指企业将其新品种推出时价格定得较低,以吸引大量顾客,提高市场占有率。采用这种策略应具备以下条件:一是市场潜力大,价格比竞争对手有优势;二是种子的价格弹性大,顾客对价格敏感。

6.产品组合定价策略

产品组合定价策略是指处理本企业各种产品之间价格关系的策略,包括系列产品定价策略、互补产品定价策略和成套产品定价策略。对种子产品而言,主要是系列产品的定价策略。种子系列产品在定价时,首先确定某个品种的价格为最低价,它在产品大类中充当领袖价格,以吸引消费者购买产品大类中的其他产品;其次,确定产品大类中某个品种的价格为最高价,它在产品大类中充当王牌品种及收回投资的角色;再者,产品大类中的其他品种也分别依据其在大类中的角色不同而制定不同的价格。

7.统一零售价格策略

统一零售价格策略是指种子企业的同一产品在某一地区种子市场上采用同一价格的策略。这种策略有两层含义:一是种子企业本身的零售价格和下属的各级分销商、连锁店的零售价格是统一的。各级分销商、连锁店的利润则通过给予其不同等级的折扣获得。这样能吸引更多的购买者,建立企业良好的形象。二是种子企业对生产成本或购进成本差异不大的同类种子不同品种制定相同的价格,可使顾客不用仔细比较、讨价还价的情况下,就可以做出选择。统一零售价格策略的优点在于简单易行,企业可以忽略甚至不需要调研和掌握目标市场的环境、市场和消费者等信息;有利于企业建立统一的公司形象和产品形象;有利于企业的价格管理和营销管理,避免不良的价格竞争现象的发生。

三、种子分销渠道策略

(一)分销渠道的功能与类型

分销渠道是指某种产品和服务在从生产者向消费者转移过程中,取得这种产品和服务的所有权或帮助所有权转移的所有企业和个人。种子分销渠道包括种子生产经营者、总代理、批发商、零售商、最终消费者。

1.分销渠道的功能

分销渠道对产品从生产者转移到消费者所必须完成的工作加以组织,其目的在于消除产品与使用者之间在时间、地点、数量、品种、信息、产品估价等方面的分离。分销渠道的功能主要包括:

(1)研究功能 分销渠道的部分成员收集和整理有关当前消费者与潜在消费者、直接竞争者、替代品竞争者、其他参与者及营销环境其他方面的信息,并及时向分销渠道内的其他成员传递相关信息,实现渠道内的信息共享。

(2)接洽功能 渠道成员可以在厂家的支持下,通过各种促销手段,以对消费者有吸引力的形式,把产品或服务的有关信息传递给消费者,激发消费者的消费欲望,促成交易成功。

(3)促销功能 设计和传播有关商品的信息,鼓励消费者购买。

(4)实体分销功能 能够储藏和运输产品。

(5)谈判功能　分销渠道的成员之间,为了转移货物的所有权,而就其价格及其他有关条件,通过谈判达成最后协议。

(6)配合功能　按照买主的要求调整供应的产品,包括分等、分类和包装等活动。

(7)融资功能　能收集和分散资金,用来负担分销工作所需的部分费用或全部费用。

(8)风险承担功能　分销渠道各成员在分享利益的同时,还要共同承担由商品销售、市场波动等各种不可控因素所带来的各种风险。

2.种子分销渠道类型

由于我国个人消费者与生产性团体用户消费的主要商品不同,消费目的、购买特点等也具有差异性,客观上使我国企业的销售渠道构成两种基本模式:企业对生产性团体用户的销售渠道模式和企业对个人消费者销售渠道模式。种子分销渠道的 4 种类型和 7 种基本模式如图 3.1 所示。

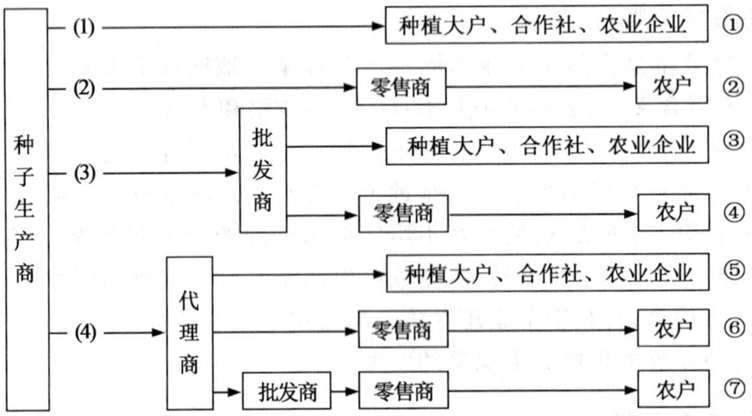

图 3.1　种子企业分销渠道模式

图中(1)～(4)分别表示种子分销渠道的 4 种类型;

①～⑦分别表示种子分销渠道的 7 种基本模式

(引自 杨再春等,2012)

(1)直销型　种子生产商→种子用户。直销型是指种子生产商设立分公司或办事处,派自己的推销人员直接把种子销售给种植大户、种植型合作社和种植型农业企业,为他们提供直接的服务,对种子的分销进行全程控制。

(2)直营型　种子生产商→零售商。直营型是指种子生产商为更好地控制渠道,直接派自己的推销人员说服零售商购买其种子。

(3)批发型　种子生产商→批发商。批发型是指种子生产商直接把种子以批发价销售给批发商,再由种子批发商把种子卖给种植大户、合作社和农业企业或零售商。

(4)代理型　种子生产商→代理商。代理型是种子代理商和种子生产商签订代理协议,代理协议规定代理商不能随意调整价格,不能经营与种子生产商有冲突的产品。一旦代理商违约,种子生产商可以取消代理商的种子代理权或没收押金。

3.分销渠道的层次与宽度

(1)分销渠道的层次　根据有无中间商参与交换活动,可以将上述两种模式中的所有通道,归纳为两种最基本的销售渠道类型:直接分销渠道和间接分销渠道。间接分销渠道又分为短渠道与长渠道。分销渠道的长短一般是按通过流通环节的多少来划分,具体包括以下4层:①零级渠道,即由生产商直接到用户。②一级渠道,即由生产商通过零售商到用户。③二级渠道,即由制造商—批发商—零售商—用户,或者是生产商—代理商—零售商—用户。④三级渠道,即生产商—代理商—批发商—零售商—用户。

(2)分销渠道的宽度　分销渠道宽度是指渠道的每一个层次拥有同种类型中间商数目的多少。企业使用的同类中间商多,产品在市场上的分销面广,称为宽渠道。企业使用的同类中间商少,分销渠道窄,称为窄渠道。分销渠道的宽窄与企业的分销策略有关。企业的分销策略通常有3种:①密集分销,是指品种经营企业尽可能多地发展批发商和零售商,包括建立自己的连锁种子店。市场广大的品种适合采用这一策略。②选择分销,是指品种经营企业在某一地区仅仅通过少数几个中间商推销其种子。由此,企业建立的营销网络较密集,农户能较方便地购买到它的种子。这一策略可防止同一地区内各中间商在经营上恶性竞争。③独家分销,是在某一地区仅选择一家中间商推销其产品。这是地区独家经销或代理形式,虽然企业可以很好地统一市场的销售价格,但销售网络实际控制在各中间商手中。

(二)种子分营销渠道的构建与管理

1.种子分营销渠道的设计

(1)确定渠道模式　企业分销渠道设计首先是要决定采取什么类型的分销渠道,是派推销人员上门推销或以其他方式自销,还是通过中间商分销。如果决定中间商分销,还要进一步决定选用什么类型和规模的中间商。

(2)确定中间商的数目　即决定渠道的宽度。这主要取决于产品本身的特点,市场容量的大小和需求面的宽窄。通常有4种可供选择的形式:①密集性分销,运用尽可能多的中间商分销,使渠道尽可能加宽。②独家分销,在一定地区内只选定一家中间商经销或代理,实行独家经营。③选择性分销,这是介乎上述两种形式之间的分销形式,即有条件地精选几家中间商进行经营。这种形式对所有各类产品都适用,它比独家分销面宽,有利于扩大销路,开拓市场,展开竞争;比密集性分销又节省费用,较易于控制,不必分散太多的精力。④复合式分销,生产者通过多条渠道将相同的产品销售给不同的市场和相同的市场。这种分销策略有利于调动各方面的积极性。

(3)规定渠道成员彼此的权利和责任　在确定了渠道的长度和宽度之后,企业还要规定出与中间商彼此之间的权利和责任,如对不同地区、不同类型的中间商和不同的购买量给予不同的价格折扣,提供质量保证和跌价保证,以促使中间商积极进货。还要规定交货和结算条件,以及规定彼此为对方提供哪些服务。

2.种子分营销渠道的管理

企业管理人员在进行种子分营销渠道设计之后,还必须对具体的中间商进行选择、激励、评估和调整。

(1)选择渠道成员　总的来说,知名度高、实力雄厚的生产者很容易找到适合的中间商;而知名度低、新的、中小生产者较难找到适合的中间商。无论难易,生产者选择渠道成员应注意以下条件:要接近企业的目标市场、地理位置要有利、市场覆盖面要大、中间商对产品的销售对象和使用对象要熟悉、中间商经营的品种要有相互促进的品种或竞争品种，以及要具备一定的资金、信誉度，同时要考虑营业历史的长短及经验是否丰富；拥有的业务设施，如交通运输、仓储条件、样品陈列设备等情况如何；从业人员的数量多少、素质的高低；销售能力和售后服务能力怎样；管理能力和信息反馈能力的如何等。

(2)激励渠道成员 生产者不仅要选择中间商，而且要经常激励中间商使之尽职。促使经销商进入渠道的因素和条件已经构成部分激励因素，但生产者要注意对中间商的批评，批评应设身处地为别人着想，而不仅从自己的观点出发。同时，生产者必须尽量避免激励过分(如给中间商的条件过于优惠)和激励不足(如给中间商的条件过于苛刻)两种情况。

(3)评估渠道成员 生产者除了选择和激励渠道成员外，还必须定期地、客观地评估他们的绩效。如果某一渠道成员的绩效过分低于既定标准，则需找出主要原因，同时还应考虑可能的补救方法。当放弃或更换中间商将导致更坏的结果时，生产者只好容忍这种令人不满的局面；当不致出现更坏的结果时，生产者应要求工作成绩欠佳的中间商在一定时期内有所改进，否则就要取消它的资格。

(4)调整销售渠道 根据实际情况、渠道成员的实绩，对渠道结构加以调整：增减渠道成员，增减销售渠道或变动分销系统等。

四、种子促销策略

促销策略是指企业如何通过人员推销、广告、公共关系和营销推广等各种促销手段，向消费者传递产品信息，引起他们的注意和兴趣，激发他们的购买欲望和购买行为，以达到扩大销售的目的的活动。与其他消费品不同，种子市场需求总量，或某个成熟品种的市场需求量，是基本稳定的，农民不会购买多余的种子。因而，通常种子企业在其种子正常销售的情况下可不考虑促销。但在新品种推广，或某些品种的种子生产量过大，或因为其他企业的竞争使本企业种子销量出现不正常的下降等情况下，种子企业要采取促销手段及考虑相应的策略。

(一)促销的种类

1.针对消费者的促销

如降价、数量折扣、抽奖、奖励购买本企业种子的种田能手等。

2.针对中间商的促销

如折让、赠品、广告或推广津贴、对中间商进行各种形式的感情联络等。

3.针对推销人员的促销

提高提成比例、加强对销售人员的鼓励、提高销售人员出差补助等福利、推销人员竞赛等。

(二)促销工具

选择促销工具，必须充分考虑市场类型、促销目标、竞争情况以及每一种促销工具的成本效益等各种因素。

1.企业使用于消费者市场的促销工具

如果促销目标是抵制竞争者的，则可根据竞争者的品种结构及其价格特点，在本企业中选择一种或以上的品种，作为低价产品，来打乱其品种价格体系，这实际上是采用的一种对消费者折让的工具。如果企业品种有明显优势，可采用送赠品、给种植本企业种子的大户或能手奖励等工具。也有的种子企业在新品种的推广开发前期，采用赠送试种小包装的方法。

2.零售商使用于消费者市场的促销工具

零售商使用于消费者市场的促销工具应以及吸引更多的种植者走进店门为目的。为吸引新顾客，可以将门脸装修得更气派，增强农户对其实力的信心。为新品种顺利打开市场，在自己经营信誉良好的或潜在消费者较多的村庄，重点培养示范户，对示范户进行帮助，并给其一定的义务宣传奖励或其他方面的回报。销售旺季，在柜台上陈列品种生产出的最优产品，如将玉米品种的大果穗放在醒目的位置。对于竞争性较强的品种，对老客户进行价格或数量上的折让，以稳定原客户群体。

3.企业使用于中间商的促销工具

企业为取得批发商和零售商的合作，可以运用购买折让、广告折让、陈列折让、推销金等促销工具。购买折让是指在规定期限内购买某一品种时，中间商享受的折让，尤其是那些中间商不太愿意经销的品种。广告折让是企业给为其做广告的中间商不同形式的补偿。中间商为企业商品进行特别陈列，企业要给予陈列折让。当中间商推销企业的种子超额完成时，企业要给其另外的奖励或推销金，或免费赠送附有企业名字的赠品，这些赠品应是农民喜欢和实用的。

4.企业使用于推销员的促销工具

很大程度上推销员是企业与中间商之间的联络员，也是企业新市场开拓及发展新中间商的主要力量。因此，企业常运用销售竞赛、销售红利、奖品、开拓新市场和发展新中间商特别奖励等工具来增加企业种子的销售量。

(三)促销方案的制定与实施

开展促销活动时，为了与目标市场进行有效的沟通，首先必须选择发布信息的各种渠道，同时也要对目标市场进行定位，制定行之有效的促销方式。促销活动是一种综合性的活动，因此必须从整体上确立促销方案，以便有效实现预期的促销目标。在实施具体的促销计划时，一般按照以下 8 个步骤来制定总体的促销方案：

1.确定目标市场

所谓确定目标市场，其实就是确定产品或服务针对的消费者。在潜在市场中，哪些人需要你的产品，哪些人在使用你产品过程中受益，那么这部分人就是你的目标市场所在。只有认准了潜在客户，才能采取最有效的促销手段，与他们进行营销沟通，并在沟通过程中传达最适合于他们的营销信息。

2.确定促销目标

促销目标就是期待目标市场对促销活动所做出的反应，如通过促销销售量达到多少，或通过促销本企业种子市场占有率达到多少等。促销目标一定要明确，只有促销目标明确了，才能有的放矢地选择促销手段，从而取得理想的促销效果。

3.确定促销信息

促销信息是指在与目标市场沟通时用以吸引目标市场所采用的文字和形象设计。当在与目标市场进行促销沟通时，必须在促销信息中以充足的理由向潜在的客户表明，为什么他们应该对你所传达的促销信息做出反应。本企业所提供的品种能够给用户带来的最大的益处是什么，这是促销信息中最关键的内容。

4.选择促销手段

作为信息的发送者，必须选择最有效的促销手段，以便准确传达促销信息。常见的促销手段有以下4种。

(1)广告　对在电视、杂志和报纸上登载广告，我们要考虑三方面的因素：广告成本、各媒体的独特性以及媒体形象。

(2)销售推广　销售推广的方式多种多样，其中包括有奖竞赛活动、优惠销售、特供品销售和样品赠送等。确定最有效的销售推广方式的唯一途径就是事前进行试验性操作对其做出实际检验。

(3)公共关系　策划和实施公共活动的目的就是通过媒体免费的正面宣传报道，达到提高社会知名度以及强化公司形象的目的。

(4)直接营销　直接营销的目的是为了与客户进行更具人情味、更富个性化的促销沟通。

5.确定促销预算

确定促销预算的惯常做法就是在估算竞争对手促销预算的基础上来确定自己的促销预算。对竞争对手的促销预算的评估，其目的只是以它为借鉴，在此基础上，根据具体情况，做出适合本企业实际的促销预算方案。另一种更为准确的方法是先将计划采用的促销手段列出一份清单然后根据各个项目的收费标准，对清单列出所有促销项目总的预算，并根据实际情况对方案进行调整，直到调整的预算方案对自身的企业而言可以接受为止。

6.确定促销方案

当促销总体方案确定下来以后，必须自始至终协调和整合总体方案中所采用的各种不同的促销手段，这一点对实现预期促销目标来说显得非常重要。制定详细的推行计划，是保证促销方案顺利实施的前提。

7.实施促销方案

根据确定的促销方案按预定的计划进行实地促销的过程。实施计划必须包括前置时间和销售延续时间。前置时间是指开始实施这种方案所必需的准备时间，包括最初的计划工作、设计工作、材料的邮寄和分送、与之配合的广告准备工作、销售现场的陈列、个别中间商地区名额分配、印刷特别赠品等。销售延续时间是指从开始实施到大约95%的产品到达消费者手里为止的时间。

8.评估促销绩效

对促销总体方案做出评估和调整，其目的不仅仅是为了调整那些效果不佳的促销手段，同时也是为了使以后的促销总体方案能够更有效地为实现促销目标服务。

五、种子广告策略

广告是指企业在营销活动中利用传播媒体，向目标市场传递有关企业或产品信息的行为。企业通过有效的广告传播，可唤起用户的关注，引起消费者的兴趣，激发购买欲望，从而达到促进产品销售，扩大品牌影响力的效果。

(一) 广告形式

目前种子企业所采取的广告形式主要有:报纸、期刊、广播、电视广告;墙体广告、条幅广告、插牌广告;门店广告、车体广告;彩页、彩旗、宣传画、展板;印有企业标识或产品信息的T恤衫、纸杯、手提袋、挂历等;网站、短信、微信公众号、微博、抖音等资讯平台。

(二)广告媒体的选择

种子企业选择广告媒体时,需要考虑以下4方面因素:

1.目标顾客的媒体习惯

了解当地农户所具有的媒体类型及群体偏好的媒体,并且要了解他们接触媒体的习惯时间段。如当地农民最喜欢在晚上7点到10点间看电视,或喜欢在中午吃饭时听评书,或每月逢5日赶集等。

2.产品特性

不同媒体在说明、展示或可信度方面是不同的,或在当地农户心目中的可信度是不同的。种子这种特殊商品,品种的特性或种子的质量水平,要让农民接受,在媒体的选择上一定要符合他们的心理特点。

3.信息类型

如果企业想做形象或品牌广告,或只想传达品种名、价格优势、购买地点等可以考虑利用电视;而要推介新品种,详细介绍其特点,则应选择印刷型的媒体。

4.广告成本

媒体的收费高低也是企业选择时需要考虑的因素。从绝对数目看,电视是最昂贵的媒体,而报纸较便宜。但是,最重要的不是绝对数字的差异,而是目标对象人数构成与成本之间的相对关系。如果用每千人成本来比较,可能电视比报纸的广告成本低。但有可能这千人里目标对象很少,因而,用相同数量目标对象的广告成本进行不同媒体间贵贱的比较才是可行的。

(三)广告设计

种子企业在委托别人设计制作广告时,必须提出自己的广告理念或思想,同时以自己的行业经验去审视和改进设计者的偏差。品种在其不同的生命周期,应采取不同的广告设计技巧。

1.导入期广告设计

一个新品种刚刚推入市场,其特征、特性等都尚未被消费者认识,此时期广告的重点是使新品种在较短的时间内被更多的用户所了解,迅速进入和占领种子市场。因此,导入期广告设计应着重宣传和展示新品种的特异性,特别是针对老品种的不足点,但要避免指名道姓地与某个品种进行比较。如果新品种的价格很高,应重点宣传其将给种植者带来的高收益,以及给经销商带来的高利润。另外,导入期的广告应针对乐于接受新事物的客户群。

2.成长期广告设计

新品种经过1～2年时间的推广,逐渐被一些农户接受,占领一定的市场,同时市场上的竞争对手越来越多。这时的广告要重点宣传种子的质量和企业的信誉,树立良好形象和地方性品牌。由于此时的广告对象是早期购买者，以及受其影响跟随购买的群体，可以让老种植户现身说法，使他们成为企业产品最好的、最有说服力的宣传员。

3. 成熟期广告设计

成熟期是产品生命周期中最长的时期，也是竞争最激烈的时期。在该阶段，虽然销售量达到顶峰，消费群体相对稳定，但由于市场逐渐趋于饱和，同类品种的竞争越来越激烈，且竞争不仅表现为质量、价格，也趋向于品牌方面。该时期广告属提示性或维持性广告，其目的是维持现有的消费者群体和市场。因此，在广告创意上宜采用情景式，给人温馨的感觉。成熟期媒体广告要以电视为主，采用均衡时间策略，以不断刺激用户对企业及其产品的持续的认知。

4. 衰退期广告设计

品种进入衰退期，销售量日益下降，弱小竞争者纷纷退出市场，目标市场由大众转向少数的收入低和思想保守的顾客群。衰退期的广告属加强性广告，广告对象是少数落伍者或保守者，因而，该时期广告宜采用理性诉求，力图提醒消费者可能仍需要这种产品。广告应注重消费者最在意、最担心的问题。

从品种各生命周期的特点来看，种子销售的广告设计和宣传重点应放在导入期和成熟期，并在不同的生命周期采用不同的技巧。种子经营管理者应根据种子这种特殊的商品以及种子用户群体分布的特点，从实际情况出发，摸索出更加实用的适合本企业的广告策略。

六、新品种展示示范

新品种展示示范是种子使用者了解品种特性最为直观的方式，具有“眼见为实”、直接面对经销商和种植户、宣传效率高等优点，是大家公认的品种推广尤其是新品种推广最重要的宣传形式，其中最常见的一种方式是品种现场观摩会。要开好品种现场观摩会，应明确召开现场观摩会的目标、做好会前准备、组织会议召开、做实会后跟踪等工作。

(一)现场观摩会的目的

新品种现场观摩会目的一般是展现公司品种、品牌、资金、管理等方面优势，树立公司在管理部门、经销商和种植户心目中良好的企业形象，获得社会各界信任和认可，最终扩大种子销量。

(二)会前准备

会前准备包括观摩地点的选取、新品种宣传材料以及礼品的准备和会务工作的准备 3 个方面。

1. 观摩地点选取

选择观摩地点一定要从该品种的示范布点开始抓起，对于刚刚审定尚未进入市场的新品种，示范布点要分两个层次：一是将目标市场划分成几个大区（一般按地理区域划分），在划定的每个大区内选择土地肥沃、灌溉条件好、交通便利、集中连片、农民种植积极性高、种植水平高的地块，布两个大点（根据作物种类确定示范面积）。在每个大区的两个点中选出一个作为观摩地点，初步选好要举行现场观摩会的田块后，要在种植密度、灌水、施肥等方面对农户进行现场指导，筛选表现好的田块作为示范样板田，充分展示品种的特征特性。二是在各个大区内划分若干小区（一般按县、乡划分），由地区经销商负责在小区内布点，这些点可以完全由经销商进行联系管理，公司提供必要的技术指导，选择表现好的田块作为经销商召开县、乡级现场会观摩点，也为当地种植户提供了自行观摩地点，同时这些小点分布范围广，可以为考察该品种的适应性和适应区域提供参考资料。

2.宣传材料和礼品准备

宣传材料包括企业宣传册、企业宣传小报、品种宣传单页、品种宣传海报、品种宣传易拉宝、宣传条幅和彩虹门等，会议礼品最好带有公司商标和名称，具有宣传作用，需要一定的制作时间，以上这些材料都需要提前准备好。会议通知要早发，因为品种观摩会受作物生长周期限制，各家公司都要在差不多相同的时间开会，通知发晚了，有可能请不到一些领导、嘉宾和经销商，早发通知也有利于参会代表安排自己的日程，体现公司工作计划性很强、考虑很周到，给参会代表留下良好印象。

3.会务准备

会议人数多、规模大，宾馆要早定，以免到时房间不够；会场布置包括会标、铭牌、投影仪准备等工作要在会议前一天完成；会议观摩路线要提前先走两遍，同时考虑可能造成交通堵塞的情况；会议日程要提前确定，在会前发给参会代表，设计好会议时间；会议用餐要提前准备好酒水，安排好菜单；根据天气预报准备雨具和雨鞋（鞋套），充分考虑到遇上下雨等恶劣天气的情况。

（三）组织会议召开

首先，要做细参会代表的服务。会议接待、登记要安排充足的人员，避免报到集中时应接不暇，怠慢参会代表；要有专门人员做好会议、参观、用餐指引，特别是重要领导和嘉宾，要安排专人全程陪同指引；公司业务人员要做好分管区域经销商的联系和服务，通过会议的举办本身给参会代表留下良好印象。

其次，严格按照会议日程控制好会议参观时间，严格掌握会议代表发言时间，随时提醒，避免超时；要把经销商调查问卷发到所有参会经销商手上，保证回收。

第三，会议主持人、公司领导和专家的讲话一定要精心设计。会议主持人、公司领导讲话要考虑到参会所有人员的想法，同时根据会场气氛和会议代表反应及时调整，讲清会前和现场观摩时参会代表不解的问题，消除参会代表的疑虑，燃起经销商的热情。专家技术报告很关键，不但要介绍品种选育、参加试验和审定情况，还要介绍品种特征特性、示范推广情况和配套栽培技术，其中品种特征特性、示范推广情况是重点，讲解范围不要局限在参观的一个或几个点上，要反映品种在所有试验示范地区的全面情况，对参会代表没有参观过的试验示范点，最好用不同时期的现场照片来演示，增强感性认识。技术讲解要深入浅出，使用通俗易懂的口语，尽量少用专业术语，以便于经销商和农民理解。

（四）会后跟踪

首先，大会后业务人员要拜访每一个经销商。一是获得经销商对品种的评价和对会议效果的反馈；二是听取经销商关于品种定位、价格政策、物流政策、宣传促销、市场维护等销售政策方面的建议；三是达成合作意向，初步确定代理区域和销量。

其次，观摩会后，对会议收集的资料进行整理分析，全体业务人员讨论确定该品种市场定位、价格政策、物流政策、宣传促销、市场维护等销售政策；对参会经销商进行进一步调查、比较、筛选；制作品种宣传和技术指导视频。

第三，在该品种销售季节到来前，召开经销商订货会，公布公司该品种的价格政策、物流政策、宣传促销、市场维护等销售政策，确定销售区域和销量，签订合作协议，收取订金。

七、种子网络营销

种子作为最重要的生产资料，随着竞争加剧和渠道多元化，种子销售终端越来越凸显重要地位，但是种子营销多年来一直采用"生产企业—经销商—零售商—种植户"传统营销模式，传统种子营销模式导致企业推广成本高、农民购种成本高、种子质量难保证。随着互联网的快速发展，尤其是农村发展互联网的基础不断改善，以及种植者的变化，种子的网络营销（电商营销）已逐渐成为一种全新的种业营销模式。"互联网＋种子"正在逐渐改变着种子市场营销和服务的模式，通过种子电商平台，种植者可以获得更多的种子信息，可以获得更及时的服务，可以享受更加整合的资源。目前，国内已有不少线上的种子电商平台。2015 年，阿哥汇、爱种网、京东农资、农村淘宝、云农场等农资电商先后成立和发展，这一年因此被称为种业电商元年。

（一）种子网络营销的含义、特点与功能

1.种子网络营销的含义

网络营销是指基于互联网平台，利用信息技术与软件工具满足公司与客户之间交换概念、产品、服务的过程，通过在线活动创造、宣传、传递客户价值，并且对客户关系进行管理，以达到一定营销目的的新型营销活动。网络营销是以现代营销理论为基础，借助网络、通信和数字媒体技术实现营销目标的商务活动；是科技进步、顾客价值变革、市场竞争等综合因素促成的；是信息化社会的必然产物。与普通营销相比，网络营销具有跨时空、整合性、交互性、成长性和经济性等特征，已成为当代营销中必不可少的营销手段。种子网络营销，就是企业借助互联网与客户沟通种子产品信息，满足客户对种子产品和服务的需求，实现企业营销目标的一种营销方式。

2.种子网络营销的特点

（1）营销成本低　传统的营销方式往往要花大量的财力用于产品目录、说明书、包装、贮藏和运输，并设有专区向用户分发各种相关资料。网络营销，企业只需要将产品信息录入计算机并上网，顾客就可以自己查询，这样大大节省了印刷费和人员工资费用，降低了营销成本。

（2）营销环节少　企业或经销商直接与用户打交道，减少中间的许多环节，不仅节约中间环节的营销成本，营销效率也得以提高。

（3）营销方式新　网络营销是一对一的、理性的、消费者主导的、非强迫性的、循序渐进的消费过程。顾客在购买产品时，可以自行控制购买过程。网络营销满足了顾客需求的多样性，顾客可以更加详细地了解产品的信息，并得到更周到的售后服务。

（4）营销国际性　随着经济一体化和全球化进程的加快，网络营销有助于企业进军国际市场，参与国际竞争。网络营销能超越时间和空间限制，随时随地提供全球性的营销服务。

(5)营销全天候性 网络营销与普通营销一个最明显的特点是不受时间限制，可以全年、全天候进行营销。

3.种子网络营销的功能

(1)发布种子信息功能 通过种子营销网站，把种子的相关信息传递给客户、媒体、合作伙伴、竞争者等。

(2)获得种子市场信息功能 利用网络可以获得与种子营销相关的许多信息，如获取某种作物种子年销售量、国家相关种子政策，从而为种子营销决策提供信息；通过在线调查表和邮件，可以完成种子市场网络调查；通过比较获得竞争对手的相关信息等。

(3)开拓种子销售渠道功能 网络营销避免了传统营销方式下的经济壁垒、地区保护、交通不便、资金限制、语言障碍、信息封闭等弊端，可以让种子相关产品在很短时间内获得最多的合适的区域代理商。

(4)促进种子销售功能 通过网络可以发布、传播种子相关信息，并促进相互间的沟通和交流，从而促进种子销售。

(5)改善客户服务功能 通过FAQ(常见问题解答)、邮件、QQ、微博、微信、抖音等工具，可以对客户的问题进行及时解答。

(6)维系客户关系功能 良好的客户关系是网络营销取得成效的必要条件，通过网站的交互性、客户参与等方式开展客户服务，同时也增进了客户关系。

(二)种子网络营销的方式

种子网络营销目前主要有两种形式，一是基于网站的网络营销，二是基于无站点的网络营销。

1.基于网站的网络营销

(1)政府职能部门主办的信息网站 即在农业或种业管理相关部门建立的网上提供种业行业相关信息，如种子技术信息咨询服务，包括种业技术发展的新闻、公告、动态，网上直报系统、“两证”查询系统、品种查询系统。如中国种业信息网及各省市的种业信息网，从这些网站中，购买者可以查阅所需种子产品的相关信息。

(2)种业企业自建网站 国内各大种子企业一般都建立了自己的网站，网站中有主要产品的介绍，在产品介绍网页的下方一般会列出产品订购表，内容包括联系人、单位、手机、电话、传真、电子邮件、购买产品、服务要求等。购买者可以根据需求选择订购产品。

2.基于无站点的网络营销

(1)第三方综合类电子商务平台的种业频道 阿里巴巴的种子交易位于农业频道的种子种苗栏目之下，种子种苗又分为动物种苗、农作物种子种苗、食用菌菌种、其他种子种苗。在农作物种子种苗栏目之下分设原种和良种子目。阿里巴巴的种业电子商务秉承了阿里巴巴的一切优良服务，但其最大的不足就是综合，使得其种子商品分类不标准，交易的商品数量较少，初入者不得其门而入。

(2)专业农资电商平台 目前国内与种子营销相关的农资电商平台有爱种网、有种网、淘种网、阿哥汇、京东农资、农村淘宝、云农场等农资电商，购买者可以在网站中查询所需的产品信息以及种、肥、药一体化服务。

(三)种子网络营销策略

1.种子营销网站(网页)营销策略

种子企业的网站或电商平台代表了种子企业或运营商的形象。种子企业或运营商开展种子网络营销活动,应该注意以下3点:

(1)优化种子营销网络网址的宣传　网址是种子企业或运营商的主要标志,网址的名称应简洁、鲜明、易记,一般应为种子企业的品牌货名称,种子企业或运营商应树立很强的网络营销意识,防止自己的域名被他人注册或盗用。

(2)精炼网站的结构　网站设计应做到结构简洁、独具特色;路径索引应便捷,便于访问;结构模式应做到内容全面,尽量涵盖用户普遍需求的信息。

(3)维护网站　种子营销网站建好后应及时进行维护,包括及时更新产品目录、价格等时效性较强的信息,以便更好地把握市场行情。网站的维护还应集中体现企业的营销个性和策略,能更好地为客户提供满意的服务。

2.种子网络营销产品策略

网络营销时种子产品呈现出众多新特色,企业在制定种子产品策略时,应从网络营销的环境出发,满足客户的需求,主要策略有以下4方面:

(1)种子产品选择策略　种子产品选择策略包括个性化种子产品、特许独特种子、新品种种子等。

(2)种子营销网络服务策略　通过售前服务、售中服务和售后服务,建立完善的数据库系统、网上自助服务系统、网络种子客户论坛等方式完善种子营销服务网络。

(3)种子信息服务策略　建立种子产品网上展示厅和自动的信息传递系统,将种子特征特性、适宜区域、栽培技术、注意事项、产品使用说明以及种子市场供求、种子收获物(产品)的收购价格趋势等信息传递给客户,防止盲目扩大种植面积,提高客户种植的成功性和种子收获物的销售价格。

(4)种子产品组合策略　在网络上,以种子为核心进行价值链的延伸,将种子与肥料、农药、农业机械、农业保险以及技术咨询等进行组合营销,从而提高市场竞争力,扩大种子销售量。

3.种子网络营销定价策略

种子网络营销的价格受品种选育、种子生产成本、网络宣传成本、市场供求状况、竞争状况、客户需求状况等因素的影响。企业可采用的种子网络营销定价策略主要有以下5种:

(1)个性化定价策略　个性化定价策略是指利用网络互动性和用种者的需求特征来确定种子产品价格的一种策略。用种者往往对种子的品种特性、土壤和气候适应性、种子商品外观等方面有个性化需求。

(2)自动调价议价策略　种子企业根据市场需求状况、竞争状况、种子性能及其他因素,在确保种子营销收益的基础上,设立自动调价系统,自动进行价格调整,同时建立网上协商价格的集体议价系统,使价格具有灵活性和多样性。

(3)竞争定价策略　种子企业通过客户跟踪系统经常关注和分析客户需求,时刻注意潜在客户的需求变化,保持网站或网页建设向客户需求的方向发展,在了解和分析竞争对手的价格策略和价格变动趋势的基础上，调整本企业的竞争策略，时刻保持同类产品的相对价格优势。

(4)声誉定价策略 种子企业的形象、声誉也是影响种子价格形成的重要因素。客户对网络购买种子仍存在许多疑虑，如果种子企业的网上商店店号或网址在用种者心中享有声望，则其出售的种子价格就可以比其他企业的种子价格高些。

(5)技术性能定价策略 种子企业因其所提供的种子产品技术的先进性，制定的价格高于一般产品价格。种子企业利用网络迅速、准确、直观、高效和低成本的特点，在最短的时间内将种子新品种推向市场、面向客户，并获得市场技术领先者的高利润。

4.种子产品网络促销策略

种子产品网络促销是指利用网络向虚拟市场传递有关种子产品和服务信息，以引发购买需求、唤起购买欲望和促成购买行为的各种活动。网络促销的目的是利用网络特征实现与客户的沟通，发掘潜在的客户。如网红直播带货，通过销售水果玉米鲜穗、鲜食甜(糯)玉米真空棒等产品，带动相应的鲜食玉米种子销售。

(1)种子网络促销的方式 种子网络促销的方式有网络广告、网络聊天(微信、博客、QQ)网络留言和聊天、线上技术服务、网上抽奖、积分、网络文化、网上折价、网上赠品等，其中广告促销又包括文字广告、图标广告、旗帜广告、网络视频广告、电子邮箱广告等。种子网络广告的发布形式有：利用自己的网站发布广告、借助他人的网站发布广告、利用广告交换服务网络、利用新闻发布会发布广告等。

(2)种子产品网络促销的实施 网络促销实施的好坏是决定种子产品网络促销能否成功的关键。因此，网络促销人员必须深入了解种子产品信息在网络上传播的特点，分析自己的种子产品信息的接收对象，确定合适的网络促销目标，制定切实可行的实施步骤，通过科学的实施，才能打开网络促销的新局面。

5.种子产品网络营销渠道策略

种子网络销售渠道缩短了种子生产者和种子使用者的距离，方便了双方的信息交流和沟通。网络营销集售前、售中、售后服务和种子产品宣传、客户咨询、提供技术服务于一体，与传统营销相比具有明显的优势，种子企业必须不断完善网络营销渠道，吸引更多客户。种子产品网络营销渠道主要有以下3种：

(1)网上联合渠道 种子企业与经销商实现网络信息共享，互通种子产品、生产技术和管理信息，使客户可以随时查询种子产品供求信息，就近联系经销商，获得技术指导和服务，促进种子产品的销售。

(2)网络种子店渠道 在企业网站或第三方网站上设立虚拟商店，并设虚拟售货员或网上导购员回答客户相关咨询，创建优良的网上购物环境，并可针对不同地区的气候条件、生产管理技术、消费习惯等进行各种新颖的、个性化的促销活动。

(3)电商渠道 种子企业将种子网上销售与线下实体销售结合，将传统渠道组织商品销售的功能转变为商品的展示、体验服务、仓储、物流、售后服务，消费者通过线下实体对产品的认知和体验，然后在网上销售终端进行产品的订购，企业将订单分配给区域渠道商，完成商品的销售的营销模式。目前“村淘”成为当今种子终端销售最有效、最经济、最便捷的营销手段。

八、种子营销新模式简介

(一)"种子单粒播种"营销

1.营销模式

"种子单粒播种"营销模式是指种子企业以优质种子为基础,以单粒播种技术为突破口,通过一定营销策略推广销售种子的一种营销模式。国外农业发达的国家在某些种子营销中采取该种营销模式。美国先锋公司利用该种模式在中国推广玉米品种'先玉335',并取得了良好的经济效益。

2.运行的基本条件

种子质量高,发芽率高于95%以上;栽培技术水平高,精准播种,具有单粒播种机械和技术模式;种子企业制定单粒种子营销战略,联合经营实施单粒营销策略;种子企业将生产的优质种子进行加工,按一定粒数进行包装,由经销商按统一价格,通过一定促销策略直接销售给种子终端用户。

3.运行的保障体系

对用种农户进行良好的栽培技术培训和及时到位的售后技术服务。比较适合玉米、葵花等大面积种植作物的种子。

4.主要营销手段

①以一定粒数进行包装;②对于购买种子的客户给予播种机补助;③树立大农户标杆形象,利用电视广告、条幅、宣传画等媒介做好单粒播种优势宣传;④开好各种现场观摩会,包括播种观摩会、间苗观摩会、收获观摩会以及脱粒现场观摩会等。

5.营销模式的优势

①种子企业具有质量、价格和设备技术等竞争优势;②种子终端用户投入人力、物力少,成本显著降低,解放劳动力,种植收益大;③利于种子品牌和企业品牌进行营销宣传;④种子推广速度快,推广覆盖面大。

(二)"种子+期货(订单)"营销模式

1.营销模式

"种子+期货(订单)"营销模式是指种子企业以一定的营销策略将种子销售给种子终端用户,由种子企业联系终端用户种植的农产品收购商,农产品收购商按照期货(订单)的方式收购种植户产品的一种营销模式。

2.运行的基本条件

种子企业销售的种子质量高;种子企业、种子用户及农产品收购商签订三方期货协议,三方诚信度高;种子企业做好种子售后技术服务等。

3.模式运行

种子企业制定"种子+期货(订单)"营销战略,采取一定营销策略直接将种子销售给种植户;种子企业提前联系农产品收购商,种子企业、种子用户及收购商签订三方期货协议;当种植户收获产品后,按三方协议要求由农产品收购商统一收购种植产品,完成一个农业生产周期。

3.运行的保障体系

农产品收购商可靠,并具有资金优势;种子企业销售的种子质量高,售后技术服务到位等。

4.营销模式的优势

①企业直接供种,种子质量得到保障;②种子终端用户种植后的产品不愁销路;③风险均衡承担,各方风险相对较小;④有利于种子质量品牌和企业品牌的形成。

(三)"种子+化肥+农药"营销模式

1."营销模式

"种子+化肥+农药"的农资一体化营销模式是指种子企业将种子、农药及化肥一体化进行营销的营销模式,是三大种业巨头杜邦、先正达和孟山都成功的核心原因之一。我国丰乐种业在 2010 年也采用了这种模式,在近几年取得 15 亿元左右的营业收入。"种子+化肥+农药"的农资一体化方式主要有 4 种:①种子企业收购或兼并农药、化肥生产企业;②种子企业实行多元化战略,建立农药和化肥生产线,生产自己的农药和化肥;③种子企业和农药、化肥生产企业合作,实现渠道、库存等营销资源共享;④种子企业配套销售公司主营种子所需的农药和化肥,并做好因种栽培的作物种植、农药和化肥施用的售后配套全程技术服务。

2.营销模式运行

种子企业制定"种子+化肥+农药"的农资一体化营销战略,通过一定的营销策略,在营销本企业种子产品的同时营销相应的化肥和农药。根据种子企业实际情况,可选择经销商进行"种子+化肥+农药"的农资一体化营销运行,也可以选择专营方式直接面对种子终端用户。

3.运行的基本条件

种子质量高;种子企业农药、化肥多元化要求企业规模大、资金雄厚;种子企业综合管理水平高等。模式运行:种子企业制定"种子+化肥+农药"的农资一体化营销战略,联合经销商(或专营直销)实施"种子+化肥+农药"组合营销策略,通过一定促销策略直接销售给种子终端用户。运行的保障体系:综合管理及售后技术服务到位等。

4.营销模式优势

①企业能充分挖掘营销渠道的价值,实现种子与农化的营销资源互补;②有利于企业开源节流,降低营销成本;③有利于种子企业塑造种子品牌和企业品牌;④由原来的种子短期营销发展到农化的全年营销,填补了企业时间空当,价值创造最大化。

(四)"种子+种苗"营销模式

1.营销模式

"种子+种苗"营销模式是指种子企业在营销种子时将种子育制成种苗,通过一定营销策略把种苗销售给种子终端用户的一种营销模式。"种苗"生产方式:①种子企业自己建设种苗生产厂(基地)进行种苗生产;②种子企业联合当地专业育苗组织进行种苗生产;③种子企业联合核心经销商,由经销商联合当地专业育苗厂生产种苗等。

2.营销模式运行

运行的基本条件为种苗需求有一定规模;种苗生产设施完善、技术过关;种苗成活率高;物流方便等。种子企业制定"种子+种苗"营销策略,通过一定的种苗生产方式将种子育制成种苗,应用科学合理的营销策略和手段,直接或通过经销商把种苗推向市场,销售给种苗终端用户。运行的保障体系:移苗管理及售后技术服务到位等。

3.营销模式优势

①种子企业能有效地预防假种子、"窜货"等事件或现象的发生;②给终端种子用户提供了方便,省去了种播育苗环节,降低生产成本;③终端用户用苗放心,确保终端用户利益;④有利于种子企业塑造种子品牌和企业品牌。

(五)"种子+免费试种"营销模式

1.营销模式

"种子+免费试种"营销模式是指种子企业先免费将种子提供给种植户,并保价收购相应种植产品,引导培育种子销售市场,以后按种子正常价格进行销售的一种营销模式。

2.运行的基本条件

种子质量好,适应性强,产量高;种植地质量符合要求;企业规模较大,实力雄厚,抵御风险能力强;营销组织管理水平高,营销人员能力强;种植户诚信度高等。

3.营销模式运行

(1)免费试种阶段　第一个生产期免费将种子提供给种植户,并与种植户签订保价(偏高于当地单位面积种植的平均价格)收购合同,合同条款中必须明确规定相应投入、种植管理以及违约责任等;种植户按规定要求进行规范种植;技术人员及时进行栽培技术、田间管理等指导;企业和经销商做好种植户苗期、收获期等长势、脱粒示范推广宣传工作(对表现优秀的种植户进行奖励等),提高品种的知名度和认知度;组织开好收购种植产品的现场会,现场兑付收购款等。

(2)正式定价销售阶段　在该作物第一生产期过程及结束时,全面实施种子营销策略,进一步做好宣传工作,尤其是充分发挥种植户的示范效应,通过第一期种植户实际产量、产品质量激发其他种植户购买种子,以实现本生产期销售任务。

(3)渠道运行　以区域经销商为主导,产品的利润由区域经销商与终端商占有。当然如果种子企业营销组织力强、营销人员充足,也可以采取终端商或终端用户方式进行。

(4)运行保障体系　选择信誉和诚信度高的种植大户;与种植户签订协议;种植户必须严格按种子企业种植规程进行操作;经销商可靠,企业技术员必须细致进行栽培技术、田间管理等指导、监督和服务。

4.营销模式的优势

①种子企业能有效地利用免费试种产生的效应,挖掘种子购买潜力,迅速扩大种子销售市场;②免费试种加上保价收购,能激发种子终端用户种植积极性,同时刺激市场或激活更大的市场需求;③有利于提高种子产品和种子企业的认知度与知名度,提升种子品牌和企业品牌价值。渠道以经销商为主时,经销商自主性强,销售种子积极性高。

(六)种子“4S专卖店”模式

4S店模式是由汽车销售行业首创的一种集销售与售后服务于一体的营销模式。种子行业的4S店模式是指将种子及配套产品(农药、化肥、农机具等)销售、售后服务、信息反馈等融于一体的营销模式。这种种子营销模式更适合现代新农业主体,一是高度专一性,4S店专卖一个企业的种子,保真保质,相互确立信任度;二是服务理念,通过对种植者进行全年跟踪售后服务,建立忠诚度;三是系统打造,配套产品更加适合栽培需要,实现丰收目的,实现满意度。对经销商来说,4S店的高度专一性以及售后服务、垄断销售、农户关系的规范系统,是能够稳定消费者、能够有稳定持久经济效益的好模式。

(七)“种子 + 连锁直销”模式

1.营销模式

种子企业单独或种子企业和经销商等紧密联合和整合,在分工基础上实施集中化管理,开展配送直销种子的模式。

2.运行的核心条件

要求种子质量好,实行品牌战略经营;运行的核心管理体系是统一的标准化管理体系,包括质量管理、组织管理、价格管理、现代化物流管理、先进的财务管理、新品种标准化展示与示范以及召开现场观摩会等。

3.运行的保障体系

到位的推广品种种植技术培训;对直销的终端农户的及时、良好的技术服务体系;快速便捷的物流运输体系。

4.营销模式的优势

建立统一的种子价格体系能很好地防止“窜货”现象;快速的物流体系能适度降低销售价格,使种子终端用户得到更多的价值;利于种子企业扩大规模和快速推广新品种,提升企业竞争能力;降低经营风险,提升无形资产;良好的质量保证,利于品牌的形成,提高种子终端用户的忠诚度等。

(八)“种子网络 + 邮寄”营销模式

1.营销模式

种子企业或中间商利用原有的渠道网络资源,整合原有用户信息,通过邮寄、互联网、电信等手段将种子产品信息传递给种子用户,应用一定的营销策略促进用户购买种子,达成交易订单,种子企业或中间商收到种子款后将种子通过快递或邮政部门送达种子用户。

模式运行的基本条件:掌握种子终端用户信息资源,种子质量保证好,种子企业信誉度高,邮政网络畅通等。

2.运行的保障体系

品种配套栽培技术培训良好和及时到位的售后技术服务,比较适合价格高、用量少的高端种子营销。

3.营销模式的优势

具有一定的价格竞争优势；经营风险低，能避免赊账、死账等现象的发生；减少了中间环节，降低管理和运行成本，让利给顾客；种子品种质量得到保证；种子用户收益得到保障等。

第五节 种子经济合同

一、种子经济合同概念

合同又叫契约，是指两个或两个以上的当事人之间，为了达到共同的经济目的，确定相互权利和义务而签订的具有法律效力的协议，是当事人之间确定、变更或终止权利义务关系的协议形式。种子经济合同是合同的一种，是指以种子生产经营业务活动为主要内容，所签订的具有法律效力的契约。它是从事种子生产和经营业务的单位之间为实现商品种子交换，明确相互的权利和义务关系而自愿达成的协议。种子营销活动大多数都是通过种子经济合同进行的，所以，种业从业人员必须了解和掌握种子经济合同方面的知识。

种子企业的营销活动，是以经济合同的签订与履行作为一条主线贯穿始终的。企业之间要签订购销合同，企业与种子基地签订制繁种合同，企业与客户要签订销售合同等。所以经济合同的签订、履行与管理在种子企业的生产与营销工作中非常重要。

二、种子经济合同种类

按合同的内容来划分，种子经济合同可分为以下几种：

(1)订货合同　种子公司与供货商的订货为内容的合同。

(2)购销合同　为买卖种子而签订的合同。

(3)运输合同　为运输种子和其他物资与运输部门签订的合同。

(4)科技协作合同　种子公司与科研部门为培育新品种而签订的合同。

(5)信贷合同　为种子企业申请种子收购资金等贷款而签订的合同。

(6)租赁合同　租赁种子经营场所、种子加工贮藏设备等而签订的合同。

(7)生产合同　为委托有关单位(或农户)生产种子而签订的合同。

(8)其他合同　如种子包装材料、农资等采购合同，种子加工合同等。

三、种子经济合同内容

1.标的

标的又叫合同成交物。它是种子经济合同中权利和义务的共同依据，也是经济法律的实体。它可以是某种实物和货币，也可以是某项劳务和工程项目，如产销合同中的良种、科技协作中的科技成果(品种、相关技术)、信贷合同中的货币等。在合同中，标的内容应非常明确，没有标的或标的不明确，合同就没有意义。

2.数量和质量

数量和质量是合同标的的具体化，是确定当事人双方权利和义务的大小、确定价款或酬金的依据。数量是合同标的量的尺度，在订立种子合同时，除了要有准确的数量指标外，还应有正确的计量单位和计量方法；质量是衡量产品或工作优劣的尺度，是合同标的内在素质或外观形态的综合。合同标的质量的要求在合同中要详细、明确、具体，如良种的纯度、净度、含水量、发芽率、破损率等的具体指标。同时要规定验收方法，避免不必要的争议。

3.价款或酬金

合同以货物或工程项目为标的的称价款，以劳务为标的的称酬金。二者通称价金。价金以货币形式来表现，一般用人民币来计算并支付。价金定价时，如果国家有统一价格规定的，应按国家定价；如果没有国家统一定价的，双方可以协商定价，但必须符合国家的价格政策。

4.履行的期限、地点和方式

履行期限、履行的地点和方式是检查合同是否全面履行的重要依据，必须在合同中做出明确规定。

(1)履行期限　可分为有效期限和履行期限。有效期限指合同存在的持续时间，履行期限指合同当事人双方实现权利和义务的具体时间。

(2)履行地点　是指履行合同中所规定的义务和接受履行的地点。如购种合同中的种子生产基地，外销种子还要涉及交货、提货地点，发站、到站及中转站，储存放置的仓库，交款地等。

(3)履行的方式　是指合同的结算方式，是为交付货款服务的。应以双方决定的结算方式付款，并按银行的规定办理。有的合同需要以转移一定的财产的方式来履行，有的需要以提供劳务的方式来履行，有的需要以交付所完成的一定的工作成果来履行。

5.违约责任

合同当事人没有或没有完全履行合同规定的义务就是违约。对违约者必须依法追究责任，一般可依据有关法律规定来确定，或由当事人双方依法商定，但在种子合同中必须具体规定。

6.其他条款

根据法律规定或按种子经济合同的性质必须具备的其他条款，如种子购销合同中，按照《植物检疫条例》和《种子法》的要求，需方应向供方递交当地检疫部门的检疫要求证明，而供方也需要提供检疫证书，这些要求都应在合同条款中予以明确。

7.当事人一方要求必须规定的条款

《经济合同法》第十二条规定："当事人一方要求必须规定的条款，也是经济合同的主要条款。"当事人双方作为合同关系出现时，任何一方都有权利充分表达自己的意志，并且有权利提出在合同中必须规定的条款。例如，在签订种子购销合同时，需方提出对种子的特殊包装及费用负担；供方要求需方自行提供亲本（原种）种子并确保质量等，都应作为合同的订立条款。

四、种子经济合同签订和执行

(一)种子经济合同签订

1.合同签订的程序

签订合同程序一般可分为要约、承诺、协商、签订和生效5个步骤。

(1)要约　要约就是指定合同的提议,又叫签约提议。是当事人一方向他方明确提出订立种子经济合同的要求,或订立合同的草案。向对方提出的一方称要约人。要约提议必须根据国家有关政策和《中华人民共和国合同法》的要求。要约的内容一定要明确、具体和真实,并说明要约期限,以利于对方酌定。要约可以向特定人提出,即向订立合同的对方提出,也可以不向特定人提出,而向社会上所有人提出欲订立合同的愿望和条件。

(2)承诺　承诺就是接受签约的建议,又叫接受提议或应约。是一方当事人完全同意要约人提出的订立合同的要求或合同草案,接受方称为承诺人。如果承诺人只对订立合同表示同意,但对提议合同中的某些条款要求修改、补充或附有条件地接受,则不能视为接受提议,而是对原提议提出新建议。这时要约人或承诺人互换了法律地位,需要双方经过进一步的协商,达成一致意见后,才算接受提议,合同才算成立。

(3)协商和签订　要约和承诺是任何合同都必须经历的两个阶段。在实际工作中,订立合同的过程,是双方当事人按照法律规定,对合同的内容和主要条款进行反复协商的过程,需要经过提议—新提议,直至对新提议接受的过程。合同一经成立,一般均应采用书面的形式,并通过必要的手续来加以确认,如合同的基本条款、双方负责人代表签字、加盖公章,有的合同还要经过上级部门的审核批准、主管机关的鉴证,合同才能生效。

2.签订合同基本要求

(1)条款要齐全　无论签订何种种子经济合同,条款必须齐全,否则容易引起合同纠纷。

(2)内容要具体　合同的内容要力求具体,并明确规定,以便落到实处。内容如果不具体,常常为将来合同的履行带来隐患。

(3)表达要明确　合同内容的文字表达,必须绝对确切,不能使用含糊不清或伸缩性很大的文字,重要数字如合同期限、数量、金额等要使用大写,以防涂改。

(4)手续要齐备　种子公司与他人签订合同时,首先必须确认对方当事人是否具有法人资格,如果与对方当事人的代理人签订合同,应严格审查审核该代理人的委托书,合同签订后要办理有关手续,如鉴证、公证、审批或登记。

(5)责任要明确　合同条款双方的权利义务要明确,目的是为了维护合同的严肃性。

3.合同鉴证

对合同进行鉴证是合同管理机关对合同的合法性、有效性给予鉴证的说明,这是提高合同质量,减少合同纠纷,保证合同顺利执行的有效方法。种子经济合同鉴证的内容有:签约者的姓名,业务范围和行为能力;签订合同代表的资格,条款是否清楚、完备,是否都出自双方平等协商;双方的权利和义务是否清楚;经济责任是否明确,罚则是否得当;文字解释是否准确、清晰;印章是否真实等。对不符合要求的合同,可帮助进行修改,如果各项都符合要求,鉴证机关予以编号盖章,写明鉴证日期。合同经过鉴证,即进入有法律效力的执行阶段。

(二)种子经济合同执行

合同签订以后，签约双方应根据合同规定的条款，履行各自承担的义务，做到全面、实际、严格地履行。在执行过程中，应注意以下几个方面：

1. 恪守信用，确保合同履行

要对公司人员进行普法教育，树立法制观念，熟悉并掌握种子经济合同的基本知识，提高履行合同的自觉性，以保持种子公司良好的信誉，并巩固与其他有关单位的长期协作关系。

2. 全面履行合同

合同签订方要按合同中条款所规定的标的、时间、地点、方法、数量和质量等，全面地履行合同。

3. 实际履行合同

严格执行合同规定的各项条款，不得随意变更标的或替代补偿。

五、种子经济合同变更及解除

合同一经依法成立，即具有法律效力，当事人各方必须恪守信用，按合同规定履行各自义务，任何一方均不得擅自变更或解除，这是合同履行的通则。但是在种子经济合同的实际履行过程中，可能会遇到一些新情况或者是签订合同时当事人无法预测、无法估计而又不能避免的情况。例如，在合同订立后，发生了严重的自然灾害、遇到战争等，造成当事人不能履行或不能完全履行合同。在这种情况下，就有必要对原种子经济合同的某些条款、内容进行修改或补充，乃至完全解除原合同关系。

(一)种子经济合同变更

指种子经济合同订立之后，尚未履行或尚未完全履行之时，由于订立种子经济合同时所依据的主客观情况发生了变化，由当事人依照法定条件和程序，对原种子经济合同进行修改或补充。种子经济合同一经变更，原合同规定的当事人的权利义务关系也随之发生变化。

(二)种子经济合同解除

指种子经济合同订立之后，尚未履行或尚未完全履行之时，由于订立种子经济合同时所依据的主客观情况发生了变化，以致使原种子经济合同的履行已成不可能或不必要，由当事人依照法定条件和程序，终止原种子经济合同。种子合同一经解除，原合同规定的权利义务关系即自行消失。

(三)种子经济合同变更或解除应具备条件

(1)当事人双方经过协商同意，并且不因此损害国家利益或影响社会公共利益的执行。

(2)订立种子经济合同所依据的国家相关政策或质量标准被修改或取消。

(3)当事人一方因关闭、停产、转产而确实无法履行种子经济合同的。

(4)由于不可抗力(如地震，严重旱涝灾、风灾等)或由于当事人虽无过失但无法防止的外因，致使种子经济合同无法履行的，允许变更或解除种子经济合同。

(5)由于一方违约,使种子经济合同履行成为不必要。

六、违反种子经济合同责任

违反合同的责任,即违约责任,是指当事人一方因过错没有履行或者没有完全履行种子经济合同中所规定的义务,按照法律或当事人双方约定,由过错的违约方承担的法律责任。

(一)确定违反种子经济合同责任的主要依据

(1)有违约事实　即有不履行或不完全履行种子经济合同的行为。

(2)有过错　即产生违约行为,是由于种子经济合同的当事人的一方的过错而造成的。

(3)有损害事实　即当事人的一方因违反种子经济合同给另一方造成了一定的经济损失。

(4)损害事实与不履行合同行为之间有直接的因果关系　即种子经济合同当事人一方所造成的经济损失,是由于对方的违约行为所造成的。而由于其他原因或行为所造成的经济损失,则不能要求违约方承担赔偿责任。

(二)违反种子经济合同的责任

1.违约金

违约方向对方支付一定数额的货币,作为对违约方的经济制裁。违约金不以对方有无经济损失为前提,凡是违约均应支付。违约金属于惩罚性质。

2.赔偿金

违约方向对方支付违约金后,仍不足以补偿对方所受到的全部经济损失,还必须支付此差额部分,这就是赔偿金。

3.继续履行

违约方在向对方支付违约金和赔偿金后,并不能免除其所应履行的责任,只要受害方要求继续履行合同,而且这种履行是必要的和可能的,违约方就必须继续履行。当然,如果受害方不要求继续履行或违约方事实上已不能履行,则违约方向对方支付违约金和赔偿金后,双方的种子合同关系也就自行终止。

案例分析:沈阳星光种业的营销策略

沈阳星光种业有限公司(以下简称星光种业)是一家集科研、生产、销售为一体的综合性专业型蔬菜种子企业。公司生产经营番茄、辣椒、西葫芦、黄瓜、甜瓜等蔬菜种子,以番茄种子为主,从20世纪90年代中期至2007年其硬果肉类番茄品种研发水平一直处于国内领先地位,某些品种成为与全国农业技术推广总站合作项目。

星光种业总经理姜某某1987年毕业于北京农业大学作物遗传育种专业,毕业后在辽宁省种子公司工作,主要从事蔬菜种子经营。由于姜某某勤奋、肯钻研和为人良好,他在种子行业积累了较丰富的经验和良好的个人信誉。

姜某某创办公司后,在维持经营的同时,根据自己所掌握的种质资源情况,决定开展番茄新品种研发。

在20世纪90年代中期之前,国内的番茄育种几乎全部由国家科研单位包揽,而且清一色是不耐贮运的粉果(鲜食类)型品种。因为当时国内的番茄产品以就近销售以主,连锁超市还未兴起,市场对果实整齐一致、耐贮运、货架时间长的番茄品种还未有强烈需求。但早在1980年后期,以色列似乎看到了中国硬果肉类番茄种子的市场前景,与北京市农工商总公司合资在北京建立"中以番茄品种示范农场",作为其番茄品种及相应栽培技术在中国的高水平示范推广基地和窗口。很快,以色列番茄品种因其产量高、抗逆性强、茄果整齐一致、耐贮运的优异表现,在中国市场得到认可。但其品种较单一,主要是'R144'一个主推品种,而且种子售价高。

根据对该企业和对市场的综合分析,姜某某决定将硬果肉类型作为其番茄育种主攻方向。1995年,星光种业育成以'TF423'为主的多个硬果肉型品种。通过蔬菜生产基地农户的试种和示范的方式,几年后,'TF423'打开了市场,后定名为"盖伦"。"盖伦"番茄品种在综合指标上与'R144'接近,但星光种业的经济实力、推广力度、知名度和品牌效应等比不上以色列番茄品种。鉴于此,星光种业在种子定价策略上,将"盖伦"种子价格定位在普通品种与'R144'品种之间。

为了进一步拓展自己的番茄种子市场,星光种业在随后的几年内又陆续育成几十个硬果肉类型番茄品种。其中,在果色方面,有粉红、鲜红、红、大红、黄等类型;在果形上,有圆、高圆、扁圆、微扁圆、椭圆等类型;果实大小上,单果重有15 g、70 g、100 g、130 g、200 g、220 g、280 g、300 g、330 g、350 g等类型;另外,还有一些耐低温、整穗收获等特殊类型。

在成功进行番茄种子生产经营的同时,该公司在辣椒、西葫芦、黄瓜、甜瓜、南瓜、茄子等蔬菜品种研发及种子生产经营上也做得富有成效。

星光种业在注意培育企业总体品牌——"星光"的同时,还下功夫专门培育番茄种子品牌——"盖伦",将企业最优秀的番茄品种纳入该品牌旗下,各品种种子的包装上商标及图案风格类似。至2006年,"盖伦"系列已有9个各具特色优异品种。这些品种在综合指标上都类似或超过国内外同类品种。

鉴于蔬菜种子及该企业经营的特点——经营量小、单位重量价值高,星光种业在营销渠道上,采取分区独家经销方式。具体做法是,首先寻找合适的且愿意承接示范推广的种子企业,成功后,由该企业做本地区星光种业的唯一经销商或代理商,划定种子经营区域,并统一种子零售价。

根据上述对沈阳星光种业的介绍,试分析以下问题:

1. 文中讲述了硬果肉类番茄与国内一些普通鲜食品种相比的优势,但其也存在不足——果实鲜食口感稍差,根据两类番茄的特点比较,你认为硬果肉类番茄果实商品主要针对什么市场?相应地,该类型品种的种子经营应针对什么市场?

2. 星光种业在种子核心产品经营上采用了哪些策略?采取的有形及附加产品策略有什么特点?

3. 从理论上分析星光种业番茄品种"盖伦"种子定价策略的依据。

4. 在种子营销渠道方面,星光种业的渠道特点是什么?你认为该企业的渠道层次设几层合理?

5. 该企业的番茄种子经营需要做广告吗?为什么?如要做广告,选择什么媒体比较理想?

本章小结

本章首先介绍种子市场营销的含义和内容，种子4P、4C、4R、4V市场营销组合基本理论，种子经营确定型决策、非确定型决策、风险型决策的类型及其决策程序，种子经营计划的类型、编制和执行等内容。种子企业在选择合适的市场营销组合、编制了经营计划和营销计划以后，需要相应种子营销组织或营销管理者采取年度计划控制、获利控制和战略控制等手段，检查营销计划的执行情况，及早发现问题，并对计划或计划的实施方式做出必要调整，保证营销计划顺利完成。种子企业制定相应的营销策略如产品策略、定价策略、分销渠道策略、促销策略、广告策略、新品种展示示范、种子网络营销及其策略，以及网络营销等新模式开展营销活动。种子企业开展营销活动时，需要与上下游企业（单位、个人）发生业务往来，并签订种子经济合同，基于此阐述合同的种类、内容、签订、执行、变更、解除和权责等内容。

复习思考题

1. 名词解释：种子市场营销、4P、4R、种子经营决策、种子营销计划、种子营销控制、种子核心产品、种子分销渠道、种子网络营销。

2. 简述种子核心产品、有形产品及附加产品的经营策略。

3. 简述FOB原地定价、撇脂定价和渗透定价策略。

4. 论述种子网络营销的特点和形式。

5. 论述如何编制、组织和控制种子营销计划。

6. 经济合同的内容包括哪些？种子合同签订分为哪几个步骤？违反合同应承担哪些责任？

第四章　现代种子企业管理

知识目标

◆ 熟悉种子企业的组织形式和结构、品牌建设和危机管理、信息管理。

◆ 理解种子企业的销售、绩效考核、人力资源、财务和规划与制度管理的管理方法。

◆ 掌握现代种子企业管理的基本内容和方法。

能力目标

◆ 学会制订公司发展规划、管理制度和品牌建设的方案。

◆ 能够开展企业的销售、绩效考核、人力资源、财务和规划与制度的管理工作。

◆ 能够应用现代种子企业管理理念管理种子企业。

种子企业管理理论是在一般企业管理知识和理论的基础上形成的，同时又具有其学科领域系统的特点。因此，种子企业管理是一个系统管理的过程，具体包括品种研发的管理、生产管理、加工管理、种子质量管理、储运管理、销售管理、售后管理、财务管理、人力资源管理和组织管理等内容。具体来说，现代种子企业管理主要包括种子企业的组织形式和结构、战略规划与制度管理、品牌建设和维护管理、销售管理、绩效考核管理、人力资源管理、财务管理、信息管理等内容。

第一节　种子企业组织形式和结构

企业组织形式是指企业财产及其社会化大生产的组织状态，它表明一个企业的财产构成、内部分工协作与外部社会经济联系的方式。根据市场经济的要求，按照财产的组织形式和所承担的法律责任，现代种子企业的组织形式的分类通常为：独资企业、合伙企业和公司企业。在决定企业的组织形式时，主要考虑税收利润和亏损的承担方式、资本和信用的需求程度等几个方面的因素。

一、国外种子企业类型与特点

(一)国外种子企业类型

从企业的经济性质和经营特点分析,国外种子公司主要有两大类型,即国有公众化公司和私人企业。①国有公众化公司,该类型公司受国家的财政支持,发展与日常经费开支列入国家财政计划;种子公司承担商品种子的供应任务,国家对种子价格进行限制;种子公司的生产与经营管理纳入政府行政管理计划,并把此管理作为保障本国的食品安全、改善公共福利、平衡不同产业分配的重要措施。②私人公司,该类型公司的企业发展和种子生产经营活动都由企业自主决定,种子的供应价格一般决定于市场。

国外主要种子公司根据其发展和经营的特点,有以下 4 种典型类型:

1.专门从事种子商品经营的种子公司

这种类型以美国先锋种子公司、德国 KWS 种业集团、澳大利亚太平洋种业公司为代表。这些公司的基本特征是都经营商品种子,以生产经营玉米、大豆、棉花种子为主,但实行多元化经营。

2.化工、医药公司控股的种子公司

这种类型公司的基本特征是种子公司的母公司、参股公司或控股公司都是传统的化工、农药、医药、食品、生物、烟草、贸易公司。比如先正达公司 Syngenta AG 成立于 1999 年,总部位于瑞士巴塞尔,全职雇员 28 000 人,是一家知名的农业综合产业生产商,为全球最大农药商,也是世界第一大植保公司,业务包括作物保护、农药(杀虫剂、除草剂)及种子的生产和销售等。2016 年 2 月 3 日,中国化工宣布通过公开要约收购瑞士农化及种子公司先正达,收购价格为每股 465 美元,股权收购价为 430 亿美元。

3.由种子业务向多元化发展的种子公司

这种类型公司已经由最初的种子专业性公司,发展成为集种子经营、生物技术研究、食品加工、保健服务等相关业务于一体的集团化公司。比如法国的利马格兰种业是一家国际性的农业合作社集团,位居世界种业第四,专业致力于大田种子、蔬菜种子与谷物产品,由法国农民于 1942 年在奥弗涅地区(位于法国中部)成立,距今已有 80 年的发展历史。利马格兰集团旗下 LCI 公司生产的功能性面粉位居欧洲领先水平,LCI 公司还生产 100%可降解、100%可堆肥的农业地膜。子公司 Jacquet-Brossard 专门经营烘焙系列食品,位居法国面包糕点业市场中的第三位。基于在农业市场中的不断调整与创新,利马格兰集团在全球农业与农产食品加工业中具有持续的影响力。

4.园艺种子及牧草种子公司

这种类型公司的基本特征是以园艺作物种子和牧草作物种子经营为主,但经营的品种特别多,例如美国皮托种子公司就经营 18 类 3 000 多个蔬菜品种。圣尼斯(Seminis)是墨西哥最大的种子公司,世界第五大种子公司,主要种子业务是瓜果、蔬菜种子,占世界蔬菜种子市场的 20%,后来被孟山都公司收购。

(二)国外种子企业运营的特点

1.跨国公司类型,拥有育种研究基地多个,业务遍布全球

先锋种子公司有全球研究基地超过 100 个,全球雇员 1.23 万人,75 个种子生产基地,种子销往 90 多个国家;先正达公司雇员 2.8 万人,种子销往 90 多个国家;法国利马格兰种业公司合作社成员 7 800 个,种子销往 39 个国家。

2.涉及领域广,但各有侧重

先锋种子公司经营种子涉及玉米、水稻、高粱、棉花、向日葵、油菜、牧草、芥菜等作物;先正达公司经营大田作物种子、蔬菜种子、花卉种子;德国 KWS 公司的甜菜品种全球领先;丹麦丹农种子公司以草坪等牧草品种见长;孟山都公司的转基因玉米种子、大豆种子、油菜种子市场占有率高;日本坂田种苗公司以五寸胡萝卜等种子研发而闻名;日本泷井种苗公司专长于蔬菜与花卉种子。

3.企业与科研单位战略合作密切

法国利马格兰集团与位于墨西哥的国际玉米与小麦改进中心合作提高小麦和玉米品种选育效率,与位于叙利亚的 ALEP 干旱地区建立农业研究中心,与澳大利亚工业与科学研究机构共同开展关于小麦品质改良研究,在法国本土与绿色生物技术机构合作。

4.科研实力雄厚,种质资源收集与再利用能力强

跨国公司科研实力雄厚,种质资源收集与再利用能力强,品种选育技术力量强,品种竞争力强。孟山都公司转基因大豆占领南美巴西、阿根廷绝大部分大豆种植面积,其配套专用的除草剂“抗农达”销量惊人。

5.品种专利、企业商誉值占总资产比重高

以德国 KWSAG 公司为例,2011—2012 年度其品种专利、知识产权和软件的资产达 5 274.7 万欧元,企业商誉值 2 962.3 万欧元,占公司总资产 5.25 亿欧元的 15.6%。

6.跨国销售所占比重大

德国 KWSAG 公司甜菜种子销售额 3.14 亿欧元,其中境外销售 3.13 亿欧元;玉米种子销售额 5.72 亿欧元,其中德境外销售 5.71 亿欧元;谷物种子销售额 9 509.5 万欧元,其中境外销售 9 325.5 万欧元。

二、我国种子企业类型与特点

我国目前种子企业的类型很多,规模上也差异很大,有资产几亿元人民币、员工上千人的上市公司,更多的是资产只有几万元人民币的种子零售销售门店。根据不同标准,如企业规模、经营范围、运营模式、经营性质等对种子企业进行划分。

(一)根据投资主体

根据投资主体,种子企业可以分为国有企业、私有企业、混合所有制企业。

(二)根据企业运营模式

按照是否繁育种子,种子企业可分为以下几种类型:单纯销售种子,种子代繁企业、种子繁销企业，种子育繁推一体化企业。

（三）根据生产经营类型

1. 生产经营型种子公司

许多大、中型种子公司，有自主品牌，从种子生产到经营形成完整产业链。

2. 经营型种子公司

包括批发型种子公司、零售型种子公司、批零兼营型种子公司、外国种子公司在中国的总代理。

3. 生产型种子公司

专门进行种子生产，包括专门为国外种子公司或经营型种子公司制繁种的企业。

4. 产业链延伸型种子公司

种子公司只作为公司集团产业链上的一环，如正大集团农牧企业（中国）的种子公司、大北农集团下属的北京金色农华种业有限公司等。

三、种子企业的组织架构

（一）企业基本构架概述

企业的组织架构就是一种决策权的划分体系以及各部门的分工协作体系。组织架构需要根据企业总目标，把企业管理要素配置在一定的方位上，确定其活动条件，规定其活动范围，形成相对稳定的科学的管理体系。

企业组织架构设计没有固定的模式，根据企业生产技术特点及内外部条件而有所不同。

（二）企业主要组织构架

1. U 型组织结构

19 世纪末 20 世纪初，西方大企业普遍采用的是一种按职能划分部门的纵向一体化的职能结构，即 U 型结构。特点是企业内部按职能（如生产、销售、开发等）划分成若干部门，各部门独立性很小，均由企业高层领导直接进行管理，即企业实行集中控制和统一指挥。U 型结构保持了直线制的集中统一指挥的优点，并吸收了职能制发挥专业管理职能作用的长处。适用于市场稳定、产品品种少、需求价格弹性较大的环境。

2. M 型组织结构

M 型组织结构又称事业部门型组织结构。这种结构的基本特征是，战略决策和经营决策分离。即根据业务按产品、服务、客户、地区等设立半自主性的经营事业部，公司的战略决策和经营决策由不同的部门和人员负责，使高层领导从繁重的日常经营业务中解脱出来，集中精力致力于企业的长期经营决策，并监督、协调各事业部的活动和评价各部门的绩效。

与 U 型结构相比较，M 型结构具有治理方面的优势，且适合现代企业经营发展的要求。

3. 矩阵制结构

它把按职能划分的部门与按项目划分的小组结合起来组成矩阵，使小组成员接受小组和职能部门的双重领导。它的特点表现在围绕某项专门任务成立跨职能部门的专门机构上,这种组织结构形式是固定的,人员却是变动的,任务完成后就可以离开。

与 U 型结构相比较,矩阵制结构机动、灵活,克服了 U 型结构中各部门互相脱节的现象。

4.H 型组织结构

H 型组织结构又被称为控股型组织结构或控股公司结构,它严格讲起来并不是一个企业的组织结构形态,而是企业集团的组织形式,是组织内实行分权治理的一种结构形式。H 型公司持有子公司或分公司部分或全部股份,下属各子公司具有独立的法人资格,是相对独立的利润中心。H 型结构较多地出现于横向合并而形成的企业中。H 型结构的显著特征是高度分权,各子公司保持了较大的独立性。母公司和子公司不是行政上的隶属关系,而是资产上的联结关系。母公司对子公司的控制,主要是凭借股权在股东会和董事会的决策中发挥作用,并通过任免董事长和总经理来贯彻实施母公司的战略意图。H 型结构中包含了 U 型结构,仅是过渡形式逐步演化为 M 型结构,构成控股公司的子公司往往是 U 型结构。如安徽荃银高科股份有限公司(母公司)与旗下的安徽皖农种业有限公司(全资子公司)、安徽荃银超大种业有限公司(控股子公司)、安徽华安种业有限公司(控股子公司)等。

(三)种子企业管理的体系

种子企业管理的框架是组织架构的直观反映,是最常见的表现雇员、岗位和群体的关系,它反映了组织内各机构、岗位上下左右相互之间的关系,如图 4.1 所示。

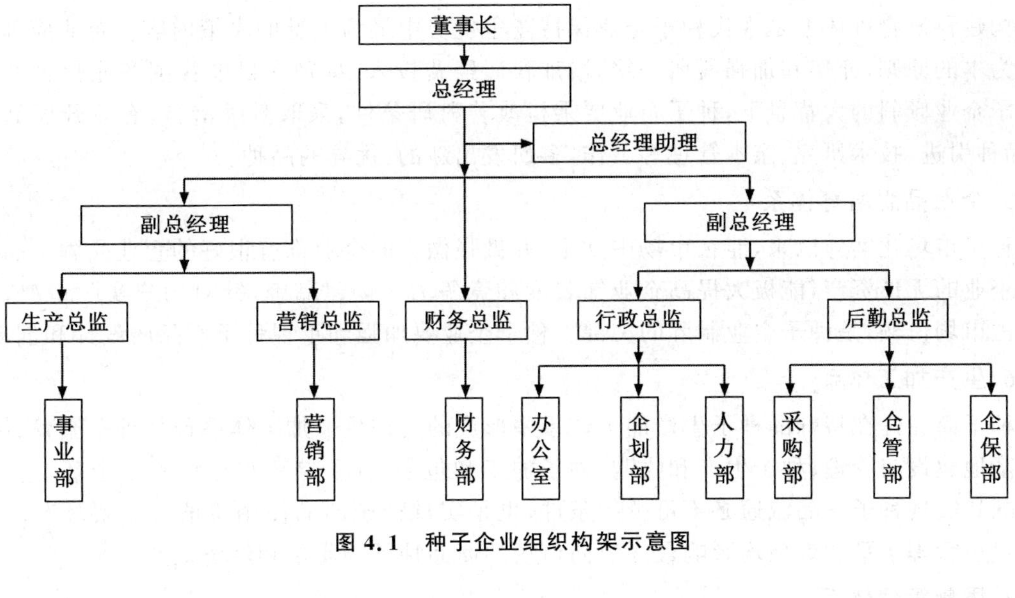

图 4.1 种子企业组织构架示意图

种子企业的管理系统包括:种子企业战略系统、企业组织结构、企业文化构建系统、科研育种系统、企业品牌培育体系、生产加工体系、质量管理体系、市场营销体系、农艺服务体系、人力资源体系、财务管理体系、知识产权保护体系、行政保障体系等,种子企业的管理就是围绕着这系列体系进行的,每一个体系都是整个管理体系的构成部分,对企业生产经营和发展都有很大影响,其中科研、生产、营销体系尤为关键。

1.种子企业战略体系

现代种业竞争越来越激烈,种子企业管理者应综合分析国内外种子市场环境、行业背景、自身资源和能力,选择那些符合企业基本价值取向的方案,明确企业发展的目标,构建正确的企业发展、品牌经营以及管理与服务等战略体系,掌握竞争的主动权。目前,种子企业战略模式主要有国际化战略、战略联盟、品种创新与一体化战略、差异化战略等。

2.企业组织结构体系

组织是指具有超越个人能力和效率的协作系统或功能实体,表现为一定的体制。企业组织设计是管理者为实现组织目标而设立的沟通信息、权利和责任的系统。目前,企业组织结构主要形式有:直线制结构、职能制结构、直线-职能制结构、事业部制、矩形结构和三维立体结构等。组织的纵向结构,规定层级间的权、责关系;组织的横向结构,规定机构间的分工协作关系。

3.企业文化建设体系

企业文化是企业员工在较长时期产生的生产经营实践中逐步形成的共有价值观、信念、行为准则及具有相应特色的行为方式、物质表现的总称,由企业精神、行为方式、企业形象构成。企业文化的一般作用表现在三个方面:导向功能,即对企业决策与行为进行引导;激励功能,即积极向上的企业文化可以为企业成员提供动力;控制功能,即优秀的企业文化对不良行为有抑制作用。

4.科研育种体系

构建科研育种体系是现代种子企业保持竞争优势中最为关键的决策内容。企业应确立以科研为本的原则,充实和加强科研一线,增加科研经费投入,特别在目前我国商业化育种科研向种子企业倾斜的大背景下,种子企业要乘机改善科研条件,采取激励措施,有效开展品种选育、品种引进、技术研究、亲本管理等工作,多研发出新的、优异的品种。

5.企业品牌培育体系

种子市场化实施以来,能在市场中立足,并做强做大的企业都有很好的企业品牌。品牌是种子企业的无形资产,能极大提高企业知名度和竞争力。创建品牌,针对用户实际情况,不断地抢占市场份额,是种子企业制胜的关键。种子企业要加强和重视种子产品的设计和创新。

6.生产加工体系

种子商品是在特殊的种子生产加工体系中形成的。该生产加工体系包括种子繁育、保纯、种子基地建设与管理、种子生产和收购、种子加工和包装、种子储藏与运输等多个环节。每个环节既是实现种子商品流通必不可少的条件,也是实现种子商品使用价值的重要环节。各环节的组织管理水平和效果均影响最终流向市场的商品种子的质量和经济效益。

7.质量管理体系

种子质量管理是种子使用价值最重要的方面。种子企业组织全体员工和有关部门参加,综合运用现代科学和管理成果,进行全面质量管理。质量管理体系包括种子标准、种子检疫、种子检验和种子质量监督管理等。

8.市场营销体系

种子市场体系包括种子市场调研、目标市场选择、品种研发、种子生产、种子加工、种子贮运、种子销售、种子促销及售后服务、信息交流等内容。种子营销的目的是满足种子市场需要、促进生产、扩大种子销售以求达到企业效益最大化。因此，种子企业应形成机制，制定品牌建设、销售渠道建设、销售管理和促销活动的策略，实现种子销售目标。

9.农艺服务体系

种子企业通过开展新品种在农业生产上的试验示范、教育培训、技术支持、信息交流及咨询等，增加企业与种子用户的沟通，协调种子的经营活动，扩大营销范围，增强企业的市场竞争力。服务是产品有机组成部分，在实际工作中要处理好服务与被服务的关系、服务与业务的关系，真正创建企业获利、用户满意的双赢局面。

10.人力资源体系

种子企业需要建立适合自身发展的人才引进、人才培养、人才发展的机制和措施，包括研发、管理和经营人才等团队建设。

11.财务管理体系

财务管理是根据财经法规制度，按照财务管理的原则，组织企业财务活动，处理财务关系的一项经济管理工作。企业财务管理主要是利用资金、成本、收入等价值指标，组织企业中价值的形成、实现和分配，并处理在这种价值运动中的经济关系的一项管理工作，是企业管理的重要组成部分。企业财务管理的内容主要包括筹资管理、投资管理、资产管理、成本管理、收入和盈利管理及特殊事项的财务管理等。种子企业财务管理主要包括资金筹措、资产管理、成本管理等。此外，种子企业还有知识产权保护体系、行政保障体系等。

第二节　现代种子企业战略规划与制度管理

一、种子企业战略规划

随着我国经济体制改革和种子产业化的发展，面对竞争日益激烈的国际市场，加强种子企业战略规划和制度管理，明确企业基于核心竞争力的发展方向，建立科学的业务流程和完善的规章制度，确保种子企业健康、稳定、持续发展，已成为现代种子企业管理的重要内容。

(一)种子企业战略规划含义

种子企业战略规划是指种子企业根据国家种业发展规划和种子产业政策，在分析外部环境和内部条件现状及其变化趋势的基础上，为企业的长期生存与发展所做出的未来一定时期内的方向性、整体性、全局性的定位、发展目标和相应的实施方案。

种子企业战略规划是种子企业为实现自己的任务和经营目标，充分、有效地利用各种资源和能力，以适应多变的外部环境而制定的指导企业经营活动，带有长期性、全局性、方向性的规划。制定种子企业战略规划是生产社会化程度提高和专业分工发展的需要，有利于社会化生产中各企业间的协作，以及种子企业自身与外部营销环境间的协调。制定种子企业战略规划也是种子企业适应激烈的竞争环境和更好地满足种子使用者不断变化需求的需要。同时种子企业战略规划可使种子企业内部管理者与员工形成共识，并充分调动员工积极性，从而增强企业的凝聚力和战斗力。

(二)种子企业战略规划层次结构

种子企业战略规划按照研究层次或组织层次可分为总体战略规划、经营战略规划、职能战略规划三个层次。

总体战略规划又称公司战略规划，是种子企业最高层次的战略规划，它以种子企业的使命为指导，选择本企业将要进入的种子市场领域，达到合理利用企业资源，使企业的各项业务相互支持、协调配合的总体设计。其核心是使企业发展目标与市场机会匹配，企业营销活动与环境的变化相协调。总体战略规划一般是由种子企业高层负责制定、落实的基本战略规划。

经营战略规划也称业务单位战略规划，是种子企业内部各个战略经营单位或者有关的事业部、子公司的战略规划。它是指种子企业为实现其总体战略目标，在充分预测和把握种子企业外部环境与内部条件变化的基础上，对企业全局性、长期性的市场营销所做的规划。

职能战略规划也称职能部门战略规划，是企业各个职能部门的短期性战略规划，包括品种研发管理、生产管理、市场营销管理、财务管理、人力资源管理等职能部门规划。它是种子企业内部各职能部门根据公司总体战略规划，结合部门实际而制定的具体战略措施。

(三)种子企业战略规划内容

1.界定种子企业使命

种子企业使命是指种子企业的任务、目标和企业的性质。由于种子企业的经营主要对象为种子，因此其企业性质已明确，种子企业使命的界定主要是种子企业任务和目标的确定。企业目标是一个多层次、数量化、相互协调、现实可行的目标体系。

界定种子企业使命时要考虑 4 个主要方面：一是种子企业的历史；二是种子企业所有者与最高管理层的偏好；三是种子企业面临的发展环境；四是种子企业的资源状况和特有能力情况。

2.建立战略业务单元

战略业务单元是指具有单独任务和目标，并可以单独制订计划而不会为其他业务发生牵连的一个经营单位。一个大的企业可能管理相当多的业务，其每项业务都有自己的战略，一个战略业务单位可能包括一个或几个部门，或者某部门的某些产品，或者某种产品或品牌。

种子企业所经营作物类别、品种、种子质量的差异，要求种子企业清醒地认识到不同业务单元的增长前景、效益水平不同，再加上企业资金有限，因此要对种子企业目前的业务进行调查，重新进行业务单元确认和划分，分析各业务单元所面临的市场环境及竞争程度，确定市场吸引力的大小，同时对各业务单元目前的内部环境及资源进行分析，确定业务单元的竞争战略。

3.规划投资组合

种子企业战略规划一旦确定了企业的任务和目标之后，就要制定本企业的业务投资组合计划。种子企业必须及时对现有各种业务进行分析、评价，从中了解和明确哪些业务应当拓展或进一步发展，哪些业务应当维持，哪些业务应当减少，哪些业务应当淘汰。

4.规划新业务的发展

进行投资组合后，种子企业要不断放弃没有前途的、低效益的业务，同时还需要积极开发新业务。如果种子企业现有的经营业务预期收入和利润量达不到种子企业战略规划的企业任务和目标水平;或者种子企业现有的经营业务不能充分利用已出现或由企业所发现的新的市场机会,形成了战略规划缺口,则种子企业必须积极开拓新的业务,需要对新增业务发展拟订战略规划。

(四)种子企业战略规划制订

1.战略分析

战略分析在于全面分析影响本企业发展的关键因素,并确定在战略选择步骤中的具体影响因素,主要包括确定种子企业的使命、外部环境分析、内部条件分析等3个方面内容。

2.战略选择

战略选择主要解决的问题是"企业向何处发展"。其步骤分为以下4步。

(1)制定战略选择方案　根据企业不同层次管理人员介入战略分析和战略选择工作的程度,将战略形成的方法分为自上而下、自下而上、上下结合等3种形式。3种形式的主要区别在战略制定中对集权与分权程度的把握上。

(2)评估战略备选方案　评估战略备选方案通常使用两个标准:一是考虑选择的战略是否发挥了本企业的优势、克服了劣势,是否利用了机会,将威胁削弱到最低程度;二是考虑选择的战略能否被企业利益相关者所接受。

(3)选择战略方案　即是最终确定准备实施的战略。如果用多个指标对多个战略方案的评价产生不一致时,确定最终的战略可以考虑以下几种方法:① 把企业目标作为选择战略的依据;② 提交上级管理层审批;③ 聘请企业外部机构策划。

(4)制定具体的战略方案　根据选择的战略方案,种子企业制定有关品种研究与开发、资本需求和人力资源方面的方案。

3.战略实施和控制

战略实施和控制就是将战略转化为行动。主要涉及在企业内部各部门和各层次如何分配使用现有的资源,还需要获得哪些外部资源,需要怎样调整组织结构,如何处理出现的利益再分配与企业文化的适应问题等。

4.战略评价与调整

战略评价就是通过评价种子企业的经营业绩,审视战略的科学性和有效性。在战略实施中,种子企业应根据环境的变化对战略不断地评价和修改,使企业战略得到不断完善,也使战略管理本身得到不断地完善。

二、种子企业管理制度

(一)种子企业管理制度概念

种子企业管理制度是企业员工在企业生产经营活动中共同遵守的规定和准则的总称,是种子企业赖以生存和发展的体制基础,是种子企业员工的行为规范,是种子企业生产经营活动的体制保障。

种子企业管理制度是种子企业管理工作经验的结晶,也是种子企业开展种子生产经营的工作指南。只有通过建立科学的业务流程和完善的规章制度，像先进的企业一样拥有一套法人治理的现代科学管理体系，明确行为规范和协调关系，解决无章可循、无法可依、有章不循、有法不依、缺乏协调、相互推脱等人治管理方面的问题，才能确保种子企业健康、长期、稳定地发展。

（二）种子企业管理体系建设意义

种子企业的管理制度往往是围绕着企业的目标而制定的，管理制度应能体现企业的管理目标。现代农业对生产资料的质量要求越来越高，种子企业建立和完善管理体系，提高种子质量和服务水平，对规范和深化我国种子市场管理具有深远意义。

1.实现从人治向法治转变

种子企业通过建立管理体制对科研、生产、加工、贮藏、检验、销售及服务等各个流程各个环节制定严格的控制程序和具体的操作规程，形成企业的管理体制文件，并认真组织落实，不仅可以逐步规范员工的操作行为，起到提高员工素质的作用，而且可以实现企业管理从过去的"以人管人，以人管事"向"以制度管人，按制度办事"的转变，促进企业管理水平上台阶。

2.提升种子企业品牌和形象

品德提升品牌、质量成就品牌、品牌决定品位。种子企业通过建立和完善种子管理体制可以稳步提高产品质量和服务质量，诱导消费者购买本企业品牌的产品，在消费者中树立良好的"口碑"；通过品牌效应，扩大市场份额，壮大企业实力，提升在种业界的品位；同时企业的质量管理体系通过 ISO 9000 质量管理体系认证还可以为企业赢得更多的市场信誉和生存机会，也可以通过开展种子质量认证为企业赢得更多的市场信誉和发展机会，对提高企业的竞争力和生存能力有极大的帮助。

3.多方受益，服务社会

种子企业通过建立和完善种子企业管理体制，稳步提高产品质量，扩大市场占有率，壮大种子企业经济实力，可以让顾客获得满意的产品质量；员工获得满意的职业和工作；经销商获得满意的回报；种子企业获得较好的投资收益和继续经营的机会；同时为社会提供了认真负责的社会服务。

（三）种子企业常见的管理制度

种子企业管理制度主要有销售管理制度、财务管理制度、种子生产管理制度、加工仓储管理制度、科研管理制度和种子质量管理制度 6 个方面。

1.销售管理制度

为加强种子公司销售管理，确保公司销售业务、经营目标的顺利完成，提升经营绩效，规范销售运作过程、销售人员业务活动行为并予以制度化，特制定的种子企业销售管理制度。种子企业销售部制定销售管理制度，销售管理制度主要包括销售组织架构、销售岗位职责、区域销售管理制度、合同管理制度、发货管理制度、发票管理制度、应收账款管理制度、业务人员建账与对账管理制度、换（退）货管理制度、客户档案管理制度、售后及客户服务制度、价格体系政策、开发及促销维护政策、宣传品及礼品（赠品）使用制度、报告制度、例会交流制度、出差考勤管理制度、绩效考核管理制度、业务交接管理制度等。

2.财务管理制度

为加强财务管理，规范财务工作，促进公司经营业务的发展，提高公司经济效益，根据国家有关财务管理法规制度和公司章程有关规定，结合公司实际情况，由公司财务部制定财务管理制度。种子企业内部财务管理制度一般包括资金管理制度、存货管理制度、投资与筹资管理制度、资产管理制度、税务和成本费用管理制度（如费用支出报销制度）、利润管理制度、会计管理制度、薪资管理制度、财务分析及控制管理制度，子（分）公司的财务控制管理制度等。

3.生产管理制度

为使公司制繁种业务稳定快速发展，按照种子生产技术规程，负责生产并收购合格的亲本（原种）种子和商品种子。提高制种业的产业化，打造制种龙头企业，保质、保量完成公司交予的制繁种任务，促使员工发扬求真务实的工作作风，提高自身素质和基地管理水平。种子生产管理制度由种子生产部制定，种子企业生产管理制度主要包括种子基地建设制度、种子基地管理制度、种子生产计划与档案管理制度、种子生产技术操作规程、种子田间生产管理制度、种子田间检验制度、种子收购与入库管理制度等。

4.加工仓储管理制度

种子企业制定严格的仓储管理制度，按照种子仓储、加工技术规范要求，确保种子在入库、加工精选、包装储藏等过程中不出现混杂、变质等质量事故。种子加工仓储管理制度由种子企业加工仓储部制定，加工仓储管理制度主要包括种子加工管理制度、种子加工工艺流程、种子加工操作规程、种子加工包装管理制度、种子仓库管理制度、种子出入库管理制度、种子运输管理制度等。

5.科研管理制度

为提高种子企业技术创新的水平，加强对企业科研项目的管理，使企业的科技管理工作进一步规范化，根据国家的有关规定并结合本企业的实际情况，制定科研管理制度。种子科研管理制度主要包括研发人员管理制度、科研项目管理制度、品种研发管理制度、科研成果转化管理制度等。

6.种子质量管理制度

种子质量是种子企业的生命线。加强种子质量管理，全面提升种子质量水平，是规避经营风险、提高市场竞争力的重要支柱。制定和完善种子质量管理制度并严格实施，是提高种子质量的根本保证。种子质量管理制度主要包括公司种子质量控制指标，制繁种的种源质量、基地前作与隔离、田间去杂与检验、种子干燥等生产环节，种子加工精选、包装、贮藏、发货运输等销售环节，以及种子检验室管理、室内检验与田间鉴定工作和质量档案管理等内容的企业质量控制管理制度，如种子生产质量管控制度、种子质量认证制度、种子质量事故处理制度等。

三、种子企业管理制度的制定与实施

种子企业在制定并实施各项管理制度时，一般要遵循以下 7 个原则：

（一）制度的制定要全面、科学、可操作

种子企业在制定各项管理制度时，必须全面考虑，确保管理制度具有完整性和系统性，避

免出现管理“真空”;其次,企业管理制度是职工的行为准则,是种子企业管理理念、管理思想和管理方式的体现,在制定时必须从种子企业管理的实际出发,结合国家的有关规定,充分论证,实事求是,使制定的规章制度具有科学性和可操作性,不能靠闭门造车或搞“暗箱操作”,更不能随心所欲地凭主观臆断制定一些“土政策”。

(二)制度管理要与时俱进,及时修订

在一些种子企业中可以发现,各种管理制度制定了很多,也比较全面,但总会有某些制度不能跟上企业管理的发展,不能满足实际要求,有的制度甚至是几十年前的制度,现在仍然在使用。很明显,这些制度已不能适应现代企业制度的要求,成了摆设或绊脚石,不仅不能起到应有的作用,反而妨碍工作的正常进行。因而,制度不能一成不变,要根据种子企业管理的发展和国家法律法规与种业政策要求而及时修订,使之符合实际需求,与时俱进。

(三)制度职责要明确,分工要细化

为了规范种子企业员工的行为,使之受到管理制度约束,落实制定各项管理制度的目标,达到企业能顺利完成既定的发展目标,种子企业管理的各项制度都应明确职能部门和岗位责任,只有明确职能部门和岗位责任,才能使各项制度做到层层分解、细化分工,使其得到很好的贯彻落实。

(四)制度的执行要公平、公正、公开

不管是领导干部还是亲戚朋友,都必须严格按制度办事。谁违背了制度,谁就应该受到制度的处罚;否则,任人唯亲、保持一团和气或放低处罚标准,根本起不到管理制度的应有的激励或约束作用,甚至会起到消极的负面作用。

(五)建立完善的督促机制,保证制度的正确执行

管理制度制定得再好,如果执行过程无人监督,必然会出现人为偏离制度的约束和要求,不能真正起到约束和规范作用。既然制定了那么多的制度、职责,就要求我们的管理、执行活动必须按制度行事。领导也好,普通职工也好,都受其支配和约束。如果仅是满足于开会时的泛泛而谈或制度的表面约束,公司工作就会落实不到位,责任就追究不到人,管理制度就会流于形式,久而久之,人们就我行我素,把制度和职责置之于脑后,淡忘了制度的约束和要求。为此,要定期和不定期地对已有管理制度的执行情况进行检查,以对全体职工起到督促作用。

(六)领导干部要率先垂范,带头执行

企业领导干部处在重要的工作岗位,负责确定企业价值的目标定位、发展思路、资源配置、各种规章制度的出台以及工作的方式方法等,对各项制度的执行起到决定性的作用。中层管理者是企业走向成功的重要力量,他们承上启下,既是大团队中的成员和伙伴,又是小团队中的领导和教练,他们应具备正确做事和做正确事的双重能力。领导干部和中层管理者通过各方面的工作影响、作用于每一位员工,因此应当率先垂范、带头执行各项制度。

(七)建立完善的考核、评价机制

有制度、有执行,也不确保一定能做好企业管理中的各项工作,还得对各项规章制度及其执行情况进行合理、有效地评价和考核,这样不但能使各项规章制度得到公平、合理地执行,也能促进全体职工主动按要求执行,更能对企业现有规章制度进行完善及修订和补充。而对各项制度执行的考核依据就是要建立合理的评价机制,不仅要对制度的落实进行评价,而且要对其执行结果进行纵横对比、合理评价,因此,建立完善的评价机制是各项制度执行考核的依据。同时,完善的评价机制也能对各项制度的完整性、科学性、可操作性进行合理地评价,并使其得到及时的完善和补充修订。

第三节 现代种子企业品牌建设和维护

一、种子企业品牌建设

(一)种子企业品牌建设概述

品牌简单地讲是指消费者对产品及产品系列的认知程度。一般包括两个部分:品牌名称和品牌标志。品牌是制造商或经销商加在商品上的标志。它由名称、名词、符号、象征、设计或它们的组合构成。品牌是一种商业用语,品牌注册后形成商标,企业即获得法律保护拥有其专用权。品牌是一种无形资产。品牌建设是指品牌拥有者对品牌进行的设计、宣传、维护的行为和努力。

种子企业品牌即是一个品种的标志,也是种子企业的生命。实施种子品牌建设是种子产业化发展的核心内容,是种子企业参与市场竞争的有力武器。一个好的种子品牌,不但可以给种子企业带来丰厚的经济效益,也可以给种子企业带来良好的社会效益。面对当前种子市场异常激烈的竞争,种子企业应当审时度势,合理规划、塑造自己的种子品牌,方能在市场中占有一席之地。

目前,国内很多的种子企业都把精力放到种子生产和流通领域,忽视了优良品种的研发与企业自身品牌的塑造,树立种业品牌的意识不强,看不到长远的市场效益。随着农业科技的不断进步,农民的种植技术和水平不断提高,对新品种科技含量的要求也越来越高;面对种子市场名目繁多的品种,农民选择余地很大,以种子企业品牌形象为核心的竞争已成为影响消费者购买行为的一个重要因素,种子市场竞争已从价格竞争、质量竞争发展到品牌竞争。所以种子企业一定要转变观念,树立较强的品牌意识,放眼未来,着力打造属于自身的种子企业品牌。

(二)种子企业品牌建设的途径

种子企业品牌的关键是优质种子。没有优质的种子,种子企业品牌就没有基础。种子企业品牌具有区域特性,种子企业很难在全国、全球范围内形成众口归一的名牌。同时,种子品牌具有很强的生命力，它根植于农民用户，一旦拥有广大的忠诚购买者，即使品种已改良或换代，受信任度通常也不会发生变化。种子企业应根据自身的外部客观环境和内部现实条件，结合种子企业品牌的特点，进行品牌建设。

1.转变企业经营观念，树立种子品牌意识

不少中小型种子企业只顾日常的种子生产经营，在创建品牌上投入不足，树立种业品牌的意识不强，导致在思想上行动上对品牌重视不够。一定要转变企业经营观念，树立较强的种业品牌意识，充分认识到实施种业品牌战略是大势所趋，种子市场竞争已经从价格竞争、质量竞争发展到品牌竞争。面对种子市场名目繁多的品牌标志，农民购买种子时往往看哪个牌子硬、信誉好、保险系数大，即使价格高点也愿意购买，获得种子(产品)的实用价值已不再是主宰消费者行为的唯一动机，而以企业品牌形象为核心的竞争力成为影响消费者购买行为的一个重要因素。因此，要转变种子经营观念，树立品牌意识，扩大企业品牌影响力。

2.加大研发资金投入，树立种子企业科技品牌

现代农业的发展对种子的要求越来越高，需求种类也越来越多，更换周期却越来越短，谁拥有了新种源、谁以最快速度推广了新品种，谁就掌握了市场的主动权。种子品牌的形成不是靠一朝一夕得来的，一个好的种子品牌，是一个种子企业多年辛勤汗水和智慧的结晶，是消费者对企业品牌质量的信赖与认可。一个优质种子品牌需要不断创新，不断开发新品种，提高其科技含量。种子知名品牌和非知名品牌的差别，短期看是受到种子价格、广告、推销等因素影响，长期看还是由科技含量决定的。科技含量高，能够开发培育出集优质、高产、多抗为一体的农作物新品种，在开拓市场时就能够形成品牌效应，可以在市场中实现价格垄断的优势，从而发展成较大的市场优势，大大提高市场份额，也将给种子企业带来巨大的利润回报，所以种子企业必须要提高在市场竞争中的自我发展能力，不断推陈出新，深度开发优质新品种，实现品种到品质、品质到品牌的提升，创造自己的新品牌，才能把握种子市场的脉搏，才能在激烈的市场竞争中得以生存和不断发展壮大。种子企业如果没有自己的研发力量培育优良品种，便会缺乏具有核心竞争力的品牌，最终会被市场所淘汰。因此，种子企业要加大科研育种资金的投入，培育优良新品种，提高种业科技含量，树立种子企业科技品牌。

3.保证种子质量，打好品牌基础

种子企业品牌建设的基石是全面提高质量管理水平，品牌建设应以消费者的满意为最高标准，品牌建设中应实施全面质量控制，以树立鲜明的品牌形象和企业形象。种子质量是种业品牌建设的重中之重。种子质量自始至终都是种子企业取得经济效益和社会效益的保证。一个好的品种，必须经得起质疑，受得住考验；再好的品种，如果没有良好可靠的质量来保障，也不可能有好的发展前景。这就要求种子企业更加充分认识种子质量的重要性，并在种子生产过程中，实施全面有效的质量控制管理，从新品种的研发、亲本(原种)的提供到种子生产、种子收购、加工贮藏、流通等环节严格把关。种子的精选、分级、包衣和包装直接关系到企业种子的内在质量和外在品牌形象，这也是提高产品附加值和品牌竞争力的重要手段。

4.做好品牌设计宣传，提高品牌知名度

一个好的种子品牌，应该具备以下特征：①产品名称言简意赅，易读易记；②能体现企业理念，引发有益联想；③切合农民情感，不会引起歧义；④能适应所有广告媒体，便于宣传发布；⑤符合社会规范，能取得法律保护。种子商标和包装的设计无论图案造型还是色彩组合都应巧妙构思，以便给人以深刻印象和美好感受。另外要提高种业品牌在市场上的知名度和良好形象，还要做好品牌策划宣传，如赠送技术资料、免费技术培训和新品种试种示范以及通过网络、电视、报纸杂志广告等方式提高公司品牌的知名度和信誉度。

5．强化人力资源管理，打造品牌队伍

随着知识经济的发展，科学技术已成为推进人类社会进步的主要力量。当今世界种业甚至世界农业竞争的焦点就是科学技术和掌握科学技术的人才。谁抓住了技术和人才，谁就在竞争中占据了主动。人才是种子企业发展最重要的因素。一方面，种子企业需要大批科研人才，即育种专业技术人才，这是把科技转化为生产力的重要因素，是提高种子企业科技创新能力、增强发展后劲的关键。另一方面，种子企业还需要优秀的种业企业家，即具有种子企业创新管理理念、能够根据种子企业内外环境适时整合企业资源，积极推动种子企业经营管理、组织机构、管理制度的创新，有效实现企业经营管理目标的企业管理人才。此外，还需建立种子生产经营专业品牌队伍。

6．创新服务理念，树立企业品牌形象

在市场竞争日趋激烈的时代，只有种子硬件的品牌不是完整的品牌，还必须配以良好的服务，才能使种子品牌成为人们心目中真正的品牌。种子企业要在拥有品牌种子的前提下，以“用户至上”为宗旨，提供准确无误的品种咨询服务及售后栽培技术服务，还要进一步建立手段先进、反应灵敏、快速及时、科学有效的企业服务网络，让良好的服务形象变为企业的优秀形象，吸引用种者来支持企业的品牌，增加种业发展的稳定性，使品牌变为种业竞争的有力武器。如及时帮助或协助种子经销商解决种子质量纠纷或事故，维护企业品牌形象。

二、种子企业品牌维护

品牌维护，是指企业针对外部环境的变化给品牌带来的影响所进行的维护品牌形象、保持品牌的市场地位和品牌价值的一系列活动的统称。品牌维护包括自我维护、法律维护和经营维护等内容和措施。当今市场风云变幻，消费者的维权意识也在不断增高，品牌面临来自各方面的威胁。一旦企业没有预测到危机的来临，或者没有应对危机的策略，品牌就面临极大的危险。不得当的品牌维护，“千里之堤，溃于蚁穴”，得当的品牌维护可以有效地防范品牌危机，降低危机发生后的波及风险。危机管理是品牌维护的主要内容之一，其目的在于消除或降低危机所带来的威胁和损失，通常可分为危机暴发前的预计、预防管理和危机暴发后的应急善后管理两大部分。

（一）种子企业危机管理含义

企业危机是在企业经营的过程中，由于宏观大环境的突然变化（如国家标准实施、行业问题的暴露）以及企业在经营的过程中没有按照标准、规范进行种子生产运营，未达到客户的要求都会引发一系列危害企业的风险。种子企业的危机管理是指当种子企业面临与社会大众或顾客出现问题且造成重大事故的危机，如因种子生产、运输、贮藏、加工管理不善造成种子质量问题，企业内预先建立防范和处理这些重大事故的体制和措施。由于危机暴发往往给种子企业带来重大的经济损失和形象伤害，因此，危机管理已越来越受到种子企业界的重视。因此，国内外不少大型种子公司均将危机管理列为现代企业管理的主要内容之一。

（二）种子易发生的潜在危机

1.品种问题

表现为主要农作物品种应审定而未审定、非主要农作物应登记而未登记或在超出审定（登记）适宜区域推广，亲本未完全纯化、品种未稳定，未经过多季节、多区域试验等就进行大面积推广种植。

2.假、劣种子问题

用近似品种代替真实品种，掺入外观形态与本品种相似的其他种子等以假充真；品种不真实、种植后结果不一致的假种子；未达到国家规定的质量标准或种子标签上标明的质量标准，如纯度、发芽率、净度、含水量等质量标准不达标的劣种子。

3.异常气候条件问题

主要指不易被光照、温度、湿度和自然灾害（如高温、低温、暴雨、冰雹、干旱）等异常自然因素影响，如长时间阴雨、光照不足以及开花结果期高温、低温、阴雨等。

4.栽培措施不当问题

播种期、浸种、催芽、种植密度、植株调整、人工授粉、采收等措施与本品种要求不一致。

5.生态差异问题

种植地区的光照、温度、纬度、海拔等与本品种要求不一致。

（三）种子企业危机管理的原则与法则

危机发生的具体时间、实际规模、具体态势和影响深度是难以完全预测的。这种突发事件往往在很短时间内对企业或品牌产生恶劣影响。因此，种子企业要加强危机管理，一般应遵循以下8条原则：

1.制度化原则

企业内部应该建立危机管理制度和危机处理应急预案，并有制度化、系统化的有关危机管理和灾难恢复方面的业务流程和组织机构，逐步提高危机管理的快速反应能力。

2.诚信形象原则

企业的诚信形象是企业的生命线。在危机管理的全过程中，企业要努力减少对企业诚信形象带来的损失，争取公众的谅解和信任，赢得消费者的信任和忠诚，维护企业的诚信形象。

3.信息应用原则

预防危机必须建立高度灵敏、准确的信息检测系统，随时搜集各方面的信息，及时加以分析和处理，从而把隐患消灭在萌芽状态。在危机处理时，信息系统有助于有效诊断危机原因、及时汇总和传达相关信息，并有助于企业各部门统一口径，协调作业，及时采取补救的措施。

4.预防原则

危机管理的重点应放在危机发生前的预防，预防与控制是成本最低、最简便的方法。为此，建立一整套规范、全面的危机管理预警系统非常有必要。

5.领导重视与参与原则

企业高层的直接参与和领导是有效解决危机的重要措施。危机处理工作不仅涉及企业内部各个部门，对外还涉及政府媒体、消费者、供应商、渠道商、股东、工会等多方，需要企业高层领导统一指挥协调，多部门口径一致、步调一致、协作支持并快速处理危机。

6.快速反应原则

危机的解决，速度是关键。危机降临时，当事人应当冷静下来，采取有效的措施，隔离危机，要在第一时间查出原因，找准危机的根源，以便迅速、快捷地消除公众的疑虑。同时，企业必须以最快的速度启动危机应变计划并立刻制定相应的对策，从而迅速有效地解决企业危机。

7.创新性原则

危机处理既要充分借鉴成功的处理经验，也要根据危机的实际情况，尤其要借助新技术、新信息和新思维，进行大胆创新。企业危机具有意外性、破坏性、紧迫性的特点，更需要企业采取超常规的创新手段处理。

8.沟通原则

沟通是危机管理的中心内容。企业必须树立强烈与企业内外各部门和利益相关者的沟通意识，及时将事件发生的真相、处理进展传达给公众，以正视听，杜绝谣言、流言，稳定公众情绪，争取社会舆论的支持。

根据以上原则，种子企业在处理危机时，一般应遵循以下 6 条法则：

(1)"24 小时"法则　在网络时代，就种子企业响应危机的速度来说，24 小时是个极限，一旦在网络散播，"丑闻"会在 24 小时内被转载并传遍全球。因此，种子企业在获悉危机后应尽快启动危机管理机制，获取现场第一手材料并做好应对准备工作。

(2)"核心立场"法则　危机一旦暴发，种子企业应在最短时间内针对事件的起因、可能趋向及影响做出评估，并参照种子企业一贯秉承的价值观，明确自己的"核心立场"。作为服务"三农"的种子企业，一定要把种植者利益、企业利益和社会公众利益协调统一起来。

(3)"绝对领导"法则　缺失权威必然引起混乱，所以种子企业领导者应在危机乍现之时便赋予危机事件管理者充分的权力，对危机实行"集权管理"。凡涉及危机事件管理的一切工作，危机事件管理者都拥有决策的权力，一定要克服"当断不断"的拖拉做法，以免延误最佳处理期。

(4)"单一口径"法则　对于同一危机事件，种子企业内部不能出现不一样的声音，这是危机处理的大忌，不仅会令原本简单的事态趋于复杂，更会暴露种子企业内部的矛盾，甚至可能引发新的危机。所以对内对外都必须保持"单一口径"。

(5)"媒体友好"法则　危机处理的核心内容是信息传播管理，媒体是危机传播的主要渠道，所以种子企业应在平时与媒体，尤其是相关主流媒体建立战略性的合作伙伴关系，这样媒体也能较好地了解种子企业的信誉，危机出现时能正确监控好舆论导向，并及时公布相关信息，有效引导舆论方向。

(6)"留有余地"法则　在危机处理中不能盲目封闭自己的转圜空间，解释问题不能过分肯定，应多考虑各种可能性，面对不同层次种植者应保持足够的耐心，并给自己留有余地。

(四)种子企业预警方案

1.把好种子质量关,生产合格的种子

生产种子所需的亲本或种源纯度要高,选择隔离条件好的种子生产基地。生产基地田间要及时去杂,还必须进行产地检疫和种子健康检测。在收获、晾晒、入库时严防混杂。入库后的种子定期做好水分、发芽率等的检测,杂交种及时进行纯度鉴定。

2.加强公司内部种子检查

以“六查”为主要内容,加强种子质量内控检查。一查是否具有经营资格、持“证照”经营,受委托经营销售种子者是否有规范的委托书;二查销售的品种是否通过审定、登记;三查种子质量是否达标;四查应当包装的种子是否经过包装;五查标签标注和使用说明内容是否齐全规范;六查经营档案是否建立、是否齐全。通过上述质量内控检查,规范种子经营行为,规避种子质量风险。

3.守法经营种子,做好种子栽培指导

经营种子首先要合法,一种是具备《种子法》和《农作物种子生产经营许可管理办法》规定相关条件的可到当地农业农村主管部门领取种子生产经营许可证,再到工商(市场监管)部门领取营业执照;另一种是接受具有种子生产经营资格的种子企业委托,办理委托经销证和营业执照。经营的主要农作物种子必须经过国家或本省品种审定委员会审定,一般应经过试验、示范再推广的程序。对销售的所有种子都要有品种介绍,特别是对抗病、抗倒、抗寒、耐热、耐旱、耐渍、播期等情况以及风险提示需实事求是做出使用说明,以便种子使用者掌握相应的栽培措施。

种子企业要在日常经营管理中防微杜渐,设立职能明确的危机管理机构,制订危机管理计划并进行学习培训,以便一旦危机真的来临时能够从容面对,化危机为商机。

第四节　现代种子企业销售管理

以科技创新为基础,市场运作为关键,售后服务为保证,是大多数种子企业立足和发展的基本模式。这一模式中,销售工作是核心和纽带。众多种子企业的成败实践说明,要搞好销售工作,首先要搞好销售管理工作。一些公司销售业绩不佳,效益不好,不完全是销售策略不正确、销售人员不努力造成的,也有不少是销售管理工作不全面、不系统、不到位造成的。

一、种子企业销售管理概念

销售管理就是对企业销售活动的管理,以确保企业销售活动正常顺利地进行,使企业能够实现预定的经营目标。种子销售管理是指种业企业为使种子从生产基地到用种农户以实现其目标所进行的经济活动。种子作为一种特殊商品,同样要遵循市场经济规律,品种田间表现好、农民需要,种子企业才能按需生产。种子企业只有搞好市场研究和销售管理,了解客户的需求，按农业生产需求，选育、引进新品种，严格生产管理，生产适销对路的高质量种子，合理定价，采取畅通的分销渠道和符合市场的营销策略，才能使种子畅销，获取较理想的经济效益。

二、种子企业销售管理原则

管理决定着企业的命运，种子企业销售管理中要注重以更先进、专业、有效的方法改进营销。进行种子销售管理模式的改进，一般要遵循以下4个原则：

（一）畅通高效原则

改进后的种子营销渠道要在流通时间、速度、费用等方面比原有渠道更符合物畅其流、经济高效的要求。改进后的渠道要以农民需求为导向，将良种尽快、尽早通过最短的路线，优惠的价格送达到种子用户。从种子企业角度讲，尽量提高分销效率、降低渠道费用，从而获得最大的经济效益。同时，根据农民购买种子的时间习惯和种植需求，种子企业至少要在播种前45天进行铺货，并保证能随时调剂种子余缺。

（二）覆盖适度原则

降低渠道成本是在覆盖适度原则基础之上的。一味强调降低分销费用，而没有达到足够大的种子市场覆盖面，必然会影响到种子品种的市场占有率，达不到经济利益和社会利益最大化。在执行这一原则时要注意两个问题：①与作物品种的适应种植地域范围相结合。如果品种营销渠道覆盖到其适用地理区域以外的地域，不仅为种子企业带来资源的浪费，而且还会给农民造成更大的经济损失。②努力打破地方保护主义。地方保护主义给种子市场覆盖率印上一个个“空白补丁”，无法形成真正的统一种业大市场。

（三）稳定可控原则

种子营销渠道一旦建成，就具有相对稳定性和习惯性，一般不作较大幅度的调整，因为渠道成员的稳定有利于培养渠道成员的忠诚，另外种子自然特性对渠道成员农技方面的要求很高，如果随意更换渠道成员会增加种子企业的培训成本等渠道支出，但当某一渠道成员不再符合渠道要求或阻碍渠道的发展时，就要考虑渠道成员的除旧纳新，升级换代。调整后的渠道应保持适应力和生命力，在可控制的范围内保持基本稳定状态。

（四）协调平衡原则

现在种业企业的竞争已不是单个种子企业的竞争，而是种子企业所处的价值链体系与另一个价值链体系的竞争。所以种子企业与该价值链中的其他渠道成员是一荣俱荣，一损俱损。因此在改进渠道时要综合考虑各个渠道成员，协调各方的利益，达到一种均衡状态。营销渠道的修正和改进是在三个层面上进行的：在经营层面上，其修正与改进可能涉及增加或剔除某些渠道成员；从特定市场层面上，改变的可能是某个特定市场渠道的增加或剔除；在企业系统规划层面上，可能涉及所有市场的新经营方法。根据这些原则对现有种子营销渠道的改进提出具体对策。

三、种子企业销售管理过程

(一)种子市场调查

制订销售计划之前,首先要进行种子市场调查。种子市场调查是指通过科学的方法收集整理和分析一切与种子有关的信息,为制定营销方案与措施提供依据。种子市场调查至少应当包括但是不限于以下内容:渠道竞争性分析、广告及各种主要促销方式的比较分析、主要竞争对手及其主销品种分析、农民的购种习惯分析等。

(二)制订销售计划

销售工作的基本法则是制订销售计划和按计划销售。销售计划方案既应有切实可行的销售目标,还应有实现这一目标的方法与措施。然而,许多种业企业在销售计划管理上存在一系列问题:①无明确的年度、品种的市场开发计划;②销售目标不是在准确分析市场需求,有效组织企业资源的基础上制订的,而是根据本企业以往或其他种子企业的销售结果来确定;③销售计划没有按地区(生态区)、客户、品种、年度进行分解,从而使计划无法具体落实;④各分公司、分销商的销售计划是在与公司讨价还价情况形成的;⑤只有目标数字,没有实施方案,没有业务指导。没有明确的市场开发计划和明确的销售实施方案,种子企业的销售工作就失去了目标,这样,种子企业便无竞争力,经营风险很大。实践证明,很多种子企业前期认为杂交水稻种子数量偏紧,急于高价采购,结果造成后期退货量很大,杂交水稻种子大量积压,这正是无计划销售导致的必然结果。农业生产特别是种子生产受气候的影响较大,气候对种子生产而言,不仅影响种子产量,还影响种子质量,做好销售计划方案非常重要。

(三)制订销售目标

种子企业需要根据种子企业及产业的具体情况,引用种子市场调查的结果,对企业业绩及种子市场业绩进行分析后,形成公司的总目标及各个种子市场的分目标。这样的目标分解具有极强的说服力,也具有可行性。种子销售目标的制定内容要包括:月销售额、每月销售额中的毛利润率、每月中每个产品或项目的销售额、每月每人的销售额、每月平均的订货数量、广告等费用与销售额比例、每月退货率、每季度的市场份额、每月的客户投诉量、每季度培训的天数、每年的培训天数、每月业务员进行平均客户访问率,以及现有客户出单率、老客户新品重复采购率、新客户的开发量及增长量等。

(四)建立分销渠道

种子分销渠道是指种子从生产者向消费者或用户转移过程中所经过的所有取得所有权或协助所有权转移的机构和个人等中间环节连接起来形成的通道。种子分销渠道不仅指种子从生产者到用户所经过的途径、路线,而且也包括负担种子实体运输的有关机构。种业界的销售一直有一个说法,叫"渠道为王",因为分销渠道是种子企业和种子的消费者之间联系的桥梁、通道。企业通过分销渠道实现产品的销售,高效的分销渠道能帮助种子企业在市场提升自身的竞争力,此外分销渠道还是企业和消费者之间信息传递的通道,种子企业通过分销渠道向农民传播有用的信息,引导农民购买该企业的产品,同时分销渠道也将市场信息、客户信息、竞争对手信息反馈给种子企业。所以,分销渠道是种子企业宝贵的无形资产。

种子销售渠道主要有直接销售和间接销售两大类型。直接销售分为种子生产单位自设销售点进行、产需双方签订合同购销、农户将自产种子拿到市场上销售等3种形式。间接销售有宽销售渠道和窄销售渠道两种形式。

建立种子销售渠道,一般要遵循以下原则:

(1)零售终端的原则 种子主要通过零售商销售,生产者应该通过渠道支持、服务零售终端,实行低重心营销。

(2)渠道宽度控制原则 企业在制定渠道宽度决策时面临着3种选择,即密集性分销、独家性分销、选择性分销。企业应该根据自身实际情况制定适合自身发展的渠道策略。

(3)渠道长度控制原则 渠道较长,一旦某个产品流通环节出现问题,渠道调整见效慢,不利于市场竞争;而渠道较短,产品流通环节少,一旦某个环节出现问题,渠道调整见效快,市场竞争力相对较强。渠道究竟是长好还是短好,要随市场竞争力情况进行适当、适时调控。

在选择适宜的种子销售渠道时,一般选择专营性分销策略、选择性分销策略和普遍性分销策略等3种基本策略;决策销售渠道时考虑种子因素、市场因素、企业因素和外界因素等。

种业传统的销售渠道一般为"企业—省、市级办事处(或总经销、总代理)—县(市、乡)经销商或零售店(厂商零售店)—终端经销商"分销模式。不同种子企业应当按照自身的需求和实力,有取舍地选择分销渠道,使种子覆盖到地市级或者零售终端。在确定了种子企业的主要分销渠道模式后,再确定市场的渠道覆盖率。例如,某种子企业的分销渠道可以覆盖到乡镇一级,但是只能覆盖60%乡镇,为提高销量,下一年度的渠道目标定位为覆盖80%乡镇。总之,渠道目标的建立服从于种子企业的品种引进、试验示范、品种推广、市场开发、客户服务、销量等一系列的要求。

(五)销售过程监控

种子企业特别是大中型种子企业普遍存在只注重结果、不注重过程,不对分销商的销售活动进行控制、监督和指导的问题。以一定价格把种子批发给分销商后,让分销商随市场价格凭感觉盲目销售,由此造成一系列问题:分销商行动无计划、无考核,无法控制分销商的行动,从而无法保证种子企业总体销售计划的实现;分销商的销售活动过程不透明,盲目性大,种子企业的经营风险增大;分销商工作效率低下,造成种子公司整体销售费用及成本增高。不对销售过程进行有效的管理、控制和监督,就不会有良好的业绩结果,即便是某一阶段,部分公司有非常"红火"的销售现象,但这种情况也不是必然的、持久的。

(六)销售客户的管理

种子企业都有自己的销售渠道,都会建立自己的销售网络。种子企业应重视对客户的管理,客户需求度提升就会积极配合种子企业的销售政策,并努力销售产品。众多企业中,奥瑞金、隆平高科等种子企业是成功的典范。然而,有许多种子企业对客户没有进行有效管理,结果种子企业既无法调动客户的销售积极性,也无法有效控制销售风险。目前,销售过程中普遍存在的问题,如分销商对种子企业不忠诚、出现"窜货"现象;应收款特别是呆坏账过多;销售季节结束时退货量偏大;技术服务方面特别是种子质量出问题时不能与企业共同处理等,多是由于种子企业对客户管理不当造成的结果。

（七）销售信息的反馈

了解市场动向、消费者的需求特点、竞争对手的变化、科技创新的最新成果、经销商的要求等信息，是种子企业决策的基础。同时，针对种子生产、销售过程中出现的新情况，做出相应对策，是种子企业成长与发展的关键。然而，许多种子企业没有建立起一套能够及时收集和反馈信息的业务报告体系。为此，企业的业务员、分销商的工作业绩应包括两个方面，一是市场份额，二是市场信息。市场份额是已经实现的、昨天努力的结果，市场信息却是种子企业抓住商机、明天再创辉煌的关键，更是种子企业规避风险、发展壮大的前提。以四川省杂交水稻种子生产为例，前几年个别企业的种子总量或个别品种的生产量严重偏高，把本来企业生产经营基础和效益不错的企业推向濒临倒闭的边缘，其根本原因是这些企业对销售活动过程中的信息缺少监控。

（八）销售业绩的考核

种子企业对销售业绩定期考核。对业务员、分销商的考核是多方面，应包括：考核销售业绩，如销售总额、阶段性销售额、利润额、客户数等；考核销售行为，如销售政策、发展新客户、忠诚度等；总结经验，纠正错误，发扬成绩，是一条正确的成功经验之路。中国种业市场是一个千亿元级的大市场，是一个很有发展空间的领域。不仅国内同业竞争激烈，国外大型种业企业已经开始分吃这块“大蛋糕”，搞好销售管理是种子企业生存与发展的关键环节。

四、种子企业销售管理制度

种子企业的销售管理主要涉及销售制度管理、销售人员管理、销售渠道管理以及种子经营档案管理等。

（一）销售制度管理

为了更好地配合公司营销战略，顺利开展营销工作，完成公司下达的各项目标任务，明确各销售部门的岗位职责，充分调动员工工作的积极性和主动性，提高工作效率和销售业绩，特制定销售制度管理。种子销售制度管理主要涉及种子出入库管理、种子销售部岗位职责管理、种子客户分类管理、种子销售渠道管理、种子销售价格管理、种子货款回笼管理等内容。

1. 种子出入库管理

凡企业种子进出一律凭票据结算，要采用一式四联单子，购种方、仓库、会计、出纳各执一份，要有经手人签字，确保准确无误。

2. 种子销售部岗位职责管理

根据公司的销售部的组织架构，制定各岗位职责，明确分工，提高员工的积极性和主动性。如销售总监岗位职责、销售经理岗位职责、区域销售经理岗位职责、销售部助理岗位职责、销售员岗位职责等。

3. 种子客户分类管理

种子客户分类的依据是不同类型的顾客为种子企业带来的利益的大小。“客户金字塔”是以销售收入或利润等重要顾客行为指针为基础，将顾客分为贵宾顾客、主要顾客、普通顾客和小顾客4类。

4.种子销售渠道管理

市场经济发达的今天，种子企业只有正确选择一个合理、高效的营销渠道，才能使产品顺利完成从生产领域到消费领域的转移，因此要加强种子销售渠道制度的管理。

5.种子销售价格管理

种子价格的管理主要由市场调节，必要时实行临时价格干预。对实行市场调节的种子价格管理，管理的重点不是价格标准，而是规范经营者的价格行为。

6.种子货款回笼管理

为安全、有效地管理公司应收账款，降低经营风险，保障种子企业正常的生产经营，维护公司和销售人员的权益，强化提高销售人员对销售货款回笼工作的责任意识，更好地促进企业发展，特制定种子销售货款回笼管理制度。种子货款回笼管理主要涉及销售货款的回笼期限和要求、客户对账、销售货款结算和监控、问题账款处理、货款回笼考核等内容。

(二)销售人员管理

销售环节的成功与否，很大程度上依赖于销售人员的素质和工作成效，销售人员的管理是销售管理工作的重点。

1.销售人员的工作要求

(1)忠诚于公司，热爱销售，吃苦耐劳，心态积极向上，并专注于销售工作。

(2)熟悉公司品种的特征特性，在一定程度上了解国内外同类主要品种的市场布局及其优缺点。掌握同一品种在不同区域的栽培技术要求与差别技术。

(3)明确公司下达的月度、季度、年度销售任务，尽心尽力朝销售目标努力，力争上游。

(4)认真贯彻执行公司销售管理规定和实施细则，及时了解公司品种的生产、库存、市场销售动态，以及同行种子销售动态信息，争取营销工作的主动性，努力拓展业务。

(5)努力强化所管辖地区的销售网络，熟悉本区域的市场、营销特点，不断扩大业务量和市场占有率。

(6)主动与大客户建立长期稳定的合作关系，积极开展市场调查与分析预测工作，开发新客户，为客户提供主动、热情、满意、周到的服务。

(7)负责与客户签订销售、代理等合同，督促合同正常履行，并催讨所欠应付销售款项。认真填写有关销售表格，提交销售分析和总结报告，控制好销售费用支出。

(8)无条件地接受并完成业务部经理和总经理临时下达的其他工作任务，不得以任何理由推脱或敷衍了事，任务完成后须立即反馈。

2.销售人员的素质要求

作为一名合格的销售人员应具备以下素质：良好的思想道德素质；良好的沟通技巧，善于交际和表达；具有较强的团队协作精神；熟悉种子行业的市场情况；熟悉本公司经营的品种及同类品种特点；了解同类本企业和竞争对手的情况；敏锐的市场洞察能力；吃苦耐劳的心理和身体素质；强烈的质量意识。

3.销售人员的管理原则

对销售人员的管理,不同企业有不同的方法,但其基本原则是:分配合理的任务指标,如销售额,新客户开发;采取与业绩挂钩的奖惩办法;保持与同类型企业相当或稍高的收入水平;日常管理以弹性工作与定期汇报相结合,实行电子网络管理,如电子打卡;在工作进展遇到困难时,主管领导应及时给予指导和鼓励;保守公司商业机密,严禁销售人员借企业名义或渠道做其他业务;及时监督购销合同落实情况;严格执行业务费用标准和支付方法。

(三)销售渠道管理

销售渠道的管理主要是指做好渠道窜货与冲突的管理。渠道窜货与冲突是销售渠道存续过程中普遍存在的一种客观现象。渠道窜货与冲突水平的高低影响到种子营销渠道的运行效率和效果,如果窜货与冲突水平过高,无论多么合理的营销渠道,也达不到预期的效果。

1.销售渠道窜货

窜货,也称串货、冲货,是指经商网络中的公司分支机构或中间商受利益驱动,使所经销的产品跨区域销售,造成市场倾轧、价格混乱,严重影响企业声誉的恶性营销现象。串货是渠道冲突最为常见的一种,种业市场中的串货行为通常表现为以下几种形式:第一种是企业内部串货,即分公司为完成销售指标,取得业绩,往往将货物销售到需求量大的兄弟分公司所在区域市场,造成分公司之间的串货;第二种是中间商之间的串货,即甲乙两地供求关系不平衡,货物可能在两地低价抛出,走量流转;第三种是低价出货,即经销商为减少损失,低价倾销过期或即将过期的产品;第四种也是性质最为恶劣的一种,实质是某些经销商为了获取非正常的利润,蓄意向自己辖区之外的种子市场倾销种子,或经销商将假冒伪劣的种子与正品混同销售,掠夺市场份额。

串货行为对种业市场营销网络的正常运行具有极大的危害,其危害表现为:一旦价格混乱,将使中间商利润受损,导致中间商对该种子企业不信任,经销商对该企业的产品品牌失去信心,甚至拒售该公司产品;供应商对假货或窜货现象监控不力,地区差价悬殊,使消费者怕假货、怕吃亏上当;损害企业品牌形象,使先期投入无法得到合理的回报;竞争品牌会乘虚而入,从而取代本企业产品。

2.销售渠道冲突和控制

所谓渠道冲突,是指渠道成员意识到另一个成员从事损害、威胁其利益或以牺牲其利益为代价获取稀缺资源的活动,从而引发不满、争执、敌对和报复等行为。渠道冲突是种子营销通路中的痼疾,如果种子生产者和经营者不加以有效解决,可能会影响渠道绩效和渠道成员的关系,进而影响市场占有率的提高和对种子农户的服务水平。在渠道管理中,根据冲突涉及的对象的范畴、渠道冲突产生的主体类型,可分为以下 3 种类型:水平渠道冲突、垂直渠道冲突和交叉渠道冲突。

(1)水平渠道冲突　水平渠道冲突是指某一公司的渠道系统中处在同一水平的不同中间商之间的竞争。水平渠道冲突往往发生在划分区域分销的渠道系统内,种子渠道水平冲突主要表现在区域间窜货。由于种子经营者的规定放宽,有些种子公司盲目扩张,设点太多,对经销点失去控制,造成恶性窜货,即种子经销商蓄意向自己辖区以外的种子市场倾销种子,影响了整个种子市场,对窜货的控制主要有以下 4 种策略:

①价格策略。在确保销售渠道中各个层次各个环节的种子经销商都能获得相应利润的前提下，根据经销商种子销售对象，严格规定销售价格，控制好每一层级的利润空间，以防止经销商跨越其中的某些环节进行窜货。

②产品策略。种子包装实行区域差异化；品种推广与种子经销有机统一，一个新品种一般需要经过2～3年的推广才能进入销售成长期，也才能获得利润，为保护品种推广者的积极性，需在新品种推广时，就确定谁推广谁就获得该品种在该地区的经销权；允许退货，与种子经销商共同承担风险。

③促销策略。制定现实的营销目标，企业在进行促销时，要有稳健的经营作风。制定完善的促销政策，注意政策的持续激励作用，防止“一促销就窜货，停止促销就销不动”的局面。

④渠道策略。用合同来约束种子经销商的市场行为，对发生跨区销售的经销商采取相应的惩罚措施。

(2)垂直渠道冲突　垂直渠道冲突是指公司的渠道系统中不同水平公司之间的竞争，如种子企业的分销渠道结构中的所有垂直相连的各方之间的冲突，种子企业(种子生产商)和总代理商或与二级代理商发生矛盾冲突。针对销售渠道垂直冲突，对渠道成员进行整合，提高其对渠道领导者和整个渠道系统的忠诚度，构建关系型渠道，加强渠道成员间合作。合作的关键是将种子批发商、零售商视为长期的合作伙伴，对渠道成员进行激励，主要措施有以下3点：

①划定合理的利润空间。有时不同的生产商会在同一区域争夺经销商，经销商会选择利益大的生产商，甚至同一经销商对一个公司的不同品种，也会选择经营能带来较大利益的品种，因此，企业要平衡和满足渠道成员的利益要求，平衡销售不同品种的利润空间。

②满足渠道成员的价值需求。种子生产商要通过多种形式传播企业文化，形成渠道成员一种团队精神，要不断对经销商进行嘉奖和鼓励，提升经销商的自豪感和社会地位。

③种子公司与种子经销商加强合作。合作的形式可以多种多样，如联合促销、信息共享、技术培训等，形成种子销售利益共同体。

(3)交叉渠道冲突　交叉渠道冲突，又称不同渠道间冲突、多渠道冲突，实质是种子生产企业建立多渠道营销系统后，不同渠道服务于同一目标市场时所产生的冲突。主要表现在不同渠道竞争者的进价不一样，服务不统一，导致中间商间的摩擦和农户的不满，特别是有的中间商在销售中不诚信经营，损害了同一品牌的形象和其他中间商的利益。如同一地区范围内生产商直接销售给零售商比批发商销售给零售商的价格要低，导致进价高的零售商不满。为此，种子企业可以将其所属同一地区内的零售商的价格与服务统一，并派人去进行市场监督，有效地遏制水平冲突和交叉冲突，减少中间商之间的摩擦，扩大种子销售，从而提高各渠道的利润。针对交叉渠道冲突，种子企业一般从价格、服务和道德3个方面采取措施，具体如下。

①在价格方面，由种子生产商会同代理商、批发商、零售商共同协议价格，并由种子生产商或批发商派人员监督执行；或者种子生产商直接售货给零售商的出厂价应参照批发商给零售商的批发价格，这样才不会导致不同零售商进价的差异。

②在服务方面，由种子生产商会同代理商、批发商、零售商共同协议、统一执行标准；要以优质品种为后盾，实行种子质量承诺制度；加大宣传力度，树立品牌效应；完善种子售后服务，提供技术支持；强化信息服务，合理种子市场调控。

③在道德方面，由种子生产商会同代理商、批发商不定期派人到市场监督，一经查出，严惩不贷。

(四)销售网络管理

销售网络是由销售网点与销售渠道所形成的信息共有、风险共担、利益共享的网络化销售系统。生产和消费之间存在时间、空间、商品数量、所有权等方面的缺口,需要通过销售网络的功能来完成。销售网络不同于销售渠道,销售渠道是商品从生产者流向消费者的途径,它是构成销售网络的基础。销售网络是指商品从生产者向消费者转移的过程中所涉及的一系列互相联系、互相影响、互相依赖的组织和个人所组成的网络化销售渠道。销售网络和销售渠道的区别:销售网络由生产商、中间商、经销商与消费者构成,而销售渠道由销售中间商构成。

销售网络管理贯穿于整个网络营销活动中,销售网络管理的内容也相当繁多,主要包括品牌管理、网站推广管理、在线顾客服务管理、网上促销管理等。

(五)种子企业委托经营管理制度

种子企业委托经营制度,强调种子全程可追溯管理,旨在从种子生产企业、批发商和零售商3个环节,保障种子从生产到销售实现来源可追溯,质量有保障。实行种子委托经营,必须持有种子生产经营许可证的企业委托证明、种子生产经营许可证与营业执照复印件。种子委托经营店实行“统一价格、统一章程、统一标牌、统一配货、统一服务、统一监管”的“六统一”制度。

(六)种子经营档案管理

种子经营企业依照《种子法》和《农作物种子经营许可管理办法》建立种子生产经营档案制度,有利于企业随时掌握所经营的各类种子质量状况、市场需求信息、加工情况、库存情况和销售去向,及时决策品种购销计划,对本企业所销售种子的跟踪、售后服务和质量追溯,实现种子经营规范化管理。规范和健全种子经营档案管理,可实现种子质量可追溯性管理,有利于保证种子质量和农民利益。本节主要介绍种子经营方面的加工包装、销售流通的档案管理。

1.种子加工包装档案

种子加工包装档案主要包括以下内容:

(1)技术负责人　指加工、贮藏技术负责人。

(2)品种名称、加工地点　指每批种子干燥(如自然晾晒、机械烘干)、精选加工、包衣、包装等加工种子的品种名称和生产地点。

(3)加工方式时间、加工地点　每批种子具体加工的方式(机械)、时间和地点及其场所,以及干燥、加工精选、包衣包装设备和场地的清洁情况。

(4)种子批次、包装规格　成品同质量种子批次(如第一批、第二批,……),成品包装种子的每包(罐)内含种子的重量或粒数。

(5)入库贮藏　同一品种、同一品牌每批成品包装种子入库时间及其数量(包数和重量),重量用千克(kg)表示,种子贮藏库号、贮藏方式(散装、袋装)、堆垛高度以及种子贮藏期间温度、湿度的查仓记录。

(6)种子标签标注　种子包装物上的标签标注和使用说明的具体内容。

(7)质量检验报告　加工前(调入、复检)和加工成品后种子的检验报告(主要为净度、发芽率、水分等常规检测),种子加工后质量合格者,列为企业销售产品;对于质量不合格者需重新加工,重新加工仍不合格者只能另作处理。

2.种子流通销售档案

种子流通销售档案主要包括以下内容:

(1)销售去向　销售去向包括种子销售对象姓名及地址、品种名称、销售数量等。如批发写明批发此种子的经营者名称及发票号,零售写明销售该批种子的发票号或信誉卡号区间;批量销售或调往外地,还应签订种子购销合同和封存种子样品,并记录封存样品编号、数量、时间、地点和责任人。

(2)销售品种与规格　销售品种名称、包装规格内容包括作物和品种名称,种子包装规格。如大包装,每袋或每箱重量;最小单元包装,每袋、每听的重量或粒数。

(3)销售时间、数量和单价　分品种记载内容包括每个品种同一批种子销售开始至结束的时间区间,以及每次销售种子的数量、价格和单元识别代码情况。

(4)销售凭证及经办人　售种凭证(发票、收据等票据)应载明销售种子日期、购种者姓名、所在村组、品种名称、数量、价格等,经办人签名并加盖经营者门店(销售企业)印章等,批量销售必须开具税务发票。

(5)填档时间与人员　填档时间与人员填写每个品种同一批种子经营档案的填写时间和档案填写人员,填档人员须签名。

经营不再分装的包装种子或者受具有种子生产经营许可证的企业书面委托代销其种子的,也要建立种子销售台账等种子经营档案,并保存至种子销售后5年。收集整理、归类保存的主要资料包括:种子购销凭证或委托代销合同复印件,以及该批种子的相关证明文件,如质检报告或品种备案登记资料等,以及种子销售者名称、住所、经营方式、负责人、联系方式、销售地点、品种名称、种子数量等材料。种子进货退货票据,应载明进退货时间、单位、姓名、品种名称、数量、价格,经办人签名并加盖委托销售方印章。种子销售台账应当如实记录销售种子的品种名称、种子数量、种子来源和种子去向。种子经营(销售)情况统计表,种子经营者应在每季种子销售结束后,及时进行销售情况统计汇总,将统计表作为种子经营档案的重要资料予以保存。

《农作物种子经营许可管理办法》要求种子经营者应当至少保存种子经营档案5年,确保档案记载信息连续、完整、真实,保证可追溯。档案材料含有复印件的,应当注明复印时间并经相关责任人签章。种子生产经营者应当按批次保存所生产经营的种子样品,样品至少保存该类作物两个生产周期。

此外,种子企业可以按照作物种类(杂交种、常规种)、种子类别(小麦种子、玉米种子等)、品种名称(品种审定、认定时的全称)分品牌和批次、转基因品种、具有植物新品种权的品种、进出口品种分类、编码,将上述经营档案内容逐项格式化后,相应内容对号入座整理填写经营档案并进行电子化。对已建好的种子经营档案按归档号放入档案柜科学地保管起来,并随时接受上级有关部门的检查。

案例分析:未建立种子经营档案的处罚案例

案情简介:2016 年 5 月 6 日安徽省池州市贵池区种子管理站执法人员在种子市场检查时,发现池州市长江农资墩上连锁店个体经营者包某 2016 年经营农作物种子未建立种子经营档案。执法人员当场对当事人进行了批评教育,并责令限期整改。同时执法人员还现场对当事人进行了问询笔录,搜集了当事人的营业执照复印件和当事人身份证复印件。当事人承认由于工作忙 2016 年经营农作物种子未建立种子经营档案的违法事实,表示愿意承担违法后果,并尽快将种子经营档案建好。

案情分析:依照《种子法》第八十条第一款(第四项)(违反本法第三十六条、第三十八条、第四十一条规定,有下列行为之一的,由县级以上人民政府农业、林业行政主管部门责令改正,处以二千元以上二万元以下罚款:(四)未按规定建立、保存种子生产经营档案的)。调查证据有:①当事人工商营业执照复印件 1 份;②当事人身份证复印件 1 份;③询问笔录 1 份;④池州市贵池区农资市场巡查记录 1 份;⑤池州市贵池区农业委员会责令整改通知书 1 份。

行政处理:2016 年 5 月 25 日池州市贵池区农业委员会向当事人送达了《池州市贵池区农业委员会行政处罚事先告知书》(贵农[种子]告〔2016〕1 号),因当事人积极配合执法部门认真整改,态度较好,可酌情从轻处罚 2 000.00 元。池州市贵池区农业委员会认为:当事人 2016 年经营农作物种子未建立种子经营档案的行为,违反了《种子法》第三十六条之规定,事实清楚,证据确凿,应当予以处罚。

第五节 现代种子企业的绩效考核管理

一、种子企业绩效考核概述

绩效考核是绩效管理的重要组成部分,绩效管理包括对部门和员工的绩效管理。绩效考核的目标是驱动员工挑战自身能力和业绩的极限,是一种关于要求的行为。绩效考核是员工的指标棒。种子企业绩效考核就是按照一定的标准,采用科学的方法,对种子企业员工的品行、工作业绩、能力、态度进行综合的评定,来体现部门、个人的业绩、目标的完成情况,以确定其工作绩效和未来发展潜力的管理办法。

种子企业绩效考核是种子企业对员工的正当要求和标准规范。有效的绩效考核,能对企业业绩提升起到一定的促进作用,能调动员工的积极性、主动性,增强员工的使命感和责任感,有利于发挥员工的创造力,变压力为动力,最终使企业的目标得到顺利进行。种子企业绩效考核的作用具体体现在以下几个方面:

1.达成目标

从本质上来讲,绩效考核不仅是对工作结果的考核,同时也是对过程的管理。它可以将长期目标分解开来,变成年度、季度、月度指标,不断监督员工来完成这一目标。一个成功的绩效考核体系,能有效地帮助企业来达成目标。

2.挖掘问题

绩效考核是一个不断制订计划、执行、修正错误的过程,体现在绩效管理的整个环节,包括:绩效目标设定、绩效要求达成、绩效实施修正等。这也是一个不断发现问题、改进问题的过程。

3.分配利益

如果绩效考核不与利益挂钩,那么我们的考核就没有任何意义,员工的工资包括固定工资和绩效工资。让员工的绩效工资与考核的结果挂钩,才能提高员工的工作积极性。

4.促进成长

对企业而言,人才的成长是企业不可或缺的部分。而绩效考核的最终目的就是促进企业与员工的共同成长。通过在考核过程中不断发现问题、改进问题,不断促进提升,从而达到个人和企业的双赢。

二、种子企业绩效考核方法

种子企业绩效考核的方法主要有目标导向的绩效管理、关键绩效指标。除了这两种绩效考核方法,还有其他 7 种简单的绩效考核方法。在做绩效考核时要结合种子企业特点,坚持以效益为核心、坚持多因素全面考核原则和定量分析与定性评议相结合的原则。

(一)大中型企业绩效考核管理方法

大中型种子企业绩效管理常用目标导向的绩效管理(management by objective,MBO)方法考核。目标导向的绩效管理,就是通过对实现企业目标的关键性指标的选择,将考评过程与管理过程相统一,在对关键环节实施管理和控制的基础上,利用绩效管理机制充分调动营销人员的积极性和创造力,激发营销组织的经营活力,从而实现营销组织内管理和经营的统一。考核指标的设定必须符合 SMART 原则,即具体的、可度量的、可实现的、具有相关性的和有时限的原则。

MBO 的具体实施步骤:①制定种子企业的整体目标和战略,并分配主要的目标;②种子部门管理者和他们的上级一起设定本部门具体目标;③种子部门的所有成员参与设定自己的具体目标,并共同商定如何实现目标的行动计划;④实施行动计划;⑤定期检查实现目标的进展情况,并向有关部门和个人反馈;⑥基于绩效的奖励将促进目标的成功实现。

MBO 导向绩效管理的优点主要是将绩效考评与目标管理过程融为一体的一种绩效管理方式,在目标管理的计划、执行、检查和反馈中进行绩效管理的计划、指导、考评和激励过程,并形成一个完整的闭环。它在对关键环节进行控制和管理的基础上,充分发挥牵引和激励作用,提高营销组织的经营活力,实现管理和经营的统一。

它的缺点主要体现在以下几个方面:

(1)对管理者和员工的要求　制定各部门、各岗位工作计划需要花费管理者和员工大量的时间和精力。

(2)在公司制度上有严格的要求　它要求企业员工有为实现企业目标做出贡献的意愿,并在此基础上建立制度和程序,以保证MBO导向绩效考核制度的连续性和规范性。

(3)对营销队伍的素质要求高　它需要营销人员具备较高的个人素质和学习能力,具备良好的团队合作意识。

(二)中小型种子企业绩效考核管理方法

目前中小型种子企业绩效考核管理主要采用关键绩效指标(key performance indicators,KPI)为核心的绩效考核管理体系。在实际应用过程中既有优势,也存在一定的不足。所以,在做绩效考核时要结合企业特点,坚持以效益为核心、坚持多因素全面考核原则和定量分析与定性评议相结合的原则。

1.KPI的含义

KPI即关键绩效指标。通俗地说,就是各岗位考核指标中对企业业绩影响最大、最重要的那些指标。关键业绩指标重点在"关键"上,即在现有的业绩指标中选取对岗位而言最关键的那几个指标。关键业绩指标设计的思想是通过把影响80%工作的20%关键行为进行量化设计,变成可操作性的目标,从而提高绩效考核的效率。

2.KPI指标的选择

(1)上山型岗位　包括营销经理、业务员、总经理、营销总监等,其考核指标较少,且存在主流业绩指标,比如业务员的销售额指标、生产工人的生产件数指标,这些主流业绩指标允许单个指标占权重达到40%以上。上山型岗位KPI指标选取顺序为:①业绩产生类指标;②能力指标;③职能类指标。

(2)平路型岗位　包括行政、人事、办公室、一般的管理人员等,其工作内容较多,权重较为平均,所以考核指标也较多,单个指标权重较少超过30%。平路型岗位KPI指标选取顺序为:①职责、职能类指标;②胜任力指标;③工作业绩指标。

(3)下山型岗位　往往存在大指标和小指标,大指标内又包含若干个小指标,分类较细。如会计报税指标又可细化为报税及时性、报税完整率、报税差错率等要求。研发类下山型岗位指标还具备一个特色,即存在流程性指标,工作存在先后顺序,每月工作重点不同,指标及目标值变动较大。下山型岗位KPI指标选取顺序为:①胜任力指标;②业绩产出指标;③职能职责类指标。此类顺序更多为针对研发类下山型岗位和一般技术型人才。

(三)其他类型企业绩效考核方法

除了大型和中型种子企业以外,我国还存在小微、中外合资种子企业。各类型种子企业结合自身的特点和状况,还可以采取平衡记分卡(BSC)、360度反馈考核、排队法、交替排序法、业绩评定表、工作标准法、量表评定法7种简单而基本的绩效考核方法。

1.平衡记分卡(BSC)

平衡记分卡(BSC)是围绕企业的长远规划,制定与企业目标紧密联系,体现企业成功关键因素的财务指标和非财务指标而组成的业绩衡量系统,有助于企业实施战略目标,帮助企业寻找成功的关键因素。

2.360度反馈考核

360度反馈考核是指由员工、上司、同事、下属、顾客等全方位的各个角度来了解个人绩效、沟通技巧、人际关系、领导能力、行政能力等，被评估者可以从这些不同的反馈清楚地知道自己的不足、长处与发展需要，使以后的职业发展更为顺畅。

3.排队法

排队法是最为简单的绩效考核方法之一，此法要求评定者把被评定者根据一些特定的考核尺度(例如销售额、管理能力等)从高到低排列出来，排队法经常被用来评定总体绩效。

4.交替排序法

交替排序法是评定者首先将被评定者列在一张纸上，然后从这个名单中选出最好的人和最差的人，接着再选出第二个最好的人和第二个最差的人，按此方法继续，直至把整个名单排序完毕。

5.业绩评定表

业绩评定表是将各种考核因素分优秀、良好、合格、稍差、不合格等级进行评定。其方法在于简便、快捷、易于量化。其缺点在于容易出现主观偏差，等级宽泛，难以把握尺度，大多数人高度集中于某一等级。

6.工作标准法

工作标准法是把员工的工作与企业制定的工作标准、劳动定额相对照，以确定员工业绩。其优点是参照标准明确、考核结果易于做出。目前，此方法一般与其他方法结合使用。

7.量表评定法

量表评定法是根据设计的等级评价量表来对被评价者进行评价的方法。它由两部分组成：一部分是用以规定考核内容的指标体系，另一部分是用以表示各种指标相对重要程度的权数体系。

三、种子企业绩效考核内容

绩就是业绩，体现种子企业的利润目标。企业要有企业的目标，个人要有个人的目标要求。效就是效率、效果、态度、品行、行为、方法、方式，体现的是企业的管理成熟度目标。考核内容可从工作任务、工作质量、工作能力及工作技能等综合考核，包括业绩考核和行为考核。

(一)业绩考核

业绩考核是现代企业不可或缺的管理工具。它是一种周期性检讨与评估员工工作表现的管理系统，是指主管或相关人员对员工的工作做系统的评价。有效的业绩考核，不仅能确定每位员工对企业的贡献或不足，更可在整体上对人力资源的管理提供决定性的评估资料，从而可以改善企业的反馈机能，提高员工的工作业绩，更可激励士气，也可作为公平合理地酬赏员工的依据。

1.业绩考核内容

业绩考核主要包括目标业绩考核和职能考核两大部分。

目标业绩考核是对结果的考核，往往与种子企业目标管理相结合，对企业目标进行分解落实。职能考核是对岗位职责的考核，如业务员的业绩考核是销售额，但除了开发新客户、实现销售额外，业务员还需要提交市场分析报告，市场分析报告就是一个职能考核。

2. 业绩考核指标设置

以中小型种子企业为例分析相关业绩考核指标。

(1)指标选择　一般而言，基层员工可选取3～7个指标，主要是业绩类指标；中高层员工选取7～11个指标，包括业绩类指标、管理类指标等；高层、决策层选取11～14个指标，包括业绩类指标、管理类指标、人才培养类指标等。层级越往上走，管理类指标所占比重越大。关键绩效指标的个数不同层级有所不同，一般而言，基层员工岗位KPI指标数量在3～5个，中层员工岗位KPI指标数量在5～7个，高层员工岗位KPI指标数量在7～14个。

(2)指标权重设定　选择若干个考核指标，对指标进行权重分配后，则权重比例的数额就等于该指标的最高得分。例如，业务员有4个考核指标，第一个考核指标为销售额，所分配权重为30%，则该指标的满分为30分。

(3)各指标目标值要求设定　目标值要求就是企业对该岗位、该项指标的目标要求，如业务员的考核指标为销售额，对其目标值要求可以设定为"每月30万元"。

(4)各指标评分等级设定　单纯有目标值要求，还不能够指导管理人员给下属评分，所以还要设定各指标评分等级。如对业务员"销售额"考核指标，其最高分为30分，目标值要求为"每月30万元"，则其评分等级可以设定为"达成目标30分，达成80%以上15分，80%以下0分"，这就量化得非常清晰，易于评价。对评分等级的设定不宜太复杂，一般分为二级或三级。如指标满分为5分则分为两级，0分、5分；指标满分为20分则分为三级，0分、10分、20分。占权重比较多的指标最多分为四级，如指标满分为40分，则分为0分、10分、30分、40分。

例如，业务员的月度绩效考核表见表4.1。

表4.1　业务员月度业绩考核表

序号	考核项目	权重	目标值	评分等级	得分		
					自评	考评	综合
1	销售额	30%	每月30万元	达成销售额30分			
				达成80%以上20分			
				达成70%以上10分			
				不足70%为0分			
2	回收款	30%	每月回款率达到95%	按要求完成30分			
				回款率达到70%得15分			
				回款率<70%得0分			
3	新客户开发	20%	每月新客户开发量为10家	达到目标值20分			
				开发8个新客户15分			
				开发6个新客户10分			
				开发6个及以下0分			
4	市场分析报告提交	20%	每月5号前提交，且被采纳	两项均达到目标值20分			
				任一项达标得10分			
				两项均未达到得0分			

(二)行为考核

1.行为考核内容

行为考核主要包括纪律考核和品行考核。

纪律考核是从员工入职起对员工强调什么事情可以做、什么事情不可以做，一开始就跟新员工交代清楚，在工作过程中直接上级要不断地进行鞭策。品行考核主要是通过过去的行为依据来进行的，找到关键性行为后，还必须要有行为的证据。

2.行为考核指标设置

行为考核指标从行为考核指标库中选取，一般而言，基层员工可选取2～4个行为指标，中高层员工选取4个行为指标，高层、决策层选取4～5个行为指标。假如该岗位选取5个行为指标，则每个指标评分满分为20分，对指标的评分标准为5级得20分，4级得16分、3级得12分、2级得8分、1级得4分。

例如，财务总监选取了清财、商业保密、承担责任、领导力、人际关系5个行为指标作为月度考核指标，则该岗位的行为考核月度评分表见表4.2。

表4.2 财务总监岗位月度行为考核表

序号	行为指标	权重	指标说明	考核评分	得分		
					自评	考评	综合
1	清财	20%	1级:不违反财务制度	1级3分			
			2级:没有任何财务问题，并主动接受监督	2级5分			
			3级:不因自身利益而破坏游戏规则	3级9分			
			4级:主动节省费用，并且不影响工作质量	4级14分			
			5级:因为财务明晰，对其他成员产生影响力与威慑力	5级20分			
2	商业保密	20%	1级:明知商业技术及信息的范围及要点	1级3分			
			2级:工作期间遵守单位保密协议，并积极宣传正面信息	2级5分			
			3级:不进行商业性信息交易，不透露单位发展的技术及战略	3级9分			
			4级:维护公司商业机密并有实际案例	4级14分			
			5级:影响他人严守商业机密、离职后五年不脱密的职业操守	5级20分			

续表4.2

序号	行为指标	权重	指标说明	考核评分	得分		
					自评	考评	综合
3	承担责任	20%	1级:承认结果,而不是强调愿望	1级3分			
			2级:承担责任,不推卸,不指责	2级5分			
			3级:着手解决问题,减少业务流程	3级9分			
			4级:举一反三,改进业务流程	4级14分			
			5级:做事有预见,有防误设计	5级20分			
4	领导力	20%	1级:任命员工合理	1级3分			
			2级:能正确评价员工付出与回报协调性	2级5分			
			3级:对员工业绩与态度进行客观评价	3级9分			
			4级:掌握岗位精确工作技术及各全面专家技术并组织产生良好效果	4级14分			
			5级:影响力大,员工自愿追随并付出贡献	5级20分			
5	人际关系	20%	1级:接受邀请,维持正常工作关系	1级3分			
			2级:建立融洽关系,讨论非工作事例	2级5分			
			3级:社会交往普遍发生	3级9分			
			4级:成为密友并能正当拓展业务	4级14分			
			5级:亲和力强,感染不同层次社会伙伴成为战略合作方	5级20分			
加权合计(分)			满分100分				

(三)业绩考核和行为考核权重设定

在考核过程中,业绩考核、行为考核满分均为100分。不同的考核对象此两项分数比重稍有差异,一般可参照比例为:①决策层管理人员,业绩考核占70%,行为考核占30%;②中、高层管理人员,业绩考核占80%,行为考核占20%;③基层管理人员和普通员工,业绩考核占85%,行为考核占15%。

考核越成熟的企业,各层级员工行为绩效,即品行绩效所占比重越大。各企业亦可根据自身情况进行适当调整,可遵循以下原则:①公司发展初期、不规范期、发展期以及集团公司销售型的子公司,业绩考核所占权重较高;②公司的成熟期、规范期以及集团公司总部,行为考核所占权重较高;③一般业务类岗位、计件类岗位、谈判类岗位,业绩考核所占权重较高;④一般高管类岗位、技术管理者、服务工作者,行为考核所占比重较高。以下以营销总监、销售经理和仓库管理员等三个层级员工为例,设计月度绩效考核评分表。

1.营销总监的月度绩效考核评分表(表4.3、表4.4)

表4.3　营销总监月度业绩考核表

序号	考核项目		权重	目标值要求	评分等级	得分		
						自评	考评	综合
1	业绩考核指标80%	销售额	40%	每月300万元	达到销售额40分			
					达成90%以上30分			
					不足80%为0分			
		客户保有量	10%	每月新客户开发量为5%,无老客户丢失	达到目标值20分			
					无变化10分			
					有负面影响0分			
		回款率	10%	每月回款率达到95%	按要求完成10分			
					回款率达到70%得5分			
					回款率<70%得0分			
		出差及下乡	10%	月出差或下乡天数	月出差或下乡≥10天得10分			
					月出差或下乡≥5天得5分			
					月出差或下乡<3天得0分			
		市场推广会	10%	一个月两次	按要求完成10分			
					推广一次得5分			
					没有推广得0分			
2	管理项目15%	目标分解	10%	总结当月各片区销售目标,布置下个月目标任务,帮助分管区域完成目标(书面材料)	能对月销售目标提出分析得10分			
					提出目标无落实得5分			
					没有提出分析及对策得0分			
		种子出入库及加工包装	5%	掌握种子库存,及时进货,监督加工包装	有监督得10分			
					监督不理想得5分			
					无监督0分			
3	人才培养5%	业务人才培养	5%	培养储备经理1名,主管2名	缺少一名扣3分			
加权合计(分)				满分100				

表 4.4 营销总监月度行为考核表

序号	考核指标	权重	指标说明	考核评分	自评	考评	综合
1	以客户为中心	20%	1 级:提供必要服务	1 级 4 分			
			2 级:迅速而不可分辨解决客户需求	2 级 8 分			
			3 级:找出客户真实需求并提供相应产品服务	3 级 12 分			
			4 级:成为客户信赖对象,并维护组织利益下影响客户决策	4 级 16 分			
			5 级:维护客户利益,而促进长远组织利益	5 级 20 分			
2	人际关系	20%	1 级:接受邀请,维持正常工作关系	1 级 4 分			
			2 级:建立融洽关系,讨论非工作事例	2 级 8 分			
			3 级:社会交往普遍发生	3 级 12 分			
			4 级:成为密友并能正当拓展业务	4 级 16 分			
			5 级:亲和力强,感染不同层次社会伙伴成为战略合作方	5 级 20 分			
3	承担责任	20%	1 级:承认结果,而不是强调愿望	1 级 4 分			
			2 级:承担责任,不推卸,不指责	2 级 8 分			
			3 级:着手解决问题,减少业务流程	3 级 12 分			
			4 级:举一反三,改进业务流程	4 级 16 分			
			5 级:做事有预见,有防误设计	5 级 20 分			
4	领导力	20%	1 级:任命员工合理	1 级 4 分			
			2 级:能正确评价员工付出与回报协调性	2 级 8 分			
			3 级:对员工业绩与态度进行客观评价	3 级 12 分			
			4 级:掌握岗位精确工作技术	4 级 16 分			
			5 级:影响力大,员工自愿追随并付出贡献	5 级 20 分			
5	决策	20%	1 级:不散布公司信息、技术、公司不足之处	1 级 4 分			
			2 级:不在公司需要本人时并公司处于危机时主动离去	2 级 8 分			
			3 级:生涯规划与公司发展一致	3 级 12 分			
			4 级:危机或关键时体现本职工作价值案例	4 级 16 分			
			5 级:通过本职工作,扭转局势,创造新局面	5 级 20 分			
加权合计(分)			满分 100 分				

签字:

年 月 日

总分=业绩考核得分×70%+行为考核得分×30%

2.销售经理的月度绩效考核评分表(表 4.5、表 4.6)

表 4.5 销售经理月度业绩考核表

姓名			岗位					
序号	考核项目		权重	指标要求	评分等级	得分		
						自评	考评	综合
1	工作业绩	销售额	40%	每月 300 万元	达成销售额 40 分			
					达成 90%以上 30 分			
					不足 90%为 0 分			
		新客户开发量	10%	每月 10 个	10 个以上 10 分			
					7～10 个 5 分			
					低于 7 个 0 分			
		资金回笼	10%	应收款减少率＝达标欠款率－月欠款额/达标欠款额	回款≥销售额的 100%得 10 分			
					回款≥销售额的 50%得 5 分			
					回款＜月销售额的 30%得 0 分			
2	职能工作	培训新业务员	10%	7 个以上学时	7 个以上学时 10 分			
					不足 0 分			
		组织研讨会	20%	一个月 3 次，每次实到客户家数 20 家	完成数量和家数要求 20 分			
					只实现数量或家数 10 分			
					两项均未达标 0 分			
3	管理工作	市场分析报告	5%	每月 5 号前按标准上交	每月 5 号前按标准上交 5 分			
					其他 0 分			
		月发布信息	5%	月发布信息 8 条，限于宣传行业动态、试验示范、学习培训、会议召开、销售信息等有利于企业正能量发展的信息	月≥8 条得 5 分			
					月≥4 条得 2 分			
					月＜4 条得 0 分			
加权合计(分)				满分 100 分				

表 4.6　销售经理月度行为考核表

序号	考核指标	权重	指标说明	考核评分	自评	考评	综合
1	以客户为中心	25%	1 级:提供必要服务	1 级 5 分			
			2 级:迅速而不可分辨解决客户需求	2 级 10 分			
			3 级:找出客户深层次需求并提供相应产品服务	3 级 15 分			
			4 级:成为客户信赖对象,并维护组织利益下影响客户决策	4 级 20 分			
			5 级:维护客户利益,而促进长远组织利益	5 级 25 分			
2	人际关系	25%	1 级:接受邀请,维持正常工作关系	1 级 5 分			
			2 级:建立融洽关系,讨论非工作事例	2 级 10 分			
			3 级:社会交往普遍发生	3 级 15 分			
			4 级:成为密友并能正当拓展业务	4 级 20 分			
			5 级:亲和力强,感染不同层次社会伙伴成为战略合作方	5 级 25 分			
3	承担责任	25%	1 级:承认结果,而不是强调愿望	1 级 5 分			
			2 级:承担责任,不推卸,不指责	2 级 10 分			
			3 级:着手解决问题,减少业务流程	3 级 15 分			
			4 级:举一反三,改进业务流程	4 级 20 分			
			5 级:做事有预见,有防误设计	5 级 25 分			
4	领导力	25%	1 级:任命员工合理	1 级 5 分			
			2 级:能正确评价员工付出与回报协调性	2 级 10 分			
			3 级:对员工业绩与态度进行客观评价	3 级 15 分			
			4 级:掌握岗位精确工作技术	4 级 20 分			
			5 级:影响力大,员工自愿追随并付出贡献	5 级 25 分			
加权合计(分)			满分 100 分				

签字:

年　月　日

总分=业绩考核得分×80%+行为考核得分×20%

(五)年度考核

假设某公司招聘到一名新的营销总监,谈判年薪约30万元。

公司去年销售额为3 000万元,今年销售目标要达到4 000万元,约定以销售额增长部分为分红发放依据,分别以月、季度、年度为分红周期。那么该如何给这位营销总监发放工资呢?显然一次性给付或按照12个月以固定工资形式发放都是不科学的,我们可按以下步骤来进行营销总监的谈判年薪方案设计。

佣方在被雇佣后为雇佣方实现本年度4 000万元的销售业绩,即可得到18万元的总额提成。于是根据总额提成推演出销售额提成比例3%,再将3%分为月度1%、季度1%、年度1%,至此一套营销总监的谈判薪酬方案即设计完成。谈判年薪方案设计步骤:

第一步:固定收入部分设计

方法:营销总监属于上山型岗位,固定收入与销售额提成按4∶6来划分。

设计:30万元按4∶6划分得出,固定工资年度共计12万元,销售额提成18万元,年度共计30万元。

第二步:年度固定收入总额中基本工资与绩效工资的分配

方法:按照上山型岗位基本工资占比40%、绩效工资占比60%的特点,分别得出年度基本工资总额与年度绩效工资总额。再将其分别划分到12个月,即得出每个月的基本工资与绩效工资。

设计:将12万元的年度固定收入总额,按照上山型岗位基本工资占比40%、绩效工资占比60%进行划分,得出基本工资年度总额为4.8万元、绩效工资年度总额为7.2万元的分配结果。

第三步:月度基本工资与月度绩效工资设计

方法:将基本工资年度总额除以12个月,得出月度基本工资,其中划分出10%左右作为商业保密金。将绩效工资年度总额除以12个月,得出月度绩效工资,并以此绩效工资为基础划分出五级绩效工资标准。每一层绩效工资的极差为12%。

设计:将4.8万元的基本工资年度总额除以12个月,得出每月约4 000元基本工资,其中划分出400元作为商业保密金。将7.2万元的绩效工资年度总额除以12个月,得出每月6 000元的绩效工资额,将此额度作为绩效工资标准,设定出其他等级绩效工资。

第四步:销售额提成比例推算

方法:谈判的销售提成总额除以(今年销售目标－历史结点销售额),推算出提取比例,将该提取比例平均分配到月度、季度、年度,得出各月度、季度及年度提取比例。提取依据分别为月度任务、季度任务、年度任务的实现程度。

设计:18万元/(4 000万元－3 000万元)＝1.8%。将1.8%的提成比例平均分配到月度、季度、年度,分别为月度0.6%、季度0.6%、年度0.6%。提取依据分别为月度任务、季度任务、年度任务的实现程度。

为鼓励其向更高的目标冲刺,还设定了冲刺目标,同时冲刺目标仍然给予1.5%的提成比例。

第五步:年度目标设定

方法:在年度目标的基础上设定年度冲刺目标,即如果实现冲刺目标,则在年底根据超出部分再给予相应比例提成。冲刺目标提成比例×(冲刺目标－今年目标)。

设计:1.5%×(5 000 万元－4 000 万元)＝15 万元。

第六节　现代种子企业人力资源管理

一、人力资源管理概述

(一)人力资源管理的概念

人力资源是企业最宝贵的资源之一,所以研究如何最有效、最合理地管理和使用企业的人力资源,从而实现企业的目标,有重要的现实意义。人力资源管理是指组织为了获取、开发、保持和有效利用在生产和经营过程中必不可少的人力资源,通过运用科学、系统的技术和方法进行各种相关的计划、组织、领导和控制活动,以实现组织的既定目标。人力资源管理的本质是对人的组织与管理,就是通过招聘、甄选、培训、报酬等管理形式对内外相关人力资源进行有效运用,满足组织当前及未来发展的需要,保证组织目标实现与成员发展的最大化的一系列活动的总称。对种子企业来说,种子企业人力资源管理,是对种子企业中与一定物力相结合的人力进行合理的培训、组织与调配,使人力与物力经常保持最佳比例,同时对人的思想、心理和行为进行恰当的诱导、控制和协调,充分发挥人的主观能动性,使人尽其才、事得其人、人事相宜,最终实现种子企业的目标。

(二)人力资源管理的基本职能

人力资源管理的基本职能主要分为人力资源规划、人员招聘与录用、培训与开发、绩效与薪酬管理、劳动关系管理 5 个部分,它们相互联系、相互影响,共同形成一个有机系统。

1.人力资源规划

人力资源规划是指根据企业的发展规划和发展战略,预测企业未来的人才需求状况,制定计划和实施计划使人力资源供求关系协调平衡的过程。对于种子企业来说,通过对企业未来的人力资源的需要和供给状况的分析及估计,种子企业提早培养所需要的人才,确保在需要的时间和需要的岗位上,获得各种必需的人力资源。

2.人员招聘与录用

招聘是指通过各种途径发布招聘信息,将应聘者吸引过来;录用是指从应聘者中挑选出符合要求的人选。挑选和录用优秀员工是企业提高竞争力的重要环节,许多企业都十分注重员工的招聘方式。种子企业在进行人员招聘时,可以采用市场招聘,特别是到全国农业院校进行现场招聘,以及本企业员工内部举荐等方式。

3.培训与开发

培训分为岗前培训和在职培训。岗前培训是对新员工进行职业教育，使其具有基本的职业素质；在职培训是进一步开发和提高其各种能力。种子企业对员工进行良好的培训能提高员工工作效率，培养稀缺的人力资源。对员工能力的不断开发，能促进种子企业持续、健康发展。

4.绩效与薪酬管理

绩效管理是指企业为了达到既定目标，各级管理者和员工在工作一段时间或工作完成后，对照绩效标准，检查和评定员工对职务所规定的职责的履行程度，对员工的工作结果进行评价，并将评定结果反馈给员工的过程。薪酬管理是指一个组织针对所有员工所提供的服务来确定他们应当得到的报酬总额以及报酬结构和报酬形式的一个过程。

5.劳动关系管理

劳动关系管理是企业和员工的沟通管理。这种管理多采用激励性的、柔性的、非强制性手段，从而提高员工满意度，支持企业其他管理目标的实现。其主要职责是：协调企业与员工、员工与员工之间的关系，引导建立良好的工作氛围。这一职能包含的内容有劳动合同管理、劳动争议处理和劳动安全卫生管理等。劳动合同管理是指根据国家法律、法规和政策的要求，运用相关职能对劳动合同的订立、履行、变更和解除、终止等全过程的行为所进行的一系列管理工作的总称。加强劳动合同管理，有利于提高劳动合同的履约率，激发劳动者的积极性，维护和谐的劳动关系，促进企业的健康发展。当公司与员工出现劳动争议时，就需要企业劳动争议处理：为了维护正常的生产经营秩序，发展良好的劳动关系，我国专门制定了《中华人民共和国企业劳动争议处理条例》。劳动安全卫生管理制度是指为了保障劳动者在劳动过程中的安全和健康，在组织劳动和科学管理方面的各项规章制度。我国有一系列的劳动安全卫生管理制度。劳动安全卫生管理能够有效地减少生命安全事故的发生。

劳动关系管理是人力资源管理的最基本的职能之一，包括公司对合同制的全日制员工、兼职人员、特聘专家以及返聘的退休技术人员的管理。例如：在某公司工作，并根据《中华人民共和国劳动法》与公司签订了劳动合同的所有员工，都必须熟悉了解劳动合同管理制度，依照劳动合同管理制度履行劳动合同。公司也需要依法履行劳动合同，从而保护公司和员工双方的合法权益。但有些企业除了合同制的员工外，还聘请了兼职人员、特聘专家以及退休技术人员。对于兼职人员来说，其属于非全日制用工，公司与兼职人员也要依据《合同法》的相关规定履行劳动合同。对于有技术专长的特聘专家，国家和各省市都制定了特聘专家的服务与管理办法，专门来规范特聘专家的服务与管理工作。退休技术人员返聘，其与企业必须签订《返聘劳务协议》，双方按照《返聘劳务协议》的条款履行协议。

二、现代种子企业人力资源管理

(一)现代种子企业薪酬管理

薪酬管理是人力资源管理中最敏感的部分，因为它关系到企业每一位员工的切身利益。薪酬不仅直接影响他们的生活水平，也是员工在公司工作能力和水平的直接体现，员工往往通过薪酬水平来衡量自己在公司中的地位。对于种子企业来说，如何进行薪酬管理，建立合理、富有激励性的薪酬机制是非常重要的。种子企业薪酬管理是种子企业管理者对本企业员工工资、奖金、津贴、利润分配等薪酬要素的确定和调整过程。薪酬管理是一个持续的动态管理过程。

1.种子企业薪酬的构成

按照薪酬与福利管理的职能,一个企业的薪酬形式通常分为基本薪酬、激励薪酬和员工福利3部分。

(1)基本薪酬　基本薪酬,俗称基本工资,是雇主为提供劳动的雇员支付的现金薪酬。基本薪酬主要反映的是雇员工作、技能或受教育等方面的收入差别,没有考虑员工之间个体能力和业绩的差异。例如,种子企业营销人员,完成基本的种子营销任务后就能获得的工资,就是基本薪酬。

(2)激励薪酬　激励薪酬是为了奖励员工超额劳动部分或劳动绩效突出部分而设置的薪酬,包括奖金、利润分享、股权激励等,目的是鼓励员工提高劳动效率和工作质量。例如,对于超额完成营销任务的种子企业员工,一次性支付一定数额的奖金,或以赠送股权的方式进行激励。

(3)员工福利　员工福利是指企业为员工提供的各种与工作和生活有关的物质补偿和服务等。福利的形式是多种多样的,有货币性的,也有非货币性的,包括带薪假期、培训、住房、员工餐厅和社会保障(医疗保险、人寿保险和养老金)等。福利越来越成为薪酬的一种重要形式。

2.种子企业薪酬管理的作用

(1)强化种子企业战略　种子企业薪酬管理是企业人才战略的最重要组成部分,因而也是种子企业的基本战略之一。通过薪酬管理,种子企业能吸引更优秀的人才、保留核心骨干员工、突出企业的重点业务与重点岗位,从而保证种子企业总体战略的实现。

(2)控制种子企业人工成本　薪酬对于劳动者来说是报酬,对于种子企业来说意味着成本。较高的薪酬水平会直接对种子企业的生产和经营产生压力。所以种子企业应当充分考虑自己的财务实力,通过科学的薪酬管理有效地控制人工成本,增强种子企业的赢利能力。

(3)激励员工　现代薪酬管理是一种动力管理,成功的薪酬管理往往能极大地调动员工的积极性和创造性,反之,则会挫伤员工的积极性。通过薪酬激励机制的建立与完善,将种子企业与员工的经济利益有机结合在一起,促进企业和员工共同发展。

3.种子企业薪酬管理制度案例

为了健全种子企业的工资管理体系,维护公司各级员工的利益,保证公司长远发展,某种子公司实行等级薪酬管理制度。

××种子公司等级工资制的薪酬构成分为:基本工资(基本薪酬)、绩效工资、奖励工资、普惠的福利与保险、单项奖励计划和其他。

(1)基本工资　基本工资也称基本薪酬,种子公司在职员工的薪级是通过考查其本人的学历、工作经验、工作能力等综合资历和所任职岗位或所担任的职务后来确定的。根据不同的薪级制定不同的基本工资。例如某种子公司将等级工资制定为七个职级,每一个职级分别分成三个档位,见表4.10。

表 4.10　某种子公司不同职级及同一职级不同档位员工的基本工资表　　元/月

职级	职位	档位		
		一档	二档	三档
一级	总经理	10 000	9 000	8 000
二级	副总经理	7 800	6 800	5 800
三级	部门经理	5 500	5 000	4 500
四级	部门副经理	4 000	3 800	3 600
五级	生产(销售)主管	3 500	3 300	3 100
六级	业务员、技术员、办公室职员	2 500	2 300	2 100
七级	普通员工	2 000	1 800	1 600

员工在劳动合同有效期间，公司要根据员工对岗位业务的熟练程度、日常工作绩效及综合表现等情况进行相应的考核，并根据公司整体业绩和考核结果调整员工的薪级。此外，薪酬不得低于当地政府规定的最低工资标准。

(2)绩效工资　绩效工资是指员工完成岗位责任及工作，公司对该岗位所达成的业绩而予以支付的薪酬部分。计算绩效工资的方法，可以据种子公司上一年度总体的业绩完成情况以及每位员工上一年度的考核情况确定员工相应的绩效工资。对于没有完成额定业绩的员工不支付绩效工资。例如，某种子公司将员工考核等级分为优秀、良好、合格、不合格 4 种情况。将公司上一年度总体的业绩完成情况分为 100％完成计划、完成计划的 80％～100％、完成计划的 60％～80％、完成计划的 60％以下 4 种情况。如果该种子公司考核等级为合格员工，在公司 100％完成上一年度业绩计划的情况下，绩效工资定为基本工资的 30％。即绩效工资＝基本工资×30％。那么该种子公司绩效工资支付情况计算方法见表 4.11。

表 4.11　某种子公司绩效工资支付情况计算方法表　　元/月

考核等级	公司业绩完成情况			
	100％完成	完成计划的 80％～100％	完成计划的 60％～80％	完成计划的 60％以下
优秀	基本工资×30％×1.2	基本工资×30％×1	基本工资×30％×0.9	基本工资×30％×0.7
良好	基本工资×30％×1.1	基本工资×30％×0.9	基本工资×30％×0.8	基本工资×30％×0.6
合格	基本工资×30％	基本工资×30％×0.8	基本工资×30％×0.7	基本工资×30％×0.5
不合格	0	0	0	0

(3)奖励工资　年度结束后，公司从当年经营中产生的净利润中提取一定的比例，根据员工的年度考核结果进行发放。例如提取净利润的 15％作为奖励工资进行发放。

(4)普惠的福利与保险　公司员工依法享受国家法定福利和保险，例如五险一金(养老保险、失业保险、生育保险、工伤保险、医疗保险和住房公积金)，带薪年休假，法定节假日，生育假，停工留薪期和医疗期等。

(5)单项奖励计划　对有突出贡献的员工，例如超额完成营销任务的种子企业员工，公司一次性支付一定数额的奖金，或以赠送股权的方式进行激励。

(二)现代种子企业人力资源的培养与开发

企业人力的培养与开发是向新员工或现有员工传授其完成本职工作所必需的相关知识、技能、价值观念、行为规范的过程,是由企业安排的对本企业员工所进行的有计划、有步骤的培养和训练。企业人力的培养与开发主要表现在全员性、全方位性和全程性 3 个方面。全员性是企业要对每位新进的和在职的员工都要进行人力的培养与开发;全方位性是在培养与开发的内容上,不仅包括工作需要的专业知识和技能,还包括企业的价值观、道德观等企业文化方面的内容;全程性是指企业是人力的培养与开发一个长期的过程。其目的在于提高员工的各方面素质,使之适应职工工作和未来发展的需要。

1.现代种子企业人力培养与开发的作用

(1)有利于提高种子企业的工作效率,增强企业竞争力　加强对种子企业员工的培养与开发,可以提高员工的专业技能与综合素质,极大地开发员工的潜能,最大限度地调动员工工作的积极性,不断提高员工的工作效率和工作质量,从而提高种子企业竞争力。例如,种子企业员工通过学习本企业的经营战略、企业文化、管理流程、产品标准、工作技术、沟通技巧和人际关系等知识,来提高员工的工作绩效水平。

(2)有利于合理地选育人才,建立良好的人才储备　种子企业需要大量各层次的人才,仅仅依靠学校教育是不能满足需要的。企业对员工的培养与开发是发现人才、快出人才、多出人才的重要途径。通过培训,使种子企业员工的智力资源得以深入开发和有效利用,可以建立人才储备库,为企业的输送各层次人才。

(3)有利于建立优秀的企业文化和形象　种子企业对员工不断地灌输企业价值观,培养共同的行为规范,使员工能够自觉地展现企业的良好形象,形成融洽的工作氛围,增强员工工作满意度和成就感,也能帮助企业更好发展。

2.现代种子企业人力培养与开发的步骤

在企业中,有关人力培养与开发的工作一般主要由企业的人力资源部门负责,人力资源部门应负责分析各个岗位员工的培养需求,从而确立培养目标,制定培养计划,实施培养工作并对培养效果进行评价。现代种子企业人力培养与开发的步骤主要有以下 4 方面。

(1)培养计划的制定　培训是企业员工培养的一种方式,对于需要培训的员工,种子企业首先要确定培训的目标,确定是对员工的技能培训还是企业价值观和理念的培训。在确定培训的目标后,才能很好地研究培训的对象、方式、方法、时间、地点、希望的结果等方面的内容。同时也要考虑它的成本和收益。种子企业培训的成本包括培训场地费用、师资费用、受训者离岗的工作成本等;培训的收益主要有当前收益和长远收益,主要是员工受训后具有更多的种子方面的知识技能和能力,并将这些知识、技能融入种子企业的生产与营销上所带来的收益。

(2)培养方式方法的选择　人员培养的方式方法多种多样,内容很丰富,但任何一种培养方式方法都有一定的使用前提。有些方式方法适用于企业管理者,有些方式方法适用于专业技术人员,有的适合操作工人等。种子企业在进行培养方式方法的选择时,一定要充分考虑。目前主要的培养方法有:工作指导、岗位轮换、研讨会、案例研究、参观、角色扮演、课程讲授、专题讲座、模拟、网上培训等方法。而具体的企业员工的培养方式主要有短期培训、定向委托培养或者进修等。为了提高企业的经营管理水平,企业管理者、专业技术人员和操作工人都有必要经常进行短期培训,若为了进一步提高企业管理者和专业技术人员的专业素养,企业可以与相关高校或专业机构联系,对他们进行定向委托培养或者进修一段时间。

(3)培养方案的实施　由于种子企业内部不同员工的知识结构、能力结构、学习方式等都有差别,这就要求种子企业对不同员工制订不同的培养计划。种子企业根据已经确定的培养计划和培养方法,对具体的培养方案实施,但一定要对培养过程进行控制,也就是在培养的整个过程中培养的对象、方式、方法等方面出现问题时,要及时发现和解决,这关系到培养效果的好坏甚至整个培养的成败。

(4)培养效果的评价　培养效果的评价主要是评价受训者技能的变化、认知的变化和种子企业收益的变化等方面。具体可以比较受训者培养前和培养后认知与技能的变化,或者分析判断培养项目给企业带来的回报。例如:培养后种子企业员工流动率的降低或次品率减少而节约的成本、产量的增加以及种子企业服务质量的改善等。

第七节　现代种子企业的财务管理

一、财务管理概述

(一)财务管理的概念与目标

企业财务管理是企业管理的一个组成部分,它是根据财经法规制度,按照财务管理的原则,组织企业财务活动,处理财务关系的一项经济管理工作。对于种子企业来说,种子企业财务管理就是要做好种子收购时的资金调度、种子销售后的应收账款回收、折旧比率的确定、库存管理和投资管理的制定和执行等。

财务管理目标是企业进行财务活动所要达到的根本目的,是评价企业理财活动是否合理的基本标准。明确财务管理目标,是搞好财务工作的前提,不树立预期目标,就犹如盲人骑瞎马,不知前进的方向。对于种子企业来说,财务管理的总体目标主要是追求种子企业利润最大化或者股东财富最大化。

(二)财务管理的基本内容与原则

1.财务管理的基本内容

财务管理是组织企业财务活动、处理财务关系的一项经济管理工作。财务管理的主要内容包括企业的筹资管理、企业的投资管理、企业营运资金的管理、企业的利润分配管理等内容。

2.财务管理的原则

企业财务管理的原则主要包括资金合理配置原则、收支积极平衡原则、成本效益原则、收益风险均衡原则等。

(1)资金合理配置原则　就是要通过资金活动的组织与调节,来保证各项物质资源具有最优化的结构比例关系。例如,种子企业在对外投资和对内投资的构成比例要合理、固定资产和流动资产的构成比例要合理等。

(2)收支积极平衡原则　就是要求资金收支不仅在一定期间总量上求得平衡，而且在每个时点上协调平衡。对于种子企业来说，要使种子企业的购产销三个环节相互衔接，保持平衡，企业资金正常周转，才能获得较好的经济效益。

(3)成本效益原则　就是要对种子企业经济活动中的所费和所得进行比较分析，对经济行为的得失进行衡量，使成本与收益得到最优组合，以获得最多利润。

(4)收益风险均衡原则　要求种子企业对每一项财务活动，全面分析其收益性和安全性，按照收益和风险适当均衡的要求来采取各种行动方案，趋利避害，提高收益。

(5)按财经制度管理原则　我国规定的财经制度是每个企业的财务活动都必须遵守的。遵守财经制度是企业财务管理的基本原则。如果企业管理人员和会计人员违反了《会计法》等相关法律法规，必将承担相应的法律责任。

(三)种子企业财务管理的特点

财务部门是种业企业管理的核心部门之一，结合种业产品特点及企业所涉足其他行业产品的特点，财务部门制定符合公司实际运行的财务管理制度，是种业企业精准化管理和风险管控的重要保障。公司财务管理的主要任务是：合理编制预算，科学配置资金；依法组织收入，努力节约支出，参与重大决策，严格控制风险；建立健全财务管理办法，规范经营秩序；加强会计核算，提高资金使用效益；加强资产管理；如实反映财务状况，对企业经济活动的合法性、合理性实施有效财务监督；依法计缴国家税收并向有关方面报送财务决算。制订财务制度条款主要包括收入成本管理、结算审批权限管理、固定资产管理、存货管理、税收及利润分配管理等方面。在制度上要充分体现种业行业所涉足业务的关键点管控及相关的流程设计与管理。同时种子具有生命性、时间性、季节性、区域性、风险性等特殊性，导致种子企业财务管理具有以下特点：①资产流动性差，如种子企业需要建造现代化的加工厂、标准化规模化的种子生产和研发基地等固定资产，资产流动性差；②资金周转率低，一般作物种子生产每年只有一次，销售变为现金也只有一次；③种子库存的不确定性，若种子库存多年，发芽率降低，存在不能作为商品使用、进行报废的风险；④可变现的资产少，种子价值除了生产成本以外，很大部分是以知识产权的形式体现；⑤财务成本高，种子企业筹集资金的方式相对比较少，具有现金回笼的不确定。

二、筹资管理

筹资管理是企业根据其生产经营、对外投资和调整资本结构的需要，通过筹资渠道，运用筹资方式，经济有效地筹集为企业所需的资本的财务行为。种子企业筹资管理的目的是为满足企业资金需求，降低资金成本，增加种子企业的利益，减少相关风险。筹资的方式主要有筹措权益资金和筹措债务资金。权益资金筹资是由公司所有者投入以及以发行股票方式筹资；债务资金筹资是指公司以负债方式借入并到期偿还的资金，包括短期借款、长期借款、应付债券、长期应付款等方式筹资。

(一)权益资金的筹集

1.权益资金筹集的方式

权益资金是企业依法筹集并长期拥有、自主支配的资本。我国企业的权益资金,包括实收资本、资本公积金、盈余公积金和未分配利润。权益资金筹集的方式主要有3种:

(1)吸收直接投资　是企业按照“共同投资、共同经营、共担风险、共享利润”的原则,直接吸收国家、法人、个人投入资金的一种筹资方式。我国企业采用吸收直接投资方式筹集的资金一般有吸收国家财政资金、吸收法人投资、吸收个人投资等。

(2)发行股票　股票是股份公司发给股东用来证明其在公司投资入股并借以取得股利的一种有价证券。发行股票筹资是指公司以发行股票方式筹集资本的方式。分为普通股和优先股。

(3)保存留存利润　是指公司以税后利润支付股东的股利后,余下的归公司支配的利润。留存利润是构成公司的主权资本的一部分,也是公司进行权益资金筹集的重要方式,可以为债权人提供保障,为公司未来的举债提供方便,增强公司的举债能力。

2.权益资金筹集的特点

(1)权益资金的所有权归属于所有者,因此所有者可以参与企业经营管理决策、取得收益,并对企业的经营承担有限责任。

(2)筹集的权益资金,在生产经营期间内,除投资者依法转让外,不得以任何方式抽走,企业依法拥有财产支配权。

(3)筹集的权益资金没有还本付息的压力,它的筹资风险低。

(二)负债资金的筹集

1.负债资金筹集的方式

负债资金是指企业通过银行借款、商业信用、发行债券等方式筹集的资金,到期要偿还其本金和利息。负债资金筹集是企业为了维系的正常营运、扩大经营规模或者开创新事业等,发生现金流量不足而采取的资金筹措方式。其方式主要有银行借款、发行债券和商业信用3种。银行借款是由企业根据借款合同从有关银行或非银行金融机构借入所需资金的一种筹资方式;发行债券是指公司按照法定程序发行的、预定在一定期限还本付息的有价证券;商业信用是商品交易中的延期付款或延期交货所形成的借贷关系,是企业之间的一种直接信用关系。

2.负债资金筹集的特点

首先,资金来源是以举债的方式,到期时债务人除归还债权人本金外,还应支付一定利息或相关费用。其次,企业不同负债筹资方式的资金成本不同,这就要求企业对各种负债筹资方式进行分析、比较,选择经济可行的筹资方案确立合理的资金结构,以较低的资本成本筹措资金,减少企业风险。再次,负债筹资不可过度,要求企业必须凭借经验,确定合理的资产比率,不可过度负债而影响企业的发展,增大企业的财务风险。

三、资产管理

企业的资产管理主要包括流动资产管理、固定资产管理、无形资产管理和流通费用管理。

下面仅介绍流动资产管理、固定资产管理和无形资产管理。

(一)流动资产管理

流动资产是指在一年内或超过一年的一个营业周期内变现或者耗用的资产,具有占用时间短、周转快、易变现等特点。企业拥有较多的短期资产,可在一定程度上降低财务风险。流动资产管理包括现金、应收及预付款项、存货等的管理。对于种子企业来说,要从事种子购销活动,流动资产比重较大,应管好各项流动资产,充分发挥其效能。对于流动资产管理中的现金管理,种子企业要实行计划管理,根据以销定购的原则,科学地计算商品种子的购销量,从而计算出现金的需要量,既要保证需要,又要节约使用,防止资金积压。对于应收账款管理,种子企业首先要确定信用标准,只对信誉好、坏账损失率较低的顾客给予赊销;同时确立信用条件,即种子企业要求顾客支付赊销款项的条件,包括信用期限、折扣期限和现金折扣,以此来减少坏账损失。对于存货管理,种子企业主要是对不同种子的订购时间、订购数量、订购次数、订购价格等的管理,具体要加强种子库存的出库、入库、调拨、结构、批次和库存预警、报警等管理,努力降低整个存货成本。

(二)固定资产管理

固定资产是指使用期限超过一年的房屋、建筑物、机器、机械、运输工具以及其他与生产经营有关的设备、器具、工具等。不属于生产经营主要设备的物品,单位价值在 2 000 元以上,并且使用年限超过两年的,也作为固定资产进行管理。根据我国现行的财务制度,企业固定资产分为生产用固定资产、非生产用固定资产、租出固定资产、未使用固定资产、不需用固定资产、融资租入固定资产、土地等。固定资产管理是指对固定资产的计划、购置、验收、登记、领用、使用、维修、报废等全过程的管理。由于固定资产在种子企业资产总额中一般都占有较大的比例,确保种子企业资产安全、完整意义重大。

(三)无形资产管理

无形资产是指企业拥有或者控制的没有实物形态的可辨认非货币性资产。通常包括专利权、非专利技术、商标权、著作权、特许权、土地使用权等。相对于其他资产,无形资产不具有实物形态,表现为某种权利或某项技术,其很大程度上是通过自身所具有的技术等优势为企业带来未来经济利益。种子企业对无形资产管理主要要加强对专利权和非专利技术的管理等等。例如:至 2018 年底,合肥丰乐种业股份有限公司已经获得 3 项发明专利,获得 19 项植物新品种权保护,自主育成并通过国家和省级审定(鉴定)品种 112 个,其中杂交水稻新品种 32 个,玉米新品种 10 个,棉花新品种 5 个,西甜瓜新品种 51 个,其他新品种 14 个。面对较多的专利权和非专利技术,种子企业应该加强对其管理,从而使这些无形资产创造更高价值。

四、财务分析

(一)财务分析的作用

财务分析是以企业的财务报告等会计资料为基础,对企业的财务状况、经营成果和现金流量进行分析和评价的一种方法。它是对财务报告所提供的会计信息做进一步加工和处理,为股东、债权人和管理层等会计信息使用者进行财务预测和财务决策提供依据。

通过财务分析，企业管理者可以对企业的偿债能力、营运能力、盈利能力和发展能力做出评价，找出问题，促进企业改善经营活动，提高管理水平。对于企业外部投资者、债权人和其他有关部门和人员，通过财务分析，便于他们更深入地了解企业的财务状况，为其投资决策、信贷决策和其他经济决策提供依据。

(二)财务分析的内容

财务分析的内容主要有偿债能力分析、营运能力分析、盈利能力分析、发展能力分析、财务趋势分析和财务综合分析等。

1.偿债能力分析

偿债能力是用于反映企业偿还各种债务的能力，偿债能力分析可以揭示出企业的财务风险，包括短期和长期偿债能力分析。评价短期偿债能力的指标主要有流动比率、速动比率、现金比率等，评价长期偿债能力的指标主要有资产负债率、产权比率等。流动比率是公司流动资产与流动负债的比，比率越高说明偿还流动负债的能力越强；速动比率是流动资产中减去存货等资产后与流动负债的比值。速动比率越高，企业短期偿债能力越强；现金比率是企业的现金类资产和流动负债的比值。资产负债率是负债总额与资产总额的比率，反映企业的资产结构中负债的比例是否合理；产权比率是负债总额与股东权益总额的比值。例如，2016 年登海种业的流动比率为 5.13、速动比率为 4.08，丰乐种业的流动比率为 1.87、速动比率为 0.83，敦煌种业的流动比率为 1.52、速动比率为 1.04，说明登海种业的短期偿债能力较强，丰乐种业与敦煌种业都相对较弱。而 2016 年登海种业、丰乐种业、敦煌种业的资产负债率分别为 0.18、0.33、0.48，说明登海种业的长期偿债能力较强，敦煌种业也相对较弱。

2.营运能力分析

营运能力反映企业的资金周转能力，营运能力分析可以得出企业的经营管理水平和资金的利用效率。评价企业营运能力的指标主要有总资产周转率、存货周转率、应收账款周转率等。总资产周转率是销售收入与资产总额的比，比率较低则说明企业资产利用效率较差，影响企业的营运；存货周转率是销售成本和存货平均值的比，说明一年内企业存货周转的次数，反映出存货变现的速度和存货是否管理不当出现过量等情况；应收账款周转率用来反映应收账款的管理水平和变现能力，比率越高应收账款周转速度越快流动性越强。例如，2016 年登海种业、丰乐种业、敦煌种业的总资产周转率分别为 0.36 次、0.61 次、0.20 次，说明丰乐种业的资产利用效率较好；登海种业、丰乐种业、敦煌种业三企业存货周转率分别为 1.19 次、1.69 次、0.87 次，说明丰乐种业的存货变现的速度也快；三企业应收账款周转率分别为 23.34 次、16.98 次、2.65 次，说明登海种业回收应收账款的速度快。

3.盈利能力分析

盈利能力分析是分析企业获取利润的能力。评价企业盈利能力的指标主要有资产报酬率、销售毛利率、销售净利率、股东权益报酬率等。资产报酬率是企业在一定时期内的利润额与资产平均总额的比率；销售毛利率是企业销售毛利与营业收入净额的比率；销售净利率是企业销售净利润与营业收入净额的比率；股东权益报酬率是企业销售净利润与股东权益配件总额的比率。例如，2016 年登海种业、丰乐种业、敦煌种业的销售毛利率分别为 53.00%、

16.70%、25.03%；三企业的销售净利率分别为22.43%、1.82%、-49.17%，说明登海种业的盈利能力较强。

4.发展能力分析

发展能力分析是分析企业在经营活动中反映出来的增长能力。评价企业发展能力的指标主要有总资产增长率、利润增长率、销售增长率等。总资产增长率是企业本年总资产增长额同年初资产总额的比率，反映企业本年度资产规模的增长情况；利润增长率是指企业本年净利润与上年净利润的比值，比率越大说明企业的盈利能力越强；销售增长率是企业本年营业收入增长额与上年营业收入总额的比率。例如，2016年登海种业、丰乐种业、敦煌种业的总资产增长率分别为3.95%、11.27%、-14.06%，说明丰乐种业资产规模的增长较快；三企业的净利润增长率分别为20.03%、-29.73%、-1 236.87%，说明2016年除登海种业利润上涨外，丰乐种业和敦煌种业利润是下降的，敦煌种业利润下降幅度非常大。

5.财务趋势分析

财务趋势分析是通过对企业若干期的会计信息和财务指标进行分析，判断企业未来发展趋势。财务趋势分析的方法主要有比较财务报表、比较百分比财务报表、比较财务比率等。

6.财务综合分析

财务综合分析是全面分析和评价企业各方面的财务状况，对企业风险、收益、成本和现金流量等进行分析和诊断。

五、建立现代种子企业财务管理模式

针对种子企业财务管理，企业成本控制水平不高，核算不精确；企业治理结构不完善；监督工作难以落实，财务信息精准度不够，信息失真；内部控制有效性低；资金控制力薄弱等问题，我们应建立现代的种子企业财务管理模式。

(一)制定符合种业产品特点的有效财务管理制度

1.要建立健全资产管理等基本规章制度

遵守资金管理规定，加强资金营运过程管理，切实做好资金在采购、生产、销售等环节的平衡，提升资金使用效率；加强存货、固定资产管理，规范资产验收程序和方法；加强资产日常保管工作，定期盘点清查。

2.要建立采购付款制度

种业企业具有行业特殊性，有一个较长的生产周期，而且供应商很多都是种植大户和农场，均要先预付大量的种子款，待生产采购加工结束后才能进行结算，这就要求企业要加强对采购活动的会计系统控制，详细记录供应商情况、请购申请、采购合同、验收证明、入库凭证、款项支付等情况，确保会计记录、采购、与仓储记录一致。

3.加强预收款的管理

在客户将提货款打到公司账上时，财务应及时记入客户往来明细账，对于分不清的客户名称或者出现新的客户名称时，出纳应将当天来款明细打出银行流水，及时与销售业务员确认，如果是老客户应统一并账，如果是新客户则应重新建立账户。

4.要建立销售管理制度

按经批准的销售合同开具相关销售通知，仓储按所列项目组织发货，企业应当做好销售业务各环节的记录，实行全过程的销售登记制度，加强对销售、发货、收款业务的会计系统控制。

(二)建立高效的人员培训机制，提高财务人员素质

企业要定期对员工进行培训，确保企业财务管理队伍的高水平、高素质。首先，要培养种子企业会计的业务素质，培养会计人员相关的理论基础，帮助会计人员提高理论水平和职业道德水平。其次，还要加强对种子相关的生产、加工、销售等方面的流程进行学习，及时关注种业相关税收优惠政策，结合种业行业特点做好账务核算、税务筹划等管理工作。

(三)建立健全的现代种业内控制度，提高企业管理水平

(1)督促生产部门对种子生产质量加强控制，其中包括种子基地的选择、制定、落实科学合理的生产计划，收购时注意做好种子防水、防潮、防混杂等工作。

(2)参与制定种子加工流程，保证加工质量，有效提高种子纯度、净度，尽量降低种子加工损耗。

(3)加强仓储部门的存货管理。种子具有生命活性，要做好种子存货储藏工作，防止因储藏管理不当，造成种子发芽率降低，丧失了商品价值，给企业经营带来损失。

(4)对种子实行标签管理，作为质检取样、结果核对、分类管理以及日后发生种子质量纠纷提供有力证据。

(5)在经营周期结束后，要对存储的种子进行清查、盘点，保障企业资产安全。

(6)种子具有生命周期，在每个经营周期结束后，相关人员都要对所有库存进行质量检查，防止质量不达标种子流入市场。

(四)合理配置资源，控制种子生产成本

1.控制制繁种成本

提高制种品种的单位质量和产量，亦是降低成本的一种措施。重视选择一定稳定面积的基地，加强隔离措施，生产合适的品种，保证种子质量，降低单位成本。

2.合理配置资源，保证生产经营高效平稳运行

采用全面预算管理办法，及时调整和制定费用标准，降低各项费用。以江苏明天种业科技有限公司为例，公司在2007年就实行了全面预算，生产、销售、管理部门全员参与预算，经过两年试行，公司总体费用就降低了约100万元。常规作物品种实行联繁联销模式，集供应商与客户于一身，公司提供技术和田间指导，进行跟踪，将采购、检验、入库、加工、销售一体化，节约费用、降低风险。

(五)科学分析企业财务状况

1.对整个运营过程进行成本分析

财务管理人员要树立大成本意识，从品种亲本研发、大田生产、仓储加工、营销推广等各个环节都要进行成本控制。其中包括种质资源到新品种的研发预算、基地日常管理、种子成本核

算、仓储加工、营销费用、物流等，结合种子的质量水平进行较为全面的成本分析，从对其的分析和总结中得出最佳的节约成本的手段，对成本进行控制，促进企业生产管理工作的顺利开展。

2. 对盈利水平进行分析

财务管理部门要协助企业制定出科学的经营战略，对营销工作做出指导。对每个经营品种进行分析，在不同的市场背景下对其销售能力、价格水平、进行详细的分析和总结。对每个经营部门甚至每个营销人员的销售业绩进行评价，所评价的内容包括每个月的营销业绩、客户回访等，引导企业销售人员以最优质的服务，对待每位客户。对不同区域市场进行调研，结合区域特点对其销量差异分析，以稳定市场。

（六）企业财务人员要积极参与决策，提高市场意识

财务管理人员要树立市场经济的观念，由核算会计向管理会计转变。财务管理部门要适当地参与企业的经营管理活动，为企业的发展出谋划策，参与企业对投资的决策活动，控制投资成本、费用，帮助企业使用有限的成本达到最佳经济效益，参与制定企业的利润分配政策，利用科学的手段落实分配方案，并在一定程度上体现市场经济对企业财务的激励作用。

（七）要争取各类研发及产业化类项目提供成本支撑

种业企业需要在研发上投入巨额经费支撑产品的推陈出新，研发经费全部依靠企业销售收入来投入，就会过多消耗利润，降低企业抵抗风险的能力。国家及省市财政每年在种业研发上的投入经费相对较多，包含新品种选育、技术研发、基本建设、种业产业化及种子储备等方面的项目支持，种业企业要结合自身实际情况，积极争取各类财政项目经费的支持，加大企业研发力度，增强企业基础设施建设等综合实力，扩大企业利润，促进企业的良性发展壮大。

（八）准确把握企业各类产品的纳税减免政策

种子产品本身涉及的税务优惠政策较多，如企业跨行业多元化发展，又涉及其他产品类别税收政策。因此种子企业财务部门要坚持学习税收政策，及时了解税收政策导向，准确把握企业各类产品的纳税减免政策，账务科目设置合理，财务核算清晰，纳税清缴核算准确。在依法纳税的前提下，充分享受国家税收优惠政策，努力提高种业企业经济效益和综合实力，为农业科技创新做出应有的贡献。

第八节　现代种子企业信息管理

一、种子企业经营信息概述

（一）种子经营信息的概念和作用

信息是指音讯、消息、通信系统传输和处理的对象，泛指人类社会传播的一切内容。人通

过获得、识别自然界和社会的不同信息来区别不同事物，得以认识和改造世界。经营信息是指技术信息以外的能够给权利人带来竞争优势的用于经营的信息。所谓种子信息是指有关种子的各种消息、情报、资料、数据、指令和信号等。种子经营信息实质是种子培育、生产加工等技术信息以外的能够给种子企业带来竞争优势的用于种子经营的信息，是关于经营目标、经营过程和经营结果的消息或新情况。种子经营信息是创造种子价值的一种资源，是种子生产和经营工作的指南，是种子企业进行计划和决策的基础。在种子市场竞争激烈的今天，掌握信息是种子经营企业立足与发展的保障，因此，做好种子经营信息的管理和应用工作非常重要。种子经营信息的作用，主要体现在以下几个方面：

1.提高企业的经营决策水平

作为种子的生产者、经营者和管理者，在种子的产、购、销一体化经营中，一定要了解和掌握国家对农业的大政方针，如农业发展战略、种植结构调整、计划规模、品种动向、市场需求及价格变化等一系列信息。通过这些信息来指导种子生产经营活动，调整产、购、销各个环节，科学地、辩证地去实施企业种子生产经营计划，从而增强在种子企业市场竞争中的应变能力。

2.提高企业市场运作效率

一个种子企业生存和发展的能力愈来愈取决于其拥有信息的多少，对信息的分析能力和对信息的运用能力。种子企业的信息化可以较快获得市场需求信息、产品生产信息、销售渠道信息、竞争对手信息等，而且成本低，速度快，信息量大。

3.提高企业为客户服务的水平

在以客户为中心的时代，利用网络搜索跟踪每一个客户的信息，从而知道客户需要什么，提供一对一的服务，提高客户的满意度和忠诚度，使种子企业与客户的关系亲密化及企业的利润最大化。

(二)种子经营管理信息的种类

现代种子企业需要大量能够反映种子生产和经营等一系列经济活动的现状及其发展变化的各种消息、情报、资料等。一般地说，种子企业在生产经营管理过程中，需要的信息大致有以下 5 方面。

1.社会信息

包括国家的法律法规、方针政策、发展规划、农业战略、种植结构、金融信贷和价格策略等信息。

2.市场信息

包括市场营销环境、种子市场需求和供给、竞争者价格等信息。

3.生产信息

包括种子生产基地建设、品种动向、种子数量、新技术新方法的采用、信誉水平的高低等信息。

4.财务信息

包括财务状况、资金筹集使用、成本与价格变动、收入及盈余状况等信息。

5.经营管理水平信息

包括经营管理体制、组织结构、领导人特质、经营目标、总方针与发展战略、计划和规模、经济效益等信息。

二、种子经营信息的收集和加工

(一)种子经营信息的收集

种子经营信息的收集是种子经营信息服务的基础。有条件的企业应成立专门的信息收集部门,开展种子经营信息收集工作。种子经营信息收集的方法和渠道包括以下 4 方面。

1.资料查阅

经常查阅有关农业科技刊物和各类政府公开发布的有关信息,及时掌握国内外最新种子科技动态和市场变化。

2.实地调查

采用范围广、成本低、时间长的经济有效的实地调查方法。例如,在农作物生长的关键时期,组织有关人员到科研单位进行实地考察,及时掌握作物育种新动向,对好的材料和苗头品种进行记载,作为下年种子生产、经营的参考依据。

3.参加会议

积极收集并参加国内、国际有关种子方面的会议,或者组织召开种子工作会议,如重大的种子研讨会、学术会、交易会、洽谈会、展销会、观摩会等,都是获取信息的大好机会,应不失时机地组织参加,进行信息收集。

4.建立网络

建立种子信息情报网,及时收集、整理和反馈信息,充分利用“中国种子网”“农博士”“种业商务网”等专业网站。在主要种子经营区域,依靠老客户建立本企业信息网络,建立客户微信群。

(二)种子信息的加工

种子经营信息的加工处理即对所收集来的初级信息进行分类、合并、分析、比较,去伪存真。信息的加工处理要遵循以下 4 方面原则:

1.尊重信息的客观性

经营信息是一种客观存在的事实,在信息处理过程中,不能以主观意志而改变客观事实的真实性,或者根据主观臆想获得信息。

2.挖掘信息的潜在价值

信息加工不是简单的统计汇总,要从不同的角度去观察、分析信息,通过横向、纵向、逆向思维,发现表现内存隐藏的有价值的东西。例如,食品结构和作物种植面积变化的信息可以反映不同种子供求总量与种植业总体运行的变化情况。

3.注意信息的全面性和系统性

不仅要及时、全面掌握大量信息,而且要提高信息的系统化程度,使之形成比较全面、准确的材料,最好各信息之间能互相印证,避免因信息片面而导致决策失误。

4.注意信息的保密性

对市场种子供求的信息、新品种、新技术等信息,如能及时捕捉到,并注意做好在一定时期内的保密工作，就可以捷足先登，抢先一步占领市场，在市场竞争中取得主动权。

总之，对经营信息的处理要做到“七防”：一防有虚假，二防过时，三防片面，四防迟缓，五防讹传，六防草率，七防失密。

三、种子经营信息预测、发布和应用

（一）种子经营信息预测

种子企业根据经营信息进行分析和预测，减少经营决策的失误，以取得市场的主动。

1.种子经营信息预测的必要性

（1）种子生产经营的特点　一方面种子生产周期长，同一品种不同年份的表现不尽相同，另一方面农民选择品种依据上一年当地种植品种的表现，这势必造成市场对品种认知变化。

（2）全国种子生产的无序性　虽然农业农村部等有关部门每年都对全国的种子生产进行供需信息调度和分析发布，但种子生产单位往往依据种子经营形势，若今年好，那么第二年就会大幅度提高生产规模，造成种子生产的无序。

（3）老品种的退化和新品种的推广　老品种的退化许多时候不是渐进的表现，而是大面积突然爆发。同时新品种大量推出，等待机会随时顶替老品种，造成市场对品种需求的变化。

（4）政策和产业结构的变化　国家或地区从宏观考虑，对产业结构进行调整，另外，农民根据农产品的市场需求和价格变化也会对种植作物类型和品种进行调整。

2.种子经营信息预测的依据

种子经营信息预测的依据主要包括：本年种子销售情况，上年品种田间表现，当年种子库存，上一年亲本（原种）产量，本生产季节气候，竞争性新品种及其表现，主要制繁种基地调查；同类企业的相关举措，客户的反馈意见，国家和地方产业政策，农产品信息，科研单位即将推出的品种情况等。

（二）种子信息发布

种子企业无论是公布经营状况，宣传自己的新成果或者广告经营品种、价格等都要进行信息发布。信息发布已经成为现代企业规范和有效经营必不可少的营销手段。信息发布要选择合适的渠道，也需要考虑适当的形式。

1.专业性报纸

一般大中型企业和科研单位通过报纸介绍新品种的特点、增产增收表现，也可通过报纸登载介绍企业的文章来宣传企业。报纸的发行量大、覆盖面广，但针对性和效果较差，对于准备在全国推广的品种、增加企业的知名度较适合。

2.电视台

电视节目受众广，宣传效果好，但费用高。对于在区域销售的种子，选择县市一级电视台做广告费用少、效果好。

3.专业期刊

专业期刊主要针对专业人士或种子企业的经营管理人员，较适合科研单位新品种介绍及批发业务为主的企业。

4.种子交易会

在种子交易会上发布信息或做宣传是许多中小企业采取的方法，每年全国有多个全国性的种子展销会，其他地区性的种子交易会也较多，可以选择参加。

5.现场会示范

这是当前技术营销有效的宣传手段，国内外种子企业普遍采用，宣传效果好、且见效快，但宣传范围小，组织召开会议难度大，前期准备示范现场时间较长。

6.网上信息发布

利用互联网发布经营信息，对种子企业来说已经比较普遍，利用互联网建立自己的网页介绍新品种，费用不高，是比较理想的信息发布渠道；还可以通过QQ、微信、抖音等自媒体发布信息，到点率很高，但受众少。

(三)种子经营信息应用

对于种子企业来说，经营信息的应用，一是作为企业领导经营决策的重要参考和依据，二是企业对外宣传的资料。应用时应注意以下5个问题：

1.种子经营信息传播要因人而异

企业种子信息对外传播要考虑人们不同的知识水平和心理特点，针对性地采用不同的形式和方法进行传递，以期达到预期的效果。比如介绍一个新品种，对农民重点进行当地示范宣传，可通过试种，让其亲眼所见；对种子销售企业，要全面正规介绍品种的品比、区试、试种结果；对专业人士还要说明育种者、亲本来源、品种特性等。

2.注意时间的有效性

种子经营单位在应用信息时，必须注意它的时间性(季节性)，要在有效时间内，最大限度地发挥信息的作用。同时要注重信息的积累，保存好信息，以利于以后参考。

3.遵循系统性、相关性原则

正确信息的获得不能靠单一的、局部的信息，也不是各种信息简单的相加，而是要通过广泛收集、综合分析加工形成。因此，在应用的过程中，要通过掌握大量且全面的信息进行系统、综合分析，形成比较准确的结论。

4.注意信息价值的开发

有的信息在本地区没有什么价值，甚至没有市场，但是换一个地区却可能非常有价值。比如：某一种子在本地区大量积压销售不出去，而销售到另一地区可能就找到市场，甚至非常畅销。

5.注重信息的预测作用

种子从生产计划制定到开始销售，一般要经过近一年的时间，在亲本(原种)播种后生产就基本成形，很难改变。因此，理论上讲，种子经营预测的风险较大，要求企业必须注重发挥经营信息的预测作用。

案例分析：透过"王老吉"案看种子经销渠道

2013年5月，最热门话题莫过于广药集团与加多宝"王老吉凉茶"之争。先是商标诉讼，再是索赔之战，紧接着是包装之争，广药集团推出红罐凉茶产品，加多宝认为其侵权并决定起诉……双方争斗似乎陷入“没完没了”的局面。业内人士分析，年销售额过百亿的正宗凉茶、价值过千亿的王老吉品牌，广药集团得商标，加多宝得渠道。最终双方的产品走向市场，配方、包装都只是技术因素，加多宝与广药集团竞争的核心利器就是已经建立的原“王老吉凉茶”销售渠道。

渠道为王，种子经销同样适用。

渠道是产品流向终端的必经之路，但渠道成员作为企业销售部门的延伸，本身不隶属企业，有着自己独立的经营判断与利益诉求。两者无上下级之分，仅仅只是商业上的合作关系。企业通过产品代理权、分发权的控制，对渠道成员的经营行为有一定的约束权力。这种合作与约束的关系，促使企业不得不采取各种手段对渠道进行管理。

武汉联农科技种业有限责任公司经理孙丽认为，渠道管理可分为渠道成员管理和市场管理，前者包括渠道老成员关系维护与新成员开发、市场格局的新旧交替与转变；后者包括产品线管理、品牌推广、价格维护及市场秩序管理。

(一)经销商选择

“选择好的经销商，营销就成功了一半。”北京屯玉种业有限责任公司营销总监韩俊强说，“选择了差的经销商，再谈管理，那更是难上加难。”

湖南隆平种业相关负责人介绍，因为自身具备品牌与品种的优势，在渠道成员的选择上具备很大的选择空间，其对经销商的选择标准并不一定是看待选经销商以往的销售量，在销量的达到一定级别以后，更大程度上是看其能不能理解、贯彻公司策略，能不能接受公司的管理，最终接受公司价值观。同时，隆平种业在挖掘经销商情感归属上有一套办法，按客户计划经营的品种和数量来分专营、重点、潜力和一般的客户，分类越是靠前的客户，能得到的优惠政策越多；对于有经销商这一中间环节的零售商，公司设有“隆平家园”的政策，达到一定销量的零售商，都可以申请加入“隆平家园”，做“隆平人”，最终会根据结果给一些物质和精神上的双重奖励，目的就是让零售商觉得是“自己人”，以便好年年卖公司的种子。“隆平家园”的这一政策，反过来又能激励经销商跟着隆平走。

(二)产品线规划

产品线的操作更像是一门艺术，布局好了就举重若轻、事半功倍，布局混乱只会疲于奔命、事倍功半。在上一个5年中，金色农华湖北事业部只推‘扬两优6号’一个水稻品种，2010年尽管该品种推广多年已经老化，但在湖北天门这样的一个县级市单品种仍然卖出了40多万斤，占据当地25%以上的市场份额，业内堪称“奇迹”。县级经销商也只做这一个水稻品种，品种线简单，终端价格好维护，零售商销售积极性高。

反观广西某公司，经营了80多个品种，多为大路货。“采取的就是铺货冲量的销售模式，好的年成可以卖掉大部分，遇到小年就得承担大量退货，去年有一个县的退货量就达到20多万斤。”某知情人士介绍，种业界类似这种情况还有很多。

(三)渠道激励

防止窜货是渠道管理重要工作，不少企业在这方面有自己独门绝招。

2010年，国内最大的双低油菜杂交种生产企业——武汉联农种业对经销商窜货行为下了重拳。按窜货量大小分等级罚款的基础上，再通过短信平台，将查处的窜货货物编号、罚款数额、经销商姓名面向全国客户实时通报批评。

返利营销化解了企业应收款风险，同时以零售价提货，还在一定程度上稳定了终端价格，对种子渠道也是一种激励。"种子订购"作为这一制度的延伸，最先由杜邦先锋种业携其强大的产品优势率先在国内推广开来，种植户提前订购种子使得企业能够抢先占领市场，大大减轻销售压力，通过收定金减少资金投入。它的优势远不止此，订单签署让企业掌握了高质量的种植户信息，方便以后实行电话营销，定位"打击"。同时人为制造出市场紧张，广告效果更加突出。

根据以上案例试分析以下问题：

1. 简述种子销售渠道的重要性。
2. 假若你被聘为公司的销售经理，你会如何管控公司的种子销售渠道？

本章小结

本章主要系统介绍了现代种子企业的组织形式和结构，种子企业的战略规划与制度管理，种子企业的品牌建设和危机管理，种子企业的销售、绩效考核管理、人力资源管理、财务管理和信息管理等内容。阐明了国内外种子企业的类型和特点，常见的种子企业组织架构；种子企业的战略规划，种子企业通常具备的管理制度以及这些制度制定的原则与实施；种子企业品牌的建设途径和策略，种子企业的品牌维护和危机攻关管理；种子企业销售管理的原则和过程及销售管理制度的主要内容；种子企业绩效考核的方法和内容；现代种子企业的培训、薪酬管理等人力资源管理内容；现代种业投资与筹资管理，固定资产、无形资产等资产管理和财务分析与控制等财务管理内容；现代种子企业经营信息的收集、加工、预测、发布和应用的信息管理等内容。

复习思考题

1. 名词解释：种子企业战略规划、种子企业管理制度、种子销售管理、种子分销渠道、窜货、水平渠道冲突、垂直渠道冲突、交叉渠道冲突、关键绩效指标考核（KPI）、企业财务管理、筹资管理、固定资产、财务分析、种子经营信息。
2. 简述现代种子企业的组织形式和结构。
3. 简述种子企业薪酬管理的作用。
4. 简述种子企业人力资源管理的基本职能。
5. 简述种子企业财务管理的基本内容和原则。
6. 试论述现代种子企业进行品牌建设和危机管理的办法。
7. 假如你是一个种子企业的营销总监，你会如何进行种子企业的销售管理？

第五章　种子企业品种研发和知识产权管理

知识目标

◆ 了解种子企业品种研发途径和研发人才管理方式。

◆ 理解商业化育种模式和策略。

◆ 掌握种子企业知识产权管理的内容。

能力目标

◆ 能根据商业化育种策略，制定品种研发计划。

◆ 学会管理品种研发人才。

◆ 能开展种子企业知识产权申请、使用和维护工作。

第一节　种子企业品种研发及其管理

随着我国种业政策和相关法律法规的不断完善，品种研发及其科技管理在种子企业经营管理中发生了位移，种子企业品种及其管理已经逐渐成为种子行业的研究重点。

一、品种的作用和品种研发战略考虑因素

（一）品种的作用

品种指一个种内具有共同来源和特有一致性状的一群家养动物或栽培植物，其遗传性稳定，且有较高的经济价值。种子品种具有来源相同、性状及适应性相似、遗传性稳定、一定的结构、足够的数量、被政府所承认。品种及其研发在种子企业生产经营和发展壮大中起着重要作用。

1.品种是种子企业最主要的核心竞争力

农作物种子是种子企业经营的载体，种子受市场欢迎的程度取决于所经营品种的田间表现、产量水平、综合抗性等。从这个意义上说，品种决定了一个种子企业的经营水平和发展潜力，品种就是种子企业的核心竞争力。

‘郑单958’是我国种植面积最大的玉米杂交种之一，到2016年已累计推广5亿多亩，它以高产、耐密、适应性强、制种产量高等优势受到农民和种子公司的欢迎。2001年德农种业股份公司、河南秋乐种业科技股份有限公司、河南金博士种业股份有限公司、河南金娃娃种业有限公司4家种子公司以1 500万元的价格获得了‘郑单958’的生产权和营销权。‘郑单958’成了4家产权单位的摇钱树。仅2007—2009年，河南金博士种业股份有限公司销售的“金博士”牌‘郑单958’玉米种子，年均销售收入均超过1.6亿元，获得巨大的经济效益。

2.新品种开发决定企业成败

我国于1997年发布实施《中华人民共和国植物新品种保护条例》，建立了植物新品种保护制度，从法律上保护农作物育种家的劳动成果。为了获得发展的原动力，一些稍有实力的公司在代销其他品牌种子的同时，无一例外地还拥有数量不等的独家品种经营权。但是，任何一个品种都不是万能的，再好的品种也有“市场保质期”，总要被其他品种所替代。

美国先锋种子公司之所以以一个公司创造了我国种业“50强”企业3倍的经营额(2002年)，秘诀除了先进的经营理念、完善的经营机制外，就是自主创新。江苏大华种业是种业“50强”企业，它以富有远见的战略思想，占领了种子市场的先机，自主培育的华粳系列水稻品种、华单系列玉米品种，已成为公司的主打品种；明天种业科技有限公司前期介入科研单位育种工作，从而优先获得育种单位培育品种的经营权，为公司发展奠定了基础。

(二)品种研发战略考虑因素

农作物品种研发是一个系统工程，除需要各部门人员的丰富经验和不懈努力外，更需要企业内部各部门之间的配合与支持，市场营销人员及时将营销过程中市场对品种需求的新动态、新变化及时反馈给市场研究部门、品种研发部门；市场研究部门对有关信息进行综合分析后，写出市场品种动态与公司品种研发重点研究报告递交给营销部门，由营销部门向品种研发部门提出对研发品种的要求，及时调整品种研发策略，从而使公司研发出在市场上有竞争力的新品种。种子企业为获得可持续的竞争力，在经营当前品种时，应对品种研发方面进行战略性思考。品种研发一般战略考虑因素主要有以下6个方面：

1.品种的延续性

新品种具有明显的市场生命周期，一般要经过投入期、成长期、成熟期和衰退期4个时期。种子市场和其他商品市场一样，供过于求和供不应求的状态交替发生。所不同的是，其他商品市场供求状态交替变换的时间长短很难预料，呈现出不规则变化。而种子市场则不然，一旦供过于求或供不应求，这种状态将持续很长时间，至少要持续一个生产季节或一年。因此，种子企业经营要注意品种总体的延续性，考虑有用于替代老品种的后备新品种的储备以及后续新品种的研发，这还包括育成品种参加区试或多点试验、品种申报审定或登记、试种示范与推广。

2.本地化和区域性

种子企业对本地市场或已占领市场具有一定的地理优势，其品种研发首先要瞄准本地及已开发市场，这样可以减少新品种市场开发与推广的成本。在向外进一步拓展市场时，不同生态类型差异导致品种的适应性将存在一定的差异，不同区域的消费者对农产品需求本身也会存在一定的差异。鉴于此，在确定研发目标时，企业应考虑营销目标市场的区域特点，有针对性地开展研发工作。

3.多样化和细分化

为适应不同消费者和市场的需求，在企业研发人力、物力和场所得到保障的前提条件下，企业研发作物和品种类型应尽可能多样化。根据种子企业经营作物种类的特点，可将种子企业分成两类，一种是专营某一作物，如屯玉种业专营玉米种子，其研发目标就是培育适合全国各玉米种植地区的不同用途的品种；又如浙江宁波种子股份有限公司专营杂交水稻种子，其研发目标就是培育适合全国各水稻种植地区的不同生态类型的籼粳杂交稻品种。另一种是多作物经营，如浙江勿忘农种业股份有限公司，其经营范围包括水稻、玉米、小麦、棉花、油菜及蔬菜等作物的种子，其中杂交水稻种子的经营遍布全国及东南亚地区；研发目标既要注意作物的多样性，也要注意品种的多元化及其市场细分。

4.领先性与垄断性

一个企业的市场竞争力关键在于其研发品种在市场中的竞争力。企业研发的品种在市场中处于领先地位，加上合理的营销策略，企业就有可能在特定市场竞争中取得优势地位。品种垄断经营是企业获得超额回报的营销策略，因而，一个优异品种应尽量保持垄断性经营，特别是在企业实力不强的情况下，并注意预防其他企业进行恶意或故意品种侵权。

5.品种权保护

品种权指申请人就其新品种向国家植物新品种保护审批机关提出品种权申请，经依法审查合格后，审批机关向品种权申请人授予的在规定时间内对其新品种享有的独占权。品种保护权是指完成育种的单位或者个人对其授权品种享有排他的独占权。植物新品种权与专利权、著作权、商标权一样，属于知识产权的范畴。国家实行植物新品种保护制度，保护植物新品种权所有人的合法权益，最终目的是鼓励更多的组织和个人向植物育种领域投资，从而有利于育成和推广更多的植物新品种，是企业保持竞争优势及获得产品高附加值的重要途径。

品种权是由品种权人这一特定主体控制，并通过知识产品或在流通领域通过一定的标识使有形资产的价值得以充分的发挥，同时具有垄断性、时间性、地域性、成本和价值之间的弱对应性等特征。因此，企业对自己研发的新品种和获得经营权的新品种，品种权等多方面设置知识产权被侵害的障碍，以保证企业应得的利益。

6.种质资源管理

未来种子企业的科技与发展，特别是核心产品的研发，很大程度上取决于拥有和利用作物种质资源的程度。育、繁、销一体化的种子企业要尽可能地搜集和研究品种选育所需的种质资源材料，并对种质资源的管理予以充分重视，强化和规范其档案管理；育种的原始材料、亲本、育成品种的原原种等种质资源，要严格实行集中统一管理，不得随意对外扩散；建立种质资源库，宝贵的育种材料、原原种等入库存放，专人管理，谨防扩散和流失。拥有了丰富的种质资源，再运用科学的品种研发手段和方法，就有可能选育出好品种。

二、品种研发途径和人才管理

种子企业要充分调查研究所处区域的外部环境，包括国家的法律法规、当地的条例、规章、制度，以及当地政府对于相关行业的产业政策等，客观正确地分析企业自身所具备的条件，包括企业的人员结构、企业的生产能力、企业的人才储备等，根据种子企业的经济实力、研发能力、外源科研关系、现有品种或品系状况、拥有种质资源情况，可以采取多种形式进行品种研发及研发人才的管理。

(一)品种研发途径

种子企业品种研发主要有以下 6 个方面途径：

1.自主研发

要想成长为一流的种子企业，就必须建立自己的育种机构，扎扎实实做好自己的品种创新工作。要像国外大型种业集团公司一样，将企业一定比例的经营利润用于品种研发创新。

种子企业通过自主研发能够形成企业的核心竞争力，确定市场地位，同时能为企业所在区域或特定区域的农业经济发展贡献自己的力量。在自主研发的过程中，要综合考虑企业自身的条件，在自主创新研发的过程中，应加大投入，鼓励科研人员充分运用现代种业繁育的最新知识与先进技术手段，大胆创新，同时也要根据目前企业发展目标与经营重点作物、拥有开发的品种与品系情况，开展重点经营作物系统化研发新品种，从而形成企业开发品种系列化。

2.联合研发

联合开发是种子企业在新品种研发过程中广泛采用的一种研发方式，其最为常见的方式是与高校、科研院所进行产学研一体化合作，通过研发单位与种子企业的合作促进成果的转化，最终成为生产力。在联合开发的过程中应注意知识产权的归属问题，同时企业在生产的过程中，也应尊重研发单位所提出的意见和建议。联合开发最为理想的状态是由研发单位进行前期研发，企业在配合研发单位研发的过程中培养出企业自己的研发团队，在合作的过程中不断提升企业的人才档次和员工研发能力，激发员工研发的积极性和主动性，最终回归到自主研发的路径上。

种子企业同育种家、科研院所或技术公司建立紧密的合作关系，联合研发新品种，可实现资源与优势共享。如拜耳作物科学公司与大豆育种家 Eertec 建立了长期合作关系，共同开发一系列新的转基因耐除草剂如草甘膦和含 4-羟苯基丙酮酸双氧酶(HPPD)的大豆品种。

3.委托研发

种子企业根据市场发展的需要，提出品种选育目标，全额投入研究经费，委托科研机构根据育种目标选育新品种，科研成果所有权属双方共有，开发权属种子企业，产品进入商业应用阶段，产品开发效益归种子企业，科研成果后补助归研究单位。

湖北省种子集团有限公司委托湖北大学选育比‘金优 402’生育期早 4 天以上，米质达国标一级，产量比‘金优 402’高的优质早稻品种，公司全投入研发经费和全额承担投资风险，合作期限暂定 10 年，期间湖北大学除人员工资以外的科研经费全部由公司承担，湖北大学育种团队成功培育了以 HD9802S 为代表的多个早稻骨干种质和亲本；成功审定推广了‘两优 287’‘两优 42’‘两优 25’‘两优 1 号’等系列优质高产杂交早稻新品种。在湖北、湖南、江西、安徽、浙江、广西等地推广应用面积累计 3 500 万亩。

4.购买品种权

企业因自身的研发能力有限或研发范围的限制，遇到有开发潜力的品种，可以采取购买品种权或使用权的方式，取得品种的生产经营权，对品种进行开发与运作。这种方式表面上看可能代价较高，但避免了企业自主研发的高风险，也能有效弥补企业自身育种资源的不足。

这种方式主要是企业在自身的条件和研发能力有限的情况，通过市场调查、广泛走访、试验考察，购买具有市场开发潜力、能够产生企业所满意的经济效益的品种，这种方式既可以购买知识产权也可以只购买经营权，前者为符合现代化种业企业发展的模式，而后者在短时间内能够获得很好的经济效益，但不适合企业长期发展。

5.合作育种

科企合作育种是加快现代种业体系建设的重要举措，鼓励科研人员和企业原始创新，加大对新品种保护力度，对科研单位和种子企业是挑战也是机遇，在政府有效引导中建立产学研用融合创新体系。企业投入一定研究经费，育成品种和品种权归科企双方共有，由企业优先开发。这种方式主要是在科企合作中建立以企业为主体的创新体系，完善种业自主创新体系，尽快培育新品种，适合育繁推一体化企业，利于增强企业核心竞争力。

6.众筹研发

众筹研发是指一种向群众募资，以支持发起的个人或组织进行品种选育和开发的行为，由发起人、跟投人、平台构成，具有低门槛、多样性、依靠大众力量、注重创意的特征。

每个研发育种项目必须设定筹资目标和筹资天数，在设定天数内达到或者超过目标金额，项目即成功，发起人可获得资金；如果项目筹资失败，那么已获资金全部退还支持者，众筹不是捐款，支持者的所有支持一定要设有相应的回报。

(二)品种研发人才管理

从战略角度考虑，种子企业进行品种研发，需要逐步建立起适合自身发展的人才引进、人才培养、留住人才、稳住人才的机制和措施，在一定范围内，使企业人才集聚到一定规模和满足需求的人才结构，包括品种研发、种质资源管理和品种品牌创新人才等。

1.研发人员的素质要求

品种研发是一项知识专业、技术性强、工作辛苦、持久性、创造性和风险性较大的工作。作为品种研发人员，应具有良好的身体条件、心理素质和承担风险的意识；应具有较强的环境适应能力，能独立自主开展工作；应具有敏锐的洞察力、扎实的现代生物遗传育种知识和田间操作技能，以及不断创新的精神；应具有较强的社会责任感和团队意识。

2.研发人员的类型

研发人员包括三大类型的人才，即研究型、开发型和研究开发型，其中研究开发型人才是最理想的，但是，在一些大型种子企业，研究型人才和开发型人才都是需要的。无论哪种人才，都必须具备研发人员的基本素质，具有一定的创新精神，才能获得成功。

3.研发人员的激励机制

种子企业的研发人员与一般员工不同，研发人员有很强的自我价值实现的需求，对研发人员的绩效评价具有复杂而要求高的特点。所以要调动他们的创新积极性，必须建立一套独特的激励机制，包括建立基于研发能力的高薪激励机制等物质激励、建立基于职业发展的职业生涯规划的职业晋升通道等事业激励、采取综合型的研发人员绩效考核模式、实行多样化的情感激励，建立课题制、股份制等产权激励奖励等模式。

4.研发人才的引进与培养

种子企业要加大高层次人才引进和研发团队建设的资金投入。给予引进人才一定的项目补助资金。加强高层次人才培养，建立人才团队储备库，增强企业发展后劲。建立引才激励机制，完善人才创新创业扶持。鼓励人才带新品种、亲本等自主知识产权项目在企业实现成果转化和产业化，企业要帮助研发人才争取各级政府商业化育种等种业项目扶持。

三、商业化育种途径与策略

(一)商业化育种概述

1.商业化育种的概念

商业化育种是指以企业为主体、以市场为导向、以技术创新为支撑、以产业化运作为手段、以资本为纽带的新型作物品种选育及推广体系。企业在精细设计的育种方案指导下，严格按标准与流程进行选育，满足市场需求，构建商业育种体系，开发出具有商业价值的品种。商业化育种与我国传统的以科研和教学单位为主体、以项目或课题为导向、以品种审定或项目验收为目的的课题项目制育种有着极大的区别。

目前，国际种业集团的商业化育种体系的实质是目标市场化、育种标准化、流程工业化、资源全球化、管理信息化、技术现代化。

2.商业化育种流程

一般由育种目标决策、种质资源利用、育种技术研发、生物信息处理、田间测试评价、生产与市场反馈等模块组成。现以美国为例，简要介绍玉米商业化育种的基本流程。每一个玉米自交系统至少需要经过连续 6 年的产量、品质及稳定性的测试，才有可能成为商业杂交种亲本。根据公司实力的强弱和种子市场分布的需要来决定测试规模。美国中、小型公司玉米育种测试流程是：早代测试(S_3 到 S_4 材料)→初级测试(S_5 到 S_6 材料)→中级测试(S_7 到 S_8 材料)→区域测试(S_9 到 S_{10} 材料)→全国测试(S_{11} 到 S_{12} 材料)→商业化测试(S_{13} 到 S_{14} 材料)。种业公司有一套完整的品种选育流程，育种家与公司测试人员密切合作，育种家只提供母本种子。根据育种家的要求，测试人员开展育种材料和品系测试工作。测试结束后，结果反馈给育种家，育种家依据测试结果决定取舍，然后每年由公司召集几十位育种家开会，决定哪些品系可以升级、哪些品系应该淘汰。

(二)商业化育种模式影响因素

影响商业化育种模式的因素有很多，主要有企业年度发展目标、销售与利润收入、科研实力以及经营作物类型与公司增效方式等。

1.年销售收入

企业的销售额是其生存和发展最重要的因素之一。目前，国内种子企业市场结构较为分散，没有一家企业的市场份额达到 5%以上。在这种情况下，种子企业的销售收入水平会直接影响到企业对育种经费的投入、销售渠道的扩展、营运规模的扩大等诸多方面，进而决定企业的命运。所以，企业的年销售收入是商业化育种模式的一个显著影响因素。

2.品种科研实力

对种子企业来说，开展农作物品种育种研发创新工作最直接、最有效的驱动力来自于成本与收益间的权衡。若投入研发成本后能快速获得一定的收益，则企业很愿意进行研发，但由于种子行业的特殊属性，育种研发需投入大量的成本，经历较长的研发周期。而国内种子价格不稳定，企业从投入研发成本到获得稳定的高收益需要较长的时间，存在较大的风险，并且企业在申请国家科研资金时处于不利地位，造成大多数种子企业不愿投资育种研发，从而导致种子企业主动进行创新的积极性不高。据农业农村部的统计，2015 年我国种子企业有 4 600 多家，注册资本在 3 000 万以上的企业不到 200 家，具备研发能力和从事研发的种子企业仅 100 家左右，这反映出种子企业的研发积极性不高。

同时，从我国 9 家上市的种子公司来看，研发投入占销售收入比值一般在 1%～3%，仅神农科技一家上市公司的研发占比达到 12%。而国际上公认的比例与生存状况是：1%，死亡线；2%，维持线；5%，正常线。由此可见，我国绝大部分种子企业都处在死亡线和维持线附近，难以依靠自身的力量实现品种育种与开发良性循环。

3.品种同质化和市场行为

品种的综合性状和增产增收能力好坏是企业生存和发展的根本保证，但目前两大因素制约着种子增产增收能力的提升。

第一，品种同质化问题。通常情况下，种子企业为了显示自身的科研实力和拥有更多开发品种，达到扩大种子市场份额和销售额，千方百计申请新品种审定，而在我国目前科研体制和种子企业育种能力情况下，种子企业无论自主育种还是与科研单位合作育种同质化严重，低层次重复，导致出现品种井喷，皆很难选育出满足市场需求的突破性品种，而要改变现状又受到体制的约束，导致育种资源的浪费和重复建设，不能适应市场对品种的需求。

第二，市场行为的问题。种子企业是逐利的实体，为迅速壮大自身实力，有时会直接向国有科研育种单位的科技人员购买新品种开发权，而科研育种单位科技人员由于担心企业品种开发后期违约，很难将最优的新品种开发权转让给企业。这样的后果往往是企业的种子增产增收能力不理想，无法扩大市场份额，进而阻碍可持续发展。

4.合同实施方式

我国科研育种资源主要集中于国有科研院所和高等院校，通常情况下科研单位的事前谈判力较强，意味着品种开发收益的分配比例有较高的要求，可能会压低企业的品种开发收益分配比例。当这种分配比例使得新品种的价格趋近于企业成本时，就会极大弱化企业参与育种合作的积极性。同时，近些年的植物新品种保护强度较弱，导致种子企业的事后谈判力较强，容易出现种子企业不履行契约，科研机构研究人员难以获得约定收益的情况。反之亦然。

因此，种子企业与科研机构的品种开发权转让合同制定和实施就显得尤为重要，在其约定不能十分明确的情况下，科研单位与种子企业的协作关系的收益分配不明确，就会造成更多的潜在不参与、协作困难或合同无法顺利履行。

(三)商业化育种模式

目前，商业化育种模式主要有企业自主外购、科企合作开发、科企战略联盟、自主创新四种模式。

1.企业自主外购模式

企业自主外购模式是指一些资金充裕的种子企业，直接向研究院所或者国外公司购买品种所有权或者开发权。这种模式可以让企业新品种快速进入市场，也不必花费时间精力开展品种开发育种，同时避免了品种研发失败的风险。

其优点是：将科研院所研发的优良品种与企业自身所拥有的销售渠道相结合，既可以帮助企业在短时间内得到所需要的品种，使企业快速发展，又可让科研机构得到利益，实现双方共赢；其不足是：科研单位和企业之间短暂的、偶然的合作，不利于建立长期稳定合作关系，双方的利益分配严重依赖于合同的履约程度，存在较大风险；企业需要一次性支付大量资金。适合掌握良好种子销售渠道和客户源的经营类种子企业。

2.科企合作开发模式

科企合作开发是科研院所与种业企业合作，应社会所需，与市场接轨，能够把各个相关领域的专业人员串联起来，使双方人员各司其职，从而大幅度提升育种效率和成果转换率。

优点是：品种的研发和销售等各环节分别由不同的行为主体完成，能充分发挥合作各方的优势，实现双方优势互补，该模式有效克服了合作各方的业务短板。

缺点是：育种单位与种子企业间的合作多数情况下是短期的、一次性合作行为。双方只注重自身利益最大化，容易造成合作双方联系不紧密，从而忽视品种权价值链的整体利益。这种模式比较适合一般规模的中小型种子企业。

3.科企战略联盟模式

科企战略联盟指科研单位或高校与种子企业达成同一战略目标而采取的相互合作、共担风险、共享利益的联合行动。

优点是：联盟双方会更加注重整个环节所产生的共同利益，将育种的技术、资源、人才的优势与企业高效获取市场信息的能力更有效地结合，培育出更优良品种，迅速打开市场，获得品种开发收益。

缺点是：有时联合行动会使双方产生控制权的冲突，战略联盟管理工作会出现不一致的情况，如果双方工作不协调，容易产生消极的后果，降低联盟工作效率。这种模式适合有一定科研实力的大中型种子企业。

4.自主创新模式

能开展自主创新的一般是科技型种子企业，这类企业规模较大、研发能力较强、科研人才优势明显、其品种占据较大市场地位，大多数企业已经承担国家级或者省级育种和农业产业化项目，企业具备一定的商业化育种基础，其发展途径可以通过与科研院所联合，引进优异资源材料和先进育种技术，制定优惠政策吸引科研精英，组建和充实企业创新中心，培养创新人才，在全国适应种植相应作物区域建立新品种试验、中试和良种繁育基地，组建分子生物学实验室，确立农作物育种信息处理系统，根据企业特点设置合适的商业化育种流程，逐步过渡到名副其实的农作物商业化育种。

如登海种业学习美国先锋公司成功经验，打破原有的育种格局，制订商业化育种目标，科学决策育种方案，将育种人员、育种材料和设施设备按商业化育种的流程重新布局，组建各专业育种团队，育种实行分段式管理，将现代生物技术与传统育种技术相结合开展商业化育种。种子企业建立专门科研育种机构自主创新选育农作物品种，才是我国现代种业真正的、名副其实的农作物商业化育种。

（四）农作物商业化育种策略

农作物商业化育种就是工厂化流水线育种，在流水线上参加的育种专家、生物技术专家、

标志权等，其中植物新品种权是我国种业知识产权最主要的保护形式。

(1)植物新品种权 它是植物育种者权利，是由植物新品种保护审批机关依照法律、法规的规定，赋予品种权人对其新品种的排他独占权。

(2)专利权 它是指国家专利管理机关依法授予专利申请人对其发明创造在一定期限内享有的独占权，包括发明、实用新型和外观设计专利。

(3)商标权 它是商标所有人对其商标的使用享有的支配权。

(4)商业秘密权 它是指不为公众所知悉，能为权利人带来经济利益，具有实用性并经权利人采取保密措施的技术信息和经营信息。

(5)著作权 即版权，是指著作权人对其文学、艺术和科学作品依法所享有的财产权利和精神权利的总称。

(6)地理标志 它是指标示某商品来源于某地区，该商品的特定质量、信誉或其他特征主要与该地区的自然因素或人文因素所决定的标志。

从种子产业链条的先后顺序来看，种业知识产权保护在以下3个阶段中包含相应的内容。

(1)科研育种阶段 从计划培育某一植物新品种开始，到实际培育出该植物新品种为止，整个培育过程中，主要涉及商业秘密、著作权以及专利权的保护。商业秘密主要包括种质资源、育种材料、亲本、育种技术方案、试验材料及其试验数据等商业信息。专利权主要集中在育种技术、基因专利等。在此期间发表的文章、论文及专著等也将形成著作权。

(2)申请和获得植物新品种权的阶段 这一阶段是指从植物新品种培育出来到获得植物新品种权为止的阶段。其涉及的保护内容主要包括对新品种权申请权的保护，以及对新品种权本身的保护。在此阶段中如果同时申请了其他类型的权利，则对于其他类型的权利也需要进行保护，如在美国还可以申请普通专利或者植物专利权。

(3)种子的生产经营阶段 种子生产经营阶段的知识产权保护主要是发挥新品种的保护作用，同时，商业秘密、商标、知名品种的品种名称、种子包装的装饰和装潢等也应采取不同的法律手段加以保护。在法律关系中，还会涉及许可合同和转让合同纠纷等问题，这个阶段是种业知识产权保护中法律问题最集中的阶段，也是种子企业、育种者最终实现自己的利益和社会价值的阶段。

二、种子企业知识产权取得方式

企业知识产权获得途径除了自主研发外，还包括购买他人专利、商标、植物新品种等专有权利，抢注、抢先登记等方法将别人未注册的技术、商标变为己有，以及并购目标企业等间接途径获得。

(一)自主研发

尽管企业可以通过很多渠道取得自主知识产权，但大量的社会实践证明，企业要想取得更多能适合本企业利用的知识产权，必须把努力的方向建立在依靠企业自身的科技创新上。在企业发展过程中，虽然有些企业在取得了一两项自主知识产权后，通过有效利用也得到一定的发展，但从长远看，要想确保长期稳定的发展，在激烈的市场竞争中保持良好的势头，企业就必须能确保有可持续利用的知识产权。

(二)购买他人专利、商标、植物新品种等专有权利

购买他人专有权利,也是企业拥有自主知识产权的一个重要手段,种子企业要花足够的精力去关注新的知识产权,了解种子生产经营国内外的状况,熟悉目前该类产品制造者各种采用的手段和方法,进行综合特征和价格分析,确定必须购买的知识产权。

(三)通过并购企业间接获得

通过并购企业间接获得知识产权是国际上经常采用的方法,对企图购买的商标、植物新品种权、专利或其他商业秘密采取的最根本的方法。当然企业并购是一项大工程,前期要做细致的准备工作。

三、种子企业知识产权管理

(一)建立健全的种子知识产权管理制度

企业知识产权的管理是对知识产权的开发、运用和保护的综合管理,不仅能提高知识产权的适用性,而且还能合理协调各种具体的知识产权,有效保护企业知识产权,扩大、维护市场占有率,提高知识产权的运用效益,降低知识产权的运营成本。种子企业知识产权管理部门的工作职责主要包括:根据种子企业的经营目标和发展战略,制定企业知识产权战略,制订并实施种子企业知识产权管理制度,如种子企业专利、商标管理制度,种子企业植物品种权管理制度,种子企业科研成果开发和转化制度,技术秘密管理规定、竞业限制管理规定、知识产权重大事项预警管理规定、知识产权管理奖惩规定等,梳理种子企业知识产权。建立知识产权部,负责企业知识产权申请、使用、维护和管理,知识产权教育培训工作以及其他知识产权日常管理。

(二)企业要高度重视知识产权管理工作

种子企业领导者和决策者对种子企业知识产权管理工作的重视是顺利开展该项工作的关键。领导者要加强自身的知识产权意识,把知识产权管理列入领导工作的议事日程,并在人力、物力、财力上给予必要的保障。

(三)要建设好种子企业知识产权管理机构

种子企业知识产权管理机构是企业知识产权工作的职能机构。大中型种子企业应当有专门的知识产权管理部门和专职的工作人员。知识产权管理机构可以独立设立,也可以放在企业的法律事务部中;无力设立专门机构的小企业也应该安排兼职人员从事这方面的工作。企业知识产权管理机构成立的基本模式主要有 3 种。

1. 隶属于产品技术研发部门

这种模式将知识产权部定位于产品技术研发部门之下,在企业的内部编制中位阶低于法务部。适用于以专利技术为战略主导,业务范围主要在国内的高科技企业。

该模式的优点为便于知识产权管理部门与研发人员及时沟通,做到决策和开发同步进行,可节约开发成本,避免不必要的侵权风险。且知识产权管理部门编制位于研发部门之下,可以清楚了解技术创新和产品开发的重点,及时制定出准确适用的知识产权战略。但由于知识产

权管理部门编制位于研发部门之下，位阶较低，具有无法直接参与企业决策、无法了解企业整体目标，难以对企业进行整体知识产权管理的缺点。

2.直接隶属于决策层

该模式将知识产权管理部门定位于总经理之下，与法务部门平级设置。适用于企业规模较大、知识产权管理复杂的跨国企业。

该模式区别于上一种，知识产权管理部门直属于总经理室，位阶较高，可以直接参与公司高层决策，对高层发挥较大作用。但可能无法及时掌握研发部门的信息，与其他部门保持良好沟通的成本大。

3.隶属于法务部门

该模式将知识产权管理部门定位于法务部门之下，知识产权管理人员与法务人员同属于法务部门，知识产权管理人员有时兼任法务人员。适用于专利技术不多，但对法律要求较高、法律纠纷较多的新兴技术企业。

该模式由于知识产权管理部门隶属于法务部门，有利于知识产权相关合同的订立和进行诉讼等反侵权措施。但同其他部门相隔较远，不能及时掌握研发部门的信息，不利于制定技术含量较高的知识产权战略，且无法保证知识产权管理所需要的运作经费和人员编制。

(四)建立健全商业秘密管理制度

种子企业对外的商业秘密管理制度。对外签订的合同中涉及企业商业秘密的，应当在合同中订立专门的保密条款，明确合同双方违约泄密或企业无合同关系的第三人通过不正当手段获取、使用、披露企业商业秘密等行为，依法追究起法律责任。

种子企业内部商业秘密的管理制度。实践中出现许多涉及商业秘密的纠纷大多与企业内部商业秘密的管理不严有关。因此，企业内部应成立保密的领导机构，制定内部保密的规章制度；在企业员工的聘用合同中应设立保密条款，规定员工尤其是在企业涉密部门(比如技术开发部门、计划部门、经营部门、销售部门等)工作的员工对企业所负的保密义务和责任，必要时可以对某些关键员工的工作流动进行合理限制。加强对企业内部某些特定区域(如种子亲本材料保存仓库和繁殖基地)的保卫管理工作。对一些涉及本企业商业秘密的关键部门、试验基地应当严格限定非有关人员的进入。

(五)建立种业知识产权专业人才培养和激励制度

种子企业研究开发新品种、种子生产和加工技术专利、注册企业商标等知识产权需要投入大量的人力物力，决定企业的成功与否。种子企业知识产权管理工作具有很强的专业性、技术性、法律性特点，是一个集法学、经济学、管理学、农学等学科于一体的交叉学科，所以对企业的知识产权管理，除了要求领导层的高度重视和关注以外，还需要对管理人员有较高的要求。种子企业应着力培养具备法律知识、经济学与管理学知识、农学和生物学知识的复合型知识产权人才，并由专业技术人员从事公司的植物新品种权、专利等知识产权管理工作。

为了更好地鼓励创新，尤其是新品种保护方面的创新。种子企业需制定《知识产权创造奖励实施办法》，奖励范围包括但不限于取得植物新品种权、品种登记、品种审定、发明专利等；由公司认定的有价值的不能申请发明专利的技术规程、方法、体系；由公司认定的其他商业秘密等。奖励一般按技术交底阶段、专利受理阶段、专利授权阶段和商业应用阶段4分环节进行发放，相应奖励额度也逐级增加。如浙江宁波某种业有限公司，对取得的每个植物新品种权奖励4 000元(初审通过奖励2 000元，授权再奖励2 000元)，该新品种如销售额首次达50万元则一次性奖励5万元，达100万元再奖励5万元，达300万元以后再奖励20万元，达500万元追加奖励20万元。

(六)重视种业知识产权信息化建设和大数据网络技术的运用

随着互联网技术和大数据技术的发展，利用行业数据对行业进行监督管理是各行业的发展趋势。在种业领域中，种子从品种研发到市场流通各环节产生的数据构成了种业大数据，提供数据的各个参与方包括农业农村部职能机构、育种单位、种子公司、种子经销商、种子购买者。将种业各环节产生的数据进行有效地利用可以更好地促进种业领域向标准化、规范化方向发展。种业大数据是要整合现有和未来产生的种业产业链和各级行政机构的种业信息资源，实现种业数据互联互通，形成国家级种业大数据平台，建立国家种业智库数据资源中心，为各级主体提供政策、法规、市场供需、技术、品种、价格等综合信息服务。通过中国种业数据大平台(http://202.127.42.145/bigdataNew/)、中国知网数据库(CNKI)、维普和万方等数据库、专利检索网、Web of science，Socolar数据库、基因组测序、表型数据库、基因型数据库等网络数据库信息检索分析可以得知某一领域的品种研发、专利等知识产权状况，用以决定本企业研发的突破口和关键点，选择正确的品种研发方向，开展植物表型和基因型精准鉴定评价，深度发掘优异种质、优异基因，构建分子指纹图谱库；同时还可以了解国内外同行业的技术发展动态和发展趋势，用以确定企业品种研发的战略定位，提升种子企业知识产权等信息价值，提高企业抵御风险能力和国际竞争力。

案例分析：天津“黄瓜王”遭抢注

记者从天津市天全商标事务所获悉，我国著名育种专家、中国工程院院士、天津市农业科学院名誉院长、天津市黄瓜研究所创始人侯锋的姓名被安徽省阜阳市一农民在“种籽”商品上申请了商标注册。据悉，此前该商标已经通过国家商标局的初审，如果没有异议，侯锋这个名字将成为“种籽”商标。为维护当事人的姓名和名誉权益，侯锋先生的亲属委托天津市天全商标事务所，对此抢注行为提出异议。

据天津市天全商标事务所所长米阿前介绍，安徽的这位农民之所以要抢注“侯锋”这个商标，其主要原因是侯锋在中国农业育种方面的贡献及声誉人所共知。米所长说：“如果让抢注人的恶意目的得以实现，无疑是对法律尊严的严重践踏。”米所长指出，这一事件也是对所有守法经营的企业及拥有合法权利个人的一个警示，尽管抢注“侯锋”商标的事被及时发现，权利人有极大的概率赢得诉讼，即使是抢注人注册成功，权利人也可撤销其注册商标，但毕竟要耗费至少3～4年的时间，甚至更长时间。

根据以上案例介绍，请分析：

1.安徽的农民为什么要抢注“侯锋”这个商标？

2.该抢注事件对种子企业知识产权管理有什么警示？

本章小结

本章主要系统地介绍了种子企业的品种研发和知识产权管理内容。阐述了种子企业的品种的作用，品种研发的战略考虑因素，品种研发途径和人才管理，商业化育种流程、模式和策略，品种的审定与登记等内容；种子企业知识产权的概念、特点，植物品种权、商标和专利等知识产权的取得方式，种子企业知识产权的管理等内容。

复习思考题

1. 名词解释：品种、品种权、商业化育种、知识产权。
2. 简述农作物品种研发的主要目的和作用。
3. 简述品种研发的战略考虑因素。
4. 简述品种的研发途径。
5. 简述品种研发人才的管理方式。
6. 简述农作物新品种的审定和登记。
7. 简述企业知识产权的内涵和特点。
8. 简述种子企业知识产权的范围。
9. 简述种子企业知识产权取得方式。
10. 试论述农作物商业化育种的流程、模式和策略。
11. 如何管理种子企业的知识产权？

第六章　种子生产及质量控制管理

知识目标

◆ 了解种子生产管理、种子包装和标签管理的内容。

◆ 理解企业建立生产种子质量控制体系的作用和意义。

◆ 掌握种子生产质量控制体系的内容和方法。

能力目标

◆ 能根据种子生产的内容和特点开展种子生产管理。

◆ 学习种子认证等技术体系，了解种子包装标签管理规范。

◆ 能够应用种子生产质量控制技术体系把好种子质量关。

第一节　种子生产管理

一、种子生产基地建设

(一)种子生产基地建设概述

1.种子生产基地建设的意义

种子质量的好坏直接影响农作物产量，而农作物产量高低直接关系到种植者的收益、社会的稳定，国家对种子生产基地建设历来十分重视。国务院办公厅在2012年12月发布的《全国现代农作物种业发展规划(2012－2020年)》中，明确提出种子生产要按照“优势区域、企业主体、规模建设、提升能力”的原则，科学规划建设主要粮食作物和重要经济作物种子生产基地。要加强国家级和区域级种子生产基地建设，支持主要粮食作物种子生产大县(场)和重要经济作物种子生产优势县(场)建设，配套建设一批大型现代化种子加工中心，形成相对集中稳定的标准化、规模化、集约化、机械化种子生产基地。在现有农业保险中，增加制种风险较高的杂交玉米和杂交水稻等种子生产保险。国务院办公厅《关于深化种业体制改革 提高创新能力的意见》(国办发〔2013〕109号)也对加强种子基地建设进行了专门强调，“加大对国家级制种基地和制种大县政策支持力度，加快农作物制种基地、林木良种基地、保障性苗圃基础设施和基本条件建设。落实制种保险等。"加强种子生产基地建设有利于以下5方面：

(1)迅速繁殖新品种种子 新品种通过审定、登记后一般数量均较少，需要大量繁殖以满足生产上对新品种的需求，让育种家的科研成果尽快转化为生产力。

(2)保持良种的种性和纯度，延长其使用寿命 种子在生产繁殖过程中，由于各种原因易造成品种纯度和种性下降，必须对品种进行提纯复壮。这要求生产基地必须有良好的、适应品种特性的自然生长条件、栽培条件和隔离条件，以及繁制种技术和必要的技术人员等。

(3)降低种子生产成本 种子生产基地一般均需进行规模化、专业化生产，规模化、专业化生产能降低种子生产成本。

(4)为生产有效供给种子 种子生产基地为农业生产布局合理搭配品种和品种更新换代有计划地提供种子。

2.种子生产基地类型

我国农作物种子生产基地主要有以下3种类型：

(1)种子企业自有或国有良种繁育基地 这类基地是企业通过国家划拨、企业购买而拥有土地自主使用权或通过长期租赁而获得的土地使用权以及国有农场、原(良)种场及科研单位的实验农场或教学试验农场等。这类基地经营管理体制规范完善，管理人员素质较高，适宜生产原种、杂交种的亲本种子、原种及一些珍贵的新品种种子。

(2)特约良种繁育基地 这主要指种子企业根据自身的繁种计划，选择符合要求的种子生产地区，通过协商与当地农民或乡村基层组织或专业合作社、种植大户采取合同约定的形式将农民承包的土地按种子企业年度种子生产计划进行种子生产。这种形式将是今后我国种子的一种主要生产形式，可以充分利用我国地域辽阔，地形和地势差异大，农村劳动力相对丰富的特点，有选择地开展种子生产。特约良种繁育基地依管理形式、生产规模分3种类型：一是区域特约大型种子生产基地；二是联户特约繁种基地；三是专业户特约种子生产基地。

(3)自主租赁种子生产基地 部分种子企业总结多年的制种经验形成的一种新模式，通过谈判以合适的价格租赁农民承包的土地，由企业自主管理租赁土地进行种子生产。或者农民以土地使用权作价入股，与种子企业成立合资种子生产企业，合作开展种子生产。这两种方式是近年兴起的新事物，实践效果显著，但有时也会因为租赁价格而显被动。

(二)种子生产基地条件

企业在建种子基地之前应对备选基地进行详细考察与调研，经比较后择优选建种子生产基地。通常应重点考察自然生产和社会经济条件。

1.自然生产条件

(1)气候条件适宜 能够满足作物生长需要的温度、湿度、降水量、日照和无霜期等气候因素，能够保证作物的正常生长与成熟。

(2)隔离条件好 具有空间隔离或天然屏障隔离条件。

(3)土地条件好 集中连片、肥沃、排灌方便；无灌溉条件的，降水量要充足。

(4)病虫害轻 不得在重病区或病虫害常发区及有检疫性病虫害地区建立基地。

(5)交通方便　便于种子收获后的运输和农业机械操作使用。

2.社会经济条件

(1)政府重视,群众对制繁种作物生产的积极性和主动性高。

(2)技术力量强,文化素质高。经培训后能熟练掌握作物制繁种技术规程,掌握农机操作使用。在制繁种的关键时期(如玉米抽雄期)能够按技术要求开展去雄、去杂等工作。

(3)农户经济基础较好、有科学种田的基础,又有较好的农业生产条件(如排灌设施、农机具、晒场、仓库等),具有一定的农业机械操作水平;当地群众以种田为主,粮食、油料、棉花、蔬菜等作物的商品率高。

(三)种子生产基地建立程序

建立种子生产基地,一般按以下程序办理。

1.搞好论证

种子生产基地建立之前要做好调查研究,对基地的自然条件(无霜期、降水量、隔离条件、土地面积、土壤肥力)、社会经济条件(土地生产水平、经济情况、干群积极性、劳力情况、交通条件等)进行详细考察、调查与了解。在此基础上,编写建立种子生产基地任务书。内容包括基地建设目的与任务、现有条件分析、基地建设规划、主要建设内容(基地规模,水利设施,收获、干燥、加工、贮藏设施及技术培训等)、预期达到目标、实施方案、投资额度、社会经济效益分析等,然后邀请有关专家论证。

2.详细规划

在充分论证的基础上,搞好种子生产基地建设的详细规划。根据良种推广计划和种子企业对种子收购量及基地自留量来确定生产作物品种类型、面积、产量,制订相应作物种子生产技术规程。基地规模可按下列公式计算:

基地规模 = 计划生产量 / 正常年份平均单产×风险系数

风险系数是考虑到自然灾害、机械混杂等因素对种子生产的影响而留有的余地,一般为1～1.2,可视具体情况而定。

3.组织实施

制定出种子基地建设实施方案,组织企业相关部门贯彻实施。各部门要分工协作,具体负责落实基地建设的各项工作,使基地保质保量、按期完成并交付使用。

(四)种子生产基地管理

种子生产基地目前正朝着规模化、机械化、标准化、集约化方向发展,搞好种子生产基地的经营管理,有利于种子产业的可持续发展。

1.生产计划管理

(1)以市场为导向,按市场需求生产　种子生产的主要目的就是满足市场对商品种子的需求,因此必须根据市场变化来调整生产计划。制订种子生产计划时,必须强化以下 4 方面意识:

①市场意识。种子是一种有生命力的特殊商品,生产前必须做好市场调研,调查市场需求情况及变化趋势,并根据变化调整生产布局,做到产销对路,以销定产。一般生产计划大于需

求量的10%左右,以防备灾害气候的影响及确保供种合同内外的需求量。

②竞争意识。竞争是现代商品经济的特点之一,也是评价企业营销成败的一个关键指标。掌握适合生产需求的新品种,生产的种子质量好,品种适销对路,定价合理,经营有方,才会在竞争中获胜。

③质量意识。质量是企业的生命,也是企业生存的基础。所以,种子生产者应按国家标准严把质量关,严格执行种子检验检疫制度,为农民提供足量的高质量种子。

④效益意识。追求经济效益最大化是企业营销的目标。按照效益优先的理论,哪个品种效益高就优先安排生产,并且可以打破行政区域的界限,在更大范围内组织生产,力争创造最大经济效益。

(2)积极推行合同制,预约生产、收购和供种

①预约生产。为保证基地生产种子的数量和质量,种子企业与生产者签订以经济业务为主要内容的预约生产合同。

②预约收购。种子在生产计划实施过程中,常因某些不确定因素,影响生产计划的实施。因此,收购计划要做相应调整。一般在播种或栽植后,应根据实际播种或栽种面积核实收购计划;生产中后期落实收购田块;收获前落实收购数量。

③预约供种。供种企业可以通过在基地或本地(异地制种)召开新品种展示观摩会、新闻发布会或其他方式广泛宣传新品种的增产作用,增强客户对种子的预购意识。对预购种子的客户采取适当优惠政策,用经济手段促进预购工作的顺利开展。

种子企业之间在进行种子购销时也应签订合同,规避在种子购销过程中发生纠纷,减少企业经济损失。

2.行政与技术管理

种子生产尤其是杂交种子生产,包括地点选择、播种规格、去杂去劣、适时收获等一系列环节,疏忽任何一个环节都可能造成种子产量和质量下降甚至失败。因此,必须加强种子生产基地的行政管理和技术管理。

(1)成立种子生产工作领导小组　在种子企业内部对种子生产工作要做好明确分工,有负责行政事务的,有负责技术工作的。成员之间应密切协作,全力做好种子生产工作。

(2)制定生产技术规程,指导基地种子生产　种子基地应结合作物种类、种子类别及品种特性制定出适宜各品种的统一种子生产技术田间操作规程,便于分类指导。操作规程应对各种子生产技术提出具体的指标和措施要点,以规范各环节的操作,以便种子管理部门据此进行监督抽查。

(3)建立健全岗位责任制,实行严格的奖惩制度　要建立种子生产基地岗位责任制,其内容有质量、产量、技术、奖惩等,质量责任即明确生产种子应达到的质量指标;产量责任即根据正常年份产量水平确定一个标准数值及增减幅度;技术责任即种子生产过程中各阶段应采取的技术措施及应达到的工作要求;奖惩责任即根据任务完成情况给予的奖惩措施。建立基地人员岗位责任制,能将其责、权、利结合在一起,使其恪尽职守、钻研业务,认真落实各项技术措施,对提高制种质量和产量起到积极的推动作用。

(4)建立技术培训制度,提高种子生产者技术水平　种子生产培训包括对技术员的培训和对种子生产者的培训。对技术员的培训一般由从事种子生产的专家完成,通过系统学习种子生产专业知识、开办技术培训班和技术研讨会等形式完成。对种子生产者的培训一般由技术

员在种子生产基地等，采用技术讲座、建立示范田或田间地头现场指导方式进行培训和指导，以提高他们的技术水平。

二、种子田间生产和收购管理

（一）种子田间生产的管理

种子田间生产管理就是对种子田从播种到种子收获的整个生长过程的管理。种子田间生产又因生产作物类别不同而操作过程与要求有所差异，具体分常规作物（小麦、常规稻、大豆、长豇豆、豌豆等）种子生产，异交作物（杂交玉米、杂交水稻、杂交西瓜）或常异交作物（棉花）种子生产。

1.常规作物种子田间生产的管理

常规作物如小麦、大豆、常规水稻，通常用原种生产大田用种。

（1）种子田的选择　种子田应具备下列条件：①交通便利、隔离安全、土壤肥沃、排灌方便。②实行合理轮作倒茬。③病、虫、杂草为害较轻，无检疫性病、虫、草害。④制种基地群众科学文化素质较高，制种田集中连片。

（2）大田用种生产程序　原种繁殖第1代至第3代，经检验符合国家大田用种质量标准的种子。一般采用三级种子生产程序（育种家种子—原种—大田用种）和四级种子生产程序（育种家种子—原原种—原种—大田用种）。

（3）种子田的管理　根据所生产种子世代的不同，严格按照相应作物种子生产规程进行生产。在种子田的田间布局上要便于田间管理和去杂去劣，同一品种的种子田最好连片种植，与种子田相邻地块最好种植同一品种。有条件的地方可以推行机械播种、机械管理、机械收获。种子收获时，要单独收、打、晒、藏，严防机械混杂。

2.杂交种子田间生产的管理

杂交作物有杂交玉米、杂交水稻、杂交棉花、杂交油菜等，现以杂交玉米种子生产为例说明制种的田间管理工作。

（1）采取隔离措施，保证种子纯度　隔离保纯的方法主要有：①空间隔离，玉米自交系要求与其他玉米隔离距离不小于500米，杂交制种300米，甜糯玉米和白色玉米400米。②时间隔离，抽雄扬花期至少相差20天。③自然屏障隔离，就是利用山岭、房屋、林带等自然障碍物做隔离，达到防止外来花粉串粉混杂的目的。④高秆作物隔离，就是在隔离区周围种植高粱、麻类等高秆作物隔离，但高秆作物的行数不宜太少，自交系繁殖区种植高粱等高秆作物行数不少于100行，制种区在50米以上，高秆作物应适当早播，以便玉米抽穗时高秆作物的株高超过玉米的高度。

（2）确定合理行比，保证花期相遇　确定合理行比和保证花期相遇，以提高制种产量为目的的关键措施，须抓好以下技术环节：①确定合理的父母本行比。②调节父母本播期。调节花期的基本原则是：宁可母等父，不要父等母；迟熟亲本提前播，早熟亲本推迟播。③严格分清父母本行，且行向要正、直。最好与当地玉米散粉时的风向相垂直，以利于借助风力传粉，提高产种量。④合理密植。

(3)去杂去劣，适时收获

①严格去杂除劣。②加强人工授粉，割除父本。③适时收获。成熟期先收获父本，再收母本。

(二)种子收购管理

1.种子收购的特点

(1)种子收购的季节性　种子收获后，很快就会进入流通领域，形成种子购销旺季。根据这一特点，对于水稻、玉米、小麦等大宗作物种子，要不失时机地按计划集中收购。对于蔬菜等一些小宗作物种子，除了在收获季集中收购外，还可在淡季随时组织收购，以保证农民对于种子的需求。

(2)种子收购的集中性　种子收购的集中性主要体现在以下两个方面：一是种子收购地点相对集中，一般应设在种子基地和交通方便的地方，以便收购调运；二是种子收购时间相对集中。

(3)种子收购的紧迫性　目前，我国“两杂”种子生产基地相对集中，如玉米主要集中在甘肃、新疆两地，海南作为育种基地也受到国家重视。种子收购时，首先面临收购资金问题，总需求量非常大，非常迫切。其次，近几年种植者购种时间普遍后移，指望农民提供大规模收购资金已不现实。而且，这期间还面临中国的传统节日春节，正是需要资金的时候。这一切决定了种子收购工作的紧迫性。

2.种子收购的程序

(1)收购前准备　主要做好人力、物力、财力上的准备。人力准备主要指集中人力，组建收购人员队伍，进行收购前的技术和政策培训。物力准备是指检验、计量、计价、仓储、车辆、包装、加工等的准备。财务的准备主要指收购资金的落实及结算手续等，这是一项主要内容，也是一项重要任务。

(2)质量检验　被收购的种子除具有田间检验合格证外，现场能够检验的质量指标只有含水量和净度，其他质量指标如纯度要现场抽样、封样，以备室内检验和种植鉴定。

(3)评定等级，合理定价，称重计量　根据待收购种子质检结果，评定等级，根据等级确定收购价格。称重必须准确，以保证农民利益。

(4)按品种分级入库　种子收购后，严格按收购等级存放、保管和入库。

(5)结算付款　按称重的重量及确定的价格及时结清种子款。

(6)核实计划，做好种子运输和贮藏工作　对照收购计划，落实完成清情况，决定是否外调入和调出，做好种子运输和贮藏管理工作。

三、种子田间生产档案管理

农作物种子生产周期长，生产程序复杂，受自然环境影响大，建立健全的种子生产档案是保证种子质量的关键，是衡量种子质量的重要依据。因此，种子管理机构要求种子企业建立一套健全规范的种子生产档案，并加强对种子生产档案的检查工作，依法监督种子生产单位和个人开展种子生产活动，实行种子可追溯性管理，明确工作责任，档案要妥善管理保存，切实保证种子质量和农民利益。种子生产经营者必须按《种子法》规定建立、制作、填写和保存种子生产经营档案，做到填写及时，内容真实，项目齐全，保存期有效，否则要承担法律责任。《农作物种子生产经营许可管理办法》第25条已明确规定，种子生产经营者应当建立包括种子田间生产、加工包装、销售流通等环节形成的原始记载或凭证的种子生产经营档案，而本节种子生产档案主要涉及田间生产方面的内容。下面简单介绍田间种子生产档案的建立和管理工作内容。

（一）建立健全农作物种子田间生产档案

根据《种子法》和《农作物种子生产经营许可管理办法》的规定，农作物种子田间生产档案应包括技术负责人，作物类别、品种名称、亲本（原种）名称、亲本（原种）来源、生产地点、生产面积、播种日期、隔离措施、产地检疫、收获日期、种子产量等。委托种子生产的，还应当包括种子委托生产合同等田间生产方面内容。在建立种子生产档案时，应按品种、产地、批次等内容分类填写，主要内容和措施有以下9方面。

1.生产地点情况

生产地点所在的省（自治区/直辖市）、县、乡、村，生产地块的环境，如杂交制种及其亲本繁育地块周围的山、树、异作物及空间隔离情况、前茬作物等影响种子生产的其他情况。

2.品种及亲本（原种）情况

品种名称及常规、杂交等作物类型、亲本（原种）的名称及来源、标明的质量等级，以及生产单位对亲本（原种）的复检、加工（包衣）和发放过程。

3.生产面积及播种情况

品种或亲本的生产面积、亲本分期播种时间、原种统一播种、出苗情况，是否有补种其他品种及处理情况。

4.技术负责人及去杂、去雄记录

去杂、去劣、去雄时间、次数、效果及技术负责人。

5.产地（田间）检验（疫）记录

田间检验（疫）时间、次数、参加人员，田间检验（疫）结果以及田间检验（疫）不合格情况的处理结果。

6.种子收获到入库贮藏记录

种子收获时间、晾晒、保管、收购等内容以及入库时质量检验情况，检验人员、保管人员。

7.产地气象记录

种子生产期间关键时期的降雨、温度、光照等气候情况，高温干旱、低温冻害、洪涝渍害等异常气候的记载。

8.填档时间和填档人

该种子生产档案的填写时间和档案填写人签名。

9.附件及其他材料

若是委托种子生产的，还应当包括种子委托生产合同，以及种子生产者名称、住所、负责人、联系方式、品种名称、生产地点、生产面积等材料；若是受托生产杂交玉米、杂交水稻种子的，应保存留档与生产所在地农户、农民合作组织或村委会的生产协议；质量检验、植物检疫证明等材料以及其他需要说明的问题。

《农作物种子生产经营许可管理办法》规定种子生产者应当至少保存种子生产档案 5 年，确保档案记载信息连续、完整、真实，保证可追溯。档案材料含有复印件的，应当注明复印时间并经相关责任人签章。农作作物种子生产档案要专人妥善保管，不得随意存放或丢失。

（二）加强种子田间生产档案的监督检查

种子企业质量监督管理部门应根据相关规定，依法监督、检查种子生产单位开展种子生产活动。除定期审核生产单位和个人是否符合相应种子生产资质条件以外，还需要根据不同作物种子的生产程序，对种子生产档案进行检查，如检查种子生产地点环境和隔离条件，是否有利于该作物种子的生产；检查亲本种子来源，看亲本种子质量是否合格；检查生产记载，是否按程序生产，每个生产环节是否达到要求；查种子销售去向，销售的种子数量、质量、品种与实际生产是否相符。通过对种子生产档案的检查，督促种子生产者严格种子生产程序，及时发现生产中存在的问题，从源头上保证种子生产质量，从而保护种子生产者和使用者的利益。

第二节 种子质量控制管理

一、种子质量控制管理概述

种子质量是种子企业的生命线。加强种子质量管理，全面提升种子质量水平，是企业规避风险、提高市场竞争力的重要支柱。制定和完善种子质量管理制度并严格实施，是提高种子质量的根本保证。种子质量管理是种子企业经营管理的核心内容之一。抓好种子质量管理，对于推进种植业结构调整，增加农牧民收入，稳定提高粮食生产能力，保证粮食安全，具有特别重要的意义。

（一）种子质量控制管理含义

种子质量控制管理是指对种子的品种质量和播种质量进行控制管理，使企业生产经营的商品种子质量达到国家规定标准的过程。

种子质量控制管理过程包括种子的培育（包括播种、田间管理）、采收、加工、整理、保管、销售等全过程的质量管理，这个质量管理不单指种子的质量，而是通过每一个管理过程的控制，来达到最佳的管理效果，使种植者得到质量可靠的种子。

（二）种子质量控制管理内容

根据种子质量控制管理含义，种子质量管理的内容包括以下两个方面内容：

1.种子生产过程的质量控制管理

种子生产过程的质量控制管理包括制繁种种子（亲本）来源、基地的选择、去雄去杂、防止生物学混杂和机械混杂、种子含水量的控制、种子干燥温度控制、堆放仓储时的霉变和虫鼠害控制等。

2.商品种子的质量控制管理

商品种子的质量控制管理除包括种子精选、加工、包装、销售过程中的种子真实性、纯度鉴定和种子品种与播种品质检验外,还应该包括规范种子标签与使用说明、计量和包装以及售后服务管理(如售后种子质量投诉)等。

二、种子质量管理体系

(一)种子质量管理的法规体系

1.欧美种子质量管理法规体系

欧美国家主要采用种子标签的真实性(truth in seed labeling)、种子质量最低标准(minimum standard for seed quality)、植物品种保护法(plant variety protection act)、种子认证(seed certification)和种子法规(seed legislation)等种子质量管理体系来确保商品种子的质量。

(1)种子标签的真实性　经检验合格的种子,在包装容器上必须挂有标签,注明种子生产公司、作物与品种名称、种子净度、杂草种子含量、发芽率、检验日期和净含量等。标签标注的内容必须真实,否则应赔偿损失或承担法律责任。

(2)种子质量最低标准　美国根据农业生产的要求,制定了种子质量最低标准(表6.1),如果种子质量低于最低标准,则为不合格种子,将不能在种子市场销售。

表6.1　美国官方种子认证机构协会(AOSCA)建议的苜蓿种子最低标准　%

项目	各级种子标准		
	基础种子	登记种子	良种
净种子(不低于)	99.00	99.00	99.00
杂质(不高于)	1.00	1.00	1.00
杂草种子(不高于)	0.10	0.20	0.50
其他作物种子(不高于)	—	—	—
发芽率和硬实率(不低于)	80.00	80.00	80.00

(3)植物品种保护法　该法律是对新品种拥有者和开发商提供种子生产和销售的法律保护,主要是保护新品种权拥有者独自繁殖和利用品种的权利,在欧美国家一般由农业部植物品种办公室负责此项工作。申请保护的品种必须具备新颖性、一致性和稳定性的特点,并能提供区分品种的形态学、生理学和细胞学的鉴别性状,具有应用价值,并为商业生产所接受的品种。美国的一般保护期限为17年。

(4)种子认证　种子认证是种子质量控制的一个体系,是欧美国家对种子质量进行全面管理的体系,并被列入国家的种子法规,对种子质量的控制、种子生产和贸易起到了很好的保证和监督作用。我国也将推行种子认证制度,《种子法》规定:种子生产经营者可自愿向具有资质的认证机构申请种子质量认证;经认证合格的,可以在包装上使用认证标识。

(5)种子法律　欧美各国与种子相关的法律法规相对比较完善,从而保证了种子产业的法制化。如1930—1970年是美国种子产业的立法过渡时期，这个时期与种子相关的许多法律法规相继颁布，如1939年出台了《联邦种子法》，1970年颁布了《美国植物品种保护法》。

2.我国种子质量法制管理体系

随着我国种业的快速发展，种子质量法制管理体系日趋完善，自改革开放以来，我国先后颁布了一系列与种子产业相关的法律法规、质量标准，有国家层面的《农作物种子管理条例》《中华人民共和国种子法》《中华人民共和国植物新品种保护条例》《植物检疫条例》和《GB 4404—2010 粮食作物种子 豆类》等；有行业的层面的，如农业部颁发的《主要农作物品种审定办法》《农作物种子生产经营许可证管理办法》《非主要农作物品种登记管理办法》《农作物种子质量纠纷田间现场鉴定办法》《农作物种子标签和使用说明管理办法》，《NY2619—2014 瓜菜作物种子 豆类(菜豆、长豇豆、豌豆)》等。这些法律法规、质量标准的相继出台将对我国的种子产业健康可持续发展具有重要意义。

(二)种子生产质量管理体系

1.制定种子质量标准

企业种子生产质量控制指标的设置，首先要符合国家相关法律法规规定，其次要了解用户和农业生产的需求，根据企业自身的生产条件，包括经营战略、人员知识结构、生产设备及技术条件等，综合评价，客观制定符合国家规定且切合企业实际的质量控制指标，对于瓠瓜等作物目前还没有国家和行业种子质量标准，企业自行确定质量指标时尤为重要。制定的种子质量控制指标不仅要达到国家规定的质量标准，还要符合商品种子特性与播种质量要求，如种子的籽粒大小、饱满度和色泽等方面。

2.建立健全种子质量监控体系

种子质量监控体系包括原种生产、亲本种子来源、生产田布局与隔离、田间花期检验、种子收购把关以及种子干燥、精选加工、包衣、计量包装等各个环节的部门职责、岗位职责、人员职责。同时，还要兼顾部门之间的协同工作体系，使种子生产质量监控的各个环节分工明确、责任清晰、协同工作，实现真正的体系化管理。

3.实现标准化制度化管理

制定种子生产各个环节的操作技术规范和管理制度，是确保种子质量的前提。在种子生产质量管理与监控的过程中，各个环节的监控人员应按照统一的操作技术规范进行管理。这就需要企业制定一套适用于企业各个环节的统一技术规范，从产前、产中到产后按照同一操作技术规范进行监控和管理，能够确保种子质量要求。

4.种子质量检测能力提升与队伍建设

种子企业要配备开展种子纯度、净度、发芽率和水分检验所需的检验室以及电泳仪、扦样器、自动数粒仪、低温种子样品储存柜、智能光照培养箱等仪器设备，以提高种子质量检测的能力。同时，还应加强检验人员的技术培训，使检验人员熟悉国家相关的政策，并熟练掌握种子检验规程规定的种子检验技术。

5.种子遗传质量控制主要模式与措施

(1)种子生产的源头控制 第一，种子生产田要符合要求，即前作无污染源，要求种子田绝对没有或尽可能没有对生产种子产生品种污染的花粉源，达到种子安全生产的要求。第二，是要具备安全的隔离条件,即与周围附近的田块有足够的距离,不会对生产的种子构成污染的危害,比如同种或相近种的其他品种的花粉的污染、机械收获品种混杂等。第三,种子田不存在检疫性病虫草害,这是我国有关法规规定的强制性要求。

(2)种子生产过程控制　通过田间检验、种子收获、干燥加工、种子扦样、标志与封缄、种子检验等过程实行全面监控。田间检验可安排在苗期、花期和成熟期进行。其目的是核查种子田的品种特征特性是否名副其实以及影响种子质量的各种情况和因素,从而采取相应的去杂去劣措施,以确保种子收获时符合规定的质量要求。种子生产者应采取措施,比如对收获机械、脱粒设备、干燥与加工机械以及贮藏容器等进行清洁,确保种子收获期间不发生混淆。种子加工前应对加工原料作标志,并保证加工设备的清洁,防止标志与封缄环节的混杂。

(3)种子质量验证确认　通过小区种植鉴定进行验证,如果达不到要求就要进行降级或淘汰处理。小区种植鉴定是测定种子批的一致性,判断在繁殖期间品种特征特性是否发生变化,同时也表明了限制繁殖代数的有效性。由于这种过程控制主要是通过田间检验和小区鉴定,人员素质和规章制度很重要,所以要求种子生产企业制定详细的种子生产质量保证制度。

6.加强各环节管理确保种子质量

要保证种子质量,确保农业用种安全,必须从亲本来源和种子田选择开始,严格种子的生产、加工、检验、贮运等各个环节的规范管理。

三、种子认证

(一)种子认证的现状

种子认证制度源于19世纪下叶至20世纪初种子产业萌芽较早的欧洲国家,从诞生到现在已有100多年的历史。种子认证历程非常复杂,大致经历了萌芽阶段、迅速推行阶段、形成多边和国际互认阶段、稳步发展阶段4个发展阶段。下面对国内外的种子认证现状进行简要介绍。

1.国外种子认证现状

经济合作与发展组织(OECD)是国际种子认证组织,其种子认证始于1958年,宗旨是鼓励参加方持续使用高质量种子。目前国际上普遍采用OECD种子认证体系,另外还有北美(AOSCA)和欧盟(EU)等区域性种子认证体系。全球实施种子认证制度的国家是非常普遍,截至2018年OECD种子认证已有61个成员,认证作物种类201个,品种涉及6.2万个,每年认证种子数量110万吨。各国实施的种子认证,按法律性质可分为强制性种子认证和自愿性种子认证两类。强制性认证国家如欧盟国家,认证种子占70%～80%,自愿性认证国家如美国,认证种子占20%～30%。在欧洲和加拿大,只有经过认证的种子才能进入市场。20世纪70年代前,美国几乎所有种子都要经过认证后再出售,70年代后,认证的种子越来越少,但出口的种子都必须认证。目前美国认证的种子比例为25%。德国、法国及其他欧盟国家的种子质量均实行认证制度,未经认证的种子不准出售。因此,种子的国际质量认证就好比一张效力极强的“签证”,能够为种子贸易保驾护航。

2.国内种子认证现状

为了保证农业用种的质量树立名牌产品和企业形象、促进我国种子质量管理体系与国际接轨，参与国际种子市场竞争。1995 年 9 月，时任国务院副总理姜春云同志在实施“种子工程”第一次工作会议上明确指出，要“逐步建立健全种子质量认证制度”。1996 年，原农业部首次发布了《关于开展种子质量认证试点工作的通知》，全国农业技术推广服务中心从 1996—2005 年间连续组织实施了 10 年的种子质量认证试点工作，吸收了 OECD、EU、AOSCA 等国际上公认的种子认证机构的做法及国际种子检验协会(ISTA)和国际植物新品种保护联盟(UPOV)的规则，制订了中国种子认证的试点方案，选择湖南省慈利县、四川省什邡市种子公司作为杂交水稻种子认证；山西省榆次区、河北省平泉市种子公司为杂交玉米认证；合肥市种子公司为杂交西瓜种子认证首批试点单位。确定各认证试点单位所在部级种子质量监督检测中心和省种子质量检验站履行认证种子监督检验职能。目前，我国种子认证标准的框架基本形成，2001 年 4 月全国农业技术推广中心发布了《农作物种子质量认证手册》。全国农作物种子质量监督检验测试中心实行农作物种子质量认证委员会职能，监督执行认证程序。结合 OECD 的种子认证规程、全国农作物种子质量监督检验测试中心、制定了一系列适合中国国情特点的种子认证规章制度、初步建立全国种子认证检测检验网。目前全国有玉米(兰州、沈阳)、小麦(济南、郑州)、水稻(成都、长沙)、瓜菜(合肥)等 16 个种子质量监督检测中心、这些中心分别负责当地及周边参加种子认证试点种子公司的认证申请、种子生产条件、质保体系考核和种子质量检测、监督工作。

2015 年修订的《种子法》正式将种子认证纳入法律范畴，鼓励种子企业自愿参加种子认证。该法 2021 年修订，第五十二条规定，种子生产经营者可自愿向具有资质的认证机构申请种子质量认证，经认证合格的，可以在包装上使用认证标识。2018 年 3 月，在湖北武汉市召开全国 2018 年度种子认证试点示范落实研讨会，认证的省市由 6 个增加到 10 个，作物增加到了 8 个，且又有部分企业踊跃参加到种子认证试点工作当中。如“内蒙古西蒙种业有限公司”和“内蒙古坤元太和农业科技有限公司”分别参加了当年的玉米种子和马铃薯种薯的种子认证试点工作。在经过充分调研，借鉴国际通行做法和三年认证试点的基础上，形成了涵盖 32 个作物分为禾谷类、油料类、豆类、纤维类、种薯类、蔬菜类、果树类等作物的种子认证方案(试点稿)。2019 年 12 月，全国农技中心在北京市召开了农作物种子认证方案论证会，对我国农作物种子认证方案(试点稿)进行了论证评估。专家们认为，该方案是在充分借鉴和吸收相关国际组织有关农作物种子质量认证做法的基础上，经过几年的深入研究和大量实践制定的，充分考虑种子认证工作共性要求及不同作物具体特点进行设计，整体编排模式清晰合理，内容结构全面规范，技术要求科学可行，既与国际接轨，也体现我国种业发展特色。专家们建议对方案进行适当修改完善后，将其作为《农作物种子质量认证管理办法》的配套规章，在办法出台后尽快发布实施。国家市场监督管理总局在 2019 年立法工作计划中把《农作物种子质量认证管理办法》作为该局将高效推进的 60 个第二类立法项目之一。2020 年 2 月，农业农村部办公厅关于印发《2020 年推进现代种业发展工作要点》进一步要求完善种业制度体系，加快制定农作物种子质量认证管理办法等。

据不完全统计，2017 年，我国种子认证试点示范面积共 8 700 亩，包括 11 家企业的 16 个品种；2018 年，试点示范进一步扩大省份和作物范围，春季在河北、山西、内蒙古等 10 省(自治区)，对 17 家企业的 23 个品种，包括玉米、水稻、马铃薯和柑橘等进行了试点，面积 1.1 万亩。秋季又安排江苏、浙江、甘肃等 6 省的 6 家企业，对冬小麦、冬油菜、不结球白菜等作物开展试点，面积 3 200 亩。

(二)种子认证的概念及作用

1.种子认证概念

种子认证是依据种子认证实施规则，由第三方认证机构，通过对品种、种子来源、种子田安全以及种子生产、加工(包衣、包装)、标识、封缄、扦样、检验与鉴定等全过程质量监控，通过颁发认证证书和认证标识来证明某一种子批符合相应的规定要求的活动，也称种子质量认证。通过上述活动生产出来的种子称为认证种子。认证种子主要通过三方面的一系列活动来确认种子质量：一是通过对品种、种子田、种子来源、田间检验、清洁与不混杂管理、验证等一系列过程控制，确认种子的遗传质量(真实性和品种纯度)保持至育种家原先育出的状况和水平；二是监控种子扦样、标识和封缄行为符合认证方案规定的要求；三是通过种子检验室的检测，确认种子的物理质量(净度、发芽率等)符合国家标准或合同规定的要求。

2.种子认证作用

种子认证制度经过种子行业100多年的实践和推广，在种子质量控制方面发挥了重要作用，已成为种子质量控制和营销管理的主要手段之一。种子认证与种子立法、种子检验、品种保护共同构成了种子宏观管理的核心。我国实行种子认证制度具有以下5方面的作用：

(1)为农民和农业生产持续提供优质高质量种子　为农民持续提供优质高产的高质量种子，保证种子产业乃至农业生产的持续、健康发展。

(2)推动我国种业走出去，消除技术壁垒　我国种业对外开放，种子市场国际化，消除技术壁垒，促进种子贸易的健康发展，推进我国种业通过“一带一路”实施走出去战略。国际种子质量认证规则，主要是由经济合作发展组织OECD制订的，该组织在世界上现有61个成员。

(3)规范企业质量管理，树立良好企业形象　种子企业高水平发展主要有两个关键要素：优势品种和良好品牌(质量无事故)，人们喜欢购买国际品牌的产品，如日本、美国、以色列品牌的电器、蔬菜种子，关键在于其产品的质量十分可靠。因此，我国以质量为核心扶优培强种业发展将是未来发展趋势。

(4)利于植物新品种的保护　一个国家的植物性品种保护制度与其种子产业的健康发展有着密切的关系，品种保护工作搞得越好，种子产业自我发展能力越强，而种子认证有利于植物新品种保护(对于已获得植物新品种权的品种必须得到授权)，从而间接地促进种子产业发展。

(5)推动种子产业实现优质优价　通过提高农作物种子质量来增强种子市场竞争力将是种业发展趋势。我国北方普通玉米种子已初步实施按质论价：对于发芽率96%以上的单粒播种子价格明显高于发芽率85%以上的穴播玉米种子，甜瓜、西瓜、番茄等进口种子按粒包装出售，而我国目前绝大多数种子按斤论价，通过种子质量认证使种子按斤论价发展到按粒论价，将显著提高企业经济效益，提高国内外种子市场竞争力。

因此，开展种子认证工作将会对提高我国种子质量的管理水平，提升企业的品牌效益，加快我国种子进入国际市场，实现我国从种子生产大国走向种业强国发挥重要的作用。

(三)种子认证机构及标准

1.我国种子认证管理机构

农业农村部和国家质检总局(国家认证认可监督管理委员会)共同负责全国农作物种子质

量认证工作。国家认证认可监督管理委员会(以下简称国家认监委)负责农作物种子质量认证的监督管理和综合协调,农业农村部负责农作物种子质量认证的统一规划、认证方案发布、认证采信和认证种子的监督管理。农业农村部和国家认监委联合发布认证目录和认证实施规则,共同推进并组织实施农作物种子质量认证。

(1)农作物种子认证工作委员会　农作物种子认证工作委员会是开展种子认证工作的领导、决策机构,对涉及认证工作的重大问题进行研究和审议,负责指导和推动全国农作物种子质量认证工作,组建农作物种子认证专家组,制定农作物种子质量认证方案,评价农作物种子认证机构技术能力,推动农作物种子认证的双边或多边互认。

(2)农作物种子认证委员会秘书处　中国农作物种子认证会秘书处是开展种子认证工作的具体业务机构,是农作物种子认证工作委员会的日常办事机构。其严格按照国家有关法规,参照国际通行准则,开展国内种子认证工作。

(3)种子认证机构　种子认证机构是指具有可靠的执行种子认证制度的必要能力,并在认证过程中能够客观、公正、独立地从事种子质量认证活动的机构。即认证机构是独立于种子生产经营者和使用者的、具有独立的法人资格、具备机构申请条件,经农业农村部确认、国家认监委批准的第三方认证机构。

2.种子认证方案

种子认证方案是种子认证机构开展农作物种子认证活动的技术依据,其内容包括种子认证基本条件(包括认证作物和品种确认、种子类别、种子质量指标),种子生产质量控制(包括种子来源确认、前途与隔离、产地检疫、技术规程、建立田间生产档案、田间标识、田间去杂与检验、种子收获等),种子加工(包括清洁、不混杂管理与加工精选、种子包衣、防止劣变等),种子批与容器封缄(划分种子批、重新加工、种子批混合、封缄与包装),扦样与种子检验,批准放行与证书发放,质量后控管理等认证活动。

3.认证种子类别

我国认证种子类别主要分常规种和杂交种。常规种分原种和大田用种;杂交种分杂交种亲本种子和大田用种。认证种子标签颜色根据种子世代的不同使用不同的颜色,通常育种家种子使用白色并带有紫色对角线条纹,原种使用蓝色,亲本种子使用红色,大田用种使用白、蓝、红色以外的单一色。

(四)种子认证内容和程序

1.种子认证的内容

(1)种子认证基本条件

①种子生产者资质　具体与认证种子的作物类别相应的农作物种子生产经营许可证,具备生产该类作物的生产、加工、贮藏、检验设施设备,相应品种,种子生产、加工、检验、贮藏技术人员;申报时应承诺严格遵循种子认证规定并履行有关义务。

②种子认证申请　申请材料包括种子认证申请表,品种真实性及非转基因承诺,品种及其亲本特征特性描述和反映品种及其亲本特征特性的不同时期的标准照片;种子生产管理技术规程。生产授权品种还需提供品种权人同意生产经营的书面证明或品种权转让合同的复印件;品种为转基因品种的,应该提供农业转基因生物安全证书的复印件等。还要提供与该品种

标准样品一致的质量符合国家标准要求的种子样品(杂交种包括亲本和组合)。

(2)种子遗传质量监控

①种子田确认　制繁种田应符合下列与生产认证种子类别相适应的条件：前作无污染源，安全的隔离条件，无检疫性病虫害，较好的栽培条件；制种区域没有检疫对象，并有当地农业行政主管部门出具的植物检疫证明。种子生产者宜确定制种田的唯一性标识，并绘制所有田示意图，标明位置及周围环境。

②品种合格认可　生产认证种子的品种应符合下列条件：

生产主要农作物种子的品种，应该是已经国家级或省级品种审定委员会审定通过的品种，或省级引种备案品种。申报时，种子生产者须向种子认证机构提供品种审定证书或审定公告或引种备案公告的复印件或其他证明文件。

生产非主要农作物种子的品种，对于列入国家登记目录非主要农作物的品种须通过品种登记；对于未列入国家登记目录非主要农作物的品种，种子生产者应该参照非主要农作物品种登记有关要求，进行品种特异性、一致性和稳定性的测定以及品种区域试验和生产试验，并取得满意结果后方可申报。申报时，种子生产者须向种子认证机构提供品种名称、品种测试报告及有关证明。

③种子来源确认　种子生产者申报种子来源时，应提供种子标签和种子质量检验报告，以确认播种的种子批质量是否符合《农作物种子质量认证方案》规定的种子生产及其质量的最低要求。种子生产者应保留种子批的种子标签，以供田间检验员检查。

④种子生产质量管控　对于原种种子的繁殖，种子生产者宜在品种持有者(育种家)的指导下进行生产并与之保持紧密的联系。种子生产者应根据不同作物种类和种子类别的种子生产要求，明确种子质量控制的关键点，采取切实有效的措施，做好田间去劣、去杂、去雄等工作；做好种子生产管理记录工作，建立详细的种子生产管理档案。

⑤田间检验　种子认证机构根据需要可安排在苗期、花期和成熟期进行田间检验，但至少应在品种特征特性表现充分、最明显的时期进行一次检查。田间检验员依据《农作物种子田间检验规程》规定的方法，对种子田进行检验，并与《农作物种子质量认证方案》规定的种子生产及其质量的最低要求相比较，签署种子田合格或降级或淘汰的结论，出具田间检验报告。对于生产大田用种类别的认证种子，种子认证机构可以授权认可田间检验员实施田间检验。认可田间检验员应符合《农作物种子质量认证中实施认可的管理指南》的规定。

⑥种子田混合　种子收获后，若将同一品种不同田块的种子混在一起，需通知种子认证机构。若是同一品种的不同种子类别相混合，应以混合前的种子田生产最低种子类别作为混合后的种子类别。

⑦清洁不混杂管理与检查　种子生产者应采取切实可行的措施确保播种设备在播种前和播种时已进行了清洁；确保机械收获、脱粒的设备以及贮藏容器在收获、脱粒或贮藏前已经进行了清洁；确保种子收获期间不发生混淆，对于杂交种制种田，应保证父本的种子与母本的种子不发生混淆。种子收获后至种子加工前应有未加工种子的标识，以防混淆。种子加工厂在验收未加工种子时，应检查未加工种子的标识；未加工种子应贮藏在清洁的、编号的位置，并记录种子的标识和位置。种子加工厂应建立加工设备清洁程序，并有记录表明加工前已遵循该控制程序。种子加工时，应防止混合、标识、封缄等过程发生混杂。种子认证机构宜根据需要，特别是对于原种种子繁殖或首次申请种子认证的，必要时可派人对清洁与不混杂情况进行实

地检查。

⑧认证种子后控管理　种子遗传质量后控一般采用小区种植鉴定方式管理。如采用其他方法,种子认证机构与申请者应达成一致。种子认证机构或委托种子检验机构应根据《农作物种子检验规程　真实性和品种纯度鉴定》说规定的小区种植鉴定方法,对按规定扦取的送验样品进行小区种子鉴定,鉴定完成后,向种子认证机构出具小区种植鉴定报告。小区鉴定的样品频率由种子认证机构确定,一般为5%至10%,每年可根据上一年的后控结果进行调整。

(3)扦样、标识与封缄监控

①种子扦样　种子的扦样一般在种子加工的最后一步即罐装前或罐装时或罐装后不久进行。扦样由种子扦样员(或认可种子扦样员)负责扦取。扦样方法应依据《农作物种子检验规程　扦样》从种子批中扦取有代表性的、规定重量的样品。扦取的样品一分为二,一部分送种子认证检测机构进行种子物理质量的检测和小区种植鉴定,另一部分作保留样品。

②标识　认证标识的发放、使用和管理应遵守《作物种子质量认证证书和认证标识管理试行办法》的规定。认证表示的使用应接受种子扦样员或认可种子扦样员的监督。

③封缄　所有挂认证种子标识的种子容器都应封缄。封缄时应遵循:如果不破坏封缄部分或不遗留改变种子容器标识的迹象,就不可启封。封缄应接受种子扦样员或认可种子扦样员的监督。

(4)种子物理质量的监控　种子生产者宜根据作物种类特性,采取一系列有效措施,保证种子收获、加工、运输及贮藏等过程的种子物理质量不发生劣变。收获后应通过加工使种子质量符合规定的质量要求,并尽量减少加工过程对种子质量的影响。已标识和封缄的种子批应在适宜条件下贮藏,直至批准放行。

①种子批控制　种子加工后,应该依据《农作物种子检验规程　扦样》所规定的最大限量,划分种子批。加工后的种子批应该均匀一致,没有异质性,并应有唯一性的批号。

②重新加工　如果经种子检验证实种子达不到种子质量要求而可以通过重新加工可能符合质量要求的,则允许重新加工。重新加工需换发新的包装容器和标识,并通知种子认证机构。

③种子批混合　对于同一品种的同一世代的认证种子的两个或更多种子批可以进行混合,但构成的新种子批应给予新的标识,原来不同种子批的批号和比例应记录和保存,并向种子认证机构通报,申请种子认证机构重新扦样和检验。

④种子检验　种子检验由种子检验机构承担,种子检验机构应根据《农作物种子检验规程》规定的方法对送验样品的净度、其他植物种子、发芽率和水分进行检测,检测完成后,对照《农作物种子质量认证试行方案》规定的种子生产及其质量的最低要求,签署种子检验结论,向种子认证机构出具种子检验报告。

(5)批准放行　种子认证机构根据种子生产者申报的种子批,对照田间检验报告、种子检验报告以及其他报告,对达到认证的种子质量要求的种子批签发认证证书。

若种子质量达不到规定的要求,根据《农作物种子质量认证证书和认证标识管理试行办法》的规定,种子生产或种子经营者应剪下认证标识或更换认证种子标识包装物。

种子生产者或经营者等到领取种子认证证书或从种子认证机构获得确切信息才可以进行种子交易或出售认证种子。

2.种子认证的程序

(1)种子认证机构受理种子生产经营企业的申请材料和种子样品。

(2)审核种子认证申请材料、种子生产者资质、品种合规性、生产面积和基地情况。

(3)种子生产期间申请单位必须对全部种子田进行检验;种子认证机构在播种前和纯度调查关键时期分2～3次随机选取20%认证田块进行检查,并出具田间检验报告。

(4)种子批管理。种子认证机构确认种子批划分、混合、标识符合要求。

(5)种子认证机构或委托种子检验机构对全部认证种子分批抽样进行纯度、净度、水分指标检测,出具检测报告。

(6)认证机构根据监测机构上报结果核发认证种子标签和种子放行。

(7)质量后控管理。种子认证机构组织开展后控小区鉴定,验证认证结果。

第三节 种子包装和标签管理

经过清选干燥和精选等加工的种子,加以合理包装,可防止种子混杂、病虫害感染、吸湿回潮、种子劣变,可以提高种子商品特性,保持种子旺盛活力,保证安全贮藏运输,同时便于种子在市场销售。种子标签是种子的身份证,是种子生产经营者、使用者维护自身合法权益的凭据,是种子使用者识别、选购、使用种子的说明书,也是农业管理部门界定种子真假优劣、查证主体的重要工具。农业部于2016年7月8日颁布了《农作物种子标签和使用说明管理办法》,该办法规范了农作物种子标签和使用说明的管理,维护了种子生产经营者、使用者的合法权益,保障了种子质量和农业生产安全。该办法明确规定,中华人民共和国境内销售的农作物种子应当附有种子标签和使用说明。种子标签和使用说明标注的内容应当与销售的种子相符,不得作虚假或者引人误解的宣传。

一、种子包装管理

2021年修订的《种子法》第四十条规定,作为商品销售的种子应当加工、分级、包装,不能加工、包装的除外,否则不能在市场上流通。2016年7月,农业部发布的《农作物种子生产经营许可管理办法》规定:“有性繁殖作物的籽粒、果实,包括颖果、荚果、蒴果、核果等以及马铃薯微型脱毒种薯应当加工、包装后销售。”而无性繁殖的器官和组织,包括根(块根)、茎(块茎、鳞茎、球茎、根茎)、枝、叶、芽、细胞、苗和苗木,包括蔬菜苗、水稻苗、果树苗木、茶树苗木、桑树苗木、花卉苗木和其他不宜包装的种子,可以不经加工、包装进行销售。大包装或者进口种子可以分装;实行分装的,应当标注分装单位,并对种子质量负责。

此外,对种子包装工作、包装材料的种类和特性,以及包装材料和容器的选择均有一定的要求,要严加管理。

二、种子包装标签管理

(一)种子标签管理

1.种子标签管理的作用和意义

种子标签是指印制、粘贴、固定或者附着在种子、种子包装物表面的特定图案及文字说明。文字说明是对种子的具体内容进行描述,而图案说明则是有特定的指示和认证标志等。包装销售的农作物种子,其标签应在包装物表面,对种子进行文字说明,同时附有特定的图案;如果是未经过包装就销售的农作物种子,也需有对应的种子具体说明。

种子标签承载着种子产品相关质量信息,客观上反映了种子生产、加工过程,包装标识质量已成为评价种子质量的重要参考。种子标签标注原则是真实、合法、规范。真实是质量判定的核心,要求如实反映种子的真实属性和真实状况,与销售的种子相符;合法是真实原则的补充,要求符合国家强制标准确定的最低界线,如植物检疫的"零标准",种用标准最低要求等;规范指规定标注内容必须完整、规范体现,制作形式、印刷质量必须符合要求,标签二维码可追溯到种子加工批次以及物流或销售信息。

种子标签全面真实地反映种子本身的属性和状况,既是种子的身份证、说明书,也是进入市场的通行证,还是各相关方维护自身权益的凭据。种子生产经营者通过明确质量责任、明示质量信息,促进企业诚实守信,规避责任风险,强化质量控制,提升品牌形象。种子使用者通过识别种子包装标识,落实知情权和选择权,有利于选择适宜的优良品种。政府主管部门可利用种子标签作为判定种子质量优劣、真假的依据。

2.种子标签的主要内容和基本要求

种子标签应当标注作物种类、种子类别、品种名称;种子生产经营者信息,包括种子生产经营者名称、种子生产经营许可证编号、注册地地址和联系方式;质量指标、净含量;检测日期和质量保证期;品种适宜种植区域、种植季节;检疫证明编号;信息代码。标签还规定了进口种子、药剂处理种子、转基因种子等类型,其中包括农业转基因生物安全证书编号和安全使用措施等多项内容。

作物种类明确至植物分类学的种。种子类别按照常规种和杂交种标注。类别为常规种的按照育种家种子、原种、大田用种标注。品种名称应当符合《农业植物品种命名规定》,一个品种只能标注一个品种名称。审定、登记的品种或授权保护的品种应当使用经批准的品种名称。在农作物种子品种说明的过程中,应该保证与审定的公告一致,对一些非主要农作物种子也应该有说明。

种子生产经营者需要制作和印制种子的标签,同时保证种子标签的合法性和真实性,对种子的质量负责。种子生产经营者名称、种子生产经营许可证编号、注册地地址应当与农作物种子生产经营许可证载明内容一致;联系方式为电话、传真,可以加注网络联系方式。种子标签只能标注一个生产商的名称,不能出现其他生产经营者的名称;要保证种子生产经营商中的名称和电话地址等方式一致。如果在种子标签检查过程中出现问题,如发现生产单位标注为2家,或者发生种子质量纠纷时,必须要承担相应的责任。

质量指标是指生产经营者承诺的质量标准,不得低于国家或者行业标准规定;未制定国家标准或行业标准的，按企业标准或者种子生产经营者承诺的质量标准进行标注。质量指标按照质量特性和特性值进行标注，一般按照下列规定标注：

①标注品种纯度、净度、发芽率和水分，但不宜标注水分、芽率、净度等指标的无性繁殖材料、种苗等除外。

②脱毒繁殖材料按品种纯度、病毒状况和脱毒扩繁代数进行标注。

③国家标准、行业标准或农业农村部对某些农作物种子有其他质量特性要求的，应当加注。

净含量是指种子的实际重量或者数量，标注内容由“净含量”字样、数字、法定计量单位(kg或者g)或者数量单位(粒或者株)三部分组成。在标注的过程中应该规定准确的数值，不允许标注范围，不能出现多标注的情况。检测日期是指生产经营者检测质量特性值的年月，年月分别用四位、两位数字完整标示，采用下列示例：检测日期：2018年05月。

质量保证期是指在规定贮存条件下种子生产经营者对种子质量特性值予以保证的承诺时间。标注以月为单位，自检测日期起最长时间不得超过12个月，采用下列示例：质量保证期6个月。

品种适宜种植区域不得超过审定、登记公告及省级农业主管部门引种备案公告公布的区域。审定、登记以外作物的适宜区域由生产经营者根据试验确定。种植季节是指适宜播种的时间段，由生产经营者根据试验确定，应当具体到日，采用下列示例：5月1日至5月20日。

检疫证明编号标注产地检疫合格证编号或者植物检疫证书编号，进口种子检疫证明编号标注引进种子、苗木检疫审批单编号。

信息代码以二维码标注，应当包括品种名称、生产经营者名称或进口商名称、单元识别代码、追溯网址等信息。《农作物种子标签二维码编码规则》规定，种子标签二维码的四项内容每项单独成行。二维码设计采用QR码标准，二维码的图形表现及识读信息中不得含广告或引人误解的内容。

种子标签二维码的制作是开放的，由种子生产经营者自行设计，二维码的追溯网址及网页由企业按《农作物种子标签和使用说明管理办法》和《农作物种子标签二维码编码规则》自行设计。各级农业农村主管部门及种子管理机构不会指定或委托任何企业或个人设计软件、制作二维码及追溯网页。二维码可以采用多种方式印制在标签上，但要确保不脱落，确保可识别。

3.种子标签应加注的内容

属于下列情形之一的，应当分别加注以下内容：

(1)主要农作物品种，标注品种审定编号；通过两个以上省级审定的，至少标注种子销售所在地省级品种审定编号；引种的主要农作物品种，标注引种备案公告文号。

(2)授权品种，标注品种权号。

(3)已登记的农作物品种，标注品种登记编号。

(4)进口种子，标注进口审批文号及进口商名称、注册地址和联系方式。

(5)药剂处理种子，标注药剂名称、有效成分、含量及人畜误食后解决方案；依据药剂毒性大小，分别注明“高毒”并附骷髅标志、“中等毒”并附十字骨标志、“低毒”字样。

(6)转基因种子，标注“转基因”字样、农业转基因生物安全证书编号。

4.注意事项

对于法律、行政法规没有特别规定的，种子标签和使用说明不得有下列内容：

(1)在品种名称前后添加修饰性文字。

(2)种子生产经营者、进口商名称以外的其他单位名称。

(3)不符合广告法、商标法等法律法规规定的描述。

(4)未经认证合格使用认证标识。

(5)其他带有夸大宣传、引人误解或者虚假的文字、图案等信息。

标签缺少品种名称,视为没有种子标签。使用说明缺少品种主要性状、适应性或风险提示的,视为没有使用说明。以剪切、粘贴等方式修改或者补充标签内容的,按涂改标签查处。不允许对完整的标签通过剪切方式进行破坏,再以粘贴方式进行修补;不允许对成品标签以粘贴方式进行涂改。

(二)使用说明

使用说明是指对种子的主要性状、主要栽培措施、适应性等使用条件的说明以及风险提示、技术服务等信息。

使用说明应当包括品种主要性状;主要栽培措施;适应性;风险提示;咨询服务信息。属于转基因种子的,还应当提示使用时的安全控制措施;使用说明与标签分别印制的,还应当包括品种名称和种子生产经营者信息。

品种主要性状、主要栽培措施应当如实反映品种的真实状况,主要内容应当与审定或登记公告一致。通过两个以上省级审定的主要农作物品种,标注内容应当与销售地所在省级品种审定公告一致;引种标注内容应当与引种备案信息一致。

适应性是指品种在适宜种植地区内不同年度间产量的稳定性、丰产性、抗病性、抗逆性等特性,标注值不得高于品种审定、登记公告载明的内容。审定、登记以外作物适应性的说明,参照登记作物有关要求执行。

风险提示包括种子贮藏条件以及销售区域主要病虫害、高低温、倒伏等因素对品种引发风险的提示及注意事项,具体内容如下。

(1)对于主要农作物　风险提示应与品种审定公告或引种备案信息相一致;如果通过两个以上省级审定,风险提示应当与销售地所在地省级品种审定公告一致;如果是同一生态区引种,风险提示应当与引种备案信息一致。如果在实际生产中,因外界因素导致品种抗性发生变化,种子生产经营者应以品种的实际表现为准如实进行提示。如果存在公告内容以外的可知风险事项,种子生产经营者应如实说明。

(2)对于非主要农作物　属于登记目录内的作物,风险提示应与品种登记公告相一致;对于其他非主要农作物,风险提示应与品种在当地的实际表现相一致。

(三)种子标签的制作要求

种子标签可以与使用说明合并印制。种子标签包括使用说明全部内容的,可不另行印制使用说明。

包装销售的种子,标签应当直接印制在种子包装物表面。可以不包装销售的种子,标签可印制成印刷品粘贴、固定或者附着在种子上,也可以制成印刷品,在销售种子时提供给种子使用者。粘贴的含义一是对于不易包装的种子,可先印制标签,再以粘贴方式固定或附着在种子上;二是对于罐装种子,可先印制标签,再以粘贴方式固定或附着在包装罐上;三是对于进口种子,可将中文标签以粘贴方式固定或附着在种子包装物上,但不得覆盖外文标签。

标注文字除注册商标外,应当使用国家语言工作委员会公布的现行规范化汉字。标注的文字、符号、数字的字体高度不得小于 1.8 毫米。同时标注的汉语拼音或者外文的,字体应当小于或者等于相应的汉字字体。信息代码不得小于 2 厘米^2。

品种名称应放在显著位置,字号不得小于标签标注的其他文字。印刷内容应当清晰、醒目、持久,易于辨认和识读。标注字体、背景和底色应当与基底形成明显的反差,易于识别;警示标志和说明应当醒目,其中"高毒"以红色字体印制。检疫证明编号、检测日期、质量保证期,可以采用喷印、压印等印制方式。

作物种类和种子类别、品种名称、品种审定或者登记编号、净含量、种子生产经营者名称、种子生产经营许可证编号、注册地地址和联系方式、"转基因"字样、警示标志等信息,应当在同一版面标注。印刷品应当为长方形,长和宽不得小于 11 厘米×7 厘米。印刷品制作材料应当有足够的强度,确保不易损毁或字迹变得模糊、脱落。进口种子应当在原标签外附加符合本办法规定的中文标签和使用说明,使用进(出)口审批表批准的品种中文名称和英文名称、生产经营者。

案例一:经营标签内容不符合规定的水稻种子案

案情简介:2016 年 2 月 17 日,浙江省衢州市江山市农业执法人员依法对位于贺村镇某农资经营部进行例行监督检查,发现标称湖南某公司生产的'广两优 1128'杂交水稻种子,外包装标签未标注国家审定号,也未标注适宜区域浙江省,执法人员通过中国种业信息网查询,该品种审定号为国审稻 2015019,适宜种植区域包含浙江省,经查实上述批次杂交水稻种子系从当事人处购进。同日,本机关责令当事人立即召回上述批次杂交水稻种子。2016 年 2 月 19 日,当事人向本机关提供了召回标签不符合规定的'广两优 1128'杂交稻种子清单,并提供了外包装标签内容符合规定的'广两优 1128'种子样品。2016 年 2 月 25 日,执法人员在种子市场检查中再次发现了当事人经营的以下杂交水稻种子涉嫌标签内容不符合规定:(1)标称某公司生产的'淮两优 893'杂交水稻种子,标签标注国审稻 2008018,但适宜区域未标注浙江省;(2)标称某公司生产的'Y 两优 6 号'杂交水稻种子,标签标注国审稻 2014024,但标签未标注适宜区域;(3)标称某公司生产的'Y 两优 1998'杂交水稻种子,标签标注国审稻 2015016,但标签未标注适宜区域。本机关执法人员通过中国种业信息网官方网站查询,上述种子均已通过国家审定,均适宜浙江省区域种植。由此认定当事人销售的上述批次种子不符合标签内容规定。2016 年 2 月 25 日,本机关对该案进行立案调查。截至 2015 年 2 月 29 日,该单位销售给相关种子经营户的上述 4 个品种杂交水稻种子均已被退回或调换,无违法所得,也未造成危害后果。

案情分析:根据《中华人民共和国种子法》第四十一条第一款【销售的种子应当符合国家或者行业标准,附有标签和使用说明。标签和使用说明标注的内容应当与销售的种子相符。种子生产经营者对标注内容的真实性和种子质量负责。】、第二款【标签应当标注种子类别、品种名称、品种审定或者登记编号、品种适宜种植区域及季节、生产经营者及注册地、质量指标、检疫证明编号、种子生产经营许可证编号和信息代码,以及国务院农业、林业主管部门规定的其他事项。】的规定。当事人的违法事实有下列证据证实:当事人企业法人营业执照影印件和法人代表身份证复印件、旁证人个体工商户营业执照影印件和身份证复印件等证据证实其违法主体;询问笔录、现场检查(勘验)记录、产品包装影印件、产品入库单影印件、产品销售单影印件、标签内容不符合规定的'广两优1128'种子追回情况记录复印件、'广两优1128'种子退回的物流清单、标签不符合规定种子的库存情况影印件、从全国种业电子政务平台查询记录打印件等证据,证实当事人销售标签内容不符合规定的种子一案的违法事实。

行政处理:本机关认为:当事人的上述违法事实清楚,证据形式合法,内容客观,具有关联性,能够相互印证,其违法事实足以认定。当事人的行为违反了《中华人民共和国种子法》第四十一条第一款、第二款的规定,构成了违法经营标签内容不符合规定的种子的行为事实。本机关于2016年3月7日向当事人送达了《行政处罚事先告知书》,当事人未在法定期限三日内向本局提出陈述申辩,视为已放弃陈述申辩的权利。

根据《中华人民共和国种子法》第八十条第(二)项的规定【违反本法第三十六条、第三十八条、第四十条、第四十一条规定,有下列行为之一的,由县级以上人民政府农业、林业主管部门责令改正,处二千元以上二万元以下罚款:……(二)销售的种子没有使用说明或者标签内容不符合规定的;……】,结合《浙江省农业行政处罚裁量基准》(浙农政发〔2015〕10号),本机关决定做如下行政处罚:

处以人民币陆仟元整(¥6 000元)的罚款。

当事人必须在收到本处罚决定书之日起15日内持本决定书到中国农业银行江山市支行营业部(解放路1号)缴纳罚没款。逾期不按规定缴纳罚款的,依据《中华人民共和国行政处罚法》第五十一条第(一)项的规定每日按罚款数额的3%加处罚款。

当事人对本处罚决定不服的,可以在收到本处罚决定书之日起60日内向江山市人民政府或衢州市农业局申请行政复议;或者在六个月内向江山市人民法院提起行政诉讼。行政复议和行政诉讼期间,本处罚决定不停止执行。

当事人逾期不申请行政复议或提起行政诉讼,也不履行本行政处罚决定的,本局将依法申请人民法院强制执行。

案例二:水稻种子标签涉嫌虚假宣传的行政处罚案

案情简介:原告盱眙县官滩镇农技站化肥农药第二门市于2015年1月17日从经销商谢忠兰处购进标注为"浙江省农科种业有限公司"生产的'Y两优689'杂交水稻种子300袋,进货价格28元/袋。2015年5月1日,被告盱眙县市场监督管理局的执法人员在盱眙县官滩镇进行巡查中发现,原告所销售的标注为"浙江省农科种业有限公司"生产的'Y两优689'杂交水稻种子,该杂交水稻种外包装标签标注特征特性为:平均叶瘟2.4级,穗瘟4.8级,穗瘟损失率6.5%,综合指数4.4,白叶枯病5.0级。该标注与被告执法人员在农业部网站查询的'Y两优689'审定编号为国审稻2013018的稻瘟病综合指数6.0级,穗瘟损失率最高9级,白叶枯病5级,褐飞虱9级,高感稻瘟病,感白叶枯病,高感褐飞虱等抗性指标不一致。至2015年5月1日原告已销售220袋,销售价格为35元/袋,经被告执法人员检查,该杂交水稻种包装袋内无其他标签。被告认为原告售卖的'Y两优689'标签选择性截取审定报告中有关抗病性的部分说明,隐去了有关抗病性不足的描述,对该种子性状作片面宣传,损害了消费者的知情权,足以使消费者误以为该种子不存在抗病性缺点,以此获得市场竞争优势。认为原告销售上述未按审定公告标注特征特性的杂交水稻种的行为，涉嫌违反了《中华人民共和国反不正当竞争法》第九条规定。同日，被告予以立案调查。2015 年 8 月 26 日被告依据《中华人民共和国行政处罚法》作出盱市管案字〔2015〕161 号处罚决定书，原告不服，向一审法院提起行政诉讼。

一审法院认为被告对原告作出的行政处罚，事实清楚、证据确凿充分、程序合法、适用法律法规正确。对于原告要求赔偿其经济、商誉、名誉损失人民币 2 000 元的请求，无事实及法律依据，不予支持。依据《中华人民共和国行政诉讼法》第六十九条之规定，判决驳回原告盱眙县官滩镇农技站化肥农药第二门市的诉讼请求。上诉人盱眙县官滩镇农技站化肥农药第二门市诉被上诉人盱眙县市场监督管理局行政处罚一案，不服江苏省盱眙县人民法院(2015)盱行初字第 00050 号行政判决，向江苏省淮安市中级人民法院提起上诉。本院受理后，依法组成合议庭于 2016 年 5 月 18 日公开开庭审理了本案。

案情分析：根据《中华人民共和国广告法》第六条的规定："……县级以上地方工商行政管理部门主管本行政区域的广告监督管理工作，县级以上地方人民政府有关部门在各自的职责范围内负责广告管理相关工作。"据此，被上诉人盱眙县市场监督管理局对涉案违法行为具有管辖权。针对本案的焦点，具体分析如下：

第一，关于上诉人的行为是否构成虚假宣传的问题。

《中华人民共和国消费者权益保护法》第二十条第一款规定，"经营者向消费者提供有关商品或者服务的质量、性能、用途、有效期限等信息，应当真实、全面，不得作虚假或者引人误解的宣传"。《中华人民共和国反不正当竞争法》第九条第一款规定，"经营者不得利用广告或者其他方法，对商品的质量、制作成分、性能、用途、生产者、有效期限、产地等作引人误解的虚假宣传。"《最高人民法院关于审理不正当竞争民事案件应用法律若干问题的解释》第八条规定："经营者具有下列行为之一，足以造成相关公众误解的，可以认定为反不正当竞争法第九条第一款规定的引人误解的虚假宣传行为：(一)对商品作片面的宣传或者对比的；……"《中华人民共和国种子法》第三十七条明确规定"种子广告的内容应当符合本法和有关广告的法律、法规的规定，主要性状描述应与审定公告一致"。《农作物种子标签通则》(GB 20464—2006)4.1 规范种子标签标注内容表述应准确、科学、规范，规定标注内容应在标签上描述完整。5.3.2 对于主要农作物种子，品种说明应当与审定公告一致。本案中，上诉人销售的'Y 两优 689'杂交水稻种子，其种子标签标注与审定公告不一致，种子包装袋上标签标注，将审定公告中关于种子适应性、抗病性的不足之处的描述予以删除，使消费者对该种子产品，特别是种子适应性、抗病性中存在风险不能进行全面客观的了解，这足以误导消费者认为上诉人经销的种子不存在适应性、抗病性的风险，客观上较之其他同类产品形成了有利的竞争优势，妨碍了正常的市场竞争秩序。上诉人的上述行为违反了《中华人民共和国种子法》关于对主要农作物种子、品种说明应与审定公告一致的相关规定。同时原告销售与审定公告不一致，不完整的种子标签标注说明的行为，违反《农作物种子标签通则》(GB 20464—2006)4.1.2.3 种子标签标注内容应真实有效与销售的农作物商品种子相符；种子标签标注内容应符合国家法律法规的规定满足相应技术规范的强制性要求；种子标签标注内容表述应准确科学规范规定标注内容应在标签上描述完整……的规定。5.3.2 对于主要农作物种子品种，说明应与审定公告一致……上诉人的行为已经构成了虚假宣传，据此，被上诉人作出行政处罚认定事实清楚，证据确凿充分、程序合法、适用法律法规正确，上诉人主张被上诉人认定事实错误，本院不予支持。

第二，关于行政处罚是否超过法定期限的问题。

本案被上诉人依据《工商行政管理机关行政处罚程序规定》第五十七条中对处理期限的规定，进行了延长期限的审批手续，但被上诉人对该证据未在法律规定的期限内向法庭提供，其逾期举证行为明显不当，鉴于该证据已在庭审中予以出示，并进行质证，且未严重侵害上诉人实体权益，该行为应属程序瑕疵，望在今后的行政执法过程中予以重视。

第三，关于被上诉人进行行政处罚适用法律是否正确的问题。

对于虚假宣传行为的处罚，应当适用《中华人民共和国反不正当竞争法》还是《中华人民共和国广告法》。《中华人民共和国广告法》第三十七条规定："违反本法规定，利用广告对商品或者服务作虚假宣传的……并处广告费用一倍以上五倍以下的罚款。"《中华人民共和国反不正当竞争法》第二十四条第一款规定："经营者利用广告或者其他方法，对商品作引人误解的虚假宣传的，监督检查部门应当责令停止违法行为，消除影响，可以根据情节处以一万元以上二十万元以下的罚款。"至此可知，针对虚假宣传行为的处罚存在法条竞合的情形。具体到本案，首先，上诉人的虚假宣传的方式表现在对种子标签中对种子适应性、抗病性中存在风险不进行全面描述，若适用《中华人民共和国广告法》本案这种虚假宣传的形式难以通过量化的方式确定其广告费用，进而使行政机关无法确定对其进行处罚的具体数额。其次，在法条竞合的情况下，行政机关有选择适用的权力。在此情况下，本案中被上诉人适用《中华人民共和国反不正当竞争法》里面对处罚的数额相对明确，故根据《行政处罚法》第四条"实施行政处罚必须以事实为依据，与违法行为的事实、性质、情节以及社会危害程度相当"的规定，被上诉人盱眙县市场监督管理局结合具体情形选择适用《反不正当竞争法》进行行政处罚并无不当。

法院判决：综上，一审判决认定事实清楚、适用法律正确、程序合法，上诉人的上诉理由不能成立，其上诉请求本院不予支持。依据《中华人民共和国行政诉讼法》第八十九条第一款第（一）项之规定，判决如下：

本案裁判结果驳回上诉，维持原判。

二审案件受理费 50 元，由上诉人盱眙县官滩镇农技站化肥农药第二门市负担。

本判决为终审判决。

根据以上案例，分析种子企业如何规范种子标签标注，维护消费者和企业的合法利益。

本章小结

本章系统地分析了种子生产管理、种子质量的控制体系、种子包装和标签管理的内容和特点，具体介绍了种子生产基地、种子田间生产和收购、种子加工贮藏和运输、种子生产档案等管理内容，以及种子质量管理的含义和内容，然后着重分析了国内外种子质量管理的法律法规体系、种子生产质量管理体系，以及种子认证发展历程和现状、种子认证的机构和标准，阐述了种子认证的内容和程序。最后介绍了种子包装和标签管理的作用和意义，分析了种子包装和标签管理的内容和制作要求及其监督管理。

复习思考题

1. 名词解释:种子质量控制管理、种子认证、种子认证方案、种子标签。
2. 简述种子生产基地的管理。
3. 简述种子田间生产档案的内容。
4. 简述种子质量控制管理的内容。
5. 假若你是公司的智控部主管,试论述你管控公司种子质量的方法。
5. 简述种子认证的机构和认证方案。
7. 简述种子认证的内容和程序。
8. 简述种子标签的主要内容和基本要求。
9. 试论述种子标签标注不规范的情形。

第七章　不同作物种子经营策略及模式

知识目标

◆ 了解不同作物种子的经营特点。

◆ 理解不同作物种子的经营策略。

◆ 掌握不同作物种子经营模式。

能力目标

◆ 能根据企业发展特点和发展目标，制订相应的种子经营策略。

◆ 能根据作物经营特点和现状，制订相应的种子营销方案。

第一节　主要粮食作物种子的经营策略及模式

一、玉米种子的经营策略及模式

（一）我国玉米种子产业的现状及发展趋势

1.我国玉米种植现状和种子供需情况分析

玉米是粮食、饲料和工业原料兼用农作物，现已成为我国第一大农作物，其种植面积常年保持在5亿亩以上。我国玉米主产区主要集中在东北、华北春玉米，黄淮海夏玉米和西南玉米三大优势区域，分别占全国玉米种植面积的45%、35%和15%。据国家统计局统计（表7.1），2010—2019年，全国玉米播种面积呈先增加后降低的抛物线趋势，从2010年的5.25亿亩增长到2015年的播种高点6.75亿亩。此后，受政策调整和市场引导，播种面积持续下降至2019年的6.19亿亩，比2016年下降8.3%以上，但仍在6亿亩以上。玉米种植面积的大规模增加是最近十年来杂交玉米种子市场扩大的根本动力。这十年来，玉米种植面积的高增长和维持高位是以牺牲大豆种植面积换来的，当前玉米播种面积的增长空间已经很有限。

表 7.1 2010—2019 年我国玉米种植面积 亿亩

年份	2010	2011	2012	2013	2014	2015	2016	2017	2018	2019
面积	5.25	5.51	5.87	6.19	6.45	6.75	6.63	6.35	6.32	6.19

我国杂交玉米制种基地主要分布在甘肃、新疆、云南、四川、宁夏等地。甘肃、新疆是杂交玉米主要制种优势基地，两地制种面积占全国制种面积的75%左右，产量占全国的85%左右。由表7.2可知，我国杂交玉米制种面积由2010年的388万亩增加到2012年的制种面积峰值435万亩，然后下降到2014年的294万亩，此后又上升到2016年的410万亩，2017—2020年呈下降趋势。可供种量由2010年的15.8亿千克上升到2014年最大可供应量23.6亿千克，接近需种量的2倍，此后呈逐年下降趋势。种子库存量2010—2012年在4.3亿～5.5亿千克，2013和2014年达到了10亿千克，此后呈逐年下降趋势，下降到2020年的最低库存5.5亿千克，种子库存量与年度需种量比率回落到52%，该比率是近8年(从2012—2020年)来首次进入30%～60%的安全区，行业供需向好，临近拐点。

表 7.2 2010—2020 年杂交玉米种子供需情况

项目	2010	2011	2012	2013	2014	2015	2016	2017	2018	2019	2020
制种量/亿千克	11.5	13.6	15.7	13.6	10.1	11	14.7	10.6	9.22	9.9	9.0
制种面积/亿亩	388	410	435	382	294	342	410	293	237	256	230
可供种量/亿千克	15.8	17.6	15	21.2	23.6	20	18.5	20	18	16.2	16.4
需种量/亿千克	10.5	11.3	11	7.7	11.5	12	11.8	11.5	11	11	10.6
库存量/亿千克	4.3	4	5.5	10	10	7.5	6	8	7	6.5	5.5

2.我国玉米种子进出口现状及趋势分析

由表7.3可知，2013－2019年，对进口而言，我国玉米种子进口数量和金额呈先降低后上升的趋势。从2013年的进口数量397.0吨(600.4万美元)下降为2017年的最低点160.1吨(219.0万美元)，然后又大幅度上升，2019年进口数量和金额为496.5吨、470.7万美元，分别为2017年的3.1倍和2.15倍。对出口而言，除了2014年略有下降以外，出口数量和金额均呈上升趋势。由2014年出口数量和金额最低点152.4吨、71.3万美元上升为2019年的777.6吨、286.3万美元，涨幅分别为4.1倍、3.0倍。我国玉米种子进出口数量和金额相对较小，对我国杂交玉米种子供需关系影响非常小，几乎可以忽略不计。

表 7.3 2013—2019 年我国玉米种子进出口数量和金额

项目	2013	2014	2015	2016	2017	2018	2019
进口数量/吨	397.0	352.7	267.0	257.7	160.1	391.1	496.5
进口金额/万美元	600.4	578.8	403.0	338.7	219.0	506.5	470.7
出口数量/吨	278.7	152.4	306.9	436.9	494.7	761.3	777.6
出口金额/万美元	100.4	71.3	134.3	163.5	20.1	269.9	286.3

3.我国玉米种业市场规模现状及趋势分析

近年来,我国玉米种子市场规模一直保持较大幅度增长,主要得益于:①玉米种子科技含量提升,品种改良致使价格提高;②消费市场(口粮、饲料、工业)的扩大增加了对玉米的需求,拉动了玉米种业的发展;③玉米种子价值营销推动售后服务延伸,新增精细化服务价值;④政府对种业的扶持创造了良好的宏观环境。玉米种子市场已成为我国第一大种子市场,是我国种子行业的主战场。由表 7.4 可以看出,我国玉米种子市场从 2012—2019 年始终维持在 250 亿元以上,2012—2015 年逐年增加,2015 年规模最大,然后下降,2016—2019 年基本稳定在 270 亿元以上。由于玉米播种面积、商品化率均已接近极限,而亩均用种量逐渐下降(因为单粒播精品种子的比重越来越大),玉米种子市场规模的增长主要靠种子价格的提升。2004—2011 年玉米种子均价从 6.9 元/千克涨到 18 元/千克,年均涨幅高达 15%,高于同期商品玉米价格 9%的年均涨幅。虽然近年玉米种子制种过剩,行业库存偏高将导致涨幅回落,但预计之后仍能维持每年 10%左右的涨幅。

表 7.4 2012—2019 年我国玉米种子市场规模 亿元

年份	2012	2013	2014	2015	2016	2017	2018	2019
金额	253.9	269.3	274.4	287.1	278.5	273.9	277.8	279.8

4.我国玉米种子市场品种变化情况分析

(1)我国玉米种子市场主推品种的变化 我国第一大玉米品种'郑单 958'推出已超过十年,玉米研发育种仍然有待突破。从 20 世纪 70 年代开始推广玉米单交种到现在,中国经历了 6 次大的品种变革,前 5 代的代表品种分别是'中单 2 号''掖单 2 号''丹玉 13''掖单 13'和'农大 108',目前推广面积最大的'郑单 958'属于第 6 代的代表品种,'先玉 335'推广时间晚于'郑单 958',但并没有明显的突破和替代'郑单 958',因此也属于第 6 代品种。而一些近几年推出的新品种如'登海 605''隆平 206''农华 101'等从品种综合表现来说仍然没有明显突破,从亲本血缘关系上来看也与'郑单 958'或'先玉 335'比较接近,都属于"类郑单 958"或者"类先玉 335"的改良品种(表 7.5)。由于玉米品种具有良好的适应性,一个优秀品种的鼎盛期能够占据全国 10%甚至 20%的面积,一旦有公司能够推出突破性的新一代品种,必将给公司和整个行业带来巨大的变革。

表 7.5 当前我国主要玉米品种亲本分析

类别	品种	母本	父本
类郑单 958	郑单 958	郑 58	昌 7-2
	吉祥一号	武 9086(郑 58 改良)	昌 7-2
	隆平 206	L239(郑 58 与美国品种改良)	L7221(昌 7-2 改良)
	蠡玉 35	L5895(郑 58 改良)	912 黄改系
	中单 909	郑 58	HD568(昌 7-2 与美国品种改良)
	屯玉 808	T88(郑 58 与美国品种改良)	T172(昌 7-2 改良)
	良玉 99	M03(先玉 335 亲本与郑 58 改良)	M5972(昌 7-2 改良)
	京科 968	京 724(美系品种)	京 92(昌 7-2 改良)
类先玉 335	先玉 335	PH6WC	PH4CV
	登海 605	DH351	DH382(先玉 335 亲本改良)
	登海 662	DH371	DH382(先玉 335 亲本改良)
	良玉 88	M54(先玉 335 亲本改良)	S122
	农华 101	NH60(先玉 335 亲本改良)	S121

(2)玉米种子市场需求产品(品种)结构变化　我国玉米种子市场需求在产品结构方面呈现出如下特点：

①饲用型玉米种子需求稳步增长。随着人民生活水平的不断提高和改善,畜产品的消费将具有较大的增长空间,畜产品消费的刚性增长,必将导致饲料消费的稳步增加。

②加工型玉米种子市场潜力加大。加工型玉米是近几年来发展起来的新产品,可以用于淀粉、淀粉糖、变性淀粉、酒精、酶制剂、调味品、药用、化工等八大系列数百种产品的加工。

③ 鲜食特用玉米种子需求不断增加。

5.我国玉米种子企业发展情况分析

玉米种子产业因市场价值最高、商品化率最高,基本全部实现玉米单交种,是种子企业竞争最激烈的作物之一。2018 年 9 月 16 日和 2019 年 10 月 30 日分别在安徽合肥市和山东省济南市举办的第十一届(第十二届)中国国际种业博览会与第十六(第十七)届全国种子信息交流暨产品交易会,公布了 2017 年和 2018 年玉米种业前 20 强种子企业名单(表 7.6)。

玉米种子销售收入前 20 强种企榜单,2018 年与 2017 年相比,除了 2018 年 6 月袁隆平农业高科技股份有限公司收购北京联创种业股份有限公司 90%的股权,北京联创种业股份有限公司的玉米种子业务并入袁隆平农业高科技股份有限公司以外,前 5 强没有变化。在原有的榜单之中,中国种子集团有限公司和河南秋乐种业科技股份有限公司上升幅度最大,提升了 6 个名次。四川同路企业科技有限责任公司、山东冠丰种业科技有限公司、山西诚信种业有限公司和北京屯玉种业有限责任公司 4 家种企则跌出榜单。襄阳正大农业开发有限公司、甘肃省敦煌种业集团股份有限公司、三北种业有限公司、广西兆和种业有限公司和内蒙古西蒙种业有限公司 5 个公司进入榜单。2017 年前 10 强的玉米种企,种子销售量为 2.07 亿千克,占全国市场 17.48%的市场份额;前 20 强玉米企业种子销售量合计 3.3 亿千克,占全国市场

27.87%的市场份额。这与世界种子市场高度集中的格局相比,还存在较大的差距。

表 7.6 2017—2018 年中国玉米种企前 20 强名单

排名	2017 年企业名称	2018 年企业名称
1	山东登海种业股份有限公司	北大荒垦丰种业股份有限公司
2	北大荒垦丰种业股份有限公司	山东登海种业股份有限公司
3	北京联创种业股份有限公司	袁隆平农业高科技股份有限公司
4	辽宁东亚种业股份有限公司	辽宁东亚种业股份有限公司
5	袁隆平农业高科技股份有限公司	吉林省鸿翔农业集团鸿翔种业有限公司
6	吉林省鸿翔农业集团鸿翔种业有限公司	中国种子集团有限公司
7	德农种业股份公司	德农种业股份公司
8	河南金苑种业股份有限公司	河南秋乐种业科技股份有限公司
9	莱州市金海种业有限公司	河南金苑种业股份有限公司
10	北京华农伟业种子科技有限公司	莱州市金海种业有限公司
11	四川同路企业科技有限责任公司	北京奥瑞金种业股份有限公司
12	中国种子集团有限公司	襄阳正大农业开发有限公司
13	山东冠丰种业科技有限公司	甘肃省敦煌种业集团股份有限公司
14	河南秋乐种业科技股份有限公司	九圣禾种业股份有限公司
15	山西诚信种业有限公司	中农发种业集团股份有限公司
16	九圣禾种业股份有限公司	三北种业有限公司
17	中地种业(集团)有限公司	内蒙古巴彦淖尔市科河种业有限公司
18	中农发种业集团股份有限公司	广西兆和种业有限公司
19	北京屯玉种业有限责任公司	中地种业(集团)有限公司
20	内蒙古巴彦淖尔市科河种业有限公司	内蒙古西蒙种业有限公司

(二)我国玉米种子经营特点及其影响因素

1.玉米种类及其种子特点

玉米品种类型繁多。按籽粒形态和结构可分成 9 类:硬粒型、马齿型、粉质型、甜质型、甜粉型、爆裂型、蜡质型、有稃型、半马齿型。按生育期分成早熟品种、中熟品种、晚熟品种。按用途和籽粒组成成分分成特用玉米和普通玉米,特用玉米又可分成甜玉米、糯玉米、高油玉米、高赖氨酸玉米和爆裂玉米。按杂交种组成可分成顶交种、单交种、双交种、三交种、综合品种。玉米是高产粮食作物,种植玉米的比较经济效益较好。我国玉米的栽培品种可分为常规品种和杂交种,但目前生产上除部分山区和个别特用玉米外,已很少使用常规品种。玉米杂交制种产量高低受 3 方面因素制约:不同类型的杂交种,制种产量差异很大;影响母本结实率高低的因素;栽培方法、土壤特性以及生长期天气状况等方面的差异因素。此外,玉米是异花授粉作物,容易串粉混杂，原种使用代数不可太长，需定期更新。因此，玉米种植要获得高产所需技术水平较高，且受天气条件影响较大，不确定因素多。另外，玉米种子的耐藏性差，不宜长期储藏。以上这些特点决定了玉米种植风险和经营风险均较大。

2.玉米种子经营特点

(1)玉米种子需求较稳定　在种植结构上，我国玉米茬口的作物除玉米外主要为大豆、棉花及其他经济作物，其中，大豆的种植面积对玉米影响最大。近年来，随着玉米的价格逐年攀升并趋于稳定，农户对玉米种植的积极性相对较高，从而形成了较为稳定的玉米种子需求。

(2)玉米种业市场竞争激烈　玉米种子市场投资少、见效快，成本回收周期短，因此也成为许多企业投资的一个热点。而中国是一个农业大国，对于玉米种子需求量非常大，所以不仅有国内的许多企业投入到玉米种业的竞争当中，众多的国外企业也进驻中国玉米种业市场，目前中国玉米种业市场竞争非常激烈。

(3)经营主体较复杂，市场监管难度大　在国有种子部门退出种子生产经营市场后，各类种子公司和乡镇农科站成为玉米杂交种子销售的主渠道，加之近些年从事种子零售的个体经营户数量迅速增多，使得经营主体多元化，经营主体素质参差不齐，难免会出现一些不正当、违规的经营行为，如个体经营户间换种或再次批发的现象时有发生，严重扰乱了种子市场秩序。

(4)经营活动行为不规范　杂交玉米种子属于季节性较强的特殊商品，经营时间受到限制，农户购买时间较为集中，种子零售者对于种子知识和品种特性掌握不尽相同，所售的种子缺乏销售凭证，使得种子发生质量纠纷无法追溯。

(5)市场品种多、乱、杂　无论大小种子公司都在招募育种人员、征集品种资源，搞“短、平、快”育种研究，凸显中国种业还是没有按产业发展规律改造的“原生态”本质，暴露出科研和种业的体制弊端，更反映众多的企业无能力建立有效的自主研发体系。其后果：一是加剧了产学研分离。没有哪一家种子公司愿意投资科研育种，精明老板有深一层的算法：投资科研是无底洞，可能有所得，也可能“竹篮子打水”。二是育种人员遍地开花。除科研院所外，地、市、县科研单位和种子公司以及个体户都热衷于搜集育种材料，希望快出品种。三是审定品种与年俱增。育成品种可通过国家和省区试、绿色通道、联合体试验等多渠道审定，大多数品种低水平重复，突破性品种极少，真正能在生产上推广应用的品种不到 1/3，这就造成了审定品种过多过滥，造成了市场品种多、乱、杂现象盛行。

(6)市场上假冒伪劣种子频现　品种假冒行为：一些经营者为了谋取利润，常用普通玉米种子假冒其他品牌玉米种子，盗用他人的成果，直接欺骗用种农户，损害了广大农民的切身利益，尤其在经济发展落后地区此现象最为明显。陈种冒新行为：一些经营者将当年没有销售完的玉米种子，积压到第二年或第三年继续销售，但是个体经营者的仓储条件有限，导致种子在保存过程中存在一些不规范现象，影响了种子的实际质量与品质，导致种子出苗成活率下降。

3.影响我国玉米种子经营的主要因素

(1)玉米种子产业集中度不高　尽管我国玉米种子企业繁多，但缺乏真正的玉米种业巨头，前十强种业企业玉米种子的销售额不到种业市场的 20%，前 50 强市场集中度也仅有 35%。剩下 70%左右的玉米种子销售额都归属于营销链上的“游击队”。中国种业缺乏具备兼并整合能力的倡导型领头企业，我国玉米种子产业的集中度不高。这就间接影响了玉米种子的良好经营。

(2)企业缺乏核心品种竞争力　玉米种子企业的核心竞争力取决于企业拥有的产品品种优势。纵观玉米种业发展历史,耐密植、综合抗性好、籽粒品质优良、早熟以及抗倒性强逐渐成为品种推广潜力的重要条件。近年来,玉米品种的申报和审定数量在各类品种中占绝对优势,但从增长速度来看,国家审定玉米品种的增速明显低于其他大田作物,下降趋势明显,这也预示现阶段玉米"真正"新品种的匮乏。从研发主体看,科研院所虽牢牢占据品种话语权,但研发主体向企业推进的趋势日益明显,主要表现在:玉米品种的植物新品种企业申请数量和授权数量不断增加,且已超过科研院所,研发主体的转变主要得益于近年来国家对种业研发的政策支持。

(3)市场因素　近年来,我国玉米种子产业的市场规模实现了快速增长。由于玉米种子的商品化率达到98%,种植面积的增加对玉米种子需求有直接的拉动作用。随着杂交玉米新品种研发的不断推进,玉米种子科技含量不断提升。但是,消费市场(口粮、饲料原料、工业原料)的扩大增加了对玉米的需求,从而拉动了玉米种业的发展。近年来,由于人工和原料成本等因素上涨,使玉米制种成本增加;制种技术不断提高也导致种子质量提升,这些都导致我国杂交玉米种子的市场零售价保持上扬趋势。

(4)非市场因素　非市场因素如国家产业政策调整——我国要恢复大豆种植面积,这势必导致玉米的种植面积调减,影响对玉米种子的需求。而粮食的临时收储价格和最低粮价保护提高却使得玉米种子的价格上涨等。种植业结构的调整和优惠的种粮补贴政策也会影响玉米种子的经营,同时,气候条件、生态条件变化对玉米种子经营也会有一定的影响。

(三)我国玉米种子主要经营策略和模式

1.我国玉米种子经营策略

(1)做好种子市场调研预测,控制合理库存　玉米种子高库存已持续多年,严重阻碍种业的发展和资本的积累。种子企业主对接市场,实时了解消费者的需求动态,及时掌握供求信息,保持制种和售种的良性循环。种子企业要提前做好种子市场调研预测工作,利用网络信息等大数据,合理分析预测未来种子市场走向,在保证安全供种的基础上,做好种子生产计划,不要盲目扩大制种面积,控制种子合理库存。

(2)打造种子品牌,树立企业形象　随着玉米品种日渐丰富,农民购买种子的选择越来越多样化。如果企业品种特色不鲜明、企业口碑差、市场意识不敏锐,就很难在市场竞争中脱颖而出。种子企业在制种、加工、销售过程中执行高于国家(行业)的种子质量标准,树立企业高质量的种子品牌,从而获得大量的忠诚客户。此外,还有种子企业还要建立服务品牌,提高服务意识,建立从播种到收获的全程全方位的配套服务。树立品牌诚信(不坑农害农,信誉度高),在业界树立良好口碑和企业形象,赢得农民信赖,才能在激烈的种子市场竞争中立于不败之地。

(3)不断研发新品种,提高市场核心竞争力　品种是种子企业赖以生存的基础和市场核心竞争力。如果销售的品种不好,再高超的营销策略也不过是纸上谈兵。种子企业要想做强、做大,就要在保持现有品种优势的前提下,不断研发新品种,迎合农民不断变化的种植需求。如研发容量高、脱水快、抗病力强的适合机收的品种,占领市场。因此,种子企业要加大研发投入,积极借鉴国内外先进的育种技术,提高玉米种子的优良性状,抑制不良性状的表达,不断地培育出符合农民期望的优质种子。

(4)合理定位玉米新品种,壮大种子市场业务　合理定位玉米品种,寻找最适合推广种子的生长区域和最适当的经营管理办法,充分发挥品种的潜在优势。如果种子企业还未彻底了解品种特殊的农艺性状就盲目推广,容易失去核心竞争力,使一个具有开发和栽培潜力的新品种失去价值。合理的品种定位可以降低经营风险,加深顾客对该品种的认识,提升客户忠诚度,为壮大种子市场业务提供坚强保障。

(5)差异化营销策略　根据玉米种子终端用户——种植者种植面积的大小我们可以采取差异化的价格和营销渠道策略。种植大户、农民合作社本身在种植上就占有优势,可进行机耕、机种、机收,降低了种植成本,种植面积大,因此在种子的选择上就会倾向于高产量的高品质的玉米种子,种业企业可以采取直接销售渠道策略,顺势推出高质高价的产品。而零散种植者或者是家庭主要收入不以种植为主要经济来源的种植者,拥有的种植面积不多,产量较小。这类种植者对种植成本特别是种子价格关注较多,在购买种子的时候就会倾向于购买价格较低的产品。公司对于这类目标客户可采取间接营销渠道策略,采用“薄利多销”的定价方法,推出物美价廉的产品,在销量上弥补价格低的缺陷。

玉米种子营销策略虽然不能从根源解决中国玉米种子市场存在的问题,但是可以通过打造企业品牌,采取差异化价格策略,在拳头产品“高端价位”策略的同时,适当推出“薄利多销”的产品;在增加专卖店和经销商数量的同时,加强网络营销,形成直接渠道和间接渠道共同发展、齐头并进的态势;通过企业技术人员、媒体与网络,为经销商提供营销支持,为农民提供从播种到收获的全程全方位的配套服务,能有效地减缓玉米种子市场的供求矛盾,为种子企业去库存,促销量提供途径。

2.我国玉米种子主要经营模式

(1)代繁经营模式　代繁经营模式(订单模式)是指种子生产企业(以下简称代繁企业)直接(或间接)与具有种子品种所有权的企业(以下简称被代繁企业)联系,通过双方洽谈协商,确定种子生产计划(包括品种、产量等)、收购价格、预付资金等条款,签订种子生产订单合同;被代繁企业根据合同先预付一定的资金,种子生产企业根据订单生产种子、收购种子,进行种子初加工和检验(根据要求代繁企业对生产的种子进行初加工和质量检验),将合格的种子大包装运输发送给被代繁企业,经过检验合格后,将其余种子收购资金支付给种子生产企业的运营方式。在我国玉米种子产业中,绝大多数的种子企业属于代繁企业。

该模式可以有效避免玉米种子企业盲目生产造成大量种子积压的尴尬局面,还能最大限度地降低种子生产者、加工者及销售者的市场风险,减少中间环节的成本费用。订单农业实行的是先确定市场再生产的经营方式,是种子销售的一种进步。不过不足的是订单农业的销售群体十分有限,只能对玉米种子的销量起辅助作用。

(2)繁销经营模式　繁销经营模式是指种子企业购买科研机构、企业或个人新育成品种的所有权,然后进行种子生产、加工及营销,为企业获取经济效益的一种运营方式。在我国的玉米种子产业中还有少数的繁销种子企业,这类种子企业同时进行生产和销售,对企业的规模、技术和资金有一定的要求,不适合小企业。

(3)育繁推经营模式　育繁推经营模式(即育繁推一体化)是指种子企业自主研发新品种,通过自己的生产基地、农场或制种农户等进行种子生产,收获(收购)、检验种子,并进行晾晒(机械干燥)、加工、贮藏等种子处理,制定种子营销策略进行种子包装、营销,将新品种推向市场获得经济效益的一种运营方式。在我国的玉米种子产业中,真正的育繁推运营模式的企业不多，严格意义上讲所占比例极少。

(4)代繁销经营模式　代繁销运营模式是指种子企业和有品种所有权的企业或个人，通过协商、签订授权合同，进行种子生产、收获种子、种子加工处理、包装上市，使用被代繁企业的品牌进行销售获取经济效益的一种运营方式。目前在我国玉米种子产业中比较少。

(5)电商营销模式　互联网电商相比传统的营销模式更加灵活，覆盖面更广，对市场的反应更加迅速，还能针对不同消费群体进行多维度的精准营销。“互联网＋种子”电商模式将是下一个种子营销的风口，农业农村部与种子企业有望共同创建一个种子电商平台，而且农业农村部已开始跟阿里巴巴、京东等电商巨头进行合作交流。玉米种子企业在线上销售种子前，首先要对种子市场进行调研，然后根据企业的品种定位，选择合适的网络销售模式，促进其种子交易量。种子电商模式不仅能优化市场资源配置，还能加强农业产业链的调整。

(6)连锁直销模式　种子市场的品种同质化日渐严重，经销商的同行竞争激烈，唯有转变经营战略，从代理品种改成代理品牌，全力推进种子连锁直销模式，才能在市场上站稳脚跟。连锁直销的核心是种子优良的品质，产品的高效益和品牌策略的实施。该模式可以合理控制玉米种子价格，有效减少种子窜货现象，加快物流配送，加速新品种的推广，减少经营风险，达到提高种子销量的目的。

(7)顾问式销售模式　顾问式销售就是以顾问的身份给农民做参谋，帮助农民选择品种和种子，以及帮助农民对其他与生产相关的环节做出决定，指导农民获得丰收。顾问式销售与一般销售有很多不同之处：①顾问式销售贯穿于销售活动的整个过程，并且始终以顾客利益为中心。顾问式销售不是着眼于一次合同的订立，而是长期关系的建立。让农民和公司达到双赢效果，使公司的发展得到良性循环。②销售人员以专家、顾问的身份出现，而不以最底层销售身份出现。③以协助客户解决问题为目的，不以介绍产品为主。④主要方法是通过与客户建立信赖关系，引导客户的潜在需求，让客户主动购买产品。对销售人员的工作技能和专业技能要求较高。

顾问式销售人员必须具备精深的专业技能、服务技能，包括产品知识、栽培技术、病虫草害防治、土肥知识、行业动态、销售知识等。同时必须深入了解农民的潜在需求，并且能为农民提供整个种植过程中各种风险因素的应对解决方案，帮助他们解决遇到的实际问题，取得农民的信任。一般可采取售前指导、技术培训、大客户指导、实质性服务(教会农民种、提前预防风险，避免出现问题)、售后服务等措施来实现种子销售的最终目的。

案例分析：杂交玉米品种‘先玉 335’成功营销应用实例

2005 年，登海先锋种业公司推出了杂交玉米新品种‘先玉 335’。一般种子企业推出新产品都喜欢先用低价开拓市场，但时任登海先锋中方总经理的刘石决定反其道而行之，把‘先玉 335’的零售价格提高到当时最流行的国产玉米种子‘郑单 958’的两倍还要多。在刘石看来，种子公司卖的不应仅仅是种子，而应该是一整套玉米种植解决方案。国外的种子公司向农民提供的是全方位服务，从耕种方式到肥料选择，甚至连最后的产品销售等都尽可能地提供专业帮助，只有这样才能最大程度地发挥种子的潜力，也可以让农民对种子公司更加忠诚。

在国际种业巨头孟山都进入中国前，国内种子公司的定价机制非常原始，基本上是按照成本加利润来定价。孟山都打破了这个习惯，按照市场需求和价值来定价。孟山都认为，本公司的成本和消费者无关，我自己能挣多少钱你也不用管，我所做的就是帮助你解决问题，提高你的种植收益，然后我从你获得的收益中抽取一笔合理的费用，即使这个费用比我的成本高很多，消费者也不会有意见。于是，刘石每年都会组织公司技术人员下乡为经销商们举办培训班，培训内容不仅是本公司的产品介绍，而且涵盖了农业技术和经营管理等诸多方面。这件事得到了各地经销商们的一致好评，无形中提高了‘先玉 335’在种子市场的竞争力。

光靠配套服务还不行，刘石决定借推广‘先玉 335’的机会再推广单粒播种，改变我国农民上千年的耕作习惯。因为害怕种子不出苗，我国农民一直采用多粒播种再间苗的种植方式，这种方式既费种子又费工。‘先玉 335’出苗率很高，无须多粒播种，刘石便把原来的论斤卖种子改为按粒卖种子，缩小包装种子数量，农民每亩地的玉米种子实际花费并没有提高太多。

经过一年实践，大多数采用手工播种的农民都尝到了单粒播种的好处。但是还有一半的农民采用播种机播种，而当时国内尚无单粒播种机，进口机器每台售价 4 万元，根本买不起。巧合的是，刘石听说河北一家名为“农哈哈”的播种机厂仿制了一台意大利单粒播种机，便主动找到对方要求合作，先由对方试生产几百台样机出来，由先锋公司包销，在实践中完善这款机器的制造工艺。两年后，刘石认为播种机的设计改造和产品质量都过关了，便与“农哈哈”签订协议，以每台 2 800 元的低价销售单粒播种机，先锋公司再给每位购买者补贴 1 000 元，只要买家提供自己的地址和联系方式即可。这样一来，先锋公司通过这个补贴项目掌握了整个玉米产区几千名专业播种机手的详细资料，然后通过他们向农民推销‘先玉 335’，从而‘先玉 335’种子营销大获成功。就这样，‘先玉 335’仅用了几年时间就占领了整个华北和东北的玉米种子市场。

“补贴播种机这个主意和计划是我在一次公司内部会议上突发奇想得到的，不但帮先锋多卖了种子，让整个玉米链条的所有环节，包括种子经销商、农民、播种机手和‘农哈哈’机械都赚到了钱，而且还帮助国家推广了单粒播种技术，实现了整个玉米产业的升级换代。”刘石说，“其实国家很早就想做这件事，但一直没有做成，最后被先锋公司做成了。”

刘石算了一笔账：中国目前种了 5 亿亩玉米，按照原来的播种方式需要 350 万亩耕地生产杂交种子。改用单粒播种后种子使用量减少到原来的 1/3，仅此一项，每年就至少节约了 200 万亩土地。目前每亩地的制种费用平均为 2 500 元，算下来每年就可节约 50 亿元人民币。原来的播种方式还需要间苗，如今每亩地的间苗费一般是 40～50 元，这样就可以节约至少 200 亿元人民币。除此之外，玉米种子的运输费和仓储费也大大减少，算下来每年可再节约 6 亿～7 亿元人民币。

也就是说，这样一个看似毫不起眼的技术革新每年竟可以潜在地为中国农业带来 250 亿元的经济效益！

当然了，光凭单粒播种还不足以让‘先玉 335’获得如此大的成功，这里面还有一个关键因素，那就是这个新品种更好地满足了农民的粮食生产需求。

“‘先玉 335’的抗病和抗倒伏能力都不算强，对土肥的要求也较高，只有在各方面条件都达到一定水准的前提下才会获得高产，所以只在东北地区流行了起来，华北地区卖不过更加皮实(厚)的‘郑单 958’。”刘石说，“即便如此，‘先玉 335’在东北地区的增产效果也没那么高，坊间传说它特别高产其实是另有原因的。”

刘石说，“中国农村奉行平均主义，不可能把好地都分给一户人家，所以每家都有好地和差地。‘先玉 335’的价格最高，因此农民们便更倾向于用好地来种它，而且也会更加上心一些，产量自然也就高了。”

如果说这个原因有些投机取巧的意思，那么‘先玉335’脱水快的优点则帮了农民很大的忙。普通玉米脱水慢，往往需要挂在屋檐下晾好几天后才能卖，这也是很多人印象中的农村应有的景象。其实这么做很费事，农民是不满意的。‘先玉335’脱水快，采摘后可以直接脱粒装袋销售，省了很多人工。正好那几年东北遇到了卖粮难的情况，如果谁家的玉米能早卖几天，往往会多卖点钱。

从时任登海先锋中方总经理的刘石运作‘先玉335’杂交玉米品种仅用了几年时间就占领了整个华北和东北的玉米种子市场，玉米种子营销大获成功的应用案例来看，刘石主要的经营理念和措施如下：

1.定价策略

高价定位，提升公司品牌。品种按照市场需求和价值来定价，‘先玉335’定价高为‘郑单958’的两倍多，认为种子公司卖的不应仅仅是种子，而应该是一整套玉米种植解决方案，认为企业推出新产品不能仅靠低价开拓市场。

2.服务策略

优质服务，提高农民忠诚度。公司向农民提供的是全方位服务，从耕种方式到肥料选择，到最后的产品销售等都尽可能地提供专业帮助，只有这样才能最大程度地发挥种子的潜力，也可以让农民对种子公司更加忠诚。

3.推广单粒播种技术，补贴单粒播种机

‘先玉335’出苗率很高，无须多粒播种，刘石便把原来的论斤卖种子改为按粒卖种子，缩小包装种子数量，降低农民玉米生产成本。补贴播种机，让整个玉米链条的所有环节，包括种子经销商、农民、播种机手和机械都赚到了钱，实现了整个玉米产业的升级换代。

4.品种和市场定位清晰准确

根据‘先玉335’的抗病和抗倒伏能力不强，对土地的要求较高，只有在各方面条件都达到一定水准的前提下才会获得高产，首选选择在土壤肥力高、管理精细的东北地区推广。同时利用‘先玉335’脱水快的优点，农民采摘后可以直接脱粒装袋销售，优点是省工，早卖价格高，可以多赚钱。

根据以上分析，结合当地的玉米种植特点，试在当地推广某种子企业培育的玉米新品种。

二、水稻种子的经营策略及模式

(一)我国水稻种业现状与发展前景

1.我国水稻种子产业现状

我国水稻播种面积基本维持在4.5亿亩左右，产量在20 000万吨左右，主要集中在东北平原、长江流域和东南沿海3大优势区域，这3大区域分别占全国水稻种植面积的12%、64%和22%。东北平原主要是高品质的粳稻品种，生长周期长，水肥条件好，单产水平高出全国10%；长江流域以籼稻为主，种植面积最大，平均单产比全国高出4%；东南沿海种植的基本都是籼稻，平均单产低于全国水平9%。2016年农业农村部推介发布的各区域水稻主推品种主要有‘Y两优1号’‘新两优6号’等30个，具体水稻品种详见表7.7。

表 7.7 2016 年农业农村部推介发布的水稻主推品种情况表

区域	品种
长江流域	Y 两优 1 号、新两优 6 号、中浙优 1 号、内 5 优 8015、珞优 8 号、宜优 673、丰两优四号、宁粳四号、南粳 9108、深两优 5814、中嘉早 17、中早 39、隆香优 130、天优华占、五优 308
华南稻区	美优 796、天优 998、五山丝苗、深优 9516
西南稻区	宜香优 2115、德优 4727、川优 6203、楚粳 28 号、内 5 优 39
北方稻区	龙粳 25、龙粳 31、绥粳 14、通禾 899、沈农 9816、宁粳 43 号

水稻种子市场规模仅次于玉米，其中杂交水稻市场规模约 141 亿元，常规水稻规模约 56 亿元。2018 年 9 月 16 日和 2019 年 10 月 30 日分别在安徽合肥市和山东省济南市举办的第十一届（第十二届）中国国际种业博览会与第十六（第十七）届全国种子信息交流暨产品交易会，公布了 2017 年和 2018 年杂交水稻种子企业销售收入前 20 强种子企业名单和常规稻种子企业销售收入 10 强（表 7.8 和表 7.9）。

表 7.8 2017—2018 年中国杂交水稻种子企业销售收入前 20 强名单

排名	2017 年企业名称	2018 年企业名称
1	袁隆平农业高科技股份有限公司	袁隆平农业高科技股份有限公司
2	安徽荃银高科种业股份有限公司	安徽荃银高科种业股份有限公司
3	北京金色农华种业科技股份有限公司	北京金色农华种业科技股份有限公司
4	中国种子集团有限公司	中国种子集团有限公司
5	宁波市种子有限公司	广西绿海种业有限公司
6	湖南活力种业科技股份有限公司	四川农大高科农业有限责任公司
7	江西天涯种业有限公司	宁波市种子有限公司
8	海南神农基因科技股份有限公司	江西天涯种业有限公司
9	创世纪种业有限公司	广西兆和种业有限公司
10	四川农大高科农业有限责任公司	四川西科种业股份有限公司
11	广西兆和种业有限公司	海南神农基因科技股份有限公司
12	四川华丰种业有限责任公司	四川国豪种业股份有限公司
13	湖南金源种业有限公司	中农发种业集团股份有限公司
14	江苏神农大丰种业种业科技有限公司	重庆中一种业有限公司
15	四川国豪种业股份有限公司	湖南奥谱隆科技股份有限公司
16	中农发种业集团股份有限公司	武汉国英种业有限责任公司
17	湖南奥谱隆科技股份有限公司	湖南希望种业科技股份有限公司
18	湖南希望种业科技股份有限公司	四川华丰种业有限责任公司
19	四川西科种业股份有限公司	合肥丰乐种业股份有限公司
20	武汉国英种业有限责任公司	江西兴安种业有限责任公司

2018 年杂交水稻前 20 强种企榜单，前 4 强比较稳定，隆平高科稳居榜首，共有广西绿海种业有限公司、重庆中一种业有限公司、合肥丰乐种业股份有限公司和江西兴安种业有限责任公司 4 家企业新进入榜单，其中广西绿海种业有限公司实力较为强劲，首次进入就位居第 5 位。在原有的榜单之中，四川西科种业股份有限公司排名上升幅度最大，上升 19 名，至第 10 的位置。相比较 2017 年，湖南活力种业科技股份有限公司、创世纪种业有限公司、湖南金源种业有限公司、江苏神农大丰种业种业科技有限公司 4 家种业则跌出榜单。

2017 年前 10 强的杂交水稻企业，种子销售量为 1.06 亿千克，占全国市场总份额的 37.46%；前 20 强的企业种子销售量则高达 1.37 亿千克，占总份额的 48.41%。2018 年杂交水稻种子的市场集中程度继续上升，前 10 强和 20 强分别占 45.76%和 57.88%。这充分说明我国杂交水稻种子的市场集中程度较高。

表 7.9　2017—2018 年中国常规水稻商品种子销售收入前 10 名

排名	2017 年企业名称	2018 年企业名称
1	北大荒垦丰种业股份有限公司	北大荒垦丰种业股份有限公司
2	齐齐哈尔市富尔农艺有限公司	齐齐哈尔市富尔农艺有限公司
3	江苏省大华种业集团有限公司	黑龙江龙科种业集团有限公司
4	江苏省高科种业科技有限公司	江苏省高科种业科技有限公司
5	黑龙江田友种业有限公司	黑龙江倍丰种业有限公司
6	黑龙江龙科种业集团有限公司	绥化市盛昌种子繁育有限责任公司
7	江苏红旗种业股份有限公司	江苏红旗种业股份有限公司
8	江苏天丰种业有限公司	江苏省大华种业集团有限公司
9	黑龙江倍丰种业有限公司	江苏天丰种业有限公司
10	武汉武大天源生物科技股份有限公司	江苏明天种业科技股份有限公司

2017 年首次公布常规水稻种企前 10 强名单，2018 年北大荒垦丰种业股份有限公司、齐齐哈尔市富尔农艺有限公司位居前两位（表 7.9）。2018 年与 2017 年相比新进入的种子企业有绥化市盛昌种子繁育有限责任公司和江苏明天种业科技股份有限公司 2 家企业，落榜的有黑龙江田友种业有限公司和武汉武大天源生物科技股份有限公司。在常规稻种子市场，黑龙江和江苏两省的企业发展最好，黑龙江 5 家企业上榜，江苏省 4 家企业上榜。2017 年常规水稻前 10 强企业共占去全国市场份额 33.92%，常规水稻种子市场集中程度非常高。

2.我国水稻种子产业的发展前景

2014—2019 年，我国杂交水稻种子市场规模由 2014 年的 118.5 亿元上升到 2019 年的 140.6 亿元，呈逐年上升趋势，常规水稻种子市场规模由 2014 年的 46.7 亿元上升到 2015 年的 55.8 亿元，以后稳定在 55 亿元左右，2019 年增加较为明显达 56.4 亿元。未来水稻品种将是高产与优质的结合，二者兼具的品种将占据市场优势。由于籼稻与粳稻种植范围相对固定，而杂交粳稻品种优势并不明显，但常规粳稻米质更优，因此未来杂交水稻种植面积并不会明显增大，市场增长的主要因素是高产优质的两系杂交水稻品种替代高产的两系和三系杂交水稻品种、部分省份籼粳杂交稻品种推广，以及杂交种种子价格的提高；而常规稻种子市场规模增长则来自单价的提高和商品化率提升两个方面。2004—2011 年杂交稻种和常规稻种价格平均涨幅分别为 17%和 12%，均高于同期商品水稻价格 8%的涨幅，预计我国水稻种子市场规模未来每年呈复合指数 10%增加，不久的将来水稻种子市场规模与玉米种子市场规模相当。另外，目前在转基因水稻中，主要的两类目标基因抗虫基因和抗除草剂基因都是来自国外，我们没有 Bt 和 Bar 两个基因的知识产权，不利于今后在我国推广应用这两类转基因水稻。

（二）我国水稻种子经营特点及其影响因素

1. 水稻种子特点

稻品种类型繁多，按生育期类型分有早、中、晚稻，按生态类型分有籼稻、粳稻，按品种来源及种子生产方式可分为常规稻和杂交稻。水稻种子繁殖系数高，推广速度快，品种更替快。常规稻种子繁种产量高，生产成本低；杂交稻种子制种产量不稳定，生产成本较高。水稻种子具有良好的耐贮存性，低温低湿条件下一般可存放 3～4 年。由于水稻本身种植区域性较强，一方面需要类型多样化的品种，另一方面品种多、同质化严重，农民在品种选择上盲目性大，导致水稻种子行业竞争相当激烈。以上特点决定了杂交水稻种植风险和经营风险均高，常规稻较小。

2. 水稻种子经营特点

(1)种子生产成本高，利润高　适合水稻种子生产的基地逐年减少，地租和劳动力费用增加，资金投入大，种子从收获到销售的储存时间较长，资金周转慢，种子销售价格高，位于种子行业链中下游的企业对利润要求很高，尤其是种子零售商。

(2)种子经营预见性差，风险大　水稻是我国第二大粮食作物，一方面种子需量大，另一方面需求有很大的不确定性。如农户收成不好，粮食价格低迷，加上种子销售时间短、农民购种集中，调整价格对种子销售量的影响不大，价格弹性小。种子价格的变化对单位面积播种量几乎没有影响，农民不会因为价格低就会多买种子，市场上种子较多时，极可能造成种子积压转商风险；而种子生产的价格弹性却较高，必须提前一年生产种子，种子生产量不足或遇自然灾害减产，种子收购价格会抬高。两系水稻在产量和米质上比三系有一定的优势，因此近几年推广面积增长快于三系水稻。但两系法也有其自身的缺陷，就是光温敏不育系的育性转换受光照温度条件影响较大，一旦出现异常气候，制种失败的风险非常大，因此经营风险非常大。

(3)品种多乱杂和同质化等市场混乱情况较为严重　2000 年《种子法》颁布实施后，打破了计划经济时期品种单一的局面，开发一个品种可能就造就一个种子公司，为争夺品种，种子市场品种多、乱、杂现象比较突出。2013 年国家主要农作物品种审定办法发布以后，实行国家级或省级审定，除统一试验外，品种试验增加了绿色通道、品种试验联合体等，审定品种出现“井喷”。因此，品种同质化严重。

(4)充分发挥水稻杂交种子出口优势　由于我国杂交水稻具有自主知识产权，世界杂交水稻种子市场容量巨大。但近年来种子生产成本上升，严重挤压水稻种子出口的利润空间，同时种子市场秩序混乱，出口种子良莠不齐，降低了中国杂交水稻在国际上的声誉；此外政策不配套，使中国杂交水稻种子出口量下降。因此，适当放宽种子出口限制、加强出口监管并加强行业自律，才能做大做强国际市场杂交水稻种子。

3. 影响水稻种子经营的主要因素

(1)非市场因素　如国家产业政策影响，各级政府为稳定粮食生产，提高农民种植水稻的积极性，促进水稻增产增收，而采取的统一供种、集中采购等，会极大地影响当地水稻种子的经营；种植业结构的调整和优惠的种粮补贴政策也会影响水稻种子的经营；我国种业新政的出台和实施，提高了水稻种子经营门槛，特别是杂交水稻种子经营门槛，使水稻种子企业走向寡头垄断，对水稻种子经营影响巨大。

此外，气候条件、生态环境变化对水稻种子经营也会有一定的影响。

（2）市场因素　主要是稻米市场价格对种子经营的影响，如国家稻谷收购保护价的高低直接影响水稻种植，进而影响水稻种子销售；与稻米加工有关的产业利润会影响水稻种子销售；人们的消费习惯会影响不同类型水稻种子销售特别是特用种子市场的变化。水稻生产主体的转变促使种子企业销售网络下移，同样对种子供求关系、价格变动等水稻种子经营产生一定影响。

（三）水稻种子主要经营策略及模式

1.传统经营与现代经营理念

（1）传统经营理念　在《种子法》出台前，水稻种子一直是各级国有种子公司垄断经营的，广大用种农民只能被动地接受公司所销售的水稻品种和种子价格。由于市场是封闭的，种子公司只要能生产出质量合格的种子，就可在指令性政策的保护下占领整个市场，所以传统经营理念是建立一个稳定、质量合格的生产基地，以此来占据种子市场。

（2）现代经营理念　随着 2000 年《种子法》颁布实施，种子市场垄断被打破，市场格局发生了根本性的变化。水稻种子由县级种子公司封闭经营的格局被打破，各大种子公司纷纷进入水稻种子领域，广大用种农民有了选择种子的权利。种子公司从以产品为中心变为消费者为中心，注重种子市场营销。种子公司在注重品牌意识的同时，为适应《国务院关于加快推进现代农作物种业发展的意见》等“种业新政”，加快了整合、兼并进程，走以市场为导向的经营模式。

2.水稻种子主要经营策略

从《种子法》颁布实施到种业新政出台实施，大多数种业公司主要依靠品种，采用品种策略。成功的种业企业要完成从品种营销到品牌营销的升华，就必须实行品牌策略，“杂交稻，隆平造”就是品牌营销的成功范例。包装是品牌价值的载体，是企业实现有效分销和差别化战略的方法，已成为水稻种子强有力的促销手段。现阶段种子市场竞争激烈，采用市场供求定价法，制订合理的销售策略，拓展销售渠道是有效促销的关键。以市场为导向，整合资源，水稻种子企业必将采用网络等组合经营策略。

3.水稻种子主要经营模式

因为农业生产主体和经营体系的变化，种子营销方式也会随之改变。新一轮种业整合后，水稻种子经营模式会从现在的代理制经营模式、直销制经营模式向新型经营模式如品牌化整合营销、战略合作新模式、网络销售等营销方式转变。

（1）代理制经营模式　这种模式是 20 世纪 90 年代后期由大型种业公司首先倡导的，其内容是“区域代理、现款提货、模糊返利”，核心是掌控“大客户”。本质上是由区域销售商为主导，面对终端销售商的一种渠道经营模式。种业企业不直接与终端零售商发生业务，种子利润大部分由区域代理商与终端零售商所占有。其优点是由区域代理商组织网络销售，企业可节省人力、物力从事市场调研、制订销售策略、指导管控市场及做好售后服务。这种模式由于代理商自主性强、利润高，有利于激发代理商的积极性，实现品种销量最大化。但其缺点是企业受代理商制约，因而遴选代理商是关键。往往最有能力的代理商忠诚度不高，而有积极性的代理商能力有限。针对这种模式下代理商唯利是图的习惯思维，种业企业要提高代理商的销售积极性，监督协调好代理商与终端零售商的关系及做好客户管理与售后服务方面工作。

(2)直销制经营模式　直销制经营模式是近年来具有实力的种业龙头企业试行的自建渠道销售模式。其核心是由企业自主独立经营，直接面对终端零售商，品种经营利润大部分由终端零售商占有。优点是减少流通中间环节，增加品种的市场竞争力，有利于扩大市场占有率，但企业投入的人力资源成本高，只能在企业所有地周边区域局部实施，且需要在品牌优势明显、品种相对成熟的区域采用。

(3)新型经营模式　随着水稻种子竞争的加剧，新的农业经营主体会更加注重选择品种、品质和品牌相结合的种业企业。以打造品种核心竞争力和提升种子质量水平等的品牌化整合营销，以及由经销商和种子企业逐渐形成紧密型战略合作关系的战略合作新模式将成为趋势。总之杂交水稻种子生产供大于求，随着土地流转给农业经营主体等变化，新的种子经营模式也将逐步发展起来。

根据发达国家种子营销发展历程和经验，未来我国水稻种子营销模式将以“种子＋化肥＋农药”一体化营销模式为主，种子质量、种子品牌以及高质量的种子营销与生产服务将是种子营销的主旋律。如甘肃省酒泉职业技术学院李波提出我国种子十个新型营销模式有：①“种子＋连锁直销”模式；②“种子网络＋邮寄”营销模式；③“种子单粒播种”营销模式；④“种子＋期货(订单)”营销模式；⑤“种子＋化肥＋农药”营销模式；⑥“种子＋种苗”营销模式；⑦“种子＋渠道＋服务”模式；⑧“种子＋免费试种”营销模式；⑨“种子＋关系”营销模式；⑩其他种子营销模式。

上述水稻种子经营模式是种业公司针对农业经营主体的变化，把单纯的买种子延伸至出售配套服务，提高产品的内在价值而形成的。具有如下优势：①整合农资，种业公司与农药、肥料厂家合作，打包销售农资，减少中间流通环节，减少大户成本；②种业公司与农机合作，提供机械化种植服务并开展各品种机械化种植技术培训，节省劳动力成本，减少劳动力与劳动强度；③种业公司组织专业服务队（或合作社)，包括农机(犁田、插秧、收割）服务队，运输服务队，统防统治服务队服务大户；④种业公司将大户组织在一起(承包土地稳定的)，提供国家项目支持的信息，协助大户申请项目，进行农田基础设施建设；⑤种业公司联系粮食收购，帮助大户出售粮食。

(4)水稻种子经营模式的转变　传统种子交易模式不仅效率低，而且交易成本高，售后服务不能满足需求等问题日益明显。通过信息化技术和商业化服务，提高种子流通效率，降低流通成本和服务成本是势在必行的发展方向和趋势。电子商务交易模式既可以打破交易双方的时间、空间差异，又是一种高效、快捷的商务模式。

如目前进行得如火如荼的农村种子淘宝，由种子公司直接与种植大户(合作社)代表联系，将水稻种子直接供应到种植大户(合作社)。种子公司可联合农资企业开展整合农资经营与服务，开展各项农资服务，为最终消费者提供各项栽培技术、机械化种植技术的培训等，对种子公司来说利润空间增加了，对种植大户(合作社)来说，既买到了低价的种子，又得到了技术服务。

如福建科力种业公司采用“龙头企业＋合作社＋农户”的合作形式，实现了种子“产、加、销”经营的企业化对接与品牌化经营。福建科力种业公司是科研、推广、生产与经营一体化运作现代农业科技型企业，拥有20多个水稻品种独占经营权。公司利用龙头企业这个品牌，大力推进企业与农民合作社进行合作，建立了“统一化种植、规模化经营、市场化运作、企业化管理”的现代种业模式，向市场提供种子，实现合作共赢：促进了资本、劳务、技术、品牌和营销等方面的联合，推进种业专业合作社又好又快发展；在市场营销上使用统一的商标和包装，统一了种子市场的品牌形象和服务体系，延伸种子产业链条。

安徽天禾农业科技股份有限公司“推动种苗进农村”，通过“龙头种业＋合作社”和代催芽、代育秧、代插秧、代收割和田间管理等“四代一管”等模式，为农户开展“保姆式”全程机械化服务，确保广大农户水稻“不烂种不烂秧、少打药、多增产”是水稻种子经营的又一模式。天禾种业将水稻种子销售延伸到种苗，由终端销售商开展种子催芽服务和育秧服务，对于彻底解决种子市场乱象提供了新思路。在全国率先实施改“卖种”为“卖苗”的新模式，对于解决当前水稻品种多、乱、杂现象意义重大。

2013年以来，全国大部分杂交水稻种子生产供大于求，因此要制定滞销品种销售模式：一是采用低价定价策略，把品种的价格定得较低，以期在短期内最大限度地渗入市场，打开销路；二是加强广告宣传和示范样板推广，扩大种子销量；三是考虑品种类型的合理搭配，与畅销品种捆绑销售；四是在预测可能造成较大积压时采用让利销售；五是进行低湿冷藏处理，将积压的合格种子放入低温低湿贮备库贮存；六是加大杂交水稻种子对外出口。

(四)杂交稻种子进出口国际市场营销策略

1.中国杂交水稻出口现状

我国是世界上第一个成功培育出杂交水稻并将其商业化的国家，常年出口杂交水稻种子为3.5万吨左右，主要出口东南亚、非洲及拉美等国家，具备杂交水稻自主知识产权，世界竞争力强，目前中国杂交水稻育种技术仍保持着世界领先水平。

据统计，2014年水稻是我国种子出口数量最大的作物，占总出口量的69%。在出口金额上，2014年蔬菜种子第一，占68%；水稻种子第二，占22%。综上所述，蔬菜和水稻是中国种子出口的主要作物，这也与中国种业研究的水平相适应，中国育种最有优势的作物是水稻，特别是杂交水稻。

世界上已有20多个国家和地区引种了中国的杂交水稻种子，特别是东南亚国家，每年从中国进口大量的杂交水稻种子。

中国水稻种子出口主要在东亚和南亚，越南、巴基斯坦、菲律宾、孟加拉国、韩国是中国种子的前5大出口国，占杂交水稻种子总出口量的70%，其他国家和地区占30%。但2011年以来，水稻种子出口数量和金额均大幅度下降；对越南、巴基斯坦、孟加拉国、韩国的出口数量均呈现下降的趋势，仅菲律宾有较大增长。中国水稻种子出口的前景不乐观。

2.当前杂交稻种子出口面临问题

(1)生产成本上升，严重挤压水稻种子“走出去”利润空间　近年来，中国土地和劳动力成本不断上升，从而挤压了种子企业的利润空间，特别是中国土地成本远高于东南亚各国的土地成本，国内种子生产优势正在丧失。

(2)杂交稻种子出口举步维艰　中国杂交水稻种子"走出去"举步维艰。一方面，进口国考虑到其国内生态环境的安全性，对农作物种子进口有更为苛刻的进口标准和要求，有些国家甚至以防止外来物种入侵等为理由，禁止从国外直接进口种子。另一方面，种子出口不仅受到进口国政策的限制，而且，由于种子蕴含了大量的科技成果，出于保护国内种质资源，领先技术优先在国内使用的考虑，中国政府也对种子出口有严格的限制。通过对中国杂交水稻种子出口企业的调研表明，中国杂交水稻种子出口仅在国内检验检疫环节，至少耗时两周时间。有些"走出去"的企业甚至因为检验检疫手续没有及时办理妥当而耽误了一个生长季的农业生产。

(3)市场秩序混乱，严重损害企业自身利益　种子市场秩序混乱，企业间恶性竞争激烈，竞相压价，严重扰乱了市场秩序，降低了中国杂交水稻在国际上的声誉。如 2008 年，孟加拉国是中国种子出口的最大目的地国，但之后对该国的出口数量一直下降，2014 年仅 1 340 吨，比 2008 年的 8 680 吨下降 85%，由第一位下降到第四位，基本失去了孟加拉国这个市场。这种悬崖式下降主要是由于国内种业公司缺乏经营理念，急功近利，出口种子质量下降。此外，东南亚国家本土化生产杂交稻种子，也进一步加剧我国杂交稻出口数量和出口额下降。

3.杂交稻种子国际市场营销策略

我国出口种子企业要增强国际合作交流的意识，因地制宜地制定可行的杂交水稻种子出口贸易的长远发展目标，树立与国际种业双赢的理念；转变种子贸易方式，提高国际竞争优势，提升防御各种风险的能力，并实施差异化的营销策略和加快海外研发基地和营销平台建设。强化行业自律，开展国际种业市场有序竞争，规范种子出口秩序，打击品种套牌侵权行为，防止国内企业低价自相残杀、以劣充优；争取国家种业政策、项目资金、信息服务等方面的支持和帮助，以切实解决当前我国出口种子企业的实际困难和问题。我国正在推进"一带一路"建设，分析人士称，"一带一路"沿线国家具有丰富的农业资源，为中国农业"走出去"带来市场。种质资源和育种技术是发展种植业的核心，我国在这些领域具有较为明显的优势。"一带一路"国家中，种子进口超过 100 万美元的国家有 48 个，其中进口水稻种子的沿线国家主要是东南亚的国家。在"一带一路"背景下，以隆平高科、大北农、湖北省种子集团等为代表的中国种子企业"走出去"迎来机遇。

杂交水稻种子出口主要采取的策略如下：第一，发挥我国杂交水稻出口竞争优势，进一步扩大种子出口空间。适当放宽种子出口限制，支持中国企业"走出去"，发展海外种子生产。第二，在海外要切实保护好中国杂交水稻种子的知识产权。第三，加强行业自律，促进种子行业整合。第四，紧跟"一带一路"倡议，扎根"一带一路"沿线国家，有针对性地开拓国际种业市场。

案例分析：常规稻种子"品牌化整合营销模式"营销实例

江苏省大华种业集团有限公司成立于 1993 年 7 月，历经数次改革与整合，已发展成为集农作物种子科研、生产、加工、销售于一体的大型现代种子企业集团。

该公司依托 5 个国家级小麦种子生产基地、2 个国家级杂交水稻种子生产基地，建有标准化种子生产基地 50 万亩，年种子销量近 30 万吨。通过"授权生产经营"模式在省内外建立各类销售网点 3 000 多个，常规稻麦种子市场份额占江苏省 40%以上。公司围绕"创建中国常规稻麦种子市场最具竞争力和品牌影响力"，以"育繁优良品种、保障粮食安全、增加农民收入"为使命。公司注重和经销商逐渐形成紧密型战略合作关系，在实行品种权保护的基础上，根据市场化需求、公司目标和经销区域，与各区域经销商签订品种代理目标计划，组织常规稻麦种子统一生产、统一加工、统一包装。公司的育种、繁种和推广能力得到了显著加强，行业地位不断提高，进入国家农作物育繁推一体化种子企业行列，并成功在上海证交所发行上市，企业发展再次荣登新台阶。

这种新型的品牌化整合营销模式，有效地减少了经营环节，降低节营销成本，并可尽可能以接近市场的方式避免盲目生产，降低积压风险。以品种创新为核心、以质量建设为重点、以市场开拓为纽带、以管理创新为基础，全面提升"大华"品牌美誉度。

江苏大华种业集团有限公司实行"品牌化整合营销模式"的有利条件有哪些？其核心是什么？

三、小麦种子的经营策略及模式

(一)我国小麦种子产业的发展概况

小麦是世界性粮食作物，全世界约有 1/3 的人口以小麦为主食。我国是世界上最大的小麦生产国，小麦常年种植面积居世界第二位，是我国第三大农作物，在我国农业生产和粮食安全中具有举足轻重的地位和作用。我国小麦的种植面积近年来相对稳定，平均每年种植面积保持在 3.6 亿亩以上，主要分为冬小麦和春小麦。冬小麦主要分布在华北、黄淮河、长江流域和华南地区等，春小麦主要分布在东北、内蒙古和西北地区。小麦种植区域广泛，各区域品种和单产差异较大。据统计，我国小麦种植主要集中在黄淮海、长江中下游、西南、西北和东北 5 大优势区域，分别占全国小麦种植面积的 59%、12%、9%、8%、2%。其中最集中的黄淮海区域以冬小麦一夏玉米一年二熟为主，是全国最主要的优质的强筋、中筋小麦产区，单产水平也是全国最高，高出全国单产平均水平 10%。在其他区域中，长江中下游以冬小麦为主，其单产较高；西北、东北地区主要是春小麦，单产较低；西南地区由于主要是在山地丘陵种植，土地贫瘠不便于管理，单产最低。总体来看中国小麦单产水平在世界上处于较高水平。我国小麦从"种"到"收"，基本实现全程机械化。小麦产业的发展，在很大程度上取决于优良小麦品种的选育、良种生产、供种质量和良法技术服务配套。2016 年农业农村部推介发布的各区域主推小麦品种主要有'济麦 22''安农 0711'等 23 个(表 7.10)。

表 7.10 2016 年农业农村部推介发布小麦主推品种情况

区域	品种
黄淮海地区	济麦 22、百农 AK58、西农 979、洛麦 23、周麦 22、安农 0711、鲁原 502、山农 20、运旱 20410、石麦 15、郑麦 7698、衡观 35、良星 66、淮麦 22
长江中下游地区	扬麦 16、郑麦 9023、扬麦 20、襄麦 25
西南地区	川麦 104、绵麦 367
西北地区	宁春 4 号、新冬 20 号
东北地区	龙麦 33

1.我国小麦种子产业的现状

我国每年小麦生产需种量400万吨以上，商品化用种量300万吨以上，市场潜力正逐渐受到重视。我国经营小麦种子规模较大的企业，主要分为4种类型：一是科研单位创办的种业；二是以国有农场的种子企业发展起来的公司；三是从农业行政管理部门改制、脱钩出来的原国有种子企业；四是为了增加销售收入向小麦行业进军的种业上市公司或大型种业企业。2018年9月16日和2019年10月30日分别在安徽合肥市和山东省济南市举办的第十一届（第十二届）中国国际种业博览会与第十六（第十七）届全国种子信息交流暨产品交易会，公布了2017年和2018年小麦种子企业销售收入前20强种子企业名单（表7.11）。

表7.11　2017—2018年中国小麦种子企业销售收入前20强名单

排名	2017年企业名称	2018年企业名称
1	江苏大华种业集团有限公司	中农发种业集团股份有限公司
2	中农发种业集团股份有限公司	九圣禾种业股份有限公司
3	九圣禾种业股份有限公司	江苏大华种业集团有限公司
4	江苏明天种业科技股份有限公司	河北众人信农业科技股份有限公司
5	中国种子集团有限公司	中国种子集团有限公司
6	安徽华成种业股份有限公司	江苏明天种业科技股份有限公司
7	山东圣丰种业科技有限公司	山东鲁研农业良种有限公司
8	河南平安种业有限公司	山东良星种业有限公司
9	安徽荃银高科种业股份有限公司	安徽皖垦种业股份有限公司
10	山东良星种业有限公司	河北大地种业有限公司
11	山东鲁研农业良种有限公司	淄博禾丰种业科技有限公司
12	河北大地种业有限公司	江苏瑞华农业科技股份有限公司
13	袁隆平农业高科技股份有限公司	袁隆平农业高科技股份有限公司
14	安徽省白湖种子公司	中垦种业股份有限公司
15	安徽皖垦种业股份有限公司	浚县丰黎种业有限公司
16	浚县丰黎种业有限公司	河南先天下种业有限公司
17	江苏红旗种业股份有限公司	新疆天玉种业有限责任公司
18	山东冠丰种业科技有限公司	江苏天丰种业有限公司
19	河南先天下种业有限公司	山东圣丰种业科技有限公司
20	河南怀川种业有限责任公司	河南怀川种业有限责任公司

2017年和2018年江苏大华种业集团有限公司、中农发种业集团股份有限公司、九圣禾种业股份有限公司名列前3甲。2018年与2017年相比，新入选的种子企业有河北众人信农业科技股份有限公司、淄博禾丰种业科技有限公司、江苏瑞华农业科技股份有限公司、中垦种业股份有限公司、新疆天玉种业有限责任公司5家，其中河北众人信农业科技股份有限公司实力

较强，首次入选就位居第4位，落榜的有安徽华成种业股份有限公司、河南平安种业有限公司、安徽荃银高科种业股份有限公司、安徽省白湖种子公司、山东冠丰种业科技有限公司，其中下滑较为严重的安徽华成种业股份有限公司由第六位直接落榜第20位开外。

2017年，前10强的小麦种子企业，种子销售量为5.8亿千克，占全国市场总份额的20.87%；前20强的小麦种子企业种子销售量则高达7.99亿千克，占总份额的28.75%。

2.我国小麦种子产业的发展趋势

我国小麦主产区的种子企业数量多，规模小而分散，处在完全竞争状态，如河南省为小麦种植面积最大的省份，也是小麦种子企业最多的省份，每个县均有一家以上种子企业，没有规模非常大的小麦种子企业；安徽省小麦种子市场年需求量在3亿千克左右，种子销售量在1 000万千克以上的大中型企业有8家，销售1亿千克以上的企业只有1家。在江苏和安徽地区由于农垦的土地规模优势，形成了江苏大华种业有限公司和安徽皖垦种业股份有限公司以小麦种子垄断市场，小麦种子生产经营规模较大。

对科研单位背景和国有农场背景的种子企业进行分析比较，可见从国有农场培育发展起来的大型种子企业，其种子生产技术含量高、规模化经营能力强、生产合同信誉度高，历来就是小麦良种繁殖的主要基地，但目前主要经营科研单位培育的小麦品种。如果能在政府支持下加强其自育品种的能力，将会成为小麦种业改革的突破口，使企业真正成为小麦种业科技创新主体。

近年来，由于黄淮地区品种的互补性、地区气候不一致和种子的繁殖面积较大，小麦种子数量充足，基本能满足小麦生产用种需求。小麦种子市场运行整体平稳，价格基本持平，山东、安徽因取消小麦统一供种政策，市场竞争激烈，种子价格略有下滑，商品化率也随之下降。

杂交小麦商业化育种能否突破是小麦种子市场能否快速发展的关键因素。小麦与水稻一样都是自花授粉作物，理论上也可以通过“三系法”或“两系法”进行杂交育种，但在世界范围内杂交小麦育种研究已经有50多年时间仍然没有取得实质突破，主要有3点原因：①遗传因素，水稻是二倍体，遗传背景简单，杂交优势明显，而小麦是六倍体，遗传背景复杂，杂交优势不明显；②育种因素，30多年前刚开始推广杂交稻时常规稻产量很低，杂交种相比之下优势非常明显，现在常规小麦产量已经不低，杂交小麦再想大幅增产比较困难，而没有明显优势的话推广价值不大；③制种因素，杂交小麦制种产量仅有大田种植的一半左右，制种成本很高，而大田种植小麦的用种量非常大，一般在10～15千克/亩(杂交水稻用种仅需1.25千克/亩)，因此亩均种子成本太高，经济上不划算。虽然应用前景还不明朗，但近几年杂交小麦研究已经取得了一些突破，未来如果能够逐渐实现商业化推广，将大幅提高小麦种子价格和商品化率。

2014年全国小麦种子使用总量约46.7亿千克，实际商品化用量约35.6亿千克，商品化率76%，市场规模约166亿元。由于目前小麦种子商品化率不高，即使不考虑杂交小麦的推广，仅在农民自己选种留种成本上升以及国家良种补贴力度逐渐加强的推动下，商品化率也有逐渐提高的空间。2004—2014年小麦种子价格平均涨幅约10%，高于同期商品小麦价格5%

的涨幅。我们假设未来每年小麦种子价格提高1%，商品化率提高1个百分点，到2020年小麦种子市场规模达到270亿元。如果未来几年杂交小麦育种和商业推广有所突破，则整个小麦种子市场空间更大(表7.12)。

表7.12 小麦种子市场规模测算表

年份	亩均费用/元	亩均用种量/千克	种子均价/元	种植面积/亿亩	商品化率/%	市场规模/亿元
2012	49.81	14	3.56	3.64	53	96
2013	53.8	14	3.84	3.62	65	106
2014	58.1	14	4.15	3.61	71	149
2015	60.2	14	4.48	3.6	76	165
2016	67.77	14	4.84	3.6	77	188
2017	73.19	14	5.23	3.6	78	206
2018	79.05	14	5.65	3.6	79	225
2019	85.37	14	6.1	3.6	80	246
2020	92.2	14	6.59	3.6	81	270

(二)我国小麦种子经营特点及其影响因素

1.小麦种子经营特点

小麦与水稻、玉米、大豆等大田作物不一样，具有很大的特殊性。小麦种子与其他主要农作物生产与经营相比具有明显的不同特点，主要体现在以下几个方面。

(1)小麦种子的需求量大　一般每667平方米播种量按10千克计算，全国每年需要小麦种子总量高达43.5亿千克。水稻(含常规稻)、玉米、棉花等作物种子一般667平方米播量为4千克、2千克、1千克，远远低于小麦种子的播量。由于小麦种植面积大，播种量多，因此对种子的总需求量大，种子企业的发展潜力也较大。

(2)小麦品种具有明显的区域适应性　我国冬春季南北温度、光照等生态条件差异显著，经过长期的自然选择和人工选择，已经形成了各不相同的小麦生态种植区域及其品种生态类型。一般而言，一个小麦品种只能在特定的生态区域内种植，具有明显的区域适应性的特点，其品种区域适应性远远不及玉米、棉花等作物品种广泛。

(3)种子需求量受播种期异常气候影响大　在我国小麦主产区黄淮麦区，冬性、半冬性类型作早茬种植，春性类型作中晚茬种植。在小麦播种季节，常因旱涝造成有些年份播种偏早、有些偏迟。在播种普遍偏早的年份，冬性、半冬性品种播种面积大，春性品种播种面积小；反之，在播种普遍偏迟的年份，春性品种播种面积大，冬性、半冬性品种播种面积小。由于天气的不可控性和小麦播种期的难预测性，常对当年小麦种子经营计划和下年种子生产计划都造成较大的影响。

(4)小麦种子纯度要求高　小麦与玉米、棉花等农作物相比，小麦种植密度高，在相同种子纯度条件下，小麦种子群体中出现的同等比例的杂株、劣株数量多且更为明显，用户要求更高。为此，小麦种子质量纯度的国家标准比玉米、棉花更高（小麦 99.0%，杂交玉米 96.0%，杂交棉花 95.0%），所以生产上对小麦种子的纯度要求较高。

（5）常规小麦种子商品化率低，经营风险小　小麦属于自花授粉作物，大多数小麦品种的天然异交率在 1%以下，因此对于一个纯合的小麦品种来说，在采取严防机械混杂和生物学混杂的情况下，一般不容易发生明显的混杂退化。农民往往自留种，购买意愿不强烈，商品化率低，经营风险小。

（6）小麦种子发芽率较高　冬小麦收获期处于高温夏季，田间一般都能充分成熟，不会像玉米、棉花等秋作物在收获季节可能遇到低温冷害、成熟不充分等造成发芽率低的问题。夏季温度高，也有利于小麦收获后及时晾晒，使种子含水量降至安全含水量以下。因此，在一般情况下，小麦种子的发芽率高，通常可以达到 90%以上。

（7）小麦种子生产周期长，经营时间短　以黄淮平原地区为例，冬小麦的播种期一般在 10 月上中旬，收获期一般在翌年的 6 月上旬，小麦种子的生产周期长达 240 天左右。而春棉花、夏玉米、夏水稻的种子生产周期则分别为 140 天、100 天、130 天左右。

（8）小麦种子经营时间短　以河南省主要农作物的经营时间为例，小麦种子收获晒干后，首先需要进行密闭贮藏，一般在 8 月上旬开始加工种子，至 9 月底销售基本结束，前后历时不到 2 个月。玉米、棉花种子一般在春节前后即开始上市供应，至 5 月上旬供种结束约有 4～5 个月的时间。小麦种子经营时间比较短，一方面缩短了经营资金的回收时间，另一方面也缩短了种子余缺调节的时间。

（9）小麦种子隔年贮藏价值低　根据种子生产和贮藏的年限。可以将小麦种子划分成新种子与陈种子。一般来说，当年收获的新种子发芽率高，利用价值高；而隔年贮藏的陈种子，发芽率会有不同程度的降低，种用价值也随之降低，通常作转为商品粮处理。但对于经济价值较高的小麦种子，在贮藏条件良好的情况下，经过隔年贮藏后，发芽率保持不变或略有下降，仍然不失其种用价值。

2. 影响小麦种子经营的因素

（1）小麦种子的区域适应性　在小麦种子生产与经营活动中，要根据种植生态区域选择与之相适应性的品种。这类品种不仅容易生产，而且容易销售，风险性较小。

（2）小麦种子的质量　小麦是常规农作物，种子质量对其经营影响较大，尤其是种子纯度。针对小麦品种发生混杂退化的原因，从种子生产的各个环节抓起，坚持“防杂重于除杂，保纯重于提纯”的原则。同时生产高纯度的原种，保证大田用种质量。

（3）小麦种子的综合抗性　淮河为我国的南北气候的分界线，沿淮地区气候复杂多变，秋季干旱和连续阴雨影响小麦播种及出苗质量，冬季低温和春季倒春寒造成小麦冻害、春季扬花期连阴雨造成小麦赤霉病大爆发，夏季收获季节雨水造成小麦穗发芽和种子霉变，黄淮地区小麦品种是否具备抗冻性、抗赤霉病、抗穗发芽和抗倒性等综合抗性，是关系小麦品种经营推广的持久重要指标。

（4）商品粮的价格　小麦种子是常规品种，种粮比不足 2 倍，非保护品种种粮比仅为

1∶1.5，远远低于杂交品种的20倍左右。小麦商品粮的价格一方面影响种子的价格，另一方面影响农户更换种子的积极性。

(三)小麦种子主要的经营策略及模式

1.小麦种子主要的经营策略

(1)加强品种科技创新　开展小麦关键技术研究，加快科技成果的传播、普及和推广。开展科企联合，推进优势科研单位与小麦种子企业联合，将新品种选育与产业开发、推广连为一体，实现种业科研、生产、经营的强强联合，增强种子企业竞争能力。

(2)注重品牌及规模效益　种子企业应当通过目前的品种及种子质量来树立自己的品牌和形象，尽量扩大种子经营的规模，向规模要效益。通过抓好种子质量、建立良好信誉来树立企业品牌，这是企业扩大经营规模最好的策略。

(3)建立"四化"繁育基地，保证种子质量　建立小麦种子生产经营专业化、标准化、规模化、集约化的小麦种子繁育基地，按照小麦生产技术规程的要求生产，保障小麦有效供给，提升小麦种子质量、增强市场抗风险能力和竞争力，有利于促进小麦种子的销售量。

2.小麦种子主要经营模式

(1)传统经营模式　传统营销模式指种子企业通过一定销售渠道进行县级代理销售，一般一个品种设一个县级代理销售企业，主要销售渠道为"种子企业—批发商—经销商(中间商)—用种农户"等传统经营模式。

(2)现代经营模式　现代小麦种子经营模式有连锁直销模式、订单营销模式、"种子＋化肥＋农药"一体化经营模式、"种子＋渠道＋服务"一条龙模式、免费试种推广经营模式、"种子＋关系"经营模式等。

常规小麦，经营量大，育繁推经营模式是今后的发展方向。

案例分析：由"产品营销"向"服务营销"经营小麦种子

河南天存种业科技有限公司自2003年成立，依托河南省周口市农科院的科研资源，逐步发展成为国内知名的小麦种子专营公司，在传统县级代理营销模式下，不断探索新的营销模式，针对以往小麦种子生产、经营、管理中的问题和风险，于2012年提出了小麦种子经营由"产品营销"向"服务营销"转变。

天存种业以'周麦27'系列新品种为载体，对小麦种子开展了服务营销模式。首先建立服务营销体系，公司聘请中国农业科学院、河南省农业科学院和农业厅、周口市农业科学院和农业局以及部分省内外农业专家，组成"技术服务团"，为周麦新产品生产提供技术支撑和服务。其次公司制定服务流程，形成"公司—县级经销商—乡镇经销商—村级服务点"四级服务网络，要求县级经销商提供产品的乡村经销网点详细信息；县级经销商与公司区域经理做好乡村经销网点服务营销的培训、监督和逐级落实。该公司以'周麦27'等新品种为载体，借助新品种高返利的平台，把小麦拌种剂、防治小麦纹枯病以及"一喷三防"杀菌剂的采购成本加在种子销售价格上。公司通过向正规单位批量采购，使种植户的投资低于前期购买种子和后期采购农药的成本之和，确保药效好、成本低。随着送药服务当面传授相关管理技术，在 2013 年收到了很好的效果，病虫害防治效果明显，品种表现优异，深受农民认可。2014 年，经销商和种植户及时关注送药，药到后种植户及时使用，在小麦生长后期'周麦 27'等品种纹枯病发生很轻，田间综合表现优秀，涌现了一批高产、超高产典型，深受种植户的认可和赞许。

服务能逐步改变农民当前的种植习惯，通过服务指导种植户认识到小麦生产病害"预防为主"的科学道理，"良种良法配套"才是稳产、高产的保障。对于服务网点，在送药服务的过程中，已经对经销的其他产品的销售起到了带动作用。

天存种业服务营销是"种子＋渠道＋服务＋农药"的综合营销模式，优良品种是基础，通过良种良法配套，实现有效病害防治服务，实现以户带片、以片带村、以村带乡镇、以乡镇带县市的目的和效果，打造成村级服务网点，形成公司独特的服务营销模式，让服务成为常态，提高公司的知名度和美誉度。

河南天存种业科技有限公司是如何实行小麦品种由"产品营销"向"服务营销"转变的？实行"服务营销模式"的有利条件有哪些？其核心是什么？

四、大豆种子的经营策略及模式

(一)我国大豆种子产业的发展概况

1.我国大豆种子产业的现状

大豆原产于中国，是世界重要的粮油兼用作物，也是人类优质蛋白的主要来源，是我国五大主要粮食作物之一。20 世纪 50 年代以前，我国是世界上最大的大豆生产国和出口国，1997 年全面开放大豆进口市场后，我国大豆整个产业遭遇了国际企业和国外转基因大豆主产国垄断的危机，到 2000 年成为世界上最大的大豆进口国，进口大豆已占据国内大豆消费 80％以上的份额。

大豆在我国种植分布广泛，北起黑龙江省的漠河、南抵海南岛、东起黑龙江抚远、西至新疆喀什均有分布。目前主要形成了北方春大豆区、黄淮海流域夏大豆区和南方多作大豆区 3 个主要种植区，其中北方春大豆是我国大豆主产区，大豆播种面积占全国的 50％以上；黄淮海夏大豆产区以冬小麦收割后复种大豆为主；南方丘陵地块多，间作、混作、套作等多种种植方式均有。在"大豆振兴计划"等政策支持下，我国大豆播种面积得到恢复性发展，2019 年我国大豆播种面积为 1.3 亿亩。我国大豆种子生产与经营的主体是公立育种单位创办的种业公司以及各类公立或民营种业公司。2015 年底，农业部在《"镰刀弯"地区玉米结构调整的指导意见》中提出在东北地区推行"粮豆轮作"，东北大豆复兴迎来新的机遇。经过多年的发展，这些区域形成了较为稳定的大豆种子市场，经营大豆种子的种业公司为数众多，有些甚至是专门从事大豆种子生产经营的企业。经营大豆种子企业黑龙江省有 198 家，位居首位，其次是山东、河南、吉林、安徽、江苏等省份。具有育繁推能力的企业有山东圣丰种业科技有限公司、北大荒垦丰种业有限公司、黑龙江省龙科种业有限公司、齐齐哈尔富尔农艺有限公司、中国种子集团有限公司、辽宁东亚种业有限公司等种子企业。据估算，全国大豆需种量超过 6.6 亿千克，市值约为

44 亿元，其中我国大豆种子企业年产种子 1.5 亿千克，产值 9 亿元，利润在 1.5 亿元左右，发展空间巨大。2016 年农业部推介公布的各区域大豆主推品种共 18 个，大豆品种分布情况如表 7.13。

表 7.13　2016 年农业部推介公布的大豆主推品种情况表

区域	品种
东北地区	黑河 45 号、华疆 4 号、疆莫豆 1 号、黑河 43 号、克山 1 号、垦丰 16、合丰 55、绥农 26、黑农 48、吉育 47、
黄淮海地区	冀豆 17、中黄 30、齐黄 34、周豆 12、中黄 37、皖豆 28、
南方地区	南夏豆 25、滇豆 7 号

2.我国大豆种子产业的发展趋势

我国不但有世界上最丰富的野生大豆资源，还有数以万计的地方农家品种，且大豆杂种优势利用研究处于世界领先地位。在生产上，大豆品种先后经历四次大的更新换代，使大豆产量提高了 140%，极大地推动了我国大豆生产的发展。

《国务院关于加快推进现代农作物种业发展的意见》要求协调科研与企业的关系，创造种子产业发展环境，促进企业改进管理方式，把产业做大做强。加强科企合作，实行科企联盟，实现优势互补，是提升我国种业创新能力和竞争能力的有效途径。按照我国大豆消费量增长率预测，2020 年以后，我国大豆年需求量超过 1 亿吨，而我国大豆自产数量严重不足。国家高度重视提升大豆良种科技的自主创新能力，争夺产品开发和技术研发国际制高点，保障我国大豆种业安全。"十三五"期间，国家科技部启动七大作物育种专项，在大豆良种繁育体系和种子加工控制体系方面将加大投入，建设稳定的原良种繁殖基地，针对大豆储藏加工技术落后的现状，制定相应的储藏环境条件标准和技术；研究大豆种子包衣技术，提高种子的有害生物抗性、逆境抗性，提高田间出苗率；研制相应的种子质量快速检测仪器装备、技术规程，建立大豆种子质量高效快速检测技术体系，显著提高大豆种子的质量。

目前我国大豆种业挑战与机遇并存，国产大豆主要用于满足加工生产豆制品，在这方面国产大豆的供应充足且稳定。但由于我国地少人多，加工油脂和饲料所需的大豆就在很大程度上依赖进口。由于大豆是自花授粉作物，种子自留较多，加上目前品种权保护体系还不完善，大豆种子经营利润率低，大豆种子企业效益普遍较差，压缩了大豆种子企业的利润空间。随着种植业结构调整，"十三五"规划大豆面积由目前的 1 亿亩左右增加到 1.4 亿亩，预计种子需求量会进一步扩大，近年国内大豆种子市场规模一直维持在 10 亿元左右，大豆种业发展空间很大。据有关专家预测，随着国家对粮油安全越来越重视，在未来几年当中，我国大豆种子市场规模将持续扩大。

因此，通过关键核心技术创新，增强自主创新能力，发展国内优质大豆种子基地，提高科技水平优化种业发展环境，培育具有国际市场竞争力的育繁推一体化大豆种子龙头企业，是今后大豆种业发展趋势和方向。

(二)我国大豆种子经营特点及其影响因素

1.大豆种子的特点

大豆是自花授粉的种子繁殖作物，一般异交率小于1%，大豆开花时间很短，开花次日即开始凋萎，花粉通常开花前一天半夜或开花日凌晨具有正常发芽受精能力，一般开花当天有生活力。因此，大豆种子保纯容易，除鲜食大豆外自留种较多。大豆种子的籽粒含有20%左右的脂肪，在水分大、温度高的情况下，由于酶、氧气、光的作用和影响，常易发热、霉变、浸油和酸败，外观质量与内在质量均发生劣变，大豆发芽率降低。储藏要特别做好防高温、防湿工作。大豆种子的繁种系数较低，但是大豆种子用种量大，成本高，新品种更替较慢。

2.大豆种子经营特点

(1)大豆种子需求量稳定，商品化率较低　我国1亿多亩大豆面积主要分布在东北，种子通过农场或种子企业生产加工就地销售，部分调运到南方作为鲜食大豆使用，总体大豆种子需求量比较稳定。但由于大豆是自交作物，大豆种子用种量大，农民可以自留种子，因此，种子商品化率只有35%～40%。近年来国家政策的扶持，大豆生产得到部分恢复，但受国际大豆市场的冲击，豆农种豆经济效益仍较低，导致年份间大豆种子市场波动较大。

(2)大豆商业化育种程度低，企业缺乏市场竞争力　我国大豆育种工作主要由科研单位或高校承担，只有为数很少的种子企业从事大豆商业化育种，大豆种子企业小而散，高产优质品种得不到推广应用，且国内大多数种业公司没有稳定的种子繁育基地，制约了企业核心竞争力提高和大豆种子市场化。

(3)大豆种子企业经营利润低，风险较大　目前品种权保护体系还不完善，大豆种子经营利润率低，大豆种子企业效益普遍较差，再加上近年来部分规模化新型经营主体实行种子自留，进一步压缩了大豆种子企业的利润空间。鲜食大豆种子经营虽然利润空间大，但由于大都在北方生产，种子从种到收、从运输加工到包装销售环节多，种子质量难以保证，经营风险大。

3.影响我国大豆种子经营的主要因素

(1)国家政策因素　自2002年起，国家开始对高油大豆良种推广实行补贴，但由于豆农户规模小且分散经营，较难得到政策补贴、适应不断变化的市场需求。2019年起国家实施“大豆振兴计划”，扩大种植面积，提高单产水平，改善产品品质，努力增加大豆有效供给，提高我国大豆产业质量效益和竞争力。2020年中央一号文件，加大对大豆高产品种和玉米、大豆间作新农艺推广的支持力度。在依法禁止种植转基因玉米、水稻、大豆等农作物的前提下，逐步减少转基因大豆的进口，专业化的大豆种子企业在人才、品种、资金等方面优势越来越明显。

(2)企业自身因素　企业经营理念落后，服务意识不强。我国很多种业公司，特别是规模小的种业公司的经营理念还是只顾眼前利益，投入少、自主研发能力差、竞争能力不强，单纯地追求企业眼前利润。与国外种业集团相比，在种子质量、经营方式与价格、抵御市场经营风险能力等方面都处于劣势。普遍存在种子质量难以保证、服务不到位、套牌现象较严重、经营者诚信度较低、市场竞争能力较差的问题。大豆商业化育种的种业科研体系尚未完全建立，缺少品种创新，导致种子企业发展后劲不足。

(3)市场价格因素　大豆种子品种价格有知识产权成本、生产成本、、经销成本和管理成本等组成。有品牌优势的价位基本上不受市场供求波动的影响，有稳定的收益，有稳定的客户，在市场竞争中处于优势。种子科技含量低、质量差，精选加工包装不精细，推广服务不到位，多家经营企业恶意竞争，价格就起伏波动，利润低风险大。我国对国际大豆市场话语权的缺失，导致大豆价格行情变化大，2014—2016 年我国大豆价格总体上波动性下降，2017 年有所上涨。受国际市场、国内供需、生产成本等因素综合影响，从事大豆种子经营的企业定价较难，大豆种子价格弹性又小，低价销售企业经营利润低。

(三)大豆种子主要的经营策略及模式

1.我国大豆种子主要经营策略

现阶段大豆种子主要的阶段经营策略有品种策略、品牌策略、价格策略、销售渠道策略、组合营销策略等。多数种业公司以优良品种为突破口，主要依靠品种，实行的是品种策略。成功的种业企业要完成从品种营销到品牌营销的转变，主要实行的是品牌策略。采取市场供求定价法、有效分销与渠道管理等，已成为大豆种子企业普遍适用的组合营销策略。

2.我国大豆种子主要经营模式

(1)繁销经营模式　我国大豆种子中小型规模企业主要经营模式是繁销经营模式。通过购买几个品种生产经营权，或有少量的自育品种，有一定规模、固定或不固定的良种繁育基地和生产加工场所，和农户签订临时性或长期繁育合同，根据市场需求收购繁育种子。这种企业门槛低，技术含量十分低，市场竞争能力也很差，每年种子销售量在 50 万～250 万千克。

(2)育繁推经营模式　大型规模的种子企业采用繁销经营和育繁推一体化结合的模式。一般同时具有多个品种的生产经营权和自育品种，具有市场认可度高、表现较好的代表性品种，有知名度和影响力的品牌以及大豆育繁推一体化科技实力，采取繁销经营和育繁推一体化同时进行的模式，企业成立前期繁销模式为主，经营利润反哺科研育种，随着育种实力增强之后，以育繁推经营模式为主。不同品种在不同区域有固定的繁育基地，与繁育户签有长期的繁育合同，建立利益联结性良种繁育田，同时给农户定期召开培训会，指导大豆良种提纯复壮技术和高产技术；引进先进种子加工技术及装备，种子质量不断提升，种子生产、加工能力和服务水平不断提高，种子质量有保证，种子推广出去之后能够提供全生育期技术支持。比较大型的企业有北大荒垦丰种业、山东圣丰种业等。

(3)代繁销经营模式　鲜食大豆的种子生产经营企业主要采取的是代繁销经营模式。鲜食大豆(菜用大豆)，俗称毛豆，系鼓粒末期籽粒饱满而尚未老熟，荚色、籽粒色翠绿时采青供蔬菜食用的大豆，属大豆专用型品种。我国是毛豆的生产和消费大国，菜用大豆在中国已有上千年的发展历史，多在长江中下游地区和东南沿海一带种植，是区域特色明显的优势农作物和重要出口创汇商品。经冷冻或罐装的鲜食大豆主要出口至日本、欧洲和北美，约占世界速冻鲜食大豆总出口量的 52%。

南方种植的春毛豆种子主要在辽宁、吉林和黑龙江省北大荒以南地区繁殖生产，南方种植的秋毛豆种子主要在江苏徐州以及苏北地区繁殖生产。南方大豆种子企业与北方种子企业或繁种基地签订代繁合同，生产和销售分设，各自承担职责和风险。

案例分析:圣丰种业采取大豆品种策略成功立足于黄淮和东北市场

山东省嘉祥县具有“黄淮大豆之乡”的美誉，获批农业部首批区域性大豆良种繁育基地、国家级大豆繁种大县、获山东省大豆种子优质生产基地等称号，拥有规模中等以上种子经营企业16家，山东圣丰种业科技有限公司（以下简称圣丰种业）是其中起步最早、一直围绕大豆深做文章的大豆种子高科技民营企业。

2006年圣丰种业购买了徐州市农业科学院育成的‘徐豆14’品种生产经营权，之后又相继购买了‘徐豆18’‘徐豆20’‘徐豆22’3个品种，其中‘徐豆14’和‘徐豆18’具有高产、稳产、适应性广的优势，在2008—2018年期间推广面积和口碑一直较好，是黄淮海地区公认的首选品种，并且分别在我国西南山区和湖北省先后进行了扩区审定，连续十多年推广面积比较稳定。2009年圣丰种业自育的‘鲁黄1号’和‘圣豆九号’分别通过国家黄淮海中组片区和山东省审定，两个品种早熟且籽粒商品性较好，每年也有较为稳定的推广面积。2010年在盖钧镒院士工作站指导下开始打造大豆商业化育种体系，共同开发高产、优质的大豆新品种。自2012年以来圣丰种业已自育或合作审定30多个品种，品种类型储备丰富，同时2019年购买了黄淮海地区市场知名度最高的‘齐黄34’，保证了圣丰种业在黄淮海市场的主要地位。2013年成立黑龙江圣丰种业公司全资子公司，正式进军东北大豆种子市场，一次性批量买断了‘黑河43’等8个东北地区主推大豆品种6年的生产经营权，并在当地设立圣丰院士工作站东北育种中心，合作育成了‘圣豆15’‘圣豆43’‘圣豆44’等大豆新品种，大豆种子销售覆盖东北及内蒙古60个县市，其中热销的高蛋白大豆‘黑河43’，高产稳产且适于机械化收割，一直是黑龙江和内蒙古的主栽大豆品种，占本地区销售同类型大豆品种的70%以上，深受农户和加工企业的喜爱。

圣丰种业在大豆种子行业拓展中，首先采取的品种策略，依靠‘徐豆14’创出了市场，之后采取繁销模式和育繁推一体化结合的模式，立足于黄淮和东北市场。

根据该案例，试论述圣丰种业在成立初期，如何实施大豆品种策略？

第二节　重要经济作物种子的经营策略及模式

一、棉花种子的经营策略及模式

（一）我国棉花种子产业发展概况

1.我国棉花种子产业现状

我国已是全球第一大棉花生产国和消费国，棉花总产量和单产均居世界首位。棉花是重要战略物资和棉纺织工业原料，在国民经济中占有重要地位。我国棉花种植区从东向西划分为5个区域：黄河流域棉区、长江流域棉区、西北内陆棉区、北部棉区和华南棉区。受近年天气环境变化和种植经济作物的影响，北部棉区和华南棉区棉花种植已逐渐减少，棉花生产主要集中在西北内陆棉区、黄河流域棉区和长江流域棉区，其中尤其是新疆，已发展成为全国棉花种植的中心。我国常规棉花种子供应量2011—2014年基本维持在1.2亿千克左右，2015年小幅增长，随后下降到1亿千克左右，需求量从1.0亿千克下降为0.9亿千克；杂交棉花种子在2011—2014年间供应量基本维持在0.9亿千克左右，需求量在800万千克左右，随后快速下降，2018 年供应量仅为 110 万千克，而需求为 330 万千克。常规棉花种子总体供应充足，杂交棉种子部分年份供不应求，实际上是一些地区使用杂交棉 F_2 种子的比例近年来上升，导致了杂交棉种子供不应求的假象(表 7.14、表 7.15)。

表 7.14 2011—2018 年我国常规棉花种子供求量情况 亿千克

项目	年份							
	2011	2012	2013	2014	2015	2016	2017	2018
供种量	1.28	1.14	1.27	1.20	1.30	1.15	0.93	1.06
需种量	1.10	0.65	0.97	1.10	1.00	0.88	0.78	0.98

表 7.15 2011—2018 年我国杂交棉花种子供求量情况 万千克

项目	年份							
	2011	2012	2013	2014	2015	2016	2017	2018
供种量	900	940	810	950	770	480	170	110
需种量	750	900	770	800	700	420	420	330

2. 我国棉花种子产业的发展趋势

2016 年农业部推介公布的棉花主推品种如下：①长江流域棉区为‘华惠 4 号’‘鄂杂棉 29’‘湘杂棉 7 号’等；②黄河流域棉区为‘鲁棉研 28 号’‘中棉所 50’‘国欣棉 9 号’‘新植 5 号’‘冀棉 169’‘GK103’等；③西北内陆棉区为‘新陆早 50 号’‘新陆早 41 号’‘新陆中 44 号’‘新陆中 47 号’。据了解，中国三大产棉区域：新疆棉区、长江流域区域和黄淮流域区域近年来种植面积下降了 30%～50%，棉花总面积不超过 300 万公顷。其主要原因：棉农大幅度减少，粮棉价格比不科学，除新疆棉区外种棉机械化水平低，杂交棉制种成本高。因此，尽快改革当前的棉花管理体制尤其是收储政策，建立市场化的定价机制，大力推广常规抗虫棉品种，完善良种繁育体系，在目前机械化水平难以提高的情况下，采用直播等简约化配套栽培技术，是当前棉花种子行业发展的方向。

棉花种子企业要进一步整合，且不能盲目追求高价高利润，要注重企业管理和售后服务。在国外转基因抗虫棉花品种退出市场、国内转基因抗虫棉保持重大进展并占有率达 98%的形势下，建立健全品种权保护制度，改变品种“多、乱、杂”现象，是我国棉花种子产业健康发展的必由之路。由于棉花生产管理环节烦琐、投入人工多、劳动强度大、种植效益低，需要培育适合全程机械化的专用品种，随着育种水平和机械化水平的提高，我国棉花种子产业市场前景看好。

(二)我国棉花种子经营特点及其影响因素

1. 棉花种子的特点

棉花品种类型多，属常异花作物，且不同类型品种生育期不一致，种子质量(主要是纯度和发芽率)难以保证。由于棉籽加工程序复杂，棉籽加工需经过脱绒和包衣，决定了种子加工技术要求较高，影响棉花种子发芽率的高低。同时棉花种子具有较好的耐贮藏性，存放周期相对较长，可使用年限也较长。

2.棉花种子经营特点

(1)种子成本高 棉花种子生产成本较高,特别是杂交棉花制种成本受劳动力价格上涨影响,近年来杂交种成本上升较快。杂交一代种子由于成本太高,几乎没法在市场供应,严重影响了棉花杂种优势的发挥和利用。棉花种子还取决于种子加工生产能力,棉籽需经过脱绒和包衣等工序,增加了种子生产成本。

(2)经营风险大 棉花与粮食的比价不稳定决定了种子价格波动大,随着劳动力成本的上升以及棉花相对粮食比价效应的降低,棉花生产面临严重下滑的困境,棉花种子生产同样受挫,从而使种子经营风险加大,优良种子时而供不应求,时而大量积压;特别是使用包衣种子,积压种子的发芽率容易丧失,且还不能转商,更加增添种子经营风险。

(3)区域性强 棉花品种类型虽然较多,但各大棉区品种类型和品种适应性不同,决定了棉花种子具有较强的区域性。相对常规棉种,杂交棉种由于在产量、抗病、抗逆性方面具有优势,品种适应范围相对较广。

(4)品种多乱杂 目前棉花种子市场小规模的种子公司数量多,许多不具备生产经营许可证的公司,为图谋不正当的利益,大量销售质量不合格的种子,而执法主体在局部地区不够明晰导致部分种子市场监管不力或执法不严,部分地区形成了棉花品种新的多乱杂局面。多数棉农选种意识和辨别能力差,购种盲目性较大,客观上为假冒伪劣种子在市场上得以流通创造了条件。加大对转基因抗性检测和品种权保护,对实质性派生品种界定,从而提高棉花品种创新积极性、减少同质化棉花品种在生产上的推广应用。

3.影响棉花种子经营的主要因素

(1)政策因素 我国棉花生产受国家政策影响较大,主要受棉花进出口制约。由于棉花生产大多数棉区采用营养钵育苗,亩用种量小,种子需求弹性小。而受国家和地方政府在棉花种植、收购等方面的政策影响较大。当粮棉价格比不合理时,种棉效益低下,造成棉花种子随着棉花生产情况出现周期性波动。主要原因是棉花进出口配额不稳定,国际棉花市场变数也多。

(2)市场因素 近几年,我国棉花种植面积不断缩减,特别是黄淮棉区种植面积大幅度萎缩。市场棉籽收购价格极不稳定,导致种子价格走低,棉种市场很不景气。2014 年棉花取消临储收购政策,加剧了棉花种子行业的颓相。只有集中科研、生产和推广优势,解决种棉全程机械化难题,才能恢复和发展好我国棉花生产。

(三)棉花种子主要的经营策略及模式

1.棉花种子主要的经营策略

以“安岱棉种有限公司”的兴衰为例,介绍棉花种子主要的经营策略。在《种子法》实施初期,谁掌握了核心品种,谁就能成就一流的种子公司。由美国孟山都以技术入股的“安岱棉种有限公司”和“冀岱棉种股份有限公司”,依靠转基因抗虫棉‘32B’等,成功实行品种策略运作。这种经营策略主要靠过硬的品种和最好的种子质量,在短期内快速达到企业利润的最大化,将国内大多数国有从事棉花种子生产经营的公司挤垮了。当时流行的说法是“南有安岱、北有冀岱”,棉花种子不是‘32B’就是‘33B’。“安岱棉种有限公司”的迅速崛起就在于成功地运作了品种策略。

安岱棉种有限公司依靠单一品种生存了十多年，分析其原因与公司创业期保留下来的核心品种经营策略、质量第一、服务第一等管理理念有关。实行终端直销制经营策略，延续品种生命力、维护巩固棉花种子市场是安岱棉种有限公司维持运作的关键。

随着国抗棉的育成和棉花种子市场的全面萎缩，安岱棉种有限公司最终拍卖解散，一方面是外资撤离造成的，另一方面是没有及时更新品种。品种也有生命周期，品种从种子的试销、推广到成长、衰退是一个完整的产品生命周期。实施产品策略的先决条件是必须具备持续不断的核心竞争力——新品种，但随着市场的千变万化，安岱棉种有限公司始终抱着‘32B’不放，导致市场缩减。

2.棉花种子主要经营模式

(1)种子代理制　种子代理制是以县级经销商为基础，企业通过与代理商订立的独家代理合同等措施进行销售市场管理。根据区域受权原则，上游公司委托一家种子经销商负责该区域的棉种销售，由公司区域分管代表负责日常渠道维护、种子宣传、促销推广等工作。这是建立在品种和品牌基础上的经营模式，种子企业有较好的品牌优势，可以有效促进种子销售，注重品牌建设的棉种企业才能可持续发展。

(2)种子直销制　种子直销制就是通过对零售商、农户或种植大户进行科技培训打造销售终端体系，紧紧抓住种子市场的最末端，培养自己的客户群。这种模式是适应土地流转、规模化种植棉花的有效经营模式。随着棉花育苗技术的改进，结合植棉大户营销，推广种子种苗经营服务是未来棉花种子发展之路。

(3)新型种子经营模式　随着“土地集约化经营”和“新农人”的产生，棉花种子行业相应催生许多新型模式。

①种子＋农药＋化肥电子商务运营模式。种子经营销售主渠道传统上是县级种子公司或者代理商，并且大多代理商只销售种子。近年来，种子销售渠道和农药、化肥等其他农资销售渠道开始出现融合趋势，从单一渠道变成渠道共享。如中农发集团旗下的农发种业顺应行业发展趋势，已经明确提出了“种药肥一体化”的综合服务商发展战略。

②以种子为核心的种植系统化经营模式。农资领域的产品同质性强，在激烈的市场竞争中，差异化很大程度上更多的只能通过产品服务来体现。而“新农人”的规模效益，使得农业技术服务有了投入的价值与需求。例如，大北农旗下的种子企业金色农华种业科技股份有限公司，已经开始在探索建立以种子为核心，提供包括品种选定、测土施肥、农药喷洒、农机使用、保险服务、资金筹措、粮食销售等全方位的服务合作系统。

③互联网带动经营模式。进入互联网时代，随着农村电商及农业互联网的发展，国内种子电商也逐渐兴起。B2B 类型的种子电商有易种网(顺鑫农业投资)、淘种网(依托武汉蔬菜种子交易会)，主要是聚集各商家展示品种的平台。针对客户主要是各地批发商，主要的服务由各种子公司与销售商线下沟通完成。B2C 类型的种子商城则以爱种网(隆平高科、敦煌种业、荃银高科等 11 家种子公司和中国种子协会共同投资创办)为代表。

二、油菜种子的经营策略及模式

(一)我国油菜种子产业发展概况

我国油菜种植分为冬油菜和春油菜两大产区。冬油菜面积和产量均占90%以上,主要集中于长江流域,春油菜集中于东北和西北地区。根据气候、生态条件的不同,我国油菜生产可划分为4个区域,即长江流域冬油菜区、西北油菜区、东北春油菜区和华南冬油菜区。其中长江流域冬油菜区是最集中的产区,油菜播种面积和总产量均占全国的60%左右。2019年全球油菜籽产量为6 772万吨,其中中国产量为1 310万吨,中国产量占比达到19.34%,2019年中国油菜籽产量仅次于加拿大。从市场规模来看,2017年我国油菜籽种子规模为20.44亿元,受种子价格增长的影响,2018年我国油菜籽种子市场规模达到21.24亿元。

1.我国油菜种业发展现状

中国是全球第二大油菜籽种植国,油菜籽产量仅次于加拿大。油菜籽油是国产食用植物油的第一大来源,占国内油料作物产油量的50%以上,因此,油菜种业的稳定健康发展,关系到我国植物油供给安全保障。经过多年努力,我国形成了特色的油菜品种选育理论和技术体系,实现了我国油菜新品种的杂交化和双低化,在杂种优势利用、高含油量材料创新、抗菌核病等方面处于世界领先水平,“十五”以来全国共育成油菜新品种600多个。特别是我国在油菜杂种优势研究和利用居国际领先水平,高含油量油菜选育取得重大突破,获得了一批优良特异性状如高含油量、大粒、黄籽、抗倒和抗裂角等育种材料,培育出多个超高含油量油菜新品系,其中含油量最高达到60%。《种子法》实施前,由于计划生产和地区分割,油菜种子出现供不应求的局面;随着《种子法》的实施,各级种子公司纷纷投入油菜种子生产,但由于种植结构的调整和农民种植油菜相对效益下降,油菜种植面积下降,2004—2010年油菜种子出现严重积压;2011年至今,许多小公司退出油菜种子经营,种子供需趋于平衡。以单一生产经营油菜种子为主的秦丰种业、油研种业退出了历史舞台。

据国家统计局统计,我国油菜种植面积2013—2015年基本维持在700万公顷以上,而2016以后呈下行态势,但还维持在660万公顷左右(表7.16)。2011—2015年,我国油菜种子进口数量在163.8～190.0吨,出口数量在42.9～79.3吨,进口基本上是出口数量的2倍以上,但进口和出口数量均较小(表7.17)。

表7.16　2013—2018年我国油菜种植面积　　万公顷

年份	2013	2014	2015	2016	2017	2018
种植面积	719.4	715.8	702.3	662.3	665.3	655.1

表7.17　2011—2015年我国油菜种子进出口数据

年份	进口量/吨	出口量/吨
2011	171.6	42.9
2012	177.1	61.0
2013	163.8	79.3
2014	190.0	47.3
2015	184.4	67.8

2.我国油菜种子产业的发展趋势

根据国家发改委价格司每年发布的《全国农产品成本收益资料汇编》中油菜种子的亩用量和种子单价测算，我国 2013—2015 年油菜种子市场规模为 20 亿元左右，2016 年下降为 18.8 亿元。近年来由于我国油菜种子销售均价呈震荡上行态势，2017 年销售均价为 55.35 元/千克，2018 年销售均价增长至 61.77 元/千克，种子市场规模上升为 21.2 亿元(表 7.18)。2016 年农业部推介公布的油菜主导品种分别是:'中双 11 号''浙油 50''华油杂 62''华油杂 13 号''阳光 2009''中农油 6 号''沣油 737''川油 36''青杂 7 号'。

表 7.18　2013—2018 年我国油菜种子市场规模　　亿元

年份	2013	2014	2015	2016	2017	2018
市场规模	19.9	20.4	20.0	18.8	20.4	21.2

目前专门从事油菜种子经营的公司有陕西荣华种业、三北种业、湖北省种业集团、德农正成等。进入市场销售前十名的油菜品种依次为'沣油 737'、'德油'系列、'中油'系列、'绵油'系列、'秦油'系列和'浙油'系列等。

前些年受油菜种植成本高、费工费时、效益低等影响，油菜种子行业状况堪忧。但近年来，油菜品种更替速度加快，产量品质由双低油菜向双低双高(高产、高含油量)、三高(高产、高油、高抗)方向发展，油菜种子商品率逐年上升。油菜除用来榨油，还可以作为观光、蔬菜、绿肥和饲料等多种用途，有利于油菜产业发展。种子企业注重品牌意识，走以市场为导向的经营模式，推进品种双低化、全程机械化、功能多元化、服务社会化、加工标准化、品牌优质化。

(二)我国油菜种子经营特点及其影响因素

1.油菜种子特点

我国种植的油菜类型有白菜型油菜、芥菜型油菜和甘蓝型油菜，在农业生产上以种植甘蓝型油菜为主。根据育种方式不同，习惯上将油菜品种分为常规油菜、杂交油菜两大类型。根据油菜品种的品质特性，又将其分为优质油菜与普通油菜两大类。油菜种子繁殖系数高，但对繁种条件要求较严格，因而油菜种子生产，特别是杂交种子生产质量难于控制，决定了油菜种子生产风险较大。油菜种子较耐贮存，常规油菜种子转商风险较小。油菜不同品种生育期变化较大，品种适宜种植区域性较强。

2.油菜种子经营特点

主要表现在油菜种子经营风险小、利润大，市场竞争较激烈；油菜种子品种多，但主导品种明显，由大公司运作，经营主体突出；油菜用种量小，运输方便，因而在代理制经营模式下市场销售网络管理较难。

3.影响油菜种子经营的因素

影响油菜种子经营的因素有市场因素、社会和自然因素、政策因素等。

(1)市场因素　市场竞争激烈。在乡镇级终端市场可见到'中油杂'系列、'华杂'系列、'德油'系列、'绵油'系列、'皖油'系列、'天禾油'系列等比较常见品种外，还有'陕油'系列、'蜀杂'系列、'浙油'系列、'苏油'系列等品种，品种多而杂。种子企业定价不合理，有些品种的种子价格远远偏离价值，时常打价格战，严重扰乱市场秩序。且品种同质化现象较严重，差异化营销策略难以实施。

（2）社会和自然因素　农民自身接受新技术、新品种等的文化素质决定了油菜种子选购时的盲目性，当地的自然条件和种植习惯，如油菜种植和收获的机械化程度低，农村外出务工人员增加，劳动力缺乏，种植油菜比种植其他作物如小麦、玉米的相对效益低，部分地区农民自留种仍较明显，导致油菜种子经营量小。

（3）政策因素　国家大力推广双低高产油菜、良种补贴、国家油菜临时收储政策等，有利于油菜种子经营；但地区间和年份间扶持政策差异大，种子销售波动较大。南方诸省份随美丽乡村建设的推进，将油菜作为美丽田园、观光产业来种植，种子经营量价齐涨，开启了订单制销售模式。

（三）油菜种子主要经营策略及模式

1. 油菜种子主要经营策略

油菜种子传统采用代理制经营策略，在对比渠道、对比产品、对比市场和对比经营方案的基础上，作出市场营销策略和详细方案。随着品种多样化和促销渠道的变化，以市场为导向，整合销售渠道，品种众筹、网络经营等组合经营策略。

2. 油菜种子主要经营模式

油菜种子主要的经营模式包括代理制经营模式、直销制经营模式、新型经营模式。

（1）代理制经营模式　种子企业遴选各区域油菜种子销售商为主渠道，实行“区域代理、现款提货、模糊返利”。这种油菜种子经营模式主要做法是种业公司制订各级代理批发价和终端零售价，通过区域代理商与终端零售商之间发生业务，大部分利润由区域代理商与终端零售商分配，有利于发挥代理商的积极性。

（2）直销制经营模式　直销制经营模式系种子企业针对油菜种子终端零售商，自建种子营销渠道的销售模式。减少种子流通环节，让利于终端零售商和直接消费者，从而增强品种的市场竞争力。实施直销制经营模式企业投入大，人力成本高，难以对整个目标区域市场全覆盖。

（3）新型经营模式

①一对一的整合营销模式　针对新的农业经营主体、种粮大户、专业合作社和农业企业建立一对一经营模式，以“顾客份额”为中心，与顾客互动对话以及“定制化”提供专属品种及服务。

②网络经营模式　其本质是一种基于互联网的营销方法，主要是通过网站宣传、产品介绍、网上交易实现。

案例分析：‘沣油 737’油菜大品种成功营销实例

陕西荣华农业科技有限公司于 2006 年设立，注册资金 3 000 万元，下设独资子公司 1 个，分公司 3 个。公司以油菜销售起家，现已发展成集科研、生产、加工、销售、服务于一体的多元化种子企业，公司经营团队专注于杂交油菜优良品种生产经营和配套技术研究，在杂交油菜制种技术、油菜化学杀雄和化杀育种技术、油菜种植机械化等方面做了大量探索研究，积累了丰富的经验，取得了辉煌的业绩，有多人获得国家级和省级科技奖励。

2009年成功推出杂交油菜新品种'沣油737',成为长江、黄淮流域的主栽油菜品种和种植面积最大的王牌品种。'沣油737'先后通过陕西省审定、国家长江下游区审定、国家长江中游区审定和甘肃省审定。在这一过程中,公司采用严格的代理制销售模式:层层遴选了优质代理商、实行优质优价、缺口经营体系,保证高价位运作,并制订了相关市场管控措施和有效的售后服务,将'沣油737'做成了十年市场占有率最高的品种。

公司采用科研、生产、加工、推广、销售一体化的模式,建立起从品种研发到推广销售稳定的产业体系,在行业内得到广泛认可。取得了巨大的直接经济效益和社会经济效益。实现了公司"小种子,大事业"的梦想。

陕西荣华农业科技有限公司是如何让传统的代理制销售模式发挥更大作用的?

三、瓜果蔬菜种子的经营策略及模式

(一)瓜果蔬菜种子产业发展概况

1.瓜果蔬菜种子产业现状

我国是世界上第一大瓜果蔬菜生产国与消费国,亦是世界上最大的蔬菜种子消耗大国之一。据统计,2014年瓜果蔬菜播种面积为3.19×10^{8}亩,总产量约为7.58×10^{8}吨,分别占世界的41.69%和51.13%,产值约为1.3万亿元。根据2012年国家发改委和农业部联合印发的《全国蔬菜产业发展规划(2011—2020年)》,我国划分为华南与西南热区冬春蔬菜、长江流域冬春蔬菜、黄土高原夏秋蔬菜、云贵高原夏秋蔬菜、北部高纬度夏秋蔬菜、黄淮海与环渤海设施蔬菜等六个优势区域,重点建设580个蔬菜产业重点县(市、区)。近年来,我国的蔬菜种植面积不断扩大、消费需求的多样性、蔬菜种植区域的拓展、栽培方式的改变以及我国蔬菜产业在全球化、一体化进程中比较优势明显,蔬菜良种供应的空间十分巨大,包括品种空间、数量空间、价格空间对蔬菜优良种子的需求前景广阔。

(1)瓜果蔬菜种子育种概况　目前,在我国从事蔬菜种子业务的跨国公司主要有美国孟山都公司、中国先正达公司、法国利马格兰公司、荷兰瑞克斯旺种子有限公司、荷兰安莎种子集团公司等。国际种子公司占据大部分长茄、红果番茄、菠菜、胡萝卜、彩椒等蔬菜种子高端市场。近年来随着生物技术、抗病育种、生态育种等新技术在瓜果蔬菜的育种上的应用,我国已在大白菜、花椰菜、结球甘蓝、番茄、茄子、辣椒、菜豆、豇豆、黄瓜、西瓜、萝卜和马铃薯等作物新品种选育上取得了显著进步;花椰菜、辣椒(湘研、湘辣)与国际种业差距正在缩小;黄瓜(天津科润、德瑞特)、大白菜(京研、德高)、甘蓝(中甘、春丰)等作物育种具有一定优势。随着瓜菜品种推陈出新,自主选育品种占国内瓜果蔬菜总播种面积的80%以上,我国自主选育瓜果蔬菜品种市场份额显著提升。

(2)瓜果蔬菜种子企业概况　我国瓜果蔬菜种子企业可分为育种型和代理型两种。

①育种型企业　育种型企业中有相当多的是以农业科研院所为依托转制而来的企业,一般这类企业育种实力较强,品种数量多,但运行机制不够灵活;一部分个体育种者及民营资本投资的企业,这类企业一般品种不多,专注一个或几个作物科研育种,单个作物品种优势较明显,且运营机制灵活,可以较快占领市场,使企业得到快速成长。

目前,我国瓜果蔬菜育种型企业规模较大、年销售额在5 000万左右的有5~8家,如青州市华盛农业发展有限公司、浙江宁波微萌种业有限公司、天津德瑞特种业有限公司、安徽江淮园艺种业股份有限公司、德州市德高蔬菜种苗研究所、汕头市金韩种业有限公司等；年销售额在 2 000 万～3 000 万元的有 10 多家，如西安金鹏种苗有限公司、天津市绿丰园艺新技术开发有限公司、沈阳谷雨种业有限公司、浙江神良种业有限公司、温州市神鹿种业有限公司等。还有一些个人育种家，如'李氏 21 号'黄瓜，就是个人育成的品种，曾在山东、辽宁等区域非常畅销，年销售额十年未被超越。安徽萧县的'新丰 5 号'辣椒种子，年销售额达到 1 000 多万元。

②代理型企业　代理型企业通过与国内外一些信誉高、实力强的种子公司或科研机构合作，代理他们的优势产品。代理型企业团队营销能力强，善于抓住机会，充分发挥合作双方的科研育种、生产销售优势，提高产品的销售额。如广州市兴田种子有限公司代理国外菠菜和甜椒种子，销售额每年可达到 1 亿元以上；北京泽农伟业农业科技有限公司也是全国领先的番茄种子销售公司；天津德瑞特种业有限公司虽然是育种型企业，但也销售'普罗旺斯''德澳特 7728'番茄种子；北京华耐农业发展有限公司成功代理中国农业科学院蔬菜花卉研究所的甘蓝种子。一般这些代理型公司的销售额在 5 000 万～6 000 万元。总体而言，目前国内虽有几千多家瓜果蔬菜种子企业，但总体规模小、资源分散、实力较弱。

(3)瓜果蔬菜种子企业存在主要问题

①大企业少，小公司太多。现在市面上的种子公司，大公司非常少，而小企业相对多。中国蔬菜种子行业基本上是由成千上万家小型种企支撑，经营规模小、行业过于分散、集中度低，总的来说还处于一个相对混乱的市场格局。

②真正育繁的少，"拿来"的多。瓜果蔬菜种子公司虽然多，但是实际上具备自己育种、繁殖和推广能力的企业是非常少的，绝大部分种子公司都没有自己的品种权，至多只是"代繁"或者"经销代理"公司。这些公司可能只有一个或几个有着销量的品种(种子)资源，或者通过关系找到一些相应品牌的种子，换个包装就变成了自己的产品，算是简单的拿来主义。从长远而言，这些没有育繁能力的种子企业，一定会被市场淘汰。

③缺乏有效经营、易被市场淘汰偏多。其实不管种子公司大与小，实际上当前都面临着一个非常大的问题，就是种子的有效经营推广方式非常缺乏。一般而言只有以下几种方法：第一找各地代理商或种子农资店代销；第二参加种子展销会；第三自己上门直接推广；第四在一些专业杂志或平台广告宣传。究竟如何销售推广种子为好？多数公司都不知道如何发力，向哪个地方发力。

④忽略品牌建设，注重人脉关系。除了个别大公司有自己的网络及营销方法外，绝大部分还是走熟人圈子，以关系为主。一般这种方式都是以卖货为第一要务，几乎不重视种子品牌的建设与打造，从很多种子的起名与叫法的就知道，随意性很强，把短期利益看得很重。

⑤渠道建设滞后，价格混乱不堪。在瓜果蔬菜种子行业，有品牌的种子企业，或掌握畅销品种的企业，才有一定的营销渠道话语权，其他的主要是依赖各地代理商或经销商的体系，经常受制于人。所以在瓜果蔬菜种子这个行业，种子的价格是没有什么统一标准的，同一个品种的种子因种子质量和品牌价值不同而出现价格有高有低，某品种行情好卖时各级商户肆意加价，或者同一品种换个名称、改个包装制订不同的价格标准，种子价格比较乱。

2. 我国瓜果蔬菜种业的发展趋势

(1)市场发展规模逐步上升　我国蔬菜种植面积巨大，种子需要量非常大。近年来，我国瓜果蔬菜种子市场发展迅速(表 7.19、表 7.20)，2009 年到 2017 年蔬菜种子产量由 2.95 万吨上升为 5.97 万吨，需求量由 3.22 万吨上升到 6.48 万吨，基本上是生产量略低于需求量。

2009 年到 2017 年种子场规模逐年上升，由 2009 年 62.5 亿元发展到 2017 年 173.8 亿元，约提高 2 倍。据预测，蔬菜种子市场规模可达 500 亿元左右，而且随着种子行业的变革，良种驱逐劣种，还有 2 倍左右的成长空间。

表 7.19　2009—2017 年我国蔬菜种子需求供给情况　　万吨

年份	2009	2010	2011	2012	2013	2014	2015	2016	2017
生产量	2.95	3.35	3.85	4.12	4.52	4.95	5.44	5.85	5.97
需求量	3.22	3.76	4.24	4.28	4.69	5.52	5.82	5.90	6.48

表 7.20　2009—2017 年我国蔬菜种子行业市场规模　　亿元

年份	2009	2010	2011	2012	2013	2014	2015	2016	2017
市场规模	62.5	71.7	82.5	100.9	116.4	125.5	127.2	159.4	173.8

(2)规模化、品牌化是必然趋势　未来的蔬菜行业可能由农业企业、集体经营为主，发展成为以新型农民、知识农民为主导的种植体系。随之而来的是蔬菜种子的行业革命，未来的种子一定会是规模化和品牌化，种子市场会由分散走向集中，一大批小型种子企业将会面临洗牌的危险。

(3)销售渠道扁平化，中间商生存空间缩小　随着未来蔬菜种植方式改变，蔬菜种子的销售渠道也将发生相应变化，更多的种子企业会将种子直供到各个种植基地或育苗场，中间的代理商或销售商生存空间会受到挤压，当前较乱的种子销售体系和销售价格体系将会得到梳理和规范，蔬菜种子价格体系逐渐走向透明化、规范化道路。

(4)种子"触网"，智能选种　蔬菜相对于大田作物单品种种植规模较小、品种适应性较广，从而便于网购。同时，瓜果蔬菜作物种类繁多、品种琳琅满目，种子企业面临推广销售难，种植户品种选择判断难等问题，只有让种子互联网化，建立智能选种平台，才有可能解决透明、统一标准、客户选择、推广效率等问题，相信以后的种子推广、订单收集，以及交易支付都会在网络上完成。种子"触网"一定是大势所趋，智能选种平台将是种业未来发展出路。

(二)我国瓜果蔬菜种子经营特点及其影响因素

1.瓜果蔬菜种子的特点

与农作物种子相比，瓜果蔬菜种子由于种类繁多、生长发育对种植环境条件要求不同，在种子本身及生产经营上表现出不同的特点。

(1)瓜果蔬菜种子的生物学特点　我国瓜果蔬菜的种质资源十分丰富，种类和品种繁多。根据植物学分类，总共有 20 多个科、40 多个属，目前市场上种子经营的有 200 多种作物。

从种子外部形态来看，有球形、椭圆形及肾形、饼形、不规则的三角形、盾形等，表面有光滑、明亮的，有带沟、棱、毛刺、网纹、蜡质、不规则突起等特征，颜色有赤、橙、黄、绿、青、蓝、紫等多种色彩，绚丽缤纷。种子的大小也差别很大，有大粒种子(小于 10 粒/克)、较大粒种子(11～150 粒/克)、中粒种子(151～400 粒/克)、较小粒种子(401～1 000 粒/克)、小粒种子(大于 1 000 粒/克)。

种子内在特性主要表现在休眠有无、寿命长短及种子萌发难易等，对于有休眠的种子不能现收现种，需要破除休眠才能播种。瓜果蔬菜种子寿命有长有短，相差较大，如茄果类、瓜类种子有相对较长的寿命，十字花科、豆类种子寿命相对较短，而大葱、洋葱、韭菜等百合科蔬菜种子寿命很短。不同种类的瓜果蔬菜种子，发芽时需要不同温度、水分、湿度和光照条件，如莴苣、芹菜、胡萝卜等作物的种子需要有光照才能发芽较好，番茄、辣椒、韭菜等作物的种子则需在黑暗条件下才能较好地发芽。

(2)瓜果蔬菜种子的经营特点

①品种类型多，消费需求多样　由于我国地域广阔，不同地区的人们形成不同的消费习惯。如辣椒，就有极辣、辣、微辣和不辣之分，果皮有厚与薄，果形有牛角椒、线椒、灯笼椒等，颜色有深绿、绿、黄绿等；花椰菜有紧花和松花之分。不同地方消费者对产品的要求不同，喜爱不一样，因此，对于种子经营者来说，要细分市场，根据种植者、消费者的不同需求，进行调查分析、归类总结，形成总体市场中的若干子市场，有针对性地开展营销活动。对育种者来说，瓜果蔬菜品种的研究要系列化、专业化，开发出市场针对强的品种，满足不同消费者的产品需求。

②种子市场的区域性较强　随着瓜果蔬菜种子商品流通范围的逐步扩大和市场竞争的加剧，逐步形成某种瓜果蔬菜生产的区域优势，因此瓜果蔬菜种子市场相对于其他商品市场具有更加明显的区域性。另外由于瓜果蔬菜种子企业的规模较小，无法做到大范围的品种区域试验，也会使得某些瓜果蔬菜种子经营只能局限在一定的区域市场。

③露地季节性和周期性明显，市场难以供需平衡　瓜果蔬菜产品的生产和市场需求具有明显的季节性和周期性，市场价格也随着季节周期性波动，最终也决定了瓜果蔬菜种子经营具有季节性和周期性的特点。目前，瓜果蔬菜种子的生产和消费的主体没有预测市场变化的能力，使得瓜果蔬菜种子市场经常会产生供不应求与供过于求情况交替出现，且这种情况一般会持续较长的时间，在短时间内很难改变，最终导致瓜果蔬菜种子市场难以供需平衡。

④经营企业小多，实力较弱　由于经营蔬菜种子价值大、利润高，进入行业生产经营门槛相对其他作物较低，市场经营种子企业众多。目前在我国瓜果蔬菜种子的经营主体有国有种子公司、上市公司、外资公司、合资公司、民营公司、科研机构和农技站以及个体工商经营户。但大多数种子经营主体仍为个体私营企业，资金实力不足，企业经营量和利润率都较低，种子质量出现纠纷赔偿能力弱。

⑤品种更新换代快，杂种优势利用率高　瓜果蔬菜优良品种一般在生产上每3～5年就更换一批，更新换代较快。这些品种充分利用杂种优势，具有早熟、高产、优质、适应性强的优点，且生产经营成本更低、经济效益更高。因此，优良品种的育种者、生产者、经营者要紧密结合，不断创新品种，加快品种的更新换代，快速地向市场推出适销对路的新品种，才能占领种子市场。

⑥质量难以掌控，经营风险较大　由于瓜果蔬菜种子生产基地分布广，生产基地不稳定，制繁种操作与管理不够规范，缺少生产基地与质量监管，以及精选加工和质量检验技术薄弱，大多数种子仍停留在初加工水平，种子的均匀度、健康度和种子活力难有保障，加上市场流通多渠道、多环节，种子质量难以掌控。同时由于蔬菜作物是经济作物，种植面积小，用种量少，产品收益较高，但制繁种复杂、成本高，种子单价高。高收益带来高风险，蔬菜种子质量问题的赔偿额也高，一般超过种子零售价格的100倍，更是经营利润的千倍。

⑦种植分散，纠纷较多　蔬菜种类繁多，栽培技术要求复杂，同时种子价格高，农民对其带来的收益期望值也高。由于蔬菜生产本身又受多种因素影响，稍有不慎就达不到农民预期收

益，特别是当市场产品销售不畅，价格低时更易引发种子质量纠纷。相对大田作物而言其面积小、地分散，种子质量纠纷处理起来也比较难。特别在很多情况下，纠纷是由多种因素交织而起，很难断定谁是谁非。

2.影响我国瓜果蔬菜种子经营的因素

(1)自然资源因素　我国地域广阔，经纬度跨度大，气候类型多种多样，土壤类型多样，需要有针对性地培育适应不同生态区域的瓜果蔬菜新品种，满足不同消费者的产品需求。

(2)人力资源因素　瓜果蔬菜种子产业是劳动密集型和科技密集型的产业，种子的生产和加工需要大量的高素质劳动力资源。同时，新品种选育需要大量的专业技术人员来完成，因此，人力资源的供给量、文化素质、知识结构、生产技能等因素将在较大程度上影响瓜果蔬菜种子产业的结构与发展。

(3)科学技术水平　科技在瓜果蔬菜的品种改良、生产技术、加工贮藏技术提升方面起到决定性的作用。目前国外种子公司凭借多年的育种技术与资源的积累，能够快速的推出适合市场的优良新品种。2012 年的中央一号文件明确提出要“着力抓好种业科技创新”以逐步扭转当前我国种业被动局面，推进企业构建商业化育种体系，这将会在一定程度上促进我国瓜果蔬菜的育种水平的大幅提高。

(4)消费需求因素　消费者的需求状况影响瓜果蔬菜种子的竞争力状况。消费需求已由数量向质量转变，这要求蔬菜种子企业不断繁育更优质的品种满足市场需求。瓜果蔬菜种植者，如分散的种植户数量多分布散，需采用中间商形式行进种子营销；专业大户、农企量种植规模大、追求服务好，可采用直销模式销售种子。

(5)瓜菜品种管理较乱，知识产权保护不力　瓜果蔬菜种子品种管理混乱，滥繁滥营、乱引滥调、品种侵权现象比较严重。《种子法》《农作物种子生产经营许可管理办法》《农作物种子质量纠纷田间现场鉴定办法》《中华人民共和国植物保护条例》及其实施细则，以及《非主要农作物品种登记办法》等系列法律法规的实施有效地遏制这些现象，初步实现了瓜果蔬菜种子有序经营。

(三)瓜果蔬菜种子主要的经营策略及模式

1.瓜果蔬菜种子主要的经营策略

目前瓜果蔬菜种子产业集中度较低，主要原因是存在大量的中小种子企业，市场竞争异常激烈。因此，在市场经济条件下，每个瓜果蔬菜种子企业都需要制定一套适合自己的经营策略。

(1)科研创新，加快新品种研发　谁能不断开发出原创性的成果，谁就能主宰市场，并处于市场的主导地位。如天津科润黄瓜研究所把科研创新当作立所之本和核心竞争力，采取“培育一批、推广一批、储备一批”的品种策略，保证了新产品的持续推向市场，确保其在黄瓜种子研发的领先优势，在复杂的瓜菜种子市场上占有一席之地。天津科润黄瓜研究所早在 1961—1983 年就育成第一代‘津研 1～7 号’系列黄瓜品种，成功解决了当时黄瓜品种抗病性差的难题，大幅提高了黄瓜单产；1983—1989 年在国际上最早利用杂种优势先后育成‘津杂 1～4 号’系列杂交品种，实现了我国黄瓜品种第 2 次更新换代；1990—1994 年针对我国蔬菜周年生产对品种的新需求，分别培育出适合露地、大棚、温室等不同栽培方式的‘津春’1～5 号系列杂交黄瓜品种，实现第3次品种更新换代。20世纪90年代中期，又先后选出‘津绿’系列、‘津优’系列、‘津美’系列9个新品种，相继推出露地种植新组合，完成了第4代育种工作，深受广大农民欢迎。

(2)调研市场需求，找准产品定位　瓜果蔬菜产品消费具有区域性，种子企业应深入调研市场需求，根据企业的实力，采用差异性市场战略，避开强大的竞争对手，选择竞争者尚未控制的细分市场，在某个局部市场建立起个别产品的独特优势，并采用多产品经营战略，以赢得在差异化细分市场上的竞争优势。

(3)品牌管理，树立企业形象　优势品种是创建品牌的基础，品牌反过来又支撑品种的营销。瓜果蔬菜种子市场存在品种多、同质化严重的问题，仅靠零售品种已不能打动用户，必须用品牌来提高企业的知名度，培养客户的忠诚度，树立企业形象。如天津科润黄瓜研究所为提高品牌的形象，实施了“全方位品牌管理”的名牌战略，建立从黄瓜种子全程质量监控和管理体系；注册了“津研”“津春”“津优”商标，申请并获得国家发明专利保护，采用多种防伪技术进行包装，同时打击品种侵权行为；广泛宣传介绍产品、企业经营特色，以引起社会公众的关注，刺激种子市场消费需求。

(4)加强完善销售和售后服务体系　瓜果蔬菜相对于大田作物，其栽培技术要求更严格。在种子市场营销工作中，企业要不断解决农民栽培中的技术难题，为经销商解除后顾之忧——帮助经销商宣传品种。同时，企业要掌握获取与中间商关系的主动地位，加强与最终用户的沟通，把服务送到种子销售终端。在报纸、杂志上开辟专栏，指导蔬菜生产因种栽培技术，为农民朋友服务。如天津科润黄瓜研究所建立了销售协作网和“黄瓜王”网站，在全国率先实现良种的网上咨询、网上经销、网上管理，印制了产品介绍手册，建立良种推广科技服务小分队，送良种和科技到农村。这些服务的实施有力地扩大了产品的推广和企业知名度。

2.瓜果蔬菜种子主要的经营模式

瓜果蔬菜种子企业数量多、类型多，但其经营模式主要有两种：一种为育繁推一体化模式，一种为代理经销模式。

(1)育繁推一体化模式　采用育繁推一体化模式企业主要致力于种子全产业链业务发展，实行育繁推、产加销一体化经营模式，在研发端具有强大的科研团队，具有培育新品种的能力，创新能力强。这类企业利用自身的资源、技术和人才优势，深入开展市场调研，按照市场细分原则，向市场源源不断地推出具有核心竞争力的品种，同时积极对市场需求进行预测，做好市场需求预测和调研工作，一旦市场需求发生，可以马上推出新品种。同时企业在品种研发上不求大求全，根据自身的优势和特点，突出企业的经营特色，优化整合企业全部资源，在某一品种领域形成优势，实现规模经营，在品种、价格、包装和营销等方面超出对手。如湖南湘研的辣椒、天津科润的黄瓜、北京京研的甘蓝等皆是突出的育繁推一体化企业成功经营的例子。

在种子生产端，企业具有稳定的种子繁育基地，种子生产由粗放型向集约型转变，基地有技术人员在一线指导种子生产。制种过程主要采取集约方式(公司＋基地)，变一家一户的制繁种为集中大面积制繁种，部分企业采用“公司＋农户”“公司＋协会(公司、合作社)＋农户”“公司＋协会(公司、合作社)”等多种模式开展制种工作。但不管何种模式均需加强对播种、去杂、收获等种子生产关键环节的质量管控，才能生产出合格的杂交种子。

在种子市场销售端,企业要健全种子销售推广网络,将最新培育的新品种推广到适宜区域种植。其营销策略主要为:第一,实施品牌经营,加强企业品牌建设,对企业品牌、产品品牌会有系统的规划,使品牌具有较高知名度和客户忠诚度。第二,加强种子营销渠道管理。瓜果蔬菜种子分销渠道管理主要包括销售渠道成员的选择、渠道成员的激励、评估和渠道优化调整;制定科学合理的零售价格及利润分配、奖励办法,利于终端销售和调动经销商的积极性;独家分销与选择性、多渠道系统分销相结合,充分利用销售渠道资源,加强经销商之间的有序竞争与合作。第三,加强广告宣传,做好样板示范,对企业的拳头品种进行整合营销;加强样板示范,强化分销商对品牌的认同,在不同蔬菜产区进行品种示范,组织召开新品种观摩会、展示会和配套栽培技术培训会,从而使新品种推广达到以点带面、区域辐射的功能。

(2)代理经销模式　采用该模式的代理经销企业应具有很强的营销能力,拥有自己的直销和分销渠道,一般依托当地蔬菜产业优势,市场对代理经销商的种子需求量大,通过与国内外的种子公司优势产品和强优势科研单位合作,这些合作单位均具有独立的育种能力。代理经销企业通过与其合作,强强联合,实现共赢。采用该模式的企业营销策略主要有以下 3 方面:

①注重品种信息收集,选择适销对路品种经销。及时掌握国内外各大公司优良品种在当地的适应情况,与种子质量有保证的大公司签订经销合同,保障经销产品在当地较好的适应性、有较大的市场销售潜力,能满足当地对瓜果蔬菜品种需求。

②明确服务职责,提高服务质量。搞好种子售后服务是代理型种子企业的命脉,及时了解售出种子的田间生长情况、效益评价和农民的新需求,做好信息反馈。这就要充分调动员工的积极性,把员工利益与种子经营效益紧密挂钩,定人、定岗,明确责任,做到周到服务。

③完善经营网络,开拓经营领域。种子公司零售经销点多分布在一些重点乡镇。因此,种子企业应科学布点,完善市场种子经营网络,充分发挥乡镇农技站、种子经销店的作用,开办联营或建立连锁店、代销点,以方便农民购种,提高种子市场的占有率。

3.瓜果蔬菜种子进出口国际市场营销策略

近几年我国瓜果蔬菜种子的进出口数量与金额均处于稳步增长状态,总体上进口数量和金额大于出口(表 7.21)。同时也应看到,2016 年我国种子出口数量远大于 2015 年,但销售金额还低于 2015 年,这说明我国出口的蔬菜种子单价变低,可能与国外委托国内企业代繁种子,然后再将种子出口有关。为了加强瓜果蔬菜国际种业市场营销,一般采用以下 5 种策略:

表 7.21　2012—2017 年我国蔬菜种子进出口量与金额　　万吨、亿美元

年份	2012		2013		2014		2015		2016		2017	
	数量	金额	数量	金额	数量	金额	数量	金额	数量	金额	数量	金额
进口	0.75	1.14	0.78	1.25	1.00	1.52	0.92	1.72	0.97	1.77	0.96	1.77
出口	0.61	1.59	0.61	1.46	0.43	1.76	0.54	1.62	0.92	1.13	0.45	1.13

(1)开拓国际种子市场,增加种子出口国家　我国目前蔬菜种子的出口市场集中度过高,主要集中在美国、韩国、荷兰、日本、印度、法国和意大利等发达国家。我国蔬菜种子出口市场与发达国家的蔬菜种子集团种子遍布全球的销售网络相比,国际市场开拓明显不足。我们要以"一带一路"沿线国家为依托,加强国际市场品种需求的针对性育种,选育适合不同国家和市

场的蔬菜新品种，从而扩大“一带一路”沿线国家蔬菜种子市场。

(2)加大自主育种开发力度，提高蔬菜种子附加值 我国蔬菜种子出口价格与进口价格相比，明显处于劣势。这主要原因一是我国出口的蔬菜种子多数是国外种业集团与我国蔬菜种子企业合作的联合制种或外繁种子，价格相对较低；二是我国出口的蔬菜种子大多是低附加值产品。要改变这一现状，要加大蔬菜种子的科研力度，增加我国自有知识产权蔬菜种子品种的出口，提高蔬菜种子的附加值，改变目前我国高价引进国外蔬菜种子、却大量出口廉价蔬菜种子的现状。

(3)改进种子加工工艺，适应国际市场需求 我国目前瓜果蔬菜种子的加工工艺与国际先进国家相比比较落后，在种子的光泽度、发芽率、籽粒均匀度、包装等多个方面都不符合国际蔬菜种子市场的要求，很难进入国际蔬菜种子市场。我国蔬菜种子生产企业要严格制定符合国际市场要求的企业标准，通过引进技术、设备、管理等手段学习国外先进的技术和经验，提高我国蔬菜种子加工的工艺，按照国际种子认证要求生产高质量种子，满足国际种子市场需求。

(4)加强知识产权保护，保障育种企业的权益 由于我国瓜果蔬菜种子市场管理比较松散、市场监督力度不够等多种原因，使瓜果蔬菜种子市场伪劣产品层出不穷，严重损害了开展品种选育的种子企业权益，挫伤了育繁推一体企业的育种积极性。因此，加强我国瓜果蔬菜种子的品种管理和知识产权保护，确保育种企业的正常收益，这样才有利于调动育种企业的育种积极性，有助于育种企业持续选育出适应国际市场需求的新品种，提升我国蔬菜种子的国际市场竞争力。

(5)树立国际营销理念，培养国际贸易人才 我国瓜果蔬菜种子企业要树立国际市场的种子营销理念，企业要时刻了解国际市场动态，对目标市场国的政治环境、经济环境、文化环境、法律环境、生活消费习惯等都要有比较翔实的认识，才能把握营销目标市场的走向和动态，了解当地瓜果蔬菜种子市场的需求。有了国际市场营销理念的同时，要有国际贸易和营销人才，我国有条件的蔬菜种子企业应该高薪吸引国外从事蔬菜种子贸易的专门人才，进一步打开国际蔬菜种子市场的大门。

案例分析：天津德瑞特公司的企业定位与发展

天津德瑞特种业有限公司于2003年建立，公司经历了创立期的艰辛、生存期的困难、发展期的自信，但每一时期都把品种突破、品牌建设和市场营销放在企业发展的核心位置。准确的市场定位、突出的产品特点、严格的质量控制、完善的售后服务、科学的渠道建设使德瑞特公司得以迅速发展。

(1)准确市场定位 公司刚刚建立时，定位于黄瓜的育种与生产、销售，同时总代理荷兰德瑞特公司在中国的蔬菜种子产品。当时国内生产黄瓜种子的企业众多，又以天津黄瓜研究所、中国农科院蔬菜花卉所、天津绿丰公司具有较强的科研实力和营销能力，市场占有率较高，如‘津优1号’‘津春4号’等露地主栽品种，同时，山东宁阳、新泰等地侵权品种泛滥，低价冲击市场。德瑞特作为一个新品牌，知名度不如天津黄瓜所、天津绿丰公司，价格低不过宁阳，在主流品种上参与竞争胜算很小。但上述各单位在温室品种上的优势不明显，没有一个单位具有绝对优势。德瑞特及时确定目标市场为保护地黄瓜品种，避开上述单位的锋芒。根据当时形势，提出“德瑞特种业——专注保护地品种”的市场定位。

(2)加强科研育种 育种是一个种子企业生存的基础。德瑞特陆续建立多个育种站，每年投入数百万元开展育种研究，每年新配制黄瓜新组合数千个，并每年选出表现优秀的品种投放市场观察。这些组合的亲本分别具有荷兰、俄罗斯、日本、印度尼西亚、泰国、美国、中国等国家的血统，品种优势与特点较突出。

(3)建立企业品牌　德瑞特先后注册了20多个商标，为系统地保护品牌提供了法律保障。但优秀的品种是品牌的核心，德瑞特利用荷兰德瑞特提供的抗寒型亲本与中国材料组配，育成了高抗寒、抗病、高产的黄瓜品种。为突出品种特点，德瑞特舍掉其他卖点，用农民最懂的语言，称其为“不歇秧的黄瓜”。“不歇秧的黄瓜”一经推出，很快为温室种植区农民接受，因为这是困扰他们多年黄瓜种植难题。

(4)建立良好繁育体系　好的品种要有严格的制繁种管理制度和操作技术体系作保障，才能保证高质量的种子。为此，德瑞特建立了其独有的繁种基地，将良种繁育质量置于完全控制之下，种子质量有了100%的保证。为树立品牌形象，仅有过硬的种子内在遗传品质是不够的，公司又引进了丹麦的种子加工机械及种子包衣技术，使种子的外在质量有了进一步的提高，按“中国黄瓜第一品牌”的要求建立了企业的内控质量标准。

(5)全方位服务客户　种子企业开展全方位服务的目的是使产品的价值最大化，最大限度地满足客户的需求。这就要求企业必须要弄清两个问题：客户是谁和他们的需求是什么。第一个客户是经销商，他们的需求是盈利，用最小的代价赚钱。对他们的服务包括两方面，一是对他们进行营销培训，使他们能够掌握现代营销理念和技巧，树立长期与公司合作的观念，摒弃急功近利的赌徒心理，由批发商转变为代理商，用最小的代价长期、稳定地赚钱；二是对他们进行种业技术培训，使他们能够对农户开展基本的服务。第二个客户是种植户，也是最终客户，他们的需求是买到好的、能赚钱的品种。即便是再好的品种，技术不过关也种植不好，就很难赚到钱，他们以后就不会购买同品牌的种子。因此德瑞特成立了一个强大的讲师团，深入黄瓜温室主栽区，面向广大种植户开展技术培训，温室设计、茬口安排、品种选择、病虫害防治、栽培技术等受到广大农户的欢迎，让购买德瑞特种子的农户都能掌握科学的栽培技术，获得好的收成，下一年会继续购买德瑞特的种子，成为德瑞特的忠实用户。

(6)加强品牌宣传　企业建立一个品牌相当困难，因为这是一个复杂系统的工程，而维护好一个品牌所需要的努力更大，必须不断地保持并提高产品质量，提高服务水平，加大宣传力度，保护客户利益，才能够使品牌具有长久的生命力。德瑞特的品种在山东、河南、河北及东北、西北地区取得了巨大成功后，及时与《中国蔬菜》《长江蔬菜》紧密合作，把“德瑞特”的品牌及‘博耐’‘冬美’‘博美’‘博新’等品种介绍出去，由于这两本杂志在我国蔬菜行业影响力很大，德瑞特的品牌知名度有了大幅度提高。为了提高公司的美誉度，德瑞特与中央电视台七频道、山东电视台农科频道、辽宁电视台金土地等进行了接触，开展了多种形式的合作，特别是与山东电视台合作拍摄了30多集电视专题节目，并在山东电视台卫星电视频道播出，极大地提高了德瑞特公司的影响力。

天津德瑞特公司围绕市场定位、产品特点、质量控制、售后服务、渠道建设，品牌宣传等方面内容开展工作，公司得以迅速发展。试结合当地蔬菜种子企业的状况，谈谈该公司的定位和发展。

四、观赏植物种子(苗)的经营策略及模式

(一)我国观赏植物种子(苗)产业发展概况

1.观赏植物种子种苗产业现状

(1)观赏植物种子种苗产业概况　观赏植物主要包括常见的鲜切花、盆栽花卉、观叶植物、绿化苗木、草坪等。观赏植物种植产业是集经济效益、社会效益和生态效益于一体,集劳动密集、资金密集和技术密集于一体的绿色朝阳产业。我国观赏植物种子生产主要集中在甘肃、内蒙古等西北地区,其生产面积分别为 920.40 公顷、895.20 公顷。辽宁、新疆是我国种球生产大省,生产面积分别为 1 682.60 公顷、1613.40 公顷,面积之和占全国种球生产面积的 54.30%,销售额之和占全国总销售额的 63.37%。据农村部统计,2015 年全国繁殖种子的花卉种植面积 5 430.55 公顷,销售种子 72.22 万 kg,销售额 4.61 亿元,出口额 220.00 万美元;繁殖种苗的花卉种植面积 7 327.52 公顷,销售种苗 34.17 亿株,销售额 18.98 亿元,出口额 4 644.55 万美元;繁殖种球的花卉种植面积 6 069.88 公顷,销售种球 6.44 亿株,销售额 7.53 亿元;出口额 423.00 万美元;观赏苗木生产面积 76.87 万公顷,销售苗木 132.69 亿株,销售额 646.94 亿元,出口额 3 240.10 万美元。

2015 年种苗用于花卉种植面积最大的是广东、湖南、四川、河南,其种植面积均在 500 公顷以上;观赏苗木种植面积上万公顷的省(自治区、直辖市)为 18 个,分别是浙江、江苏、河南、福建、山东、广东、四川、江西、湖南、安徽、湖北、河北、吉林、重庆、辽宁、广西、云南、陕西。其中浙江、江苏两省的观赏苗木种植面积最大,分别为 13.10 万公顷、12.35 万公顷。近几年我国高档花卉的生产发展缓慢,每年要从境外进口大量蝴蝶兰、大花蕙兰、红掌、西洋杜鹃、凤梨等高档花卉,主要是因为这些花卉在我国的生产技术落后,受种苗供应不足、进口种苗昂贵等因素的影响。

(2)观赏植物品种选育现状　目前我国观赏性植物新品种选育与整个产业总体发展极不相称,造成这种现状的主要原因:第一,我国还没有建立起完整的观赏植物新品种选育体系,科研经费投入少,育种材料累积少,育种技术落后,品种创新能力差,培育不出具有国际竞争力的品种。在我国市场上的主流切花、盆花商品中,90%以上的畅销品种仍为国外品种。第二,目前国家在植物新品种保护和登记制度不健全,对品种的侵权行为惩罚力度不够,从客观上影响了人们的创新积极性,滋长了非法占有和作假的不当行为。第三,目前花卉从业人员对优种名花的新品种培育缺乏热情和信心,对花卉的种质资源和知识产权保护意识淡薄,导致民间育种也不活跃,致使观赏性植物新品种选育缺乏人文环境和群众基础。第四,国内大多数的花卉种业公司的主要精力放在代理销售上,在育种和技术上投入很少,致使国外的品种迅速占领中国市场,也使国内育成新品种面临更大的竞争压力,育成新品种失去了发展空间。

(3)观赏植物种子种苗产业存在问题　我国观赏植物种子种苗产业存在着品种单一、老化,缺乏自有知识产权的新品种,生产规模小、质量低等问题,从而导致国内市场需求的优质草花种子、花卉种苗和种球大量从国外进口,观赏植物产品出口也因缺乏自主知识产权的优良品种而发展缓慢。

我国观赏植物种苗产业科研投入较低,成果转化较少,生产的设施、基质、营养配方等方面与发达国家差距较大,生产上也缺乏统一的健康种苗生产技术标准和规范的质量检验规则和

标准，从而无法对整个种苗生产流程进行严格的质量控制，造成市场上的产品良莠不齐，甚至带毒苗、带病苗比例较高。

此外，科技支撑不够、生产设施落后、专业人才匮乏、集约化程度低、配套服务体系不完善、流通体系不健全，以及观赏植物种子种苗市场不成熟等诸多因素均制约着我国观赏植物产业健康、稳定、快速发展，与现代花卉产业的专业化、规模化、标准化、规范化、国际化要求相距甚远。

2.观赏植物种子种苗发展趋势

（1）市场规模稳定增长，产业模式转变升级　随着人们生活水平进一步提高，我国的观赏植物的消费市场越来越大，特别是国外消费市场潜力有待开发，进一步促使观赏植物种子种苗的生产总量继续保持稳定增长势，但行业利润趋向平均化。整个产业结构会进一步调整，产业模式由数量型向质量型转变，由粗放分散型向集约化、专业化和区域化转变。

（2）市场消费模式差异化　随着团体消费向家庭消费转变，观赏植物的品种需求将更加个性化、多样化，原来的同质化产品将被多样化、优质化、个性化产品所取代，传统品种向新、优、特的高端品种发展。必须开发出具有比较优势的品种，抓住差异化、专业化的市场需求，针对细分市场和不同客户需求开发不同的产品，才能使企业获得更高的利润。

（3）种子种苗生产标准化　我国观赏植物种子种苗的生产过程没有建立完善的标准化体系，在整个种子种苗生产链条中每个环节包括从种植到采收，再到存储、运输、销售，整个产业链还没有一套完整质量控制标准体系，造成了花卉种子种苗质量严重下降。在国外优良种子种苗的竞争压力下，我国推行种子种苗生产质量标准化是面对国际竞争、取得市场突破的必经之路。

（4）生产管理信息化　信息化技术可以为观赏植物种子种苗生产插上科技的翅膀，种苗生产通过计算机系统进行网络化、信息化管理，实现管理的自动化、数据化、标准化、精准化，让生产的每一环节、每一步骤的数据、参数都可以详尽地记录下来，进行标准化、自动化控制，有效提高管理的效率和产品的质量。

（5）经营主体多元化　观赏植物种子种苗的生产经营主体将呈多元化，个体工商、农民合作社、国有与民营、外资独资和合资等经营主体呈现百花齐放的格局，合作渠道和融资渠道也向多元化方向发展。

（6）经营方式现代化　我国传统的观赏植物种子种苗销售，主要为订单、花卉和种子市场、花店等模式。近年来，更具现代气息的电子商务迅速成为新热点，网上购物已成为一种日常化的消费模式。经营方式正从传统经营方式向现代化经营方式转变，如由传统分销渠道到电商网络，由产销脱节的分散经营向育繁推一体化等现代经营方式转变。

（二）我国观赏植物种子（苗）经营特点及其影响因素

1.我国观赏植物种子（苗）经营特点

（1）品种多种多样，更新速度加快　观赏植物包括草花、盆景、绿化景观树等，如杜鹃、玫瑰、郁金香等，每类植物均具有很多品种，每个品种均具有不同区域适应性和外观表现。同时市场需求品种也变得多样化，由于现代景设计整体思想水平提高，各地均在寻求独具特色的景观风格和体现当地的生态特征，另一方面人们生活水平的提高，对花卉的外观和质量要求也不断提高，珍稀奇特的花卉消费数量增加。

(2)种苗经营走向规模化和专业化　近年花卉种苗企业规模和实力迅速增长，一些规模小、产品单一、缺乏技术的企业在激烈的市场竞争中将会逐步被淘汰或兼并重组。据统计，截至2016年6月30日，全国城市园林绿化企业一级资质企业共有1 348家，其中浙江162家、江苏152家、广东139家，名列前3位。一部分龙头企业正在向"大市场、大流通、大发展"迈出关键步伐，初步完成全国性花卉种苗产销布局。同时种苗的生产也更加专业，从营养土配制、容器苗育苗、成苗培育等整个生产过程做到专业化和精致化。

(3)生态资源丰富，综合利用度不足　我国地域辽阔具有多种生态类型和气候类型，生态资源丰富。如我国的云南具有周年种子种苗生产的优势。由于我国缺乏专业的花卉育种、制繁种企业，这种优越的生态资源在花卉种业生产中没有得到充分的利用，却使日本、美国、意大利、丹麦、荷兰等发达国家的育种商乘机进军中国。

(4)经营主体多样，市场竞争激烈　目前我国的观赏植物种子种苗的经营主体多种多样，如科研机构、国有公司、国外种子种苗公司、合资企业、私营企业、合作社、农户等等。近几年随着经济的不断发展，花卉种苗业发展迅速，一些其他行业如房地产企业、传统制造业等社会资本也转向投入观赏植物的种子种苗业，一些设施条件好、规模较大的种苗和苗木基地建设完成，使得整个产业得到了空前发展，市场竞争异常剧烈。

(5)品种创新不足，阻碍产业发展　观赏植物种子种苗企业要在品种、技术、生产方式、管理上进行不断创新，才能实现可持续稳定发展。种苗企业要规避急功近利的短视行为，不要仅满足于引进国外品种和获得眼前效益，要注重新品种保护工作。我国观赏植物种子种苗产业缺乏技术创新，生产方式没有和国际市场接轨，产品质量不高，缺乏竞争力。如我国花卉种子精选加工及包装、贮藏的技术相对薄弱，影响种子质量；苗木生产技术和标准不过关，出现小规格苗、低品质苗木产品等等，从而阻碍产业发展。

(6)花卉种子育、繁、销脱节　目前，我国种子科研和生产经营分属两个体系，没有形成一个良好的合作机制，花卉种子育、繁、销脱节，迫切需要加强协作与交流，把科研与生产有机地结合起来，形成一股强大的合力，根据市场需求开展科研攻关，加强育种理论、栽培方法、种质资源收集利用的研究，以及技术引进、攻关与成果转化，尽快缩短与发达国家的差距，实现整个种子产业的健康发展。

2.影响我国观赏植物种子(苗)经营的因素

观赏植物的种子种苗业与其他行业一样，其生产经营很容易受到政策、经济、社会和技术四大要素综合影响。

(1)政策环境　观赏植物的产品主要服务对象主要为市政建设绿化及房地产业，二者均受政策导向因素影响较大，因此政策因素同时也是影响种子种苗行业最主要的因素之一。如信贷政策、造林绿化政策、种业扶持政策等。

(2)经济因素　经济的快速发展是影响种苗和苗木行业景气度的重要指数之一。一般来说，经济发展人们生活水平随之提高，对环境美化、生活情趣、享受的要求也随之提高，对观赏植物的需求也随之增加，则种子种苗、苗木的需求量增多，价格上涨，行业会得到快速发展；反之则反。

(3)社会环境　社会环境主要为人口规模和社会文化两大因素。我国人口规模的持续增长将导致决定对花卉苗木的需求长期存在，可直接拉动种子种苗和苗木市场容量。随着人们生活水平的提高,对精神文明的追求也开始上升。现在过年过节、礼尚往来开始时兴送鲜花和摆放鲜花,这相应地提高了对花卉种子种苗的需求。

(4)技术因素　技术方面主要是新品种选育技术和种子种苗生产技术。近年我国现代育种工作取得了新的突破和进展,但在重要商品花卉品种培育上,与国外的差距依然很大,生产种子种苗的品种受制于人的现状并未得到实质性改变。提高花卉种苗市场竞争力,建立健全种苗质量控制标准体系和市场准入制,提高优质花比率,但我国种苗生产中还缺乏核心技术,种苗生产中一旦遇到如病菌感染等情况,就会出现种苗质量不稳定现象。

(三)观赏植物种子(苗)主要的经营策略及模式

1.观赏植物种子(苗)主要的经营策略

(1)强化质量意识,确保品质优良　质量是企业的生命,是观赏植物种子种苗经营取胜的关键。种子企业要想提高经济效益,必须保证种子种苗质量,其好坏直接关系到花卉产量和质量,企业必须始终坚持质量第一、诚信为本的原则来经营种子种苗。首先要把好制繁种关,加强种子种苗质量检验,质量不合格的产品严禁出货。第二,做好种子贮藏保管工作,防止蛀虫霉变,延长种子寿命。

(2)提供优质服务,扩大市场份额　提供全面细致、周到贴心的服务是种子种苗企业留住客户、扩大市场份额、提高市场竞争力的重要保障。企业要将服务意识贯穿到销售的每一个环节,树立以客户为中心的思想,赢得客户满意。如售前开展示范、宣传与引导、加强与客户沟通;售后加强客户栽培指导、问题解决、及时走访用户、征求意见等,实现企业效益最大化。

(3)注重品牌建设,提升企业核心竞争力　在多变的市场条件下,品牌已经成为赢得客户和企业长期生存与发展的关键。提高创新意识、提升服务质量是种子企业品牌建设的两个重要方面。具体策略为:第一,开发新品种,寻求新卖点;第二,要加大员工培训力度,不断学习先进技术,提高员工的专业技能,紧跟市场步伐;第三,及时回访老客户,开发新客户;第四,加强品牌宣传。如采用社交网络与微博营销、电影与微电影营销、企业文化营销、事件营销等多种策略来扩大品牌影响力和形象。

(4)灵活定价,合理促销　价格是影响消费者购买的重要因素,观赏植物种子种苗生产企业要以生产成本为基础,根据市场需求、产品质量、客户心理等不同因素进行合理定价,才会赢得市场。在产品促销策略上可充分利用网络、电视、报纸等媒体以及各级政府和农业推广部门,扩大我国观赏植物种子种苗的影响,提高知名度,创造良好的营销环境。

总之,观赏植物种子种苗经营工作复杂多变,要想做好营销工作,提高种子种苗质量、加强产品营销服务、强化企业品牌建设,这才是立足之本。

2.观赏植物种子(苗)主要的经营模式

国内种子(苗)销售模式可分为四大类:外销型经营模式、工程型经营模式、零售型经营模式及家庭园艺新型经营模式。

(1)外销型经营模式　种子(苗)外销型经营模式,即以外销为导向的苗木种植经营模式。该类型企业经营模式以苗木生产为主,有一定规模和特色产品,企业可将精力放在种苗和苗木生产技术和苗圃经营本身,根据市场趋势和自身发展需要进行战略布局,对企业自身生产经营更有利。其生产管理特点:一是重视标准和规模化;二是集中部分力量调研市场需求,错位生产。但前期投入大，经营周期较长，进入壁垒高，企业必须具有较强的市场预测及定位、区域及产品规划、出圃能力及营销体系，其产地自成销售集散地，基于成本考虑一般会选择远离区域销售市场，需客户承受看苗交通成本。

(2)工程型经营模式　种子(苗)工程型经营模式，即为以苗木服务工程的经营模式。该类型企业苗木经营以服务工程为首要目的，以工程苗木、活动展览种苗刚性内需为盈利支撑，一方面可提高工程业务毛利率，另一方面也可一定程度规避苗木销售风险。种植种类包括乔灌木、棕榈类、阴生、水生植物等，产品以常规种类为主，通过“自产＋外购”模式经营。但其弊端是其苗木的自身经营将会受限于主业工程供给，在其种植品种选择、规模、苗圃选址、资金链等方面均有一定制约性，外销经营和营销渠道拓展等环节也极易被弱化。

(3)零售型经营模式　种子(苗)零售型经营模式，即以零售为主体的个体散户经营模式。该模式的经营主体——个体散户占生产者中的相当一部分比例，大多从业时间较长，有一定的种苗和苗木种植技术和资本，生产规模相对不大，经营方式灵活，土地自有居多，劳动力不计入成本。一部分实行订单种植，与企业联合，承担种苗生产过程中的一个环节；一部分独立生产或抱团成立合作社，但限于资金和技术，相当一部分选择低端种苗生产，或小乔木及花灌木等投资回收快、对技术要求不高的产品类型，进出壁垒都较低，这部分经营者往往盲目跟风，抵御市场风险能力较差。

(4)家庭园艺新型经营模式　家庭园艺新型经营模式，即以家庭园艺市场为定位经营模式。该模式面对国内家庭园艺市场，以花卉、草坪种子、花卉种球、绿化苗木、园艺相关资材等产品、服务及品牌供应商的开发及引进推广为主营业务，注重园艺中心、实体经营(特色便利店、商场专柜)和网店(虹越花彩师淘宝店、园艺家淘宝店、网上商城、产品官网店)相结合的渠道建设，重点利用直营平台加强销售体系，如定期举行品种展示会、种球现场预订会等。其特点是消费季节性明显，消费人群特定性强，定位精细，企业注重销售渠道和终端销售模式的探索。但受国民消费水平和消费观念影响，家庭园艺、庭院经济还未有充足的市场空间，此类企业现阶段首要任务应是国内目标消费市场的培育。另外，进入园艺超市、园艺中心的种苗产品规格和质量有特定及较高要求，包括配套产品在内的供应商对接度还不高，供应链管理也是此类企业的经营重点。

3.观赏植物种子(苗)进出口国际市场营销策略

(1)合理布局市场，瞄准主要市场，拓展新兴市场　目前我国观赏植物的种子种苗出口主要是荷兰、美国、日本和韩国，市场集中度较高。这些地区也是国际花卉消费量最大的地区，有广阔的出口空间，也是我国的种子种苗出口企业主攻的方向。但同时高度集中的市场容易带来恶性竞争、压价竞销的局面，以及市场需求波动带来较大风险，因此，国内种子种苗出口要合理布局，选择经济规模较大、地理距离相对较近、经济自由程度较高的贸易伙伴，尤其注重开拓东南亚、东欧、中东等发展中国家等新兴潜力市场，实现出口市场的多元化、可持续发展。

(2)注重种质资源开发，发展适销对路品种　观赏植物市场的核心竞争力在于品种。近年来，随着国际市场上苗圃及庭园植物消费及特种花卉需求增长，我国出口至欧洲、美国、日本等地的种子种苗的数量与金额在持续上升。但从全球花卉生产与贸易现状来看，我国的观赏植物产业还处于产业链的低端，缺乏自主知识产权和在国际上受欢迎的新品种。因此，我国的企业要想参与国际竞争，取得贸易突破，必须要加强新品种的开发和创新，特别是一些我国传统的、独有的观赏植物品种在国际市场上具有较大市场潜力，通过创新使我国独有的种质资源优势转变为产业优势和竞争优势。同时在观赏植物的国际贸易过程中，可通过购买、转让、合作交流国外具有市场前景的优良种质资源，通过加强引进、创新和选育，研发一批拥有自主知识产权的适销对路新品种，缩短与发达国家的差距，提升产业竞争力，激活国际市场。

(3)提高质量，规模经营，增强国际市场竞争力　我国观赏植物种子种苗的生产零星分散，质量不稳定，没有严格的检验标准，缺乏标准化生产，产品总体质量不高。我国观赏植物种子种苗经营主体主要为农户、合作社、小型企业和部分中大型花卉企业，他们经营分散，规模不够大，未能有效形成产、供、销一体化生产经营体系，开拓国际市场的能力较差，难以承接国外大批量、高质量要求的订单，难以抵御巨大的市场风险。因此，我国观赏植物种子种苗要想实现国际贸易突破，必须加快产业的自主创新步伐，通过品种创新、产品流通模式创新、产品生产技术、包装与运输技术等技术创新、种子种苗生产、经营与管理模式创新等，同时进行兼并重组或横向强强联合，扩大自身规模，通过产业集聚，实现整个产业链体系的全面建设，增强企业产品在国际市场的竞争力。

案例分析：浙江森禾种业观赏植物种子(苗)的成功经营之道

浙江森禾种业股份有限公司成立于2000年6月，经过多年的发展，森禾种业在全国设有10多个全资区域子公司，10多个分公司，20个生产基地(共30 000亩，其中包括50公顷温室)，在全国布局4个研发基地，建立了6 000多平方米的组培车间。初步形成了一个覆盖全国、立体有序的经营网络体系。该公司先后获得"国家高新技术企业""全国十佳花木种植企业"，荣获"2010国际年度种植者"银玫瑰奖、荣获"亚洲品牌盛典·中国(行业)十大创新品牌"，多年被评为AAA级信用企业，该公司通过了质量管理体系和环境体系认证。

森禾种业能够取得如此骄人的成绩，公司除一贯践行"创新经营、引导市场、服务三农"的思想，重视科研创新，采取了"零风险计划""准股田制"的服务措施，创建了"产销分离"的经营体系和"工业化改造、商业化定位、专业化生产、规模化经营"的现代农企运行模式等成功经验外，还在于森禾种业以更加开放的心态，大力推进国际化进程，用全球化视野指导企业的经营与发展。

科技创新，做产业的领跑者。森禾种业建有浙江省唯一的"省级花卉高新技术研究开发中心"，建立了育种实验室、分子生物实验室、生物技术实验室、种苗质量检测实验室、植物营养实验室、组培室以及中试基地，在育种、组培快繁、栽培、造型及环境控制等多个领域实现重大突破，研发出大批拥有自主知识产权的新品种、新产品，并拥有专利及系列专用配方60余项和专长技术("KNOW-HOW"技术)近400项。针对不同树种苗木、不同产品生产类型的组培苗、穴盘扦插苗、加仑容器苗等，建立完整的苗木生产技术体系，形成了蝴蝶兰组培快繁体系、穴盘苗扦插繁殖技术体系、加仑苗培育技术体系等生产技术标准。实现了品种领先、技术领先、产品领先。

细化产品生产工艺流程，实现专业化生产。森禾种业为实现生产经营过程的专业化，细化产品生产工艺流程，把生产经营过程分解成若干个环节或阶段，分别让不同的专业化组织和人员来完成，使每个生产环节得以专业化操作，实现质量提升。

储备一批新产品和后续产品，引领未来市场。公司主推品种外，还根据市场需求预测，开发、储备了一大批新产品和后续产品，使得公司可以从容应对和引领未来市场。

引进先进设备，确保设施领先。森禾种业引入高新技术的设备和测试手段，并先后建立了基因工程实验室、植物组织培养室、人工催芽室、种子冷藏库、西班牙温室等基础设施，配备了穴盘播种机等先进设备，在人工环境控制、无土培养、穴盘育苗、品种复壮、雾喷、滴灌技术和生化制剂应用等方面积累了丰富的经验，制订了详细的技术操作规程，培养了一批技术操作能手和管理人员。同时加强育种育苗理论与应用技术研究，快速形成了几个有自主知识产权的主导产品，逐步形成了在全国行业内的优势。

创新营销，实现企业目标。森禾种业全面采用了主动营销的方式，以供应种苗、技术指导、收购合格成品等方式运作的“零风险计划”，将合作方农民的市场风险降为零。“准股田制”模式则是让农民以土地、劳动力、农资和其他生产要素为“股份”，森禾种业以种苗为“股份”，并免费向农民提供技术指导，在双方对等投入、对等分红的原则下进行阶段性花木生产的合作，大大增强了农民生产的积极性。

挖掘品牌资源，完善品牌管理体系。随着企业的发展和经营规模的不断扩大，森禾种业又不断挖掘品牌资源，对产品的标识、色彩、设计风格及功能、服务等，进行统一规范，统一策略；对品牌的形象、定位、个性、受众、设计、价值、理念、文化、评价等方面的统一策划，统一管理，统一传播。同时注重客户服务，提高顾客的认可和忠诚，建立了完善的品牌管理体系。

竞争合作，打造新型商业生态系统。作为行业龙头，森禾种业一直致力于破除企业间传统的竞争，通过“竞合”，在观赏植物商业生态圈中，与行业上游、下游甚至竞争对手企业共享理念、品种、产品、技术、模式、服务等，将不同企业资源进行整合，力求“共同进化”，打造成合作共赢的新型商业生态系统。

加强国际交流，实现国际市场的零距离对接。森禾种业通过“走出去、引进来”的措施，不断加强国际交流，学习世界先进的新技术、新理念、新模式和新业态，了解国外从品种到产品、从生产到销售中的各项技术，将国外的先进经验应用到公司各项经营管理活动中。在新品种开发上，森禾种业与日本、欧洲、美国等相关企业和科研机构，在高档盆花和绿化苗木等品种开发上加强合作，公司的蝴蝶兰、兜兰、玫瑰、杜鹃等品种更为丰富，产品质量进一步得到提升。公司引进多条丹麦网袋苗生产线，用于穗条扦插和种子播种，进一步实现了产品生产的容器化、基质化、标准化、机械化，加快了观赏植物种苗与苗木产品的现代化生产。

浙江森禾种业股份有限公司从科技创新、专业化生产、产品准备、质量保证、创新营销、挖掘品牌、竞争合作、国际交流等方面经营观赏植物种子(苗)，成功实现农业现代化。根据上述案例，试分析浙江森禾种业股份有限公司经营观赏植物种子(苗)的成功因素和关键技术。

本章小结

本章主要系统地介绍玉米、水稻、小麦和大豆等主要粮食作物，以及棉花、油菜、瓜果蔬菜、观赏植物种子(苗)等经济高效作物种子(苗)的产业现状、发展趋势，以及该类作物种子的经营特点、经营的影响因素，经营的策略和模式。每类作物附有成功营销的案例，以期为企业制定种子经营策略和营销方案提供参考。

复习思考题

1. 简述我国玉米、小麦等粮食作物种子的经营策略和模式。
2. 结合影响大豆种子经营的因素，试论述发展我国大豆种子产业的主要措施。
3. 简述我国棉花、油菜、瓜果蔬菜等经济作物种子的经营策略和模式。
4. 简述我国主要观赏植物种子(苗)的经营策略和模式。
5. 假若你是某水稻公司的营销总监，你打算从哪些方面做好公司的水稻营销工作？

第八章　种子市场管理

知识目标

◆ 了解种子市场管理概念、作用和意义。

◆ 理解种子行政管理的主要内容。

◆ 掌握申请领取种子生产经营许可证的条件和程序。

能力目标

◆ 学会利用种子市场管理方面的法律法规，规范企业经营行为。

◆ 能够依法申请种子生产经营许可证。

种子市场是种子买卖双方实现终归所有权交换的场所或活动。在种子市场营销活动中，种子市场发挥着信息传导、资源配置、社会服务、利益分配等多重功能。近年来，随着市场经济的发展，种子市场已全面放开，种子经营主体多元化，零售环节多样化，购买方式自由化，从而导致种子执法难度加大。目前种子市场存在种子生产经营主体资质证照不全、无证生产经营、种子包装和标签管理不规范、品种未审先推、夸大虚假宣传，农民法律意识淡薄、种子市场品种多、乱、杂，种子以次充好、以假乱真等质量问题，种子企业超范围经营等严重违法违规现象。假劣种子坑农、害农事件时有发生，严重地影响了农业产业结构的调整、农民增收和农村稳定。为此要切实加强种子管理工作，规范种子市场秩序，保证种子供需平衡，保障农业生产用种安全，有效维护种子生产者、经营者和消费者的合法权益，保护品种创新者的积极性，促进粮食增产和农民持续增收，切实保护农民利益。

第一节　种子市场管理概述

一、种子市场管理的概念

种子市场管理是国家各级政府的有关职能部门为保证种子市场营销活动有序进行，满足广大种子用户对农作物优质良种的需要，以实现农民的增产增收，依据有关种子生产经营的法律法规，运用法律、行政和经济手段对种子的生产经营活动进行监督管理。在新的市场环境下，种子市场管理的目标是：依据种子政策法规的规定，规范种子生产、经营行为，创造一个公平公正、诚信守约、透明竞争的市场环境；培育和发展品种创新能力强、育繁销一体化、综合实力强大、种子质量稳定、信誉良好的种子产业化龙头企业；逐步建成覆盖全国的种子质量检测、认证、品种区域试验、品种展示网络；健全质量保证的措施和各项规章制度，形成种子监管、调控和保障的种子管理体制。

二、种子市场管理的依据

（一）法律

种子市场管理主要依据《种子法》《动植物检疫法》《刑法》《行政处罚法》《广告法》《行政许可法》《农业法》《农业技术推广法》《产品质量法》《消费者权益保护法》和《反不正当竞争法》等法律。

（二）行政法规和法规性文件

由国务院制定发布的有关条例、办法、规定、通知、批复等行政法规和规范性文件，如《中华人民共和国植物新品种保护条例》《农业转基因生物安全管理条例》《中华人民共和国认证认可条例》《中华人民共和国植物新品种保护条例》等行政法规，《国务院关于加快推进现代农作物种业发展的意见》《国务院办公厅关于印发全国现代农作物种业发展规划（2012—2020 年）的通知》《国务院办公厅关于深化种业体制改革提高创新能力的意见》等重要法规性文件。

（三）行政规章

由农业农村部单独或与国务院有关部、委联合发布的行政管理办法、规定等行政规章。如《植物新品种保护条例实施细则（农业部分）》《农作物种子生产经营许可管理办法》《转基因棉花种子生产经营许可规定》《主要农作物品种审定办法》《农作物种子标签和使用说明管理办法》《非主要农作物品种登记管理办法》等农业农村部规章；农业部、国家出入境检验检疫局关于进一步加强国外引种检疫审批管理工作的通知（1999 年 6 月 3 日农农发〔1999〕7 号）；经党中央、国务院同意，国家发展改革委、商务部于 2020 年 6 月 23 日发布的《外商投资准入特别管理措施（负面清单）（2020 年版，第 32 号令）》和《自由贸易试验区外商投资准入特别管理措施（负面清单）（2020 年版，第 33 号令）》等。

（四）地方性法规

省、自治区、直辖市和其他依照宪法有权制定地方性法规的地方人大或其人大常委会制定发布的有关条例、办法、规定等地方性法规。如 2019 年 9 月 28 日湖南省第十三届人民代表大会常务委员会第十三次会议修订的“湖南省实施《中华人民共和国种子法》办法”，2019 年 11 月 29 日江苏省第十三届人民代表大会常务委员会第十二次会议修订的“江苏省种子条例”。

（五）地方政府规章

省、自治区、直辖市人民政府及其政府所在地的市和国务院批准的较大的市人民政府制定的有关规定、办法等地方政府规章。

(六)其他规范性文件

国家有关部门根据行政法规授权所作的有关解释,如最高人民法院、最高人民检察院关于办理生产、销售伪劣商品刑事案件具体应用法律若干问题的解释,也有一部分与有关部门联合就某一专项工作发布的通知、意见等其他规范性文件。

根据以上法律法规文件,我国种子行政执法机关一般采用行政、法律和经济手段管理种子市场。

第二节 种子市场行政管理

一、种子市场行政管理概述

(一)种子行政管理的含义和内容

自《种子法》颁布实施以来,全国各地相继建立了不同类型的种子行政执法组织机构,并在规范种子市场经济秩序上取得了重大进展。《种子法》规定种子行政执法机构为农业、林业主管部门所属的综合执法机构或者受其委托的种子管理机构,可以开展种子执法相关工作。农业、林业主管部门和有关部门依法打击生产经营假、劣种子的违法行为,保护农民合法权益,维护公平竞争的市场秩序。这是针对目前工商、技术监督部门无力承担种子执法任务的情况而制定的。

1.种子行政管理的含义

种子行政管理是国家行政机关以国家的名义对种子行业的管理活动,通过法律的形式,在全国和本行政区域内实施种子行政管理。

2.种子行政管理的内容

种子行政管理主要包括种质资源管理、种子生产经营管理、品种管理、种子质量管理、种子市场监管和种子体系管理等内容。

种质资源管理是指国家依法保护种质资源,任何单位和个人不得侵占和破坏种质资源。国家对种质资源享有主权,任何单位和个人向境外提供种质资源,或者与境外机构、个人开展合作研究利用种质资源的,应当向省、自治区、直辖市人民政府农业、林业主管部门提出申请,并提交国家共享惠益的方案;受理申请的农业、林业主管部门经审核,报国务院农业、林业主管部门批准。

种子生产经营管理是指国家对农作物种子生产经营实行许可制度。从事种子进出口业务的种子生产经营许可证,由省、自治区、直辖市人民政府农业、林业主管部门审核,国务院农业、林业主管部门核发。从事主要农作物杂交种子及其亲本种子、林木良种种子的生产经营以及实行选育生产经营相结合,符合国务院农业、林业主管部门规定条件的种子企业的种子生产经营许可证，由生产经营者所在地县级人民政府农业、林业主管部门审核，省、自治区、直辖市人民政府农业、林业主管部门核发。前两款规定以外的其他种子的生产经营许可证，由生产经营者所在地县级以上地方人民政府农业、林业主管部门核发。只从事非主要农作物种子和非主要林木种子生产的，不需要办理种子生产经营许可证。

品种管理是指国家对主要农作物和主要林木实行品种审定制度，国家对列入非主要农作物登记目录的品种实行登记制度。主要农作物品种和主要林木品种在推广前应当通过国家级或者省级审定。国务院和省、自治区、直辖市人民政府的农业、林业主管部门分别设立由专业人员组成的农作物品种和林木品种审定委员会。品种审定委员会承担主要农作物品种和主要林木品种的审定工作，建立包括申请文件、品种审定试验数据、种子样品、审定意见和审定结论等内容的审定档案，保证可追溯。在审定通过的品种依法公布的相关信息中应当包括审定意见情况，接受监督。列入非主要农作物登记目录的品种在推广前应当登记。对已登记品种存在申请文件、种子样品不实的，由国务院农业主管部门撤销该品种登记，并将该申请者的违法信息记入社会诚信档案，向社会公布；给种子使用者和其他种子生产经营者造成损失的，依法承担赔偿责任。对已登记品种出现不可克服的严重缺陷等情形的，由国务院农业主管部门撤销登记，并发布公告，停止推广。

种子质量管理是指农业、林业主管部门对种子质量的监督检查。农业、林业主管部门可以委托种子质量检验机构对种子质量进行检验。承担种子质量检验的机构应当具备相应的检测条件、能力，并经省级以上人民政府有关主管部门考核合格。种子质量检验机构应当配备种子检验员。种子检验员应当具有中专以上有关专业学历，具备相应的种子检验技术能力和水平。

种子市场监管是指农业、林业主管部门是种子行政执法机关。农业、林业主管部门依照本法规定行使职权，当事人应当协助、配合，不得拒绝、阻挠。农业、林业主管部门所属的综合执法机构或者受其委托的种子管理机构，可以开展种子执法相关工作。

种子体系管理是指种子管理体系建设，本行政区域种业发展规划和政策落实，种业诚信体系建设，种子管理体系建设、行业内部管理和质量追溯管理等。

(二)种子行政执法内容和原则

种子行政执法是指农业行政执法机关和其他行政机关及其公务人员，代表国家在种子行政管理中执行法规、规章及其他规范性文件，依法对从事种子生产、经营者或企业组织所采取的各种具体的、单方面的、直接产生法律效力的活动。

1.种子行政执法的内容

在种子行政执法工作中，由有关的管理部门和管理人员代表国家将具体权利义务施之于具体的人和事的行为。概括起来，主要包括以下五个方面的内容。

(1)行政确认　由法定的机构依据一定的标准对有关的行为或标的进行确定或者认定。行政确认，往往是行政授权或设置义务的前提。如对品种审定委员会审定通过的新品种的确认，种子质量检验机构对种子质量的认定，植物检疫机构对农作物种子无检疫病虫害认定等。

(2)行政许可　由法定的机构对具备法定条件的企业或个人，准许其从事一定活动的授权。比如农作物种子生产经营许可、非主要农作物品种登记许可；这一许可使得行为人取得了从事某项行为的资格和权力。

(3)设置义务　被许可的行为人在享有一定权利的同时，也必须承担相应的义务。根据这些义务主动接受行政管理，如必须向主管机关上报财务报表，专门经营不再分装的包装种子应当在种子销售前向当地县级农业主管部门备案，必须接受生产经营检查、质量检查，必须对消费者负责，必须建立和保存种子生产经营档案。

(4)剥夺权利　由法定的机关对特定的违法行为人剥夺部分或全部特定的权利的行为。对种子违法行为的制裁，包括行政制裁、民事制裁和刑事制裁三种，行政制裁又包括行政处分和行政处罚两种类型。

(5)强制执行　由法定的机关对不履行法定义务的人，施以一定的强制性手段来实现其义务内容的行为。

2.种子行政执法的原则

在种子行政执法过程中，应遵循合法性、合理性、行政效率和一事不再罚等四项原则。

(1)合法性原则　即依法行政，执法过程中必须严格按照法律、法规、规章的规定去施行。包括行政主体要合法，内容形式和程序要合法，手段和措施要合法，必须以法律为依据，严格遵守法律对行政的有关规定，违法者必须承担相应的法律后果。

(2)合理性原则　即行政机关在行使权力时，要在法定范围内，做到适当、恰当、公正，合乎情理；正确行使行政自由裁量权，处罚要轻重适当，做到政通人和；要求必须坚持办事公道，不徇私情，政务公开，一视同仁。

(3)行政效率原则　即有效地进行行政管理，行政机关在施行过程中指挥灵活，办事迅速，运转协调，注重社会的整体效益，真正做到令行禁止、及时有效。

(4)一事不再罚原则　指对当事人的同一违法行为，不得给予两次以上罚款的行政处罚，即一事一罚，不得重复处罚。

(三)种子行政处罚的种类及查处程序

种子行政处罚是指种子行政管理机关依法对违反行政法律法规的公民或组织实施的一种惩戒。种子行政处罚的种类主要包括：警告；罚款；没收违法所得；没收非法财物；责令停产停业；暂扣或者吊销许可证、暂扣或者吊销营业执照；行政拘留；法律法规规定的其他行政处罚。

农业行政处罚办案程序一般有8个环节，办案程序依次是：立案、调查取证、提出案件处理意见、告知并听取意见、制作行政处罚决定书、行政处罚决定书送达、结案和执行。

二、种子生产经营和使用者的权益及保护

规范品种选育、品种审定和登记、种子生产经营和管理行为，保护植物新品种权，维护种子生产经营者、使用者的合法权益，提高种子质量，有利于推动种子产业化，发展现代种业，保障国家粮食安全，促进农业和林业的健康发展。

(一)种子生产经营和使用者的权益构成

1.种子生产经营者的权益

种子生产经营者依法享有自主生产经营权利和依法保护的植物新品种权。种子生产经营权利是指种子企业在依法取得种子生产经营许可证的前提下，有权利自主生产经营种子，任何单位或者个人无权干预企业自主权。依法保护植物新品种权是指企业自主育成或购买品种权

品种，依法申请品种权保护，依法在市场上进行打假维权。各级政府农业主管部门和司法机构要依法维护品种权人的合法权益，并依法打击侵权套牌的违法行为。

2.种子使用者的权益

种子使用者依法享有自主选择和购买种子的权利、公平交易的权利、知情权和请求赔偿等的权利。

(1)享有自主选择种子权利　《种子法》明确规定种子使用者有权按照自己的意愿购买种子，任何单位和个人不得非法干预。自主选择权是种子使用者的一项基本权利，包括有权自主选择销售种子的经营者，有权自主选择种子品种，有权自主决定购买或者不购买种子，在自主选择种子时，在合法的前提下，有权进行比较、鉴别和挑选。

(2)享有公平交易权利　种子使用者在购买种子时有权获得质量保障、价格合理、计量正确的公平交易，有权拒绝经营者的强制交易行为。

(3)知情权　享有知悉其购买、使用种子真实情况的权利。种子使用者有权询问其所购买种子的特征特性、质量状况、适应范围、栽培技术要点、风险提示、是否依法通过审定或登记等信息，种子经营者必须如实提供真实情况。

(4)请求赔偿权利　种子使用者在购买到假冒伪劣种子或者其他因为经营者不履行法定义务等原因而受到经济损失时有权要求赔偿损失。

(二)种子生产经营和使用者的权益保护

1.种子生产经营者权益保护

种子生产经营者权益主要体现在自主经营权和植物新品种权，一般涉及两种主体，一是农业行政管理部门，二是其他种子生产经营者。

《种子法》明确规定，维护种子生产经营者、使用者的合法权益。种子企业有权依种子生产许可规定开展各项种子生产、经营活动，任何组织和个人不得干涉。对国家植物品种保护名录内经过人工选育或者发现的野生植物加以改良，具备新颖性、特异性、一致性、稳定性和适当命名的植物品种，由国务院农业、林业主管部门授权植物新品种权，保护植物新品种权所有人的合法权益。完成育种的单位或者个人对其授权品种，享有排他的独占权。任何单位或者个人未经植物新品种权所有人许可，不得生产、繁殖或者销售该授权品种的繁殖材料，不得为商业目的将该授权品种的繁殖材料重复使用于生产另一品种的繁殖材料。任何单位和个人不得非法干预种子生产经营者的生产经营自主权。

2.种子使用者权益保护

种子使用者主要是指从事种植业的农民，还包括使用种子的其他单位和个人，如农场、农产品加工企业等。种子使用者的权益是指其在购买种子、使用种子时根据国家法律的规定应享有的权利和获得的利益。种子使用者权益保护是指种子使用者在购买种子、使用种子过程中，与种子生产经营者之间就其双方的权益和责任问题而发生的争议时，为维护自身的合法权益不受侵害，与损害自己合法权益的行为作斗争的一切活动。

《种子法》规定，种子使用者有权按照自己的意愿购买种子，任何单位和个人不得非法干预。种子使用者因种子质量问题或者因种子的标签和使用说明标注的内容不真实，遭受损失的，种子使用者可以向出售种子的经营者要求赔偿，也可以向种子生产者或者其他经营者要求赔偿。赔偿额包括购种价款、可得利益损失和其他损失。属于种子生产者或者其他经营者责任的，出售种子的经营者赔偿后，有权向种子生产者或者其他经营者追偿；属于出售种子的经营者责任的，种子生产者或者其他经营者赔偿后，有权向出售种子的经营者追偿。因使用种子发生民事纠纷的，当事人可以通过协商或者调解解决。当事人不愿通过协商、调解解决或者协商、调解不成的，可以根据当事人之间的协议向仲裁机构申请仲裁。当事人也可以直接向人民法院起诉。

种子使用者保护自己权益一般可采取以下几种措施：①自我保护，选择经营信誉良好的企业购买种子，索取发票、保留种子包装袋、及时申请组织专家进行田间鉴定；②社会保护，是指使用者及消费者在民间通过组织一定的社会活动，所采取的对使用者权益的保护。如成立各种协会，有组织的处理各种纠纷；③行政保护，是指国家各级人民政府及其行政机构，依照法律法规的规定，在各自职权范围内行使国家赋予的行政权力，督促种子经营者履行义务和职责，规范经营者的行为，从而确保消费者权益的实现；④法律保护，是指从立法的角度保护消费者的利益。《种子法》明确规定，种子使用者因种子质量问题遭受损失的，出售种子的经营者应当予以赔偿，赔偿额包括种子价款、有关费用和可得利益损失，即销售者具有先行赔付的法定义务。

三、种子质量纠纷处理

正确处理种子纠纷必须明确造成损失的原因和争执双方的权利、义务和责任。造成农业生产损失的原因是多方面的，除了种子本身以外，还有气候条件、品种适应性、抗病性、栽培管理等多种因素，因此解决种子质量纠纷时要考虑多因素，综合分析、科学判断。

（一）种子质量纠纷的类型

种子质量纠纷分非种子质量引起的纠纷和种子本身质量引起的纠纷。

1.非种子质量引起的纠纷

在农业生产中，因自然灾害或人为因素造成作物不出苗或出苗后长势差，作物品种的成熟期推迟或者提早，影响作物产量和品种，导致种子生产经营者与使用者之间产生纠纷，而不是因为种子质量问题引起，这类属于非种子质量引起的纠纷。引起非种子质量引起的一般有以下因素。

（1）气候因素　由于气候异常因素影响，导致植株发育异常、发生病害、早衰、不结实，表现为减产、品质和商品性下降，这些气候异常因素包括：低温寡照、长期阴雨、高温、高湿、干旱、冻害、冰雹、台风、雨水过多、长期渍水、淹水等自然灾害，出现类似问题如玉米抽雄吐丝期间，高温或者连续阴雨，出现授粉不良、产生秃顶、结实率低、饱满度差等问题，水稻抽穗扬花期、出现连续几天高温，导致结实率下降，甚至绝收等问题。

（2）病虫害　在作物生产期间，很有可能遭遇病虫害的危害，其危害程度与外部环境、栽培技术和病虫害防治技术有直接关系。如玉米粗缩病除了品种抗病性稍有差别外，更主要是苗期病害传播媒介蚜虫和灰飞虱等害虫传播造成的。

（3）栽培管理不当　作物种植如茬口安排、整地质量、浸种与播期、播种质量、排灌水等栽培管理措施不当，都能造成植株畸形、缺苗断垄、减产或品质下降，也可以说良种良法不配套，不能发挥良种的增产潜力；使用化肥、农药不当，出现药害和烧苗等问题，同样能造成减产或绝收。

2.种子本身质量引起的纠纷

(1)品种适应性引起的纠纷　农作物种子只有在适宜的生态条件下才能正常生长发育。超出适宜区域会表现诸多不适应,会出现很多风险。品种审定就是防治这种风险出现,在连续二年区域试验,一年生产试验的基础上,由国家级或者省级农作物品种审定委员会按照一定的程序进行科学分析,决定每个品种的适宜种植区域。

(2)假种子引起的纠纷　假种子主要有两种情况:以非种子冒充种子或者以此品种种子冒充他种品种种子;种子种类、品种与标签标注的内容不符或者没有标签的。

比较典型的就是1995年湖南汝城假'汕优63'种子案件,就是"以此品种种子冒充他种品种种子",造成几万亩农田绝收,直接经济损失达亿元。2004年安徽省假'中棉29'案件也是造成上万亩棉花绝收,直接经济损失数亿元。

(3)劣质种子引起的纠纷　我国制定了农作物种子质量强制标准,如果纯度、发芽率、净度和水分四项指标其中有一项达不到国家规定的标准或者质量指标低于标签标注的种子都是劣质种子。生产实践中,纯度未达标或发芽率低是导致种子质量纠纷的主要因素。发芽率低将会导致播种后出苗差或者不出苗,使用者不得不补种、毁种或改种,导致作物推迟播期而减产。种子纯度问题,主要是因种子混有其他品种种子或亲本种子降低纯度影响作物产量,引发种子质量纠纷。此外,带有国家规定的检疫性有害生物的也属于劣种子。

(4)宣传欺诈纠纷　个别种子经营者为牟取暴利,夸大宣传、误导农民,没有如实向购种者介绍品种的特征特性和栽培要点,甚至隐瞒品种的缺陷。一旦种子使用者发现作物实际的产量和品质与包装标注不一致时,也会产生纠纷。

(二)种子质量纠纷的田间现场鉴定

1.田间现场鉴定的目的

种子质量纠纷田间现场鉴定的目的是合理解决农作物种子质量纠纷,维护种子使用者和经营者的合法权益。

2.田间现场鉴定的概念

田间现场鉴定是指农作物种子在大田种植后,因种子质量或者栽培、气候等原因,导致田间出苗、植株生长、作物产量、产品品质等受到影响,双方当事人对造成事故的原因或者损失程度存在分歧,为确定事故原因或(和)损失程度而进行的田间现场技术鉴定活动。

3.田间现场鉴定的特点

专家鉴定组现场鉴定实行合议制。鉴定结论以专家鉴定组成员半数以上通过有效。专家鉴定组成员在鉴定结论上签名。专家鉴定组成员对鉴定结论的不同意见,应当予以注明。

4.田间现场鉴定遵循的原则

专家鉴定组进行现场鉴定时,应当通知申请人及有关当事人到场。专家鉴定组根据现场情况确定取样方法和鉴定步骤,并独立进行现场鉴定。

任何单位或者个人不得干扰现场鉴定工作,不得威胁、利诱、辱骂、殴打专家鉴定组成员。专家鉴定组成员不得接受当事人的财物或者其他利益。

专家鉴定组对鉴定地块中种植作物的生长情况进行鉴定时,应当充分考虑以下因素:作物生长期间的气候环境状况，当事人对种子处理及田间管理情况；该批种子室内鉴定结果，同批次种子在其他地块生长情况，同品种其他批次种子生长情况；同类作物其他品种种子生长情况，鉴定地块地力水平，影响作物生长的其他因素。

专家鉴定组应当在事实清楚、证据确凿的基础上，根据有关种子法规、标准，依据相关的专业知识，本着科学、公正、公平的原则，及时做出鉴定结论。

5.田间现场鉴定的组织机构

田间现场鉴定由田间现场所在地县级以上地方人民政府农业行政主管部门所属的种子管理机构组织实施。

6.田间现场鉴定的专家

专家鉴定组由鉴定所涉及作物的育种、栽培、种子管理等方面的专家组成，必要时可邀请植物保护、气象、土壤肥料等方面的专家参加。专家鉴定组名单应当征求申请人和当事人的意见，可以不受行政区域的限制。参加鉴定的专家应当具有高级专业技术职称、具有相应的专门知识和实际工作经验、从事相关专业领域的工作5年以上。专家鉴定组人数应为3人以上的单数，由一名组长和若干成员组成。专家鉴定组成员有下列情形之一的，应当回避，申请人也可以口头或者书面申请其回避：一是种子质量纠纷当事人或者当事人的近亲属；二是与种子质量纠纷有利害关系的；三是与种子质量纠纷当事人有其他关系，可能影响公正鉴定的。

7.田间现场鉴定的申请

种子质量纠纷处理机构根据需要可以申请现场鉴定；种子质量纠纷当事人可以共同申请现场鉴定，也可以单独申请现场鉴定。种子管理机构对申请人的申请进行审查，符合条件的，应当及时组织鉴定。有下列情形之一的，种子管理机构对现场鉴定申请不予受理。

(1)针对所反映的质量问题，申请人提出鉴定申请时，需鉴定地块的作物生长期已错过该作物典型性状表现期，从技术上已无法鉴别所涉及质量纠纷起因的。

(2)司法机构、仲裁机构、行政主管部门已对质量纠纷做出生效判决和处理决定的。

(3)受当前技术水平的限制，无法通过田间现场鉴定的方式来判定所提及质量问题起因的。

(4)纠纷涉及的种子没有质量判定标准、规定或者合同约定要求的。

(5)有确凿的理由判定纠纷不是由种子质量所引起的。

(6)不按规定缴纳鉴定费的。

8.终止现场鉴定

有下列情况之一的，终止现场鉴定：①申请人不到场的；②需鉴定的地块已不具备鉴定条件的；③因人为因素使鉴定无法开展的。

9.田间现场鉴定书

应当包括以下主要内容：鉴定申请人名称、地址、受理鉴定日期等基本情况，鉴定目的、要求，鉴定组织者，有关的调查材料，对鉴定方法、依据、过程的说明，鉴定结论，鉴定组成员名单，其他需要说明的问题。

10.重新鉴定

对现场鉴定书有异议的，应当在收到现场鉴定书15日内向原受理单位上一级种子管理机构提出再次鉴定申请，并说明理由。有下列情形之一的，现场鉴定无效：专家鉴定组组成不符合本办法规定的；专家鉴定组成员收受当事人财物或者其他利益，弄虚作假的；其他违反鉴定程序，可能影响现场鉴定客观、公正的。现场鉴定无效的，应当重新组织鉴定。

案例分析：××种业公司××水稻品种在安徽×市/县出现减产的纠纷调解

1. 纠纷来由

2014年国审某水稻品种在安徽×市×区和×县出现减产，其中×区种植面积2 000亩左右，×县种植面积8 000亩左右。

2. 鉴定结论

在该品种出现减产、绝收后，农民将此事向该县农业委员会反映，该县种子管理站立即组织专家进行鉴定，2014年9月23日，该县种子管理站出具的《农作物种子质量纠纷田间现场鉴定书》的最终结论为：田间出现的水稻危害情况系典型穗颈瘟重大发生所致，水稻孕、抽穗期间低温连阴雨，品种本身高感稻瘟病，加上适期预防稻瘟病措施不到位，是导致该病害暴发的主要原因。

有记者采访专家鉴定组组长时，该组长告诉记者，适期预防措施不到位不完全是农民的过错，因为农民种植这样的高感稻瘟病品种，需要有针对性地进行全程技术指导，适期开展预防与补救方能奏效。按常理，种子经销商应该对农民进行全程技术指导，但据种植农户反映，他们未获得任何技术指导，经销商也未在种子包装标签上说明该品种高感稻瘟病风险及其防治措施。

3. 协调经过

因为鉴定结论是由于天气影响，该品种也是合法品种，不存在超适宜区域推广问题。当地也参加了国元公司的农业政策性保险，企业一开始不愿意对农民损失进行补偿。经过省、市、县各级农业行政主管部门协调，企业愿意拿出一部分钱补偿农民减产损失，由于种子经营户跟种子企业在补偿标准上存在差距，三次协调都都没有达成一致意见。

4. 媒体炒作

某种子经营户在这种情况下，为达到赔偿的目的，通过多种途径给国务院、农业部、省政府等部门写信，投诉该品种生产经营企业违反《广告法》，违规经营存在明显缺陷的杂交水稻品种。同时，向各类媒体进行联络，夸大减产事实，反映农业部门不作为，企业不履行赔偿责任。一段时间，媒体纷纷转载、持续发酵，社会影响极坏。

5. 果断决定

媒体炒作引起了国家安全部门的注意，为防止被不怀好意的人所利用，国家安全和宣传部门立即采取措施，正面报道事实真相，封杀恶意炒作，要求企业立即将补偿款拨付至当地政府，通过管理部门对农民的损失进行合理补偿。最后，因品种抗性问题引起的种子质量纠纷得到了处理，因媒体纷纷炒作的事件得到了平息。

这个种子质量纠纷事件从不同的侧面折射出几个方面的问题，具体分析如下。

(1)种子企业　种子企业对种子纠纷事件的思考：一是要对自己的品种缺陷有清醒的认识，避免出现严重的质量问题；二是及时处理好种子纠纷，不要因一些细小的问题影响整个公司的信誉；三是选择代理商时，要注意选择有职业道德的代理商，及时化解企业与农户之间的矛盾，不能推波助澜，抱有从中渔利的企图。

(2)种子经营户　种子经营户对种子纠纷事件的思考：一是作为种子代理商，通过销售被代理企业种子从中获利，应该帮助企业做好农户的思想工作，化解矛盾；二是有责任做好种子售后技术服务，做好病虫害防治指导工作。

(3)种子管理部门　种子管理部门对种子纠纷事件的思考：现在市场上不是缺失品种而是品种很多，引导农民如何选用高产、优质、抗病性好的品种。一是在品种审定时应该按照审定标准要求严格把关，防止一些抗性差、存在严重缺陷的品种进入市场；二是制定更加严格的审定标准，重点考虑品种的综合性状、产量、品质、抗逆性等指标；三是各级种子管理部门要在多点试种、展示示范基础上筛选出高产、优质、抗病性、适应性好的品种作为主导推广品种，并向社会广泛推介和宣传，引导企业生产经营主导品种、农民选用主导品种，从而确保农业生产安全、农民增产增效。

针对上述水稻品种出现减产的种子质量纠纷的调解介绍，查阅相关法规和文献资料，从减产受灾的农民、种子经销商、种子生产商、农业行政主管部门、媒体等不同的角色模拟从农作物种子质量纠纷田间现场鉴定申请、现场鉴定的组织、专家组成员、撰写现场鉴定意见和农作物种子质量纠纷田间现场鉴定报告的全过程，来调解此次水稻减产绝收引起的种子质量纠纷。

第三节　种子生产经营许可管理

种子生产经营许可是《种子法》规定的一项基本种子管理制度，是种子监督管理工作的基础和重要内容。近年来，一些不法种子企业和经销商无证从事非法生产经营活动，或经营侵权种子、套牌种子、假冒伪劣种子、未审先推种子、来源不清种子、标签标注不合法的种子和散装及无标签的种子等，严重地损害了农民利益，扰乱了公平竞争的市场秩序，影响了种业创新的积极性、农业生产安全和农民正常收入。我国 2021 年修订了《种子法》，从立法上规范了农作物种子生产经营行为，使种子从业者做到有法可依。

一、种子生产经营许可证的类型及审核审批权限

(一)农作物种子生产经营许可证的类型

根据《种子法》和《农作物种子生产经营许可管理办法》规定，我国农作物种子生产经营许可证主要有以下 8 种类型：①A 证为实行选育生产经营相结合、有效区域为全国的种子生产经营许可；②B 证为主要农作物杂交种子及其亲本种子生产经营许可；③C 证为主要农作物常规种子生产经营许可；④D 证为非主要农作物种子生产经营许可；⑤E 证为农作物种子进出口生产经营许可；⑥F 证为外资企业种子生产经营许可；⑦G 证为转基因农作物种子生产经营许可；⑧其他类型。

(二)农作物种子生产经营许可证的审核审批权限

《种子法》第三十一条规定，从事种子进出口业务的种子生产经营许可证，由省、自治区、直辖市人民政府农业、林业主管部门审核，国务院农业、林业主管部门核发。从事主要农作物杂交种子及其亲本种子、林木良种种子的生产经营以及实行选育生产经营相结合，符合国务院农

业、林业主管部门规定条件的种子企业的种子生产经营许可证，由生产经营者所在地县级人民政府农业、林业主管部门审核，省、自治区、直辖市人民政府农业、林业主管部门核发。前两款规定以外的其他种子的生产经营许可证，由生产经营者所在地县级以上地方人民政府农业、林业主管部门核发。只从事非主要农作物种子和非主要林木种子生产的，不需要办理种子生产许可证。

《农作物种子生产经营许可管理办法》第十三条规定，农作物种子生产经营许可证实行分级审核、核发。不同类型的农作种子生产经营企业申请种子生产经营许可证应由相应的核发机构审核、批准。根据申请农作物种子生产经营许可证的类型，核发机构主要有 3 种：①从事主要农作物常规种子生产经营及非主要农作物种子经营的（C 证和 D 证），其种子生产经营许可证由企业所在地县级以上地方农业农村主管部门核发；②从事主要农作物杂交种子及其亲本种子生产经营许可证（B 证）以及种子企业实行选育生产经营相结合、有效区域为全国的种子企业（A 证），其种子生产经营许可证由企业所在地县级农业农村主管部门审核，省、自治区、直辖市农业农村主管部门核发；③从事农作物种子进出口业务（E 证）、转基因农作物种子（G 证）生产经营的企业和外商投资企业（F 证），其种子生产经营许可证由农业农村部核发。

简单地说，各类农作物种子生产经营许可证的审核、审批权限如下：农业农村部核发 E、F、G 证；省级农业主管部门核发 A 证和 B 证，受理、审核 E、F、G 证；县级以上地方农业主管部门受理、审核、核发 C 证和 D 证，受理、审核 A 证和 B 证。

二、申请农作物种子生产经营许可证的条件

《种子法》第三十二条规定，申请取得种子生产经营许可证的，应当具有与种子生产经营相适应的生产经营设施、设备及专业技术人员，以及法规和国务院农业、林业主管部门规定的其他条件。从事种子生产的，还应当同时具有繁殖种子的隔离和培育条件，具有无检疫性有害生物的种子生产地点或者县级以上人民政府林业主管部门确定的采种林。申请领取具有植物新品种权的种子生产经营许可证的，应当征得植物新品种权所有人的书面同意。

《农作物种子生产经营许可管理办法》第六条规定，申请领取农作物种子生产经营许可证的企业，应当具有与种子生产经营相适应的设施、设备、品种及人员，符合本办法规定的条件，核发通过审核的种子生产经营许可证，许可证设主证和副证。

（一）申请领取 A 证的企业条件

《农作物种子生产经营许可管理办法》第九条规定，申请领取实行选育生产经营相结合、有效区域为全国的种子生产经营许可证的企业，应当具备以下条件：

（1）基本设施　具有办公场所 500 平方米以上，冷藏库 200 平方米以上。生产经营主要为农作物种子或马铃薯种薯的，具有检验室 300 平方米以上；生产经营其他农作物种子的，具有检验室 200 平方米以上。生产经营杂交玉米、杂交稻、小麦种子或马铃薯种薯的，具有加工厂房 1 000 平方米以上、仓库 2 000 平方米以上；生产经营棉花、大豆种子的，具有加工厂房 500 平方米以上、仓库 500 平方米以上；生产经营其他农作物种子的，具有加工厂房 200 平方米以上、仓库 500 平方米以上。

（2）育种机构及测试网络　具有专门的育种机构和相应的育种材料，建有完整的科研育种档案。生产经营杂交玉米、杂交稻种子的，在全国不同生态区有测试点 30 个以上和相应的播

种、收获、考种设施设备；生产经营其他农作物种子的，在全国不同生态区有测试点 10 个以上和相应的播种、收获、考种设施设备。

(3)育种基地　具有自有或租用(租期不少于 5 年)的科研育种基地。生产经营杂交玉米、杂交稻种子的，具有分布在不同生态区的育种基地 5 处以上、总面积 200 亩以上；生产经营其他农作物种子的，具有分布在不同生态区的育种基地 3 处以上、总面积 100 亩以上。

(4)科研投入　在申请之日前 3 年内，年均科研投入不低于年种子销售收入的 5%，同时，生产经营杂交玉米种子的，年均科研投入不低于 1 500 万元；生产经营杂交稻种子的，年均科研投入不低于 800 万元；生产经营其他种子的，年均科研投入不低于 300 万元。

(5)品种　生产经营主要农作物种子的，生产经营的品种应当通过审定，并具有相应作物的作为第一育种者的国家级审定品种 3 个以上，或者省级审定品种 6 个以上(至少包含 3 个省份审定通过)，或者国家级审定品种 2 个和省级审定品种 3 个以上，或者国家级审定品种 1 个和省级审定品种 5 个以上。生产经营杂交稻种子同时生产经营常规稻种子的，除具有杂交稻要求的品种条件外，还应当具有常规稻的作为第一育种者的国家级审定品种 1 个以上或者省级审定品种 3 个以上。生产经营非主要农作物种子的，应当具有相应作物的以本企业名义单独申请获得植物新品种权的品种 5 个以上。生产经营授权品种种子的，应当征得品种权人的书面同意。

(6)生产规模　生产经营杂交玉米种子的，近 3 年年均种子生产面积 2 万亩以上；生产经营杂交稻种子的，近 3 年年均种子生产面积 1 万亩以上；生产经营其他农作物种子的，近 3 年年均种子生产的数量不低于该类作物 100 万亩的大田用种量。

(7)种子经营　具有健全的销售网络和售后服务体系。生产经营杂交玉米种子的，在申请之日前 3 年内至少有 1 年，杂交玉米种子销售额 2 亿元以上或占该类种子全国市场份额的 1%以上；生产经营杂交稻种子的，在申请之日前 3 年内至少有 1 年，杂交稻种子销售额 1.2 亿元以上或占该类种子全国市场份额的 1%以上；生产经营蔬菜种子的，在申请之日前 3 年内至少有 1 年，蔬菜种子销售额 8 000 万元以上或占该类种子全国市场份额的 1%以上；生产经营其他农作物种子的，在申请之日前 3 年内至少有 1 年，其种子销售额占该类种子全国市场份额的 1%以上。

(8)种子加工　具有种子加工成套设备，生产经营杂交玉米、小麦种子的，总加工能力 20 吨/小时以上；生产经营杂交稻种子的，总加工能力 10 吨/小时以上(含窝眼清选设备)；生产经营大豆种子的，总加工能力 5 吨/小时以上；生产经营其他农作物种子的，总加工能力 1 吨/小时以上。生产经营杂交玉米、杂交稻、小麦种子的，还应当具有相应的干燥设备。

(9)人员　生产经营杂交玉米、杂交稻种子的，具有本科以上学历或中级以上职称的专业育种人员 10 人以上；生产经营其他农作物种子的，具有本科以上学历或中级以上职称的专业育种人员 6 人以上。生产经营主要农作物种子的，具有专职的种子生产、加工贮藏和检验专业技术人员各 5 名以上；生产经营非主要农作物种子的，具有专职的种子生产、加工贮藏和检验专业技术人员各 3 名以上。

(10)检验仪器　具有净度分析台、电子秤、样品粉碎机、烘箱、生物显微镜、电子天平、扦样器、分样器、发芽箱、PCR 扩增仪及产物检测配套设备、酸度计、高压灭菌锅、磁力搅拌器、恒温水浴锅、高速冷冻离心机、成套移液器等仪器设备。

(11)生产环境　生产地点无检疫性有害生物，并具有种子生产的隔离和培育条件。

(12)农业农村部规定的其他条件。

(二)申请领取B证的企业条件

《农作物种子生产经营许可管理办法》第八条规定,申请领取主要农作物杂交种子及其亲本种子生产经营许可证的企业,应当具备以下条件:

(1)基本设施　具有办公场所200平方米以上、检验室150平方米以上、加工厂房500平方米以上、仓库500平方米以上。

(2)检验仪器　具有净度分析台、电子秤、样品粉碎机、烘箱、生物显微镜、电子天平、扦样器、分样器、发芽箱、PCR扩增仪及产物检测配套设备、酸度计、高压灭菌锅、磁力搅拌器、恒温水浴锅、高速冷冻离心机、成套移液器等仪器设备。

(3)加工设备　具有种子加工成套设备,生产经营杂交玉米种子的,成套设备总加工能力10吨/小时以上;生产经营杂交稻种子的,成套设备总加工能力5吨/小时以上;生产经营其他主要农作物杂交种子的,成套设备总加工能力1吨/小时以上。

(4)人员　具有种子生产、加工贮藏和检验专业技术人员各5名以上。

(5)品种　生产经营的品种应当通过审定,并具有自育品种或作为第一选育人的审定品种1个以上,或者合作选育的审定品种2个以上,或者受让品种权的品种3个以上。生产经营授权品种种子的,应当征得品种权人的书面同意。

(6)生产环境　生产地点无检疫性有害生物,并具有种子生产的隔离和培育条件。

(7)农业农村部规定的其他条件。

(三)申请领取C证或D证的企业条件

《农作物种子生产经营许可管理办法》第七条规定,申请领取主要农作物常规种子(C证)或非主要农作物种子生产经营许可证(D证)的企业,应当具备以下条件:

(1)基本设施　生产经营主要农作物常规种子的,具有办公场所150平方米以上、检验室100平方米以上、加工厂房500平方米以上、仓库500平方米以上;生产经营非主要农作物种子的,具有办公场所100平方米以上、检验室50平方米以上、加工厂房100平方米以上、仓库100平方米以上。

(2)检验仪器　具有净度分析台、电子秤、样品粉碎机、烘箱、生物显微镜、电子天平、扦样器、分样器、发芽箱等检验仪器,满足种子质量常规检测需要。

(3)加工设备　具有与其规模相适应的种子加工、包装等设备。其中,生产经营主要农作物常规种子的,应当具有种子加工成套设备,生产经营常规小麦种子的,成套设备总加工能力10吨/小时以上;生产经营常规稻种子的,成套设备总加工能力5吨/小时以上;生产经营常规大豆种子的,成套设备总加工能力3吨/小时以上;生产经营常规棉花种子的,成套设备总加工能力1吨/小时以上。

(4)人员　具有种子生产、加工贮藏和检验专业技术人员各2名以上。

(5)品种　生产经营主要农作物常规种子的,生产经营的品种应当通过审定,并具有1个以上与申请作物类别相应的审定品种;生产经营登记作物种子的,应当具有1个以上的登记品种。生产经营授权品种种子的,应当征得品种权人的书面同意。

(6)生产环境　生产地点无检疫性有害生物,并具有种子生产的隔离和培育条件;

(7)农业农村部规定的其他条件。

(四)申领G证的企业条件

申请领取转基因农作物种子生产经营许可证的企业,除具备本《农作物种子生产经营许可管理办法》规定的相应类别的农作物种子生产经营许可证核发条件外,还应当具备下列条件:

(1)农业转基因生物安全管理人员2名以上。

(2)种子生产地点、经营区域在农业转基因生物安全证书批准的区域内。

(3)有符合要求的隔离和生产条件。

(4)有相应的农业转基因生物安全管理、防范措施。

(5)农业农村部规定的其他条件。

(五)申领其他类型种子生产经营许可证的条件

1. 申请E证和F证的条件

从事种子进出口业务的企业和外商投资企业分别申请领取农作物种子进出口生产经营许可证(E证)和外资企业种子生产经营许可证(F证),除具备本《农作物种子生产经营许可管理办法》规定的相应类别的农作物种子生产经营许可证核发的条件外,还应当符合有关法律、行政法规规定的其他条件。

根据《中华人民共和国对外贸易法(2004年修订)》规定,"从事货物进出口或者技术进出口的对外贸易经营者,应当向国务院对外贸易主管部门办理备案登记"。因此,申请农作物种子进出口业务的企业,除应当取得农业农村部核发的从事种子进出口业务的种子经营许可证(E证)以外,还需要取得外经贸部门核发的从事种子进出口贸易许可证。

《种子法》第六十二条规定,国家建立种业国家安全审查机制。境外机构、个人投资、并购境内种子企业,或者与境内科研院所、种子企业开展技术合作,从事品种研发、种子生产经营的审批管理依照有关法律、行政法规的规定执行。

外商投资的农作物种子企业申请领取种子生产经营许可证应具备的条件:①符合《种子法》《中华人民共和国中外合资经营企业法》和《外商投资产业指导目录》等规定;②符合国家种子产业外商投资政策,如国家发展改革委、商务部于2021年9月28日发布的《外商投资准入特别管理措施(负面清单)(2021年版)》和《自由贸易试验区外商投资准入特别管理措施(负面清单)(2021年版)》;③符合《关于设立外商投资农作物种子企业审批和登记管理的有关规定》对注册资本的相应规定;④符合《农作物种子生产经营许可管理办法》规定的与其申请作物种类相同的种子生产经营许可证条件,如外商投资的种子企业申请领取育繁推一体化种子生产经营许可证(A证),除了具备本身外商投资企业种子生产经营许可证(F证)的条件以外,还要具备育繁推一体化种子生产经营许可证(A证)的条件。

2. 申请鲜食爆裂玉米生产经营许可证的条件

申请领取鲜食、爆裂玉米的种子生产经营许可证的,按非主要农作物种子的许可D证条件办理。

3. 申请非籽粒种子生产经营许可证的条件

生产经营无性繁殖的器官和组织、种苗、种薯以及不宜包装的非籽粒种子的,应当具有相适应的设施、设备、品种及人员，具体办法由省级农业主管部门制定，报农业农村部备案。

(六)不需办理种子生产经营许可证的几种情形

根据《种子法》和《农作物种子生产经营许可管理办法》规定，有下列情形之一的，不需要办理种子生产经营许可证：

(1)《种子法》第三十一条规定，只从事非主要农作物种子和非主要林木种子生产的，不需办理种子生产经营许可证。

(2)《种子法》第三十七条规定，农民个人自繁自用的常规种子有剩余的，可以在当地集贸市场上出售、串换，不需要办理种子生产经营许可证。《农作物种子生产经营许可管理办法》第二十一条规定农民是指以家庭联产承包责任制的形式签订农村土地承包合同的农民；所称当地集贸市场，是指农民所在的乡(镇)区域。农民个人出售、串换的种子数量不应超过其家庭联产承包土地的年度用种量。违反本款规定出售、串换种子的，视为无证生产经营种子。

(3)《种子法》第三十八条规定，种子生产经营者在种子生产经营许可证载明的有效区域设立分支机构的，专门经营不再分装的包装种子的，或者受具有种子生产经营许可证的种子生产经营者以书面委托生产、代销其种子的，不需要办理种子生产经营许可证，但应当向当地农业、林业主管部门备案。

《农作物种子生产经营许可管理办法》已对此进行了详细的规定，具体如下：

①种子生产经营者在种子生产经营许可证载明有效区域设立的分支机构，应当在取得或变更分支机构营业执照后 15 个工作日内向当地县级农业主管部门备案。备案时应当提交分支机构的营业执照复印件、设立企业的种子生产经营许可证复印件以及分支机构名称、住所、负责人、联系方式等材料。

②专门经营不再分装的包装种子或者受具有种子生产经营许可证的企业书面委托代销其种子的，应当在种子销售前向当地县级农业主管部门备案，并建立种子销售台账。备案时应当提交种子销售者的营业执照复印件、种子购销凭证或委托代销合同复印件，以及种子销售者名称、住所、经营方式、负责人、联系方式、销售地点、品种名称、种子数量等材料。种子销售台账应当如实记录销售种子的品种名称、种子数量、种子来源和种子去向。

③受具有种子生产经营许可证的企业书面委托生产其种子的，应当在种子播种前向当地县级农业农村主管部门备案。受委托生产转基因农作物种子的，应当有专门的管理人员和经营档案，有相应的安全管理、防范措施及国务院农业农村主管部门规定的其他条件。备案时应当提交委托企业的种子生产经营许可证复印件、委托生产合同，以及种子生产者名称、住所、负责人、联系方式、品种名称、生产地点、生产面积等材料。受托生产杂交玉米、杂交稻种子的，还应当提交与生产所在地农户、农民合作组织或村委会的生产协议。受委托生产转基因种子的，还应当提交转基因生物安全证书复印件。

三、申请农作物种子生产经营许可证应提交的材料

(一)申请领取农作物种子生产经营许可证应提交的基本材料

《农作物种子生产经营许可管理办法》第十一条规定，申请领取种子生产经营许可证，应当提交以下基本材料：

(1)种子生产经营许可证申请表。

(2)单位性质、股权结构等基本情况,公司章程、营业执照复印件,设立分支机构、委托生产种子、委托代销种子以及以购销方式销售种子等情况说明。

(3)种子生产、加工贮藏、检验专业技术人员和农业转基因生物安全管理人员的基本情况,企业法定代表人和高级管理人员名单及其种业从业简历。

(4)种子检验室、加工厂房、仓库和其他设施的自有产权或自有资产的证明材料;办公场所自有产权证明复印件或租赁合同;种子检验、加工等设备清单和购置发票复印件;相关设施设备的情况说明及实景照片。

(5)品种审定证书复印件;生产经营授权品种种子的,提交植物新品种权证书复印件及品种权人的书面同意证明。

(6)委托种子生产合同复印件或自行组织种子生产的情况说明和证明材料。

(7)种子生产地点检疫证明。

(8)农业转基因生物安全管理、防范措施和隔离、生产条件的说明。

(9)农业农村部规定的其他材料。

(二)申请领取A证应提交的材料

申请领取A证,除提交《农作物种子生产经营许可管理办法》第十一条规定所述基本材料外,还应当提交以下材料:

(1)自有科研育种基地证明或租用科研育种基地的合同复印件。

(2)品种试验测试网络和测试点情况说明,以及相应的播种、收获、烘干等设备设施的自有产权证明复印件及实景照片。

(3)育种机构、科研投入及育种材料、科研活动等情况说明和证明材料,育种人员基本情况及其企业缴纳的社保证明复印件。

(4)近三年种子生产地点、面积和基地联系人等情况说明和证明材料。

(5)种子经营量、经营额及其市场份额的情况说明和证明材料。

(6)销售网络和售后服务体系的建设情况。

(三)申请领取其他类型种子生产经营许可证应提交的材料

(1)从事种子进出口业务、转基因农作物种子和外商投资农作物种子的企业申请领取E证、G证和F证,除提交本《农作物种子生产经营许可管理办法》规定的相应农作物种子生产经营许可证核发的材料外,还需要提供相关法律、法规规定的其他材料。

(2)申请领取鲜食、爆裂玉米的种子生产经营许可证的,按D证提交材料办理。

(3)生产经营无性繁殖的器官和组织、种苗、种薯以及不宜包装的非籽粒种子的,应提交的材料,由省级农业主管部门制定。

四、种子企业申请领取种子生产经营许可证的程序

申请领取农作物和林木种子生产经营许可证一般按照申请、审核、核发、变更与延期等程序办理。以下以申请领取农作物种子生产经营许可证的程序为例,进行说明。

(一)申请

根据《农作物种子生产经营许可管理办法》第十三条规定，种子生产经营许可证实行分级审核、核发。申请农作物种子生产经营许可证的单位和个人(以下简称申请人)根据自身申请许可证的类型向相应的核发机构提出申请，并按照《农作物种子生产经营许可管理办法》规定提交相应的材料。

(二)审核

根据《农作物种子生产经营许可管理办法》第十四条，农业主管部门对申请人提出的种子生产经营许可申请，应当根据下列情况分别作出处理：

(1)不需要取得种子生产经营许可的，应当即时告知申请人不受理。

(2)不属于本部门职权范围的，应当即时作出不予受理的决定，并告知申请人向有关部门申请。

(3)申请材料存在可以当场更正的错误的，应当允许申请人当场更正。

(4)申请材料不齐全或者不符合法定形式的，应当当场或者在5个工作日内一次告知申请人需要补正的全部内容，逾期不告知的，自收到申请材料之日起即为受理。

(5)申请材料齐全、符合法定形式，或者申请人按照要求提交全部补正申请材料的，应当予以受理。

根据《农作物种子生产经营许可管理办法》第十五条，审核机关对申请人提交的材料进行审查，并在自受理申请之日起20个工作日内完成审核工作。审核时应当对申请人的办公场所和种子加工、检验、仓储等设施设备进行实地考察，查验相关申请材料原件。具备本办法规定条件的，签署审核意见，上报核发机关；审核不予通过的，书面通知申请人并说明理由。

(三)核发

根据《农作物种子生产经营许可管理办法》第十六条，核发机关应当自受理申请或收到审核意见之日起20个工作日内完成核发工作。核发机关认为有必要的，可以进行实地考察并查验原件。符合条件的，发给种子生产经营许可证并予公告；不符合条件的，书面通知申请人并说明理由。

选育生产经营相结合、有效区域为全国的种子生产经营许可证，核发机关应当在核发前在中国种业信息网公示5个工作日。

核发过后的种子生产经营许可证设主证、副证。主证注明许可证编号、企业名称、统一社会信用代码、住所、法定代表人、生产经营范围、生产经营方式、有效区域、有效期至、发证机关、发证日期；副证注明生产种子的作物种类、种子类别、品种名称及审定(登记)编号、种子生产地点等内容。

(1)许可证编号为“____(××××)农种许字(××××)第××××号” “____”上标注生产经营类型，A为实行选育生产经营相结合，B为主要农作物杂交种子及其亲本种子，C为其他主要农作物种子，D为非主要农作物种子，E为种子进出口，F为外商投资企业；G为转基因农作物种子；第一个括号内为发证机关所在地简称，格式为“省地县”；第二个括号内为首次发证时的年号；“第××××号”为四位顺序号；

(2)生产经营范围　按生产经营种子的作物名称填写，蔬菜、花卉、麻类按作物类别填写；

(3)生产经营方式　按生产、加工、包装、批发、零售或进出口填写；

(4)有效区域　实行选育生产经营相结合的种子生产经营许可证的有效区域为全国，其他种子生产经营许可证的有效区域由发证机关在其管辖范围内确定；

(5)生产地点　为种子生产所在地，主要农作物杂交种子标注至县级行政区域，其他作物标注至省级行政区域。

种子生产经营许可证加注许可信息代码。许可信息代码应当包括种子生产经营许可相关内容，由发证机关打印许可证书时自动生成。

(四)变更与延期

《农作物种子生产经营许可管理办法》第十九条规定，种子生产经营许可证有效期为5年。转基因农作物种子生产经营许可证有效期不得超出农业转基因生物安全证书规定的有效期限。在有效期内变更主证载明事项的，应当向原发证机关申请变更并提交相应材料，原发证机关应当依法进行审查，办理变更手续。在有效期内变更副证载明的生产种子的品种、地点等事项的，应当在播种30天前向原发证机关申请变更并提交相应材料，申请材料齐全且符合法定形式的，原发证机关应当当场予以变更登记。

种子生产经营许可证期满后继续从事种子生产经营的，企业应当在期满6个月前重新提出申请。

五、申请领取种子生产经营许可证的注意事项

《种子法》第三十三条规定，种子生产经营许可证应当载明生产经营者名称、地址、法定代表人、生产种子的品种、地点和种子经营的范围、有效期限、有效区域等事项。前款事项发生变更的，应当自变更之日起30日内，向原核发许可证机关申请变更登记。除本法另有规定外，禁止任何单位和个人无种子生产经营许可证或者违反种子生产经营许可证的规定生产、经营种子。禁止伪造、变造、买卖、租借种子生产经营许可证。同时，第五十六条规定农业、林业主管部门及其工作人员，不得参与和从事种子生产经营活动。

《农作物种子生产经营许可管理办法》根据《种子法》的内容和精神，对农作种子生产经营许可采取多种监督手段和措施，要求种子生产经营者建立包括种子田间生产、加工包装、销售流通等环节形成的原始记载或凭证的种子生产经营档案，种子生产经营档案至少保存5年，确保档案记载信息连续、完整、真实，保证可追溯。

《农作物种子生产经营许可管理办法》要求农业主管部门应当对种子生产经营者的种子生产经营行为进行监督检查，发现不符合本《农作物种子生产经营许可管理办法》的违法行为，按照《种子法》有关规定进行处理。在种子生产经营许可证有效期内，若发现企业停止生产、经营活动1年以上或者企业不再具备本《农作物种子生产经营许可管理办法》规定的许可条件，经限期整改仍达不到要求的，发证机关应当注销许可证，并予以公告。在监督检查过程中，若发现申请人故意隐瞒有关情况或者提供虚假材料申请种子生产经营许可证，农业主管部门应当不予许可，并将申请人的不良行为记录在案，纳入征信系统，申请人在1年内不得再次申请种子生产经营许可证。若发现申请人以欺骗、贿赂等不正当手段取得种子生产经营许可证的，农业主管部门应当撤销种子生产经营许可证，并将申请人的不良行为记录在案，纳入征信系统，

申请人在3年内不得再次申请种子生产经营许可证。同时农业主管部门对核发、撤销、吊销、注销种子生产经营许可证的有关信息，应当依法予以公布，并在农业农村部种业管理司网上及时更新信息。

《农作物种子生产经营许可管理办法》不仅对种子生产经营者进行监督检查以外，还规定上级农业行政主管部门应当对下级农业行政主管部门的种子生产经营许可行为进行监督检查。若发现下级农业行政主管部门：①未按核发权限发放种子生产经营许可证的；②擅自降低核发标准发放种子生产经营许可证的；③其他未依法核发种子生产经营许可证的等违法违规行为，责令改正，并对直接负责的主管人员和其他直接责任人依法给予行政处分。若构成犯罪的，依法移送司法机关追究刑事责任。

《农作物种子生产经营许可管理办法》规定，还要加强种子许可信息保密工作，要求农业行政主管部门及其工作人员对管理过程中获知的种子生产经营者的商业秘密，应当依法保密。

第四节　种子进出口和对外合作管理

一、农作物种子进出口管理

(一)我国农作物种子进出口概况

我国农作物种子进出口业务进行得较晚，直至1979年才与美国合作开展了少量的对外制种业务。随着我国种业市场的日益开放以及国际贸易的快速发展，国际间农作物种子进出口规模迅速扩大，我国种子贸易呈现快速增长的态势，形成了以杂交水稻、特色瓜菜种子为代表的中国农作物种子出口工作的繁荣。2014年中国农作物种子进口4.3亿美元，比1995年增加了10倍；出口额也从1995年的0.3亿美元增加到2014年的3.5亿美元，同期的进口量和出口量分别提高了32倍和23倍。近年来，在国家高度重视种业发展的形势下，以及“一带一路”政策的推动下，在国际种业舞台上，中国企业频频发声和动作。例如，中国化工集团公司收购瑞士种子及农药公司先正达，中粮集团有限公司收购荷兰粮食贸易公司尼德拉。除央企的兼并重组，民企也在通过各种形式加大国际市场资源的整合。例如，袁隆平农业高科技股份有限公司在美国建立了ILROCKFORD育种站，安徽荃银高科种业股份有限公司在孟加拉国建立热带育种中心。由于我国农作物种子市场容量的巨大，大量国外公司在华开展相关业务。加之一些特殊农作物的种子仍需要进口，促使了我国农作物种子进口量也不断攀升。

我国农作物种子进出口取得发展的同时也面临较多的问题。具体表现在除杂交水稻和特色瓜菜种子外，其他农作物种子出口技术含量低；农作物种子出口商之间无序竞争，造成优势殆尽；我国蔬菜、花卉园艺作物、油料类和糖料类经济作物种子需要进口，且占据我国较大市场，给我国相关产业带来巨大挑战；农作物种子进出口配套监督、管理政策不完善。要使我国由农作物种子进出口大国成为农作物种子进出口强国，实现种业强国的美好愿望，我国种业仍需苦练内功，以科技创新强大的驱动来引领和支撑。

(二)种子进出口和对外合作的规则

种子是关系到国计民生的战略资源,种子进出口和对外合作涉及国家安全和国际关系。一方面可以改善国内作物基因结构,帮助实现国家种业甚至整个农业结构的升级。同时,也可能会造成作物资源流失,甚至外来物种入侵和检疫性病虫害等问题。为此,世界各国对本国种子进出口和对外合作制定了不同程度的管理政策。欧盟共同农业政策(the common agricultural policy, CAP)中种子领域内的"基础规则"(basic regulations)和"种子市场及转基因问题"(marketing of seeds and GMO issues)两项内容对种子进出口和对外合作做出了明确要求。我国对种子出口持积极开放的态度,也鼓励从境外合理引进种质资源。为规范种子进出口和对外合作管理,促进我国种业发展,制定了一系列行政法规、规章和规范性文件,在我国从事农作物种子进出口和对外合作必须遵循这些法律法规。

1.法律层面

在法律层面,除了《中华人民共和国海关法》《中华人民共和国进出口商品检验法》等适用于一般进出口活动的法律外,我国制定的《中华人民共和国进出境动植物检疫法》和《中华人民共和国种子法》都对种子进出口和对外合作有具体的规定。

2.行政法规层面

我国涉及种子进出口的行政法规有两部,分别为:《植物检疫条例》(2017 年 10 月 17 日修订)、《农业转基因生物安全管理条例》(2017 年 10 月 7 日修订),由国务院制定颁布。

3.规章层面

农业农村部颁布了《进出口农作物种子(苗)管理暂行办法》(2022 年 1 月 7 日发布)、《农业转基因生物进口安全管理办法》(2017 年 11 月 30 日修订)、《农作物种质资源管理办法》(2004 年 7 月 1 日修订)、《全国农业植物检疫性有害生物名单》和《应施检疫的植物及植物产品名单》(2020 年 11 月 10 日农业农村部发布第 351 号公告)、《农作物种子生产经营许可管理办法》(2022 年 1 月 21 日修订)、《农业转基因生物安全评价管理办法》(2022 年 1 月 21 日修订)、《主要农作物品种管理办法》(2022 年 1 月 21 日修订)等行政性法律规范文件。部分特殊农作物,颁布了适应于自身发展的规章,如《草种管理办法》(2015 年 4 月 29 日修订)和《食用菌菌种管理办法》(2015 年 4 月 29 日修订)。

4.其他

为适应对外开放的需要,保证外商投资农作物种子企业的质量,加强种质资源的管理,促进我国种子事业的健康发展,原农业农村部、国家计划委员会、对外贸易经济合作部、国家工商行政管理局于 1997 年 9 月 8 日制定发布了《关于设立外商投资农作物种子企业审批和登记管理的规定》;国家发展改革委、商务部于 2021 年 9 月 28 日联合发布的 2021 年版外商投资准入负面清单发布,《外商投资准入特别管理措施(负面清单)(2020 年版)第 32 号令》和《自由贸易试验区外商投资准入特别管理措施(负面清单)(2020 年版)和第 33 号令》。

(三)农作物种子进出口的审批

从国(境)外引进和与国(境)外交流研究用种质资源、进出口生产用种子均要根据《进出口农作物种子(苗)管理暂行办法》规定进行办理。目前,在我国从事进出口生产用种子业务和向国(境)外提供种质资源的单位应当具备中国法人资格。禁止个人从事进出口生产用种子业务和向国(境)外提供种质资源。进出口大田用商品种子,应当具有与其进出口种子类别相符的种子生产、经营权及进出口权;没有进出口权的,由农业农村部指定的具有农作物种子进出口权的单位代理。

1.农作物种子进出口生产经营许可证审批

《农作物种子生产经营许可管理办法》规定,从事农作物种子进出口业务的,其种子生产经营许可证编号上标注生产经营类型为"F",由企业所在地省、自治区、直辖市农业主管部门审核,农业部核发。除具备《农作物种子生产经营许可管理办法》规定的与企业申请作物种类相同的种子生产经营许可证核发条件外,还应当符合有关法律、行政法规规定的其他条件。

2.农作物商品种子出口审批

国家鼓励种子出口。农作物商品种子出口审批主要针对申请人是否具备从事种子进出口业务的资格,以及申请出口的种子是否列入国家允许出口的范围。要进行农作物商品种子出口,需经企业注册所在地省级农业行政主管部门审查,并向农业农村部报送《进(出)口农作物种子(苗)审批表》等材料,由农业农村部种业管理司进行审查,相应的种子需经中国农业科学院作物科学研究所进行品种资源鉴定,开具《对外提供农作物种质资源准许证》。

近年来,我国农作物商品种子出口配套的种子质量管理工作逐渐与国际接轨。2013 年 3 月,农业部蔬菜种子质量监督检验测试中心(北京)获得国际种子检验协会(International Seed Testing Association,ISTA)执行委员会的确认和授权,成为 ISTA 认可实验室,这是目前我国第一个和唯一通过 ISTA 认可,可以授权出具种子质量进出口国际检验证书,检验数据国际互认的第三方种子质量检验机构。该实验室被确认(授权),改变了我国一直没有 ISTA 国际认可实验室,由此造成中国的种子在出口过程中必须拿到国外进行种子质量检验,使得出口国的种子质量受制于进口国检验的被动局面。

3.农作物商品种子进口审批

农作物商品种子进口主要审批内容为进口商品种子的是否具备从事种子进口业务的资格,进口的种子是否适宜在中国种植、质量是否合格,为境外制种进口种子的是否有对外制种合同,进口试验用种的进口数量。申请进口农作物商品种子的企业,经企业注册所在地省级农业行政主管部门签署审查,由省级农业行政主管部门向农业农村部报送《进(出)口农作物种子(苗)审批表》及其相关材料,由农业农村部种业管理司审批。

申请进口大田用商品种子,品种应当经国家或省级农作物品种审定委员会审定通过,国内暂时没有开展审定工作而生产上又急需的作物种类品种或非主要农作物种子,应当提交至少 2 个生育周期的引种试验报告。同时种子质量应当达到国家标准或行业标准;对没有国家标准或行业标准的,可以在合同中约定或参考有关国际标准。

(四)进出口种子的检疫

开展进出境动植物检疫能防止动物传染病、寄生虫病和植物危险性病、虫、杂草以及其他有害生物(以下简称病虫害)传入、传出国境,保护农、林、牧、渔业生产和人体健康,促进对外经济贸易的发展。《中华人民共和国进出境动植物检疫法》明确规定了进境检疫,出境检疫,过境检疫,携带、邮寄物检疫,运输工具检疫,以及法律责任等内容。《植物检疫条例》规定凡种子、苗木和其他繁殖材料，不论是否列入应施检疫的植物、植物产品名单和运往何地，在调运之前，都必须经过检疫。

从国外引进种子、苗木，引进单位应当向所在地的省、自治区、直辖市植物检疫机构提出申请，办理检疫审批手续。但是，国务院有关部门所属的在京单位从国外引进种子、苗木、应当向国务院农业主管部门、林业主管部门所属的植物检疫机构提出申请，办理检疫审批手续。从国外引种检疫审批内容包括申请引进的种苗是否来自发生疫情的国家或地区，以前引进的同种种苗进境口岸检疫和引进后种植期间是否发现过疫情，引进后疫情监测和防疫措施是否落实，种苗携带危险性有害生物的风险大小及该有害生物在我国的分布和危害情况。引种单位应在签订对外贸易合同或者协议30日前，向农业管理部门提交《引进国外植物种苗检疫审批申请书》《进(出)口农作物种子(苗)审批表》、种苗引进后隔离试种或集中种植计划及相关材料，由全国农技推广服务中心植物检疫处和地方农技推广服务部门进行审查。从未引进或连续三年没有引进的首次引种，需提供引进种苗原产地病虫害发生情况说明；再次引种的，需出具种植地省级植物检疫部门签署的《进境植物繁殖材料入境后疫情监测报告》。

安徽某种子企业水稻种子进出口实例

种子进出口企业从事农作物种子进出口通过国家政务服务平台(www.gjzwfw.gov.cn)在线申请办理，纸质材料可以同步上传，具体流程如下：

(一)安徽省某种子企业办理水稻种子进口的流程

具有水稻种子进出口资质的企业，可以按照以下六个流程申请办理水稻种子进口手续。

(1)办理动植物苗种进口审批表　到安徽省农业农村厅领取“中华人民共和国农业农村部动植物苗种进(出)口审批表”[以下简称动植物苗种进(出)口审批表]，按照审批表要求填好相关信息，并附上相应材料。材料包括企业法人营业执照、农作物种子经营许可证、对外贸易经营备案登记表、品种推广说明、商品种子进口合同、非转基因种子证明材料、农作物品种审定证书(批量进口需要，试验用种不需要)、品种说明，送交安徽省农业农村厅，等待审批，一般是20个工作日。其次，审批通过后，再将所有材料[包括动植物苗种进(出)口审批表]一并寄往农业农村部审批。

(2)办理引进种子、苗木检疫审批单　“动植物苗种进(出)口审批表”审批下来后，前往安徽省植保站办理“引进种子、苗木检疫审批单”。需要递交的材料：引进国外植物种苗检疫审批申请书、隔离种植计划、品种说明、国外农业部门或检疫部门出具的当地该品种病虫害发生情况说明，并提供禁止携带有害生物的明细(该明细需在贸易合同上注明)。一般一周内可办理完成。

(3)办理同意调入函　前往安徽省出入境检验检疫局办理同意调入函，需提交“动植物苗种进(出)口审批表”“引进种子、苗木检疫审批单”、商品种子进口合同、品种说明、隔离种植计划等材料，即时办理。

(4)办理进境植物繁殖材料审批备案表　申请者在种子进境地的出入境检验检疫局办理“进境植物繁殖材料审批备案表”，需提供“进境植物繁殖材料审批备案表”(一式二份)、“动植物苗种进(出)口审批表”“引进种子、苗木检疫审批单”、同意调入函等材料，即时办理。

(5)种子进境　以上材料办理齐全方可让国(境)外卖家发货，国(境)外卖家需提供的文件有合同、发票、箱单、植物检疫证书、产地证、非转基因证明等其他相关文件。种子进境后通过代理报关，先报检验检疫，再报关放行。

(6)疫情监测　海关将种子放行后运抵申请公司仓库，公司需向当地出入境检验检疫局二次报检检疫，并通知当地植保站进行种植疫情监测。

(二)安徽省某种业企业办理水稻种子出口的流程

具有水稻种子进出口资质的企业，可以按照以下4个流程申请办理水稻种子出口手续。

(1)申请出口许可证　首先需要到安徽省农业农村厅领取“动植物苗种进(出)口审批表”，按照审批表要求填好相关信息，并附上相应材料，材料包括企业法人营业执照、农作物种子生产经营许可证、对外贸易经营备案登记表、品种推广说明、商品种子出口合同、品种权人或品种选育人(单位)同意证明、农作物品种审定证书、品种说明，送交安徽省农业农村厅，等待审批，一般是20个工作日。其次，审批通过后，再将所有材料(包括审批表)一并寄往农业农村部审批。种子企业再向安徽省商务厅提交申请配额报告，包括农业农村部审批通过后的出口农作物种子审批表，商务厅审核通过后，发放出口配额。

(2)商检验货　种子出口订单确认后，客户提供农作物种子进口许可证(客户所在国家相关部门出具的进口许可)，按照客户以及进口许可证要求对种子进行加工包装。加工包装结束后，准备单据进行报检，报检需要提供单据为：发票、箱单、商品种子出口合同(含发货形式船运、陆运和空运)、公司检验报告、进口许可证、出境种子生产经营企业检疫注册登记证书等；单据齐全后，预约商检，商检部门根据相关要求进行验货，验货合格后出具相关商检证书。

(3)租船订舱、报关、发货　发货形式以船运为例，根据商检预约时间，合理安排船期，船期安排好后，将货物发到我国出口口岸，准备报关，报关需要提供的单据为：发票、箱单、商品种子出口合同、出口许可证、报关单、报关委托书等。发运货物，并取得提单。

(4)准备收货方需要的清关文件，收取外汇　准备收货方需要清关的文件并邮寄给他们，在此期间随时关注发运和清关状态，确保客户收到种子。根据合同约定，把发票、箱单、提单、原产地证书、植物检疫证书等全套出口单据递交给银行，办理结汇手续，收取外汇。

二、农作物种质资源进出口管理

农作物品种创新的基础是种质资源的丰富，随着全球各国对农作物新品种的重视，农作物种质资源的进出口工作也日益繁荣。国家对农作物种质资源享有主权，我国《农作物种质资源管理办法》中有专门章节对“农作物种质资源国际交流”进行管理。

(一)对外提供种质资源的管理

我国规定任何单位和个人向境外提供种质资源，应当经所在地省、自治区、直辖市农业行政主管部门审核，报农业农村部审批。同时，对外提供农作物种质资源实行分类管理制度。我国对向境外提供农作物种质资源审批内容为申请向境外提供的种质资源是否列入国家允许对外提供的范围。具体流程与农作物种子进出口审批中关于种质资源鉴定的程序相同。

(二)从境外引进种质资源的管理

我国鼓励单位和个人从境外引进农作物种质资源。从境外引进新物种的，应当进行科学论证，采取有效措施，防止可能造成的生态危害和环境危害。在种质资源引进前，须报经农业农村部批准，引进后隔离种植1个以上生育周期，经相关专家考察评估，证明确实安全和有利用价值的，方可分散种植。

单位和个人从境外引进种质资源，应当依照有关植物检疫法律、行政法规的规定，办理植物检疫手续。引进的种质资源，应当隔离试种，经植物检疫机构检疫，证明确实不带危险性病、虫及杂草的，方可分散种植。

国家实行引种种质资源统一登记制度。引种单位和个人应当在引进种质资源入境之日起一年内向国家农作物种质资源委员会办公室申报备案，并附适量种质材料供国家种质库保存。

引进的种质资源，由国家农作物种质资源委员会统一编号和译名，任何单位和个人不得更改国家引种编号和译名。

三、农作物转基因种子进出口管理

随着生物技术的快速发展，国际上转基因生物研究、贸易等越来越普遍。为此，我国专门出台了《农业转基因生物安全管理条例》(2017年10月7日修订)，该条例对在我国境内从事农业转基因生物的研究、试验、生产、加工、经营和进出口活动做出明确规定。

(一)转基因种子进口

针对目前转基因生物跨国间交流与贸易日益频繁，农业农村部为了加强对农业转基因生物进口的安全管理，根据《农业转基因生物安全管理条例》的有关规定专门出台了《农业转基因生物进口安全管理办法》(2017年11月30日修订)。《农业转基因生物进口安全管理办法》中一般性普遍适用的规定为：①农业部应当自收到申请人申请之日起270日内做批准或者不批准的决定，并通知申请人；②进口农业转基因生物用于生产或用作加工原料的，应当在取得农业部颁发的农业转基因生物安全证书后，方能签订合同；③进口农业转基因生物，没有国务院农业行政主管部门颁发的农业转基因生物安全证书和相关批准文件的，或者与证书、批准文件不符的，作退货或者销毁处理。

目前，我国对于进口的农业转基因生物，按照用于研究和试验的、用于生产的以及用作加工原料的三种用途实行管理。农业农村部针对境外研发商首次申请农业转基因生物安全证书(进口)、农业转基因生物材料入境审批书、境外贸易商申请农业转基因生物安全证书(进口)、进口农业转基因生物直接用作消费品四项内容进行农业转基因生物安全管理审批。

境外研发商首次申请农业转基因生物安全证书(进口)，农业农村部需要对转基因生物的环境安全性、食用安全性、转基因生物安全等级、转基因生物在国(境)外的批准情况，以及申请人的相关资格进行审批。相应的审查工作由农业农村部农业转基因生物安全管理办公室根据国家有关规定对申报材料进行审查，审查合格的发放《农业转基因生物材料入境审批书》，境外研发商进口材料再经农业农村部进行环境和食用安全监测，最后由国家农业转基因生物安全委员会进行评审。

农业转基因生物材料入境审批书的审批主要内容为转基因生物安全性评价及安全等级、转基因生物的用途及运输过程中的安全性、转基因生物在国(境)外的批准情况，以及申请人的相关资格。申请人向农业农村部报送“农业转基因生物安全管理登记表”(用于研究、试验和生产)等材料，由农业农村部农业转基因生物安全管理办公室审查。本项审批与安全评价审批同步。

对外贸易商申请农业转基因生物安全证书(进口)审批内容为转基因生物的特征、转基因生物的用途及运输过程中的安全性、转基因生物的流向、转基因生物在产地国的批准状况,农业农村部受理“农业转基因生物进口安全管理登记表”(用作加工原料)等相应材料后,由农业农村部农业转基因生物安全管理办公室组织专家进行评审。

进口农业转基因生物直接用作消费品审批内容与对外贸易商申请农业转基因生物安全证书(进口)审批内容相同,办理程序也基本一致。申请材料中《农业转基因生物进口安全管理登记表》制式为直接用作消费品。

(二)转基因种子出口

转基因种子出口除了符合我国种子进出口相关法律法规的规定以外,还应符合出口目的国的政策规定。农业转基因生物安全管理条例(2017 年 10 月 7 日修订)规定向境外出口农产品(种子),外方要求提供非转基因种子证明的,由口岸出入境检验检疫机构根据国务院农业行政主管部门发布的转基因农产品信息,进行检测并出具非转基因种子证明。

四、外商投资农作物种子企业管理

外商投资的种子企业最早是在 20 世纪 80 年代进入中国。外资公司凭借其先进的科技、雄厚的资金、丰富的国际市场运作经验大举进军中国种子市场,在不到 10 年的时间里已控制了我国高端蔬菜种子 50%以上的市场份额,几乎涉及所有蔬菜作物及国内主要规模化蔬菜生产基地。在基本控制和稳定中国蔬菜和花卉市场之后,最近几年,国外大公司又开始整合、进军我国玉米等大田作物种子市场。

据智种网统计,截至 2017 年 6 月 15 日,全国共 3 293 家种业公司,上市公司 55 家,外商投资种子企业 28 家,其中 4 家外资企业经营大田作物玉米种子,其他外资企业经营作物均是蔬菜、花卉种子。国内几乎所有的中外合资种子企业都面临同样的尴尬处境,企业名义上是中方控股,但核心技术、高层管理权力等全都掌握在外资手中,实际上企业管理均由外资操控。我们既要合理利用外资加速我国种业的发展,又要避免外资对种子产业形成实际控制的局面,必须切实加强对外资进入种业的监管,建立产业安全审查机制,完善对外资种子企业的监管迫在眉睫。为此,《种子法》规定,国家要建立种业国家安全审查机制。境外机构、个人投资、并购境内种子企业,或者与境内科研院所、种子企业开展技术合作,从事品种研发、种子生产经营的审批管理依照有关法律、行政法规的规定执行。

(一)外商投资农作物种子企业的条件

根据《种子法》(2021 年修订)、《中华人民共和国外商投资法》(2019 年 3 月 15 日发布)等有关法律法规的规定,外商投资种业企业从事种子生产经营活动应符合以下条件:

(1)符合《种子法》第六十二条的规定　国家建立种业国家安全审查机制。境外机构、个人投资、并购境内种子企业,或者与境内科研院所、种子企业开展技术合作,从事品种研发、种子生产经营的审批管理依照有关法律、行政法规的规定执行。

(2)符合《中华人民共和国外商投资法》和《中华人民共和国中外合资经营企业法实施条例》(2014 年 2 月 19 日修订)　《中华人民共和国中外合资经营企业法实施条例》第三条规定

国家鼓励、允许、限制或者禁止设立合营企业的行业，按照国家指导外商投资方向的规定及外商投资产业指导目录执行。第六条：在中国境内设立合营企业，必须经中华人民共和国对外贸易经济合作部(以下简称对外贸易经济合作部)审查批准……对外贸易经济合作部和国务院授权的省、自治区、直辖市人民政府或者国务院有关部门，以下统称审批机构。

(3)符合外商投资准入负面清单　国家发展改革委、商务部于2021年9月28日发布的第32号令《外商投资准入特别管理措施(负面清单)(2021年版)》和第33号令《自由贸易试验区外商投资准入特别管理措施(负面清单)(2021年版)》。在禁止领域，两个负面清单规定完全相同。主要包括两项：一是禁止投资中国稀有和特有的珍贵优良品种的研发、养殖、种植以及相关繁殖材料的生产(包括种植业、畜牧业、水产业的优良基因)；二是禁止投资农作物、种畜禽、水产苗种转基因品种选育及其转基因种子(苗)生产。种植业领域的稻、大豆现阶段仍属禁止外商投资领域。在限制领域，两个负面清单对外商投资股比要求不同，《外商投资准入特别管理措施(负面清单)(2021年版)》将外商投资种业的作物限制范围由“农作物”缩减为“小麦、玉米”，小麦新品种选育和种子生产的中方股比不低于34%、玉米新品种选育和种子生产须由中方控股。《自由贸易试验区外商投资准入特别管理措施(负面清单)(2021年版)》将外商投资种业的作物限制范围由“农作物”缩减为“小麦、玉米”，要求中方股比不低于34%。

(4)合资中方应为具有相应种子生产经营资格的企业。

(5)合资外方应为具有较高科研育种、种子生产和企业管理水平，有良好信誉的企业。

(6)符合《农作物种子生产经营许可管理办法》的规定，具有与其申请作物种类相同的种子生产经营许可条件。

总之，外商投资玉米、小麦种业领域，须进行准入许可，非自由贸易试验区小麦新品种选育和种子生产的中方股比不低于34%、玉米新品种选育和种子生产须由中方控股，自由贸易试验区小麦、玉米新品种选育和种子生产的中方股比不低于34%；稻、大豆种业禁止外商投资，暂不受理申请。同时，外商投资种业企业从事种子生产经营活动，无论是玉米、小麦还是其他作物，皆需办理《农作物种子生产经营许可证》，许可证申请由省级农业主管部门受理审核，报农业农村部核发。

(二)外商投资农作物种子企业的申办程序

根据《种子法》、《中华人民共和国外商投资法》《中华人民共和国中外合资经营企业法》《关于设立外商投资农作物种子企业审批和登记管理的规定》《农作物种子生产经营许可管理办法》和《外商投资准入负面清单》等法律法规的规定，申请设立外商投资农作物种子企业按下列程序办理。

1.立项申请

中方投资者将项目建议书和可行性研究报告按现行外商投资基本建设、技术改造项目审批权限和审批程序报省级以上审批部门审批。审批部门在批准立项前，应征求省级以上农业行政主管部门的审查意见。设立粮、棉、油作物种子企业，由省级农业行政主管部门初审后，报农业农村部出具审查意见。未经农业行政主管部门审查同意的，不予批准立项。批准立项的，按有关规定向工商行政管理机关申请企业名称预先核准。

2.申请批准书

中方投资者将合同、章程及有关文件按现行审批权限和审批程序报送省级以上审批部门审批。经审批同意的，由审批部门颁发《外商投资企业批准证书》。

3.申请许可证

中方投资者向农业农村部申请办理经营许可手续，农业农村部按有关规定核发《农作物种子生产经营许可证》。申请办理《农作物种子生产经营许可证》应提交以下材料：

(1)项目建议书和可行性研究报告的批准文件。

(2)设立外商投资种子企业的合同、章程。

(3)合同、章程的批准文件及审批部门颁发的《外商投资企业批准证书》。

(4)外商投资农作物种子企业董事会成员名单及各方董事委派书。

(5)其他应提交的证件、文件。如按照《农作物种子生产经营许可管理办法》规定，提交生产经营相应作物种类资质的材料和文件。

4.企业登记

中方投资者持项目建议书和可行性研究报告的批准文件、《外商投资企业批准证书》、农作物种子生产经营许可证及有关文件，向国家工商行政管理局或其授权的地方工商行政管理机关申请办理企业法人登记手续。

(三)其他要求

外商投资农作物种子企业生产商品种子，应按有关规定于播种前一个月，向生产所在地省级农业行政主管部门申请领取《农作物种子生产经营许可证》，并在许可证上标注生产经营的类型。

本章小结

本章系统地介绍了种子市场行政管理、种子生产经营许可管理、种子进出口和对外合作管理等内容。具体地阐述了种子市场管理的内容和依据；种子行政管理的含义、内容和主体，种子行政执法内容、目的和原则，种子生产经营和使用者的权益及保护，种子质量纠纷处理等内容；种子生产经营可证的类型及审核审批权限，申请领取各类农作物种子生产经营许可证的条件，提交的材料、申请流程和注意事项；农作物种子进出口管理、农作物种质资源进出口管理、农作物转基因种子进出口管理、外商投资农作物种子企业的管理，并以实例的形式介绍了农作物种子进出口的流程。

复习思考题

1.名词解释：种子市场管理、种子行政管理、种质资源管理、品种管理、种子质量管理、种子市场监管、种子体系管理、生产经营权利。

2.简述种子行政管理的内容。

3. 简述种子行政执法内容和原则。

4. 简述种子生产经营和使用者的权益，及其保护措施。

5. 简述农作物种子生产经营许可证的类型及其审核审批机关。

6. 简述种子企业申请领取农作物种子生产经营许可证的基本条件和程序。

7. 简述办理水稻种子进出口的程序和应提供的材料。

8. 试论述农作种子质量纠纷的类型及其引起的因素，以及田间鉴定等解决措施。

9. 近年来，公司经营越做越好，拟在明年申请领取从事主要农作物杂交种子及其亲本种子生产经营以及实行选育生产经营相结合、有效区域为全国的种子生产经营许可的 A 证，你在今年应如何评估公司是否达到申请条件？假若达到了应该提前准备哪些材料？

第九章　种子经营管理实践实训

知识目标

◆ 了解种子经营管理实践实训的作用和意义。

◆ 理解种子经营管理实践实训的主要内容。

◆ 掌握种子经营管理实践实训的主要方法。

能力目标

◆ 提高解决种子生产经营管理工作中问题的能力。

◆ 能够将所学知识综合应用于种子生产经营管理工作中。

实践实训一　实地与网络调查种子企业

一、实践实训目的

实地调查和网络调查不同类型持证种子企业，了解种子企业的组织架构，熟悉种子企业的生产、经营和管理情况，为今后从事种子生产、营销和管理工作奠定必要的专业基础。

二、实践实训内容

(一)实地调查

前往离学校较近的 2 家以上不同类型的持证种子企业进行实地调查，调查该种子企业的岗位设置及其主要职责，种子企业生产经营情况；考察种子检验室及其仪器、种子仓库及其设备、种子加工机械。通过实践实训，调查了解种子企业组织构架及各部门经济责任制、生产经营主要产品与销售情况和公司文化、企管理模式和经营管理策略。

(二) 网络调查

在中国种子协会网站或通过百度查询我国当前的信用骨干种业企业名单,再通过百度查询你要查询的企业网站,开展2家以上不同类型种子企业网络调查。了解种子企业的基本情况、生产经营产品、市场销售情况、企业管理模式、营销理念和企业文化等。

三、方法与步骤

(一)实地调查种子企业

1.听取介绍

请公司或部门负责人介绍企业的建制、管理机构及生产经营情况,介绍种子企业的发展思路、营销策略和经营管理的成功经验与体会。

2.实地参观

在公司或部门管理人员的带领下,组织学生集中(或分组)参观种子检验室、仓库、种子加工车间以及销售服务部,注意观察环境条件、常用工具、仪器设备和公布的管理制度等。

3.分组访谈

学生分组实行组长牵头,访谈种子企业人事干部和销售服务、种子检验、种子生产、种子加工贮藏、科研开发等技术或管理人员,着重围绕体制机制、规章制度、岗位责任、企业文化、经营理念等几个方面进行调查访问。

(二)种子企业网络调查

每位同学通过网络调查2家以上不同类型国内知名的种子企业(公司),通过查阅公司概况、行业资讯、新闻中心、能力建设产品服务、企业文化、社会责任等网站栏目的相关内容,调查该企业的体制机制、生产经营产品、市场销售情况、企业的管理模式、营销理念和企业文化等方面内容。

四、报告格式与要求

1.报告封面

报告封面应包括的内容为:题目、撰写时间、专业、年级、班级、姓名、学号、实践时间、实践地点、指导教师、成绩认定教师签名、认定成绩。

2.报告正文主要内容

报告正文应包括的主要内容为:实践实习目的和任务、具体内容、实践方法、实践结果、分析与建议。正文后附种子企业实地调查表(表9.1)和种子企业网络调查表(表9.2)。

五、考核标准

序号	重点考核内容	考核标准	标准分值
1	实地调查	填写实地调查 2 家种子企业的调查表	25
2	网络调查	填写网络调查 2 家种子企业的调查表	25
3	实地调查报告	完整的实地调查报告，并提出建议问题与发展建议	25
4	网络调查报告	完整的网络调查报告，并提出建议问题与发展建议	25
合计	100		

六、作业

1. 根据实地调查情况，完成表 9.1 填写工作。结合自己的理解与感悟，写调查报告。要求在总结该公司(企业)成功经验的基础上，对存在的主要问题提出意见或建议。

2. 根据网络调查情况，完成表 9.2 填写工作。结合自己的理解与感悟，写调查报告。要求在总结该公司(企业)成功经验的基础上，对存在的主要问题提出意见或建议。

表 9.1　种子企业实地调查表

调查时间		小组成员			
种子企业名称		成立时间		注册资金	
企业性质（国有、民营、合资、混合）		生产（经营）主要作物种类、品种		种子销售主要市场区域	
年销售量		年销售额		职工月平均工资	
企业分支机构设置				企业商标	
参观所见（生产、加工贮藏、检验等仪器设备）					
企业文化、经营理念					
管理模式与制度					
企业存在的主要问题与发展思路					

注：组长要标上“*”。

表 9.2　种子企业网络调查表

调查者姓名：__________　　班级：__________　　学号：__________

企业(公司)基本情况			
种子企业名称		企业性质(国有、私营、混合、合资)	
企业(公司)总部所在城市		公司分支机构设置	
注册资金		年销售额	
企业产品情况			
主导产品(作物种类、品种)		主导产品市场份额	
企业(公司)管理模式			
企业内设机构			
主要管理制度或管理模式			
企业(公司)文化			
企业商标		广告语	
企业精神			
企业精神			
经营理念			
企业发展目标或规划主要目标			

实践实训二　种子市场调查

一、实践实训目的

熟悉种子市场调查的内容、程序、方法和步骤，了解当地种子市场销售作物种类、品种名称、种子种类、种子价格、销售数量及种子需求、销售方式等情况。

二、实践实训内容

采用询问法、观察法、问卷调查等调查方式方法，到学校周边附近地区的种子企业及其种子销售网点调查与种子市场的相关内容。

三、方法与步骤

(1)集中讲解　教师集中讲解种子市场调查的方式方法，以及本次调查的内容、要求及注意事项。

(2)确定调查方法　访问调查(口头询问收集相关信息)、实地观察调查(进行实地观察收集资料)、问卷调查(设计调查问卷)或通过互联网收集调查对象资料。

(3)确定调查内容　以销售的品种结构、销售渠道、销售价格和销售量等为专题调查内容。

(4)分组　学生以小组为单位,每组4～5人,实行组长负责制,按照划定的区域或路线开展实地调查,并就代表性品种进行种子取样。

(5)集中分析　集中交流分析调查结果,得出调查结论。

(6)提交报告　以各小组为单位,提交调查报告一份。

四、报告格式与要求

1.报告封面

报告封面应包括的内容为:题目、撰写时间、专业、年级、班级、姓名、学号、实践时间、实践地点、指导教师、成绩认定教师签名、认定成绩。

2.报告正文主要内容

报告正文应包括的主要内容为:实践实习目的和任务、具体内容、实践方法、实践结果、分析与建议。

五、考核标准

序号	重点考核内容	考核标准	标准分值
1	调查提纲	调查提纲计划是否完整、合理,切实可行	20
2	集中交流汇报、样品种子展示	汇报交流PPT制作,现场讨论汇报的好、差,代表性品种种子样品是否收集	40
3	调查报告	调查报告的格式、内容等是否完整	40
合计	100		

六、作业

1.根据种子市场调查资料,以小组为单位撰写调查报告,并在综合分析的基础上,做出结论,提出建议。

2.写出本次种子市场调查的心得体会。

3.每组买回3～5个代表性品种的种子样品。

实践实训三　种子营销计划的制订

一、实践实训目的

熟悉种子营销计划书的基本格式、主要内容和写作要点。

二、实践实训内容

根据种子企业的年度营销计划，制定所管辖区域内的营销计划书，包括计划摘要、当前市场营销状况、问题与机会分析、营销目标、营销战略与策略、行动方案、预算损益表及营销控制8个部分。行动方案部分要说明：将要做什么，什么时候做，由谁负责，所需费用，制定行动计划表。

三、方法与步骤

(1)由教师集中讲解本次实训的内容、目的和要求，种子营销计划书的格式和写作要点。

(2)营销计划的编制一般包括以下步骤：

①分析市场情况和企业营销中存在的问题，并进行系统归纳分析；

②形成市场营销目标和战略；

③制定行动方案；

④预测所需经费（包括预算损益表及营销控制）；

⑤营销计划实施的保障措施；

⑥编制营销计划。

(3)以小组为单位(4～5 人/小组)，通过查阅整理资料，参照种子企业年度营销计划书的内容和基本要求(表 9.3)，制定一份种子企业年度营销计划书。

四、营销计划书格式与要求

1.报告封面

报告封面应包括的内容为：题目、撰写时间、专业、年级、班级、姓名、学号、实践时间、实践地点、指导教师、成绩认定教师签名、认定成绩。

2.报告正文主要内容

报告正文应包括的主要内容为：实践实习目的和任务、具体内容、实践方法、实践结果、分析与建议。正文后附营销计划书（主要内容和要求见表 9.3）。

表 9.3 种子企业年度营销计划书的内容和基本要求

计划内容项目	基本要求
计划摘要	对计划进行整体性、摘要性论述，说明计划的核心内容和基本目标
当前市场营销状况	提供宏观环境相关背景资料及数据，搜集与市场、产品、竞争、分销及资源分配等方面相关的数据资料
问题与机会分析	分析企业的主要机会和威胁、优劣势及产品所面临的问题
营销目标	确定该计划需要事先的销售量、市场份额、利润等基本指标
营销战略与策略	提供用于实现计划目标的营销策略与主要营销手段
行动方案	具体要做什么，谁执行，何时做，需要多少时间，需要多少费用
损益预算表	预计本计划的财务收支状况
营销控制	说明如何监测与控制计划执行

五、考核标准

序号	重点考核内容	考核标准	标准分值
1	资料调查整理	收集的资料的齐全性、代表性和新颖性	20
2	集中交流汇报	汇报交流 PPT 制作，现场讨论汇报的好、差	20
3	企业年度营销计划书	营销计划书的格式、内容等是否完整，行动方案是否具体、可操作	60
合计			100

六、作业

1.假如你是某种子企业的区域经理，请针对你所管辖的区域制定一份年度种子营销计划书。

2.撰写实践实训报告。

实践实训四　种子合同起草与模拟签订

一、实践实训目的

进一步了解种子经济合同方面的知识，熟悉合同格式及合同中各条款的内容。掌握签订种子合同的方法，增强种子的质量意识和法制观念。

二、实践实训内容

种子经济合同主要是农作物种子购销合同和预约制繁种合同。起草种子合同要遵循《合同法》，如标的、数量、价款或酬金、支付方式，履行的期限、地点和方式、违约责任等要具体明确、清晰。掌握经济合同的必备条款和有效条件，熟悉经济合同的履行、变更和解除的程序及法定条件，以及与合同标的有关的业务知识。

三、方法与步骤

(1)由教师集中讲解本实训的内容、目的和要求，提供种子经济合同的范例。

(2)学生 2 人为一组，分别作为制繁种方和预约制繁种方，或供种方和需种方，共同签订一份某类作物种子的供销合同或预约制繁种合同。

四、报告格式与要求

1.报告封面

报告封面应包括的内容为：题目、撰写时间、专业、年级、班级、姓名、学号、实践时间、实践地点、指导教师、成绩认定教师签名、认定成绩。

2.报告正文主要内容

报告正文应包括的主要内容为:实践实习目的和任务、具体内容、实践方法、实践结果、分析与建议。正文后附模拟签订的合同文本等。

五、考核标准

序号	重点考核内容	考核标准	标准分值
1	资料调查整理	收集的资料的齐全性、代表性和新颖性	20
2	集中交流汇报	汇报交流 PPT 制作,现场讨论汇报的好、差	20
3	模拟签订种子经济合同	种子经济合同的格式、内容等是否完整、有效	60
合计	100		

六、作业

1.以小组为单位,记录种子经济合同的制定及签订的过程中存在的问题和不足。

2.以小组为单位,签订一份规范、完整有效的种子供销合同或预约繁种合同。

3.撰写实践实训报告。

范例　　农作物种子购销合同

根据《中华人民共和国合同法》《中华人民共和国种子法》及有关规定,为明确双方的权利义务,经双方协商一致,签订本合同。

一、农作物种子种类、品种名称、质量标准、数量、金额、检疫

农作物种类	品种名称	计量单位	数量	质量/%				单价/(元/千克)	总金额/元	检疫对象
				纯度	净度	发芽率	水分			
合计人民币金额(大写)　　佰　　拾　　万　千　佰　　拾　　元										

农作物种子质量要符合国家标准 GB 4404。如主要农作物水稻、玉米、小麦、棉花种子质量标准要符合 GB 4404.1—2008,大豆种子质量标准要符合 GB 4404.2—2010。

二、农作物种子的检验与检疫

供需双方应严格国家颁布的种子检验、检疫管理办法、规程及有关规定办理农作物种子检验检疫,检验执行 GB/T3543.1—3543.7—1995《农作物种子检验规程》。

1.供方必须提供持证种子检验员签发、加盖公司公章的该批种子的《种子检验报告》。

2.调运或邮购种子必须出具相应的《种子检验报告》《植物检疫证书》。

3.需方收货后复检，种子发芽率、净度、水分等三项指标在收货后两个发芽周期内复检完毕，纯度在收货后该作物第一个生产周期内复检完毕，发现问题应及时通知对方，逾期视为合格种子。

4.供需双方对经营的每批种子必须同时取样分别封存，以备种子复检和鉴定，样品保存至该批种子用于生产收获以后。

5.种子质量标准有国家或行业标准的，执行国家或行业标准，没有国家或行业标准的，由双方协商签订。

6.申请种子委托检验和鉴定的，其费用由____________________(单位)负担。

三、超幅度损耗及计算方法：______________________________。

四、包装要求及包装费用负担：______________________________。

五、交(提)货时间、地点、发运方法、费用负担：____________________。

六、交付定金数额及时间：____________________。

七、结算方式和期限：____________________。

八、双方一般责任

供方：保证所供种子品种、数量、质量达到合同约定条款规定，并按合同约定的时间、地点交付需方。

需方：按合同约定的时间交付定金，保证按时收购供方提供的符合本合同要求的种子。

九、因不可抗拒因素造成种子数量或质量达不到本合同约定条款的，供方应及时通知需方进行实地考察，提供具有法律效力的有关资料，双方协商变更合同，签订补充协议。协商不成，按经济合同法和种子法的有关规定处理。

十、违约责任：____。

十一、《种子检验报告》《产地检疫合格证》或《植物检疫证书》及合同双方的《农作物种子经营许可证》复印件均作为本合同附件。

十二、种子质量发生纠纷，由____________________(机构或单位)进行技术鉴订；本合同在履行中发生纠纷，由当事人协商解决，协商不成，可由仲裁委员会仲裁或向人民法院起诉。

十三、双方协商的其他条款：______________________________。

十四、本合同未尽事项，一律按《中华人民共和国合同法》《中华人民共和国种子法》和《中华人民共和国民事诉讼法》及国家有关规定，经合同双方协商一致，做出补充规定附后。如需提供担保，另立(合同担保书)，作为本合同附件。

本合同一式____份，合同双方各持____份；合同副本____份，送____________(单位)备案。

供方(公章)：	需方(公章)：
单位地址：	单位地址：
法定代表人：	法定代表人：
委托代理人：	委托代理人：
电话：	电话：
开户银行：	开户银行：
账号：	账号：

邮政编码：　　　　　　　　　　　　　　　　邮政编码：
审核意见：　　　　　　　　　　　　　　　　签证意见：
经办人：　　　　　　　　　　　　　　　　　经办人：
审核机构：(公章)　　　　　　　　　　　　　签证机构：(公章)
年　月　　日　　　　　　　　　　　　　　　年　月　　日
合同有效期限　　年　　月　　日 至　　年　　月　　日

实践实训五　种子企业岗位分析与激励方案制订

一、实践实训目的

了解种子企业的工作岗位设置，熟悉种子企业的工作内容和职责，进一步了解企业激励机制，从而激发学生的学习兴趣。

二、实践实训内容

岗位分析是对企业各类岗位的性质、任务、职责、劳动条件和工作环境以及员工承担本岗位任务应具备的资格条件所进行的系统分析与研究，并由此制订岗位规范、工作说明书等人力资源管理文件的过程。激励是指激发人的行为的心理过程，科学有效的激励机制直接关系企业的生存和发展。通过对种子企业岗位分析，人力资源部根据工作岗位类别制定相应的激励机制，如事业激励、目标激励、物质激励、产(股)权激励、动态职务激励、情感激励，以实现企业和员工目标的同时，增加员工的满意度，充分发挥员工的积极性和创造性来实现企业的目标和利益。

三、方法与步骤

(1)学生以小组为单位，每组 4～5 人，实行组长负责制。

(2)指导教师提前 15 天布置作业，以组为单位收集某种业公司相关信息。

(3)指导教师课堂上集中复习讲解岗位分析、激励机制的理论知识，以及本次实训的内容、要求和注意事项。

(4)学生分组讨论：种子公司的工作岗位，选择一个岗位工作进行深度分析。

(5)各小组归纳工作岗位内容和职责，根据岗位特点制定相应的激励方案。

(6)指导教师组织各组代表发言，陈述观点和归纳要点。

(7)指导教师组织、引导，进行总结归纳，企业不同岗位之间的共同要求。

四、报告格式与要求

1.报告封面

报告封面应包括的内容为：题目、撰写时间、专业、年级、班级、姓名、学号、实践时间、实践地点、指导教师、成绩认定教师签名、认定成绩。

2.报告正文主要内容

报告正文应包括的主要内容为：实践实习目的和任务、具体内容、实践方法、实践结果、分析与建议。正文后附岗位分析与激励方案。

五、考核标准

序号	重点考核内容	考核标准	标准分值
1	工作岗位分析	岗位分析的完整性	20
2	激励机制	激励机制的合理性、新颖性	20
3	集中交流汇报	汇报交流的综合表现	20
4	实践实训报告	完整的实践实训报告	20
5	学生实践实训评价表	真实完整的学生实践实训评价表	20
合计	100		

六、作业

1.以某种子企业为例，对该企业的各个岗位进行分解。
2.分析各个岗位典型的工作任务及相应素质要求。
3.针对某岗位，制定相应的激励机制。
4.撰写实践实训报告。

实践实训六　企业年度种子生产计划制订

一、实践实训目的

参观或实践某种子公司水稻、油菜或玉米、小麦等作物种子生产的准备工作，学习和初步掌握制定种子生产计划制定的程序、内容和具体方法，为今后指导种子生产奠定基础。

二、实践实训内容

种子生产计划是种子营销计划的一部分，生产部门根据营销部门对作物品种结构、数量和质量的预测和要求，结合公司技术力量及基地、人员、设备等情况，完成种子生产计划的制定工作。种子生产计划的内容主要有经营品种的选择（确定作物及其品种，确定品种繁殖数量和面积）、生产基地的选择（基础水利设施，土壤条件、隔离条件、交通条件，制种农户对制种的认识和技术水平、社会条件）、生产技术文件的准备（种子生产技术规程、种子质量标准和检验规程、种子的收获和收购、制繁种合同的签订）、组织实施［制种技术的培训指导、监督检查工作、制种人员的责权利及绩效考核方案、亲本(基础)种子的落实、农业农机生产资料]、检查与总结(制繁种田间的检查时间、内容和方式,调整计划,建立田间生产档案,种子生产工作总结)等方面内容。

三、方法与步骤

制订种子生产计划一般有市场信息调查、信息分析与预测、编拟各种可选择的计划方案、计划方案的评价和决策以及编写计划等程序。简单来说,制订种子生产计划一般分为准备、编拟、审核和实施 4 个步骤。

(一)准备

本阶段主要是种子市场的调查与预测,具体内容如下:

(1)调查了解国家有关政策及各级农业、粮食等主管部门的产业发展导向,如《种子法》、重大种子工程项目,粮食产销政策、农业产业扶持政策等;

(2)收集种子市场信息,进行种子市场预测:通过种子市场调查,了解种子的供求状况,农民需求及竞争对手等情况。明确生产品种的结构和数量,确定种子生产目标。

(3)分析自身情况:人力(管理人员、技术人员),物力(场地、机械、仓库),财力(流动资金等),种源。

(二)编拟

(1)根据市场调查结果,参考营销和财务等部门的意见,制订出符合企业营销计划的种子生产计划表(表 9.4)。

表 9.4 ××年××种子公司年度种子生产计划表

品种名称	种子生产目标产量/万千克	当年种子生产量/万千克		拟播种时间	制种基地名称	负责人
		制种基地面积/亩	预估种子亩产量/千克			

(2)种子需求量和种子生产量

种子需求量 = 作物播种面积 × 平均亩用种量 × 种子商品化率(%)。

种子生产量 = 制种面积 × 制种产量 × 1.2,一般乘以系数 1.2,即多生产 20%种子用于替补田间检验淘汰的不合格种子。

(3)根据种子生产目标,确定品种及其繁殖数量,选择生产基地,落实生产面积,安排生产人员,制定技术文件,制订各种计划方案。

(4)根据种子市场调查信息、种子市场预测情况,以及公司的销售目标,进行比较分析,选出最优方案。

(三)审核

由公司高管组织营销、生产、财务等部门负责人讨论修订,公司确定种子生产计划方案。

四、报告格式与要求

1.报告封面

报告封面应包括的内容为:题目、撰写时间、专业、年级、班级、姓名、学号、实践时间、实践地点、指导教师、成绩认定教师签名、认定成绩。

2.报告正文主要内容

报告正文应包括的主要内容为:实践实习目的和任务、具体内容、实践方法、实践结果、分析与建议。正文后附种子生产计划表。

五、考核标准

序号	重点考核内容	考核标准	标准分值
1	种子市场调查	能应用正确的方法进行种子市场调查	30
2	种子生产成本核算	正确核算种子生产成本	30
3	种子生产计划	制订切实可行的种子生产计划	40
合计	100		

六、作业

1.根据所参观或实践的种子企业生产情况,设计某作物品种的年度种子生产计划。
2.撰写实践实训报告。

实践实训七　种子质量纠纷田间现场鉴定

一、实践实训目的

了解种子质量纠纷田间现场鉴定处理的程序和方法,熟悉制作田间现场鉴定报告的内容和格式。

二、实践实训内容

种子质量纠纷是种子纠纷的主要形式之一,为维护种子使用者和经营者的合法权益,现在多采用田间现场鉴定处理的办法予以解决。以案例的形式,实践实训农作物种子质量纠纷田间现场鉴定遵循的原则、组织结构、鉴定专家组成、鉴定申请人和方式、鉴定报告等内容。

三、方法与步骤

(1)指导老师集中讲授种子质量纠纷有关的理论知识,并列举案例。

(2)根据《农作物种子质量纠纷田间现场鉴定方法》，确定案例中的种子质量纠纷组织单位、现场鉴定专家成员、鉴定结果等内容。

(3)农作物种子质量纠纷专家成员的要求。

(4)农作物种子质量纠纷鉴定的步骤。

四、报告格式与要求

1.报告封面

报告封面应包括的内容为：题目、撰写时间、专业、年级、班级、姓名、学号、实践时间、实践地点、指导教师、成绩认定教师签名、认定成绩。

2.报告正文主要内容

报告正文应包括的主要内容为：实践实习目的和任务、具体内容、实践方法、实践结果、分析与建议。正文后附农作物种子质量纠纷田间现场申请书(表 9.5)、鉴定书(表 9.6)和专家组成员表(表 9.7)。

表 9.5　农作物种子质量纠纷田间现场鉴定申请书(式样)

申请人(单位)		申请日期	
联系方式			
鉴定地点			
购种单位 (供种单位)			
作物种类		品种名称	
购种数量		购种时间	
播种地点		播种面积	
种植地点		前茬作物	
当事人对损失程度的估算			
有无其他相关部门进行判决		是否同意缴纳鉴定费用	
原始单据、包装物、有无未播种种子等证据现状： 记录人：　年　月　日　　　　申请人：　年　月			
栽培管理基本情况(包括播种方式、施肥灌水、防治病虫害、特殊处理等)： 记录人：　年　月　日　　　　申请人：　年　月			
申请田间鉴定的内容和理由： 记录人：　年　月　日　　　　申请人：　年　月			
受理意见(不受理的须说明原因)： 记录人：　年　月　日　　　　申请人：　年　月			

备注：申请鉴定原因和内容不得涂改，如确需涂改须在该处按手模或加盖公章。

表 9.6　农作物种子质量纠纷田间现场鉴定书(式样)

组织鉴定单位(章)			
申请人		申请日期	
作物种类		品种名称	
鉴定目的与要求		鉴定日期	
鉴定地点			

田间现场鉴定方法及过程

一、栽培管理情况

二、气象条件

三、调查结果

田间现场鉴定结论：

专家组组长(签字)：

成员(签字)：

年　　月　　日

表 9.7　农作物种子质量纠纷田间现场鉴定专家组成员(式样)

序号	姓名	职称	专业	单位	专家组职务	签字
1						
2						
3						
4						
5						

申请人对鉴定专家组成员的意见：

申请人：　　　　年　　月　　日

五、考核标准

序号	重点考核内容	考核标准	标准分值
1	分析案例	完整分析案例内容	30
2	制作填写《农作物种子质量纠纷田间现场申请书》《农作物种子质量纠纷田间现场鉴定专家组成员》和《农作物种子质量纠纷田间现场鉴定书》	填写内容正确、完整	30
3	实践实训报告	实践实训报告完整性	40
合计	100		

六、作业

1. 简要介绍水稻或玉米种子田间纯度现场鉴定的流程、方法和步骤。
2. 填写农作物种子质量纠纷田间现场申请书、鉴定书和专家组成员表。
3. 撰写实践实训报告。

实践实训八　种子企业购买品种使用权的决策方案

一、实践实训目的

本实训主要目的是通过模拟某种子公司购买品种使用权的决策，初步掌握产品决策的方法和程序，为种子公司购买品种使用权的决策提供参考。

二、实践实训内容

品种是种子企业的核心竞争力，种子企业如何才能购买到优质优价的新品种，进行产品决策非常重要。本实训通过德尔菲法（专家决策法）、会议决策（头脑风暴法）等程序性决策方法购买新品种。

三、方法与步骤

种子企业购买新品种一般有提出购买新品种计划；市场调研，正式提交购买申请书；审批；签订合同；完成购买，交事业部开发 5 个步骤。具体如下：

（一）提出购买新品种权计划

由事业部或产品经理根据公司发展目标和种子营销计划，向管理层初步提出购买新品种的初步计划。

(二)市场调研,正式提交购买申请书

公司管理层原则同意购买新品种的初步计划,事业部或产品经理筛选目标品种;向管理层提交购买新品种报告书和可行性研究报告。报告内容包括:

(1)对拟购买新品种的必要性进行全面系统的分析。

(2)全面了解拟购新品种的特征特性、优缺点、栽培措施等情况。

(3)对拟购品种进行实地考察,重点是其表现的关键时期,有针对性地对其主要优缺点进行鉴定。

(4)对拟购新品种的推广地区、市场供求关系、其他同类品种的市场竞争等情况进行分析,并拟定确实可行的市场开发计划。

(5)对拟购新品种进行合理、准确地经济效益核算。

(6)对拟购新品种进行风险评估。

(7)申请人填写"×××购买新品种生产/经营权申请书"(表9.8)以及"×××购买新品种使用权可行性报告"(内容包括但不限于:①拟购买新品种的必要性;②新品种特性;③与目前主栽品种比较的优势;④建议推广地区和市场前景;⑤市场开发计划;⑥经济核算;⑦风险评估),由营销部按公司规定办理报批手续。

表9.8　购买新品种开发权申请书

申请公司		申请日期	
申请人		推荐人	
新品种名称		育种单位	
品种保护申请号及日期			
品种保护权授权号及日期			
品种审定、登记情况			
育种人简介(少于200字)			
品种特性简介			
适合种植区域			
申请购买理由(少于300字)			
业务评审人意见			
业务评审人意见			
业务评审人意见			
营业部审批意见			
财务部审批意见			
总经理审批意见			

(三)审批

(1)公司管理层组织专家对品种表现和竞争力等讨论,并形成专家意见。

(2)根据购买新品种的金额,确定审批权限。

①拟购买新品种(系)金额小于或等于×××万元,由本种业公司总经理或授权人审批。

②拟购买新品种(系)金额大于×××万元,由董事长审批。

(四)签订合同,付款

(1)申请单位应与育种人或育种单位拟定合同。

(2)审核购买单位的资质审核。

(3)审核拟购买新品种的有关证明材料的审核,包括但不限于新品种权保护证书、亲本材料的产权证明等。

(4)购买新品种合同首先须公司经法务部和财务部审核。

(5)完成上述所有审批程序后,由申请单位的总经理签订合同,并由事业部归档备案,财务部按合同付款。

(五)完成购买

审批后完成购买工作。

四、报告格式与要求

1.报告封面

报告封面应包括的内容为:题目、撰写时间、专业、年级、班级、姓名、学号、实践时间、实践地点、指导教师、成绩认定教师签名、认定成绩。

2.报告正文主要内容

报告正文应包括的主要内容为:实践实习目的和任务、具体内容、实践方法、实践结果、分析与建议。正文后附购买新品种开发权申请书。

五、考核标准

序号	重点考核内容	考核标准	标准分值
1	市场调研	调研报告完整、合理,切实可行	20
2	可行性研究报告	可行性研究报告完整	30
3	购买新品种成本核算和风险评估	正确地核算购买新品种成本和风险	30
4	合同签订	合同完整可靠	20
合计	100		

六、作业

1.根据种子企业有购买××新品种开发权需求,模拟设计一套完整的购买决策方案。

2.撰写实践实训报告。

实践实训九　种子生产经营档案制作管理

一、实践实训目的

模拟制作某种子公司水稻（或玉米、小麦、大豆、棉花）种子生产经营档案，包括田间生产、加工包装、销售流通档案，初步掌握种子生产加工流通档案记载的内容和凭证要求，为种子生产经营者建立和保存种子生产经营档案，确保档案记载信息连续、完整、真实，保证可追溯，为企业建立种子生产经营档案提供参考。

二、实践实训内容

建立种子生产、加工、流通档案，有利于企业随时掌握所生产经营流通的各类种子生产、干燥、加工、精选、包装、贮藏、检验等环节质量控制情况、待销售种子质量状况、市场需求信息、库存情况和销售去向；有利于及时决策品种营销计划，有利于对本企业所经销种子跟踪、售后服务和质量追溯等方面实现规范化管理。本实训分持证种子企业、非法人分支机构；各经销点、代销点和各种子企业门市部两大类型，具体说明种子生产、加工、流通档案记载的内容和规范程序。

三、方法与步骤

（1）指导老师集中讲授建立种子田间生产、加工包装、销售流通档案的重要性、种类、记载内容，及其注意事项。

（2）分两大类制定种子生产、加工、流通时的经营档案表格。

①持证种子企业和非法人分支机构种子经营档案

针对持证种子企业、非法人分支机构一般使用以下表格。如种子生产档案表（表 9.9），调入、加工、包装、贮藏和质量检测档案（表 9.10），购种、领种流向及种子退回回流等种子流通销售表（表 9.11）。

表 9.9　种子田间生产档案

生产单位				技术负责人	
生产基地地址				联系电话	
委托生产情况				种子生产合同备案情况	
作物种类		品种名称		种子生产时间	年　月
亲本（原种）名称		亲本（原种）来源		生产面积	亩
播种日期			收获日期		
种子产地检疫情况			种子产量	千克	
隔离条件		田间纯度检验结果		净度	
种子水分			种子发芽率		

表 9.10　种子调入、加工、包装、贮藏和质量检测档案

单位				技术负责人				
地址				联系电话				
品种名称		作物种类		种子生产时间	年　月			
供种(生产)单位				调进(生产)种子时间	年　月　日			
供种单位种子生产经营许可证号			调进种子数量	千克				
检疫证编号			种子生产地点					
种子加工情况	加工单位		责任人					
	加工时间		加工地点					
	主要加工工序							
	加工数量		合格种子数量		不合格种子数量		损耗	
不合格种子处理记录		处理责任人签字						
种子包装情况	包装时间		包装批次					
	包装材料		包装地点					
	包衣情况		包装规格					
	包装数量		责任人					
种子储藏情况	储藏单位		仓库类型					
	储藏时间	年　月　日　至　年　月　日						
	储藏地点		责任人					
质量检测情况	检测单位		检测时间					
	水　分		净　度					
	种子纯度		发芽率					

注：1. 凡是同一品种、在同一销售季节的同一种子批可以填写一份表。2. 检疫证明编号可以只填写下列编号：(1)种子生产者生产种子的产地检疫证明编号；(2)种子经营者调入农作物种子标签上标明的检疫证书编号；(3)进口种子引进种子、苗木检疫审批单的编号。3. 种子主要加工工序可以用简明的流程图表示。4. 仓库类型可以选择房式仓、圆筒仓、低温仓、土圆仓、简易仓等几类。5. 种子质量检测指标是指种子开始销售时进行测定的数据。6. 发给本企业门市部销售的种子也应在种子流向中反映出来。

表 9.11 种子流通销售档案表

种子流向(共 页)					
购(领)种单位、地址	购(领)种数量(千克)	购(领)种日期	包装规格及数量	销售票据登记	经办人签名
合计					
种子回流情况(共 页)					
退种单位	退种数量	退种日期	包装规格及数量	销售合同登记	经办人
合计					
年末实际销售种子数量					

注:年末实际销售种子数量 = 购(领)种数量之和—退种数量之和。

(2)各经销点、代销点和各种子企业门市部的种子经营档案　针对各经销点、代销点和各种子企业门市部一般使用表 9.12。

表 9.12 种子流通销售档案(适合各经销点、代销点和各种子企业门市部使用)

经销商					作物种类					
品种名称	生产者	检验日期	产地	包装单位二维码	供种者	生产经营许可证编号	进货数量	进货日期	结算日合计销售	剩余种子处理情况
合计										

注:1.本表和销种发票共同构成各种子经销点、代销点和各种子企业门市部的种子经营档案。其中的销种发票必须包含有购种单位(农户)、所购品种名称、购种数量、购种日期、发票号、购种单位(农户)详细地址等内容。2.本档案每一个作物种类各填一份。

四、报告格式与要求

1.报告封面

报告封面应包括的内容为:题目、撰写时间、专业、年级、班级、姓名、学号、实践时间、实践地点、指导教师、成绩认定教师签名、认定成绩。

2.报告正文主要内容

报告正文应包括的主要内容为:实践实习目的和任务、具体内容、实践方法、实践结果、分析与建议。正文后附子生产、加工、流通表。

五、考核标准

序号	重点考核内容	考核标准	标准分值
1	制作种子经营档案的目的意义	综述全面、完整	20
2	持证种子企业和非法人分支机构种子经营档案	表格记载内容的及时性和完整性	30
3	各经销点、代销点和各种子企业门市部种子经营档案	表格记载内容的及时性和完整性	30
4	实训报告	实训报告的准确、完整性	20
合计	100		

六、作业

1.根据所参观或实践的种子企业实际情况，在种子田间生产、加工包装或流通销售档案中，选择制作一份。

2.撰写实践实训报告。

附 录

一、中华人民共和国种子法

（2000年7月8日第9届全国人大常委会第16次会议通过。根据2004年8月28日第10届全国人大常委会第11次会议《关于修改〈中华人民共和国种子法〉的决定》第1次修正。根据2013年6月29日第12届全国人大常委会第3次会议《关于修改〈中华人民共和国文物保护法〉等12部法律的决定》第2次修正。2015年11月4日第12届全国人大常委会第17次会议修订。根据2021年12月24日第23届全国人大常委会第32次会议《关于修改〈中华人民共和国种子法〉的决定》第3次修正）

第一章　总　则

第一条　为了保护和合理利用种质资源，规范品种选育、种子生产经营和管理行为，保护植物新品种权，维护种子生产经营者、使用者的合法权益，提高种子质量，推动种子产业化，发展现代种业，保障国家粮食安全，促进农业和林业的发展，制定本法。

第二条　在中华人民共和国境内从事品种选育、种子生产经营和管理等活动，适用本法。

本法所称种子，是指农作物和林木的种植材料或者繁殖材料，包括籽粒、果实、根、茎、苗、芽、叶、花等。

第三条　国务院农业、林业主管部门分别主管全国农作物种子和林木种子工作；县级以上地方人民政府农业、林业主管部门分别主管本行政区域内农作物种子和林木种子工作。

各级人民政府及其有关部门应当采取措施，加强种子执法和监督，依法惩处侵害农民权益的种子违法行为。

第四条　国家扶持种质资源保护工作和选育、生产、更新、推广使用良种，鼓励品种选育和种子生产经营相结合，奖励在种质资源保护工作和良种选育、推广等工作中成绩显著的单位和个人。

第五条　省级以上人民政府应当根据科教兴农方针和农业、林业发展的需要制定种业发展规划并组织实施。

第六条　省级以上人民政府建立种子储备制度，主要用于发生灾害时的生产需要及余缺调剂，保障农业和林业生产安全。对储备的种子应当定期检验和更新。种子储备的具体办法由国务院规定。

第七条 转基因植物品种的选育、试验、审定和推广应当进行安全性评价，并采取严格的安全控制措施。国务院农业、林业主管部门应当加强跟踪监管并及时公告有关转基因植物品种审定和推广的信息。具体办法由国务院规定。

第二章 种质资源保护

第八条 国家依法保护种质资源，任何单位和个人不得侵占和破坏种质资源。

禁止采集或者采伐国家重点保护的天然种质资源。因科研等特殊情况需要采集或者采伐的，应当经国务院或者省、自治区、直辖市人民政府的农业、林业主管部门批准。

第九条 国家有计划地普查、收集、整理、鉴定、登记、保存、交流和利用种质资源，定期公布可供利用的种质资源目录。具体办法由国务院农业、林业主管部门规定。

第十条 国务院农业、林业主管部门应当建立种质资源库、种质资源保护区或者种质资源保护地。省、自治区、直辖市人民政府农业、林业主管部门可以根据需要建立种质资源库、种质资源保护区、种质资源保护地。种质资源库、种质资源保护区、种质资源保护地的种质资源属公共资源，依法开放利用。

占用种质资源库、种质资源保护区或者种质资源保护地的，需经原设立机关同意。

第十一条 国家对种质资源享有主权，任何单位和个人向境外提供种质资源，或者与境外机构、个人开展合作研究利用种质资源的，应当向省、自治区、直辖市人民政府农业、林业主管部门提出申请，并提交国家共享惠益的方案；受理申请的农业、林业主管部门经审核，报国务院农业、林业主管部门批准。

从境外引进种质资源的，依照国务院农业、林业主管部门的有关规定办理。

第三章 品种选育、审定与登记

第十二条 国家支持科研院所及高等院校重点开展育种的基础性、前沿性和应用技术研究，以及常规作物、主要造林树种育种和无性繁殖材料选育等公益性研究。

国家鼓励种子企业充分利用公益性研究成果，培育具有自主知识产权的优良品种；鼓励种子企业与科研院所及高等院校构建技术研发平台，建立以市场为导向、资本为纽带、利益共享、风险共担的产学研相结合的种业技术创新体系。

国家加强种业科技创新能力建设，促进种业科技成果转化，维护种业科技人员的合法权益。

第十三条 由财政资金支持形成的育种发明专利权和植物新品种权，除涉及国家安全、国家利益和重大社会公共利益的外，授权项目承担者依法取得。

由财政资金支持为主形成的育种成果的转让、许可等应当依法公开进行，禁止私自交易。

第十四条 单位和个人因林业主管部门为选育林木良种建立测定林、试验林、优树收集区、基因库等而减少经济收入的，批准建立的林业主管部门应当按照国家有关规定给予经济补偿。

第十五条 国家对主要农作物和主要林木实行品种审定制度。主要农作物品种和主要林木品种在推广前应当通过国家级或者省级审定。由省、自治区、直辖市人民政府林业主管部门确定的主要林木品种实行省级审定。

申请审定的品种应当符合特异性、一致性、稳定性要求。

主要农作物品种和主要林木品种的审定办法由国务院农业、林业主管部门规定。审定办法应当体现公正、公开、科学、效率的原则，有利于产量、品质、抗性等的提高与协调，有利于适应市场和生活消费需要的品种的推广。在制定、修改审定办法时，应当充分听取育种者、种子使用者、生产经营者和相关行业代表意见。

第十六条 国务院和省、自治区、直辖市人民政府的农业、林业主管部门分别设立由专业人员组成的农作物品种和林木品种审定委员会。品种审定委员会承担主要农作物品种和主要林木品种的审定工作，建立包括申请文件、品种审定试验数据、种子样品、审定意见和审定结论等内容的审定档案，保证可追溯。在审定通过的品种依法公布的相关信息中应当包括审定意见情况，接受监督。

品种审定实行回避制度。品种审定委员会委员、工作人员及相关测试、试验人员应当忠于职守，公正廉洁。对单位和个人举报或者监督检查发现的上述人员的违法行为，省级以上人民政府农业、林业主管部门和有关机关应当及时依法处理。

第十七条 实行选育生产经营相结合，符合国务院农业、林业主管部门规定条件的种子企业，对其自主研发的主要农作物品种、主要林木品种可以按照审定办法自行完成试验，达到审定标准的，品种审定委员会应当颁发审定证书。种子企业对试验数据的真实性负责，保证可追溯，接受省级以上人民政府农业、林业主管部门和社会的监督。

第十八条 审定未通过的农作物品种和林木品种，申请人有异议的，可以向原审定委员会或者国家级审定委员会申请复审。

第十九条 通过国家级审定的农作物品种和林木良种由国务院农业、林业主管部门公告，可以在全国适宜的生态区域推广。通过省级审定的农作物品种和林木良种由省、自治区、直辖市人民政府农业、林业主管部门公告，可以在本行政区域内适宜的生态区域推广；其他省、自治区、直辖市属于同一适宜生态区的地域引种农作物品种、林木良种的，引种者应当将引种的品种和区域报所在省、自治区、直辖市人民政府农业、林业主管部门备案。

引种本地区没有自然分布的林木品种，应当按照国家引种标准通过试验。

第二十条 省、自治区、直辖市人民政府农业、林业主管部门应当完善品种选育、审定工作的区域协作机制，促进优良品种的选育和推广。

第二十一条 审定通过的农作物品种和林木良种出现不可克服的严重缺陷等情形不宜继续推广、销售的，经原审定委员会审核确认后，撤销审定，由原公告部门发布公告，停止推广、销售。

第二十二条 国家对部分非主要农作物实行品种登记制度。列入非主要农作物登记目录的品种在推广前应当登记。

实行品种登记的农作物范围应当严格控制，并根据保护生物多样性、保证消费安全和用种安全的原则确定。登记目录由国务院农业主管部门制定和调整。

申请者申请品种登记应当向省、自治区、直辖市人民政府农业主管部门提交申请文件和种子样品，并对其真实性负责，保证可追溯，接受监督检查。申请文件包括品种的种类、名称、来源、特性、育种过程以及特异性、一致性、稳定性测试报告等。

省、自治区、直辖市人民政府农业主管部门自受理品种登记申请之日起二十个工作日内，对申请者提交的申请文件进行书面审查，符合要求的，报国务院农业主管部门予以登记公告。

对已登记品种存在申请文件、种子样品不实的，由国务院农业主管部门撤销该品种登记，并将该申请者的违法信息记入社会诚信档案，向社会公布；给种子使用者和其他种子生产经营者造成损失的，依法承担赔偿责任。

对已登记品种出现不可克服的严重缺陷等情形的，由国务院农业主管部门撤销登记，并发布公告，停止推广。

非主要农作物品种登记办法由国务院农业主管部门规定。

第二十三条 应当审定的农作物品种未经审定的，不得发布广告、推广、销售。

应当审定的林木品种未经审定通过的，不得作为良种推广、销售，但生产确需使用的，应当经林木品种审定委员会认定。

应当登记的农作物品种未经登记的，不得发布广告、推广，不得以登记品种的名义销售。

第二十四条 在中国境内没有经常居所或者营业场所的境外机构、个人在境内申请品种审定或者登记的，应当委托具有法人资格的境内种子企业代理。

第四章 新品种保护

第二十五条 国家实行植物新品种保护制度。对国家植物品种保护名录内经过人工选育或者发现的野生植物加以改良，具备新颖性、特异性、一致性、稳定性和适当命名的植物品种，由国务院农业、林业主管部门授予植物新品种权，保护植物新品种权所有人的合法权益。植物新品种权的内容和归属、授予条件、申请和受理、审查与批准，以及期限、终止和无效等依照本法、有关法律和行政法规规定执行。

国家鼓励和支持种业科技创新、植物新品种培育及成果转化。取得植物新品种权的品种得到推广应用的，育种者依法获得相应的经济利益。

第二十六条 一个植物新品种只能授予一项植物新品种权。两个以上的申请人分别就同一个品种申请植物新品种权的，植物新品种权授予最先申请的人；同时申请的，植物新品种权授予最先完成该品种育种的人。

对违反法律，危害社会公共利益、生态环境的植物新品种，不授予植物新品种权。

第二十七条 授予植物新品种权的植物新品种名称，应当与相同或者相近的植物属或者种中已知品种的名称相区别。该名称经授权后即为该植物新品种的通用名称。

下列名称不得用于授权品种的命名：

(1)仅以数字表示的；

(2)违反社会公德的；

(3)对植物新品种的特征、特性或者育种者身份等容易引起误解的。

同一植物品种在申请新品种保护、品种审定、品种登记、推广、销售时只能使用同一个名称。生产推广、销售的种子应当与申请植物新品种保护、品种审定、品种登记时提供的样品相符。

第二十八条 完成育种的单位或者个人对其授权品种，享有排他的独占权。任何单位或者个人未经植物新品种权所有人许可，不得生产、繁殖或者销售该授权品种的繁殖材料，不得为商业目的将该授权品种的繁殖材料重复使用于生产另一品种的繁殖材料；但是本法、有关法律、行政法规另有规定的除外。

第二十九条 在下列情况下使用授权品种的,可以不经植物新品种权所有人许可,不向其支付使用费,但不得侵犯植物新品种权所有人依照本法、有关法律、行政法规享有的其他权利:

(1)利用授权品种进行育种及其他科研活动;

(2)农民自繁自用授权品种的繁殖材料。

第三十条 为了国家利益或者社会公共利益,国务院农业、林业主管部门可以作出实施植物新品种权强制许可的决定,并予以登记和公告。

取得实施强制许可的单位或者个人不享有独占的实施权,并且无权允许他人实施。

第五章 种子生产经营

第三十一条 从事种子进出口业务的种子生产经营许可证,由省、自治区、直辖市人民政府农业、林业主管部门审核,国务院农业、林业主管部门核发。

从事主要农作物杂交种子及其亲本种子、林木良种种子的生产经营以及实行选育生产经营相结合,符合国务院农业、林业主管部门规定条件的种子企业的种子生产经营许可证,由生产经营者所在地县级人民政府农业、林业主管部门审核,省、自治区、直辖市人民政府农业、林业主管部门核发。

前两款规定以外的其他种子的生产经营许可证,由生产经营者所在地县级以上地方人民政府农业、林业主管部门核发。

只从事非主要农作物种子和非主要林木种子生产的,不需要办理种子生产经营许可证。

第三十二条 申请取得种子生产经营许可证的,应当具有与种子生产经营相适应的生产经营设施、设备及专业技术人员,以及法规和国务院农业、林业主管部门规定的其他条件。

从事种子生产的,还应当同时具有繁殖种子的隔离和培育条件,具有无检疫性有害生物的种子生产地点或者县级以上人民政府林业主管部门确定的采种林。

申请领取具有植物新品种权的种子生产经营许可证的,应当征得植物新品种权所有人的书面同意。

第三十三条 种子生产经营许可证应当载明生产经营者名称、地址、法定代表人、生产种子的品种、地点和种子经营的范围、有效期限、有效区域等事项。

前款事项发生变更的,应当自变更之日起三十日内,向原核发许可证机关申请变更登记。

除本法另有规定外,禁止任何单位和个人无种子生产经营许可证或者违反种子生产经营许可证的规定生产、经营种子。禁止伪造、变造、买卖、租借种子生产经营许可证。

第三十四条 种子生产应当执行种子生产技术规程和种子检验、检疫规程。

第三十五条 在林木种子生产基地内采集种子的,由种子生产基地的经营者组织进行,采集种子应当按照国家有关标准进行。

禁止抢采掠青、损坏母树,禁止在劣质林内、劣质母树上采集种子。

第三十六条 种子生产经营者应当建立和保存包括种子来源、产地、数量、质量、销售去向、销售日期和有关责任人员等内容的生产经营档案,保证可追溯。种子生产经营档案的具体载明事项,种子生产经营档案及种子样品的保存期限由国务院农业、林业主管部门规定。

第三十七条 农民个人自繁自用的常规种子有剩余的,可以在当地集贸市场上出售、串换,不需要办理种子生产经营许可证。

第三十八条 种子生产经营许可证的有效区域由发证机关在其管辖范围内确定。种子生产经营者在种子生产经营许可证载明的有效区域设立分支机构的，专门经营不再分装的包装种子的，或者受具有种子生产经营许可证的种子生产经营者以书面委托生产、代销其种子的，不需要办理种子生产经营许可证，但应当向当地农业、林业主管部门备案。

实行选育生产经营相结合，符合国务院农业、林业主管部门规定条件的种子企业的生产经营许可证的有效区域为全国。

第三十九条 未经省、自治区、直辖市人民政府林业主管部门批准，不得收购珍贵树木种子和本级人民政府规定限制收购的林木种子。

第四十条 销售的种子应当加工、分级、包装。但是不能加工、包装的除外。

大包装或者进口种子可以分装；实行分装的，应当标注分装单位，并对种子质量负责。

第四十一条 销售的种子应当符合国家或者行业标准，附有标签和使用说明。标签和使用说明标注的内容应当与销售的种子相符。种子生产经营者对标注内容的真实性和种子质量负责。

标签应当标注种子类别、品种名称、品种审定或者登记编号、品种适宜种植区域及季节、生产经营者及注册地、质量指标、检疫证明编号、种子生产经营许可证编号和信息代码，以及国务院农业、林业主管部门规定的其他事项。

销售授权品种种子的，应当标注品种权号。

销售进口种子的，应当附有进口审批文号和中文标签。

销售转基因植物品种种子的，必须用明显的文字标注，并应当提示使用时的安全控制措施。

种子生产经营者应当遵守有关法律、法规的规定，诚实守信，向种子使用者提供种子生产者信息、种子的主要性状、主要栽培措施、适应性等使用条件的说明、风险提示与有关咨询服务，不得作虚假或者引人误解的宣传。

任何单位和个人不得非法干预种子生产经营者的生产经营自主权。

第四十二条 种子广告的内容应当符合本法和有关广告的法律、法规的规定，主要性状描述等应当与审定、登记公告一致。

第四十三条 运输或者邮寄种子应当依照有关法律、行政法规的规定进行检疫。

第四十四条 种子使用者有权按照自己的意愿购买种子，任何单位和个人不得非法干预。

第四十五条 国家对推广使用林木良种造林给予扶持。国家投资或者国家投资为主的造林项目和国有林业单位造林，应当根据林业主管部门制定的计划使用林木良种。

第四十六条 种子使用者因种子质量问题或者因种子的标签和使用说明标注的内容不真实，遭受损失的，种子使用者可以向出售种子的经营者要求赔偿，也可以向种子生产者或者其他经营者要求赔偿。赔偿额包括购种价款、可得利益损失和其他损失。属于种子生产者或者其他经营者责任的，出售种子的经营者赔偿后，有权向种子生产者或者其他经营者追偿；属于出售种子的经营者责任的，种子生产者或者其他经营者赔偿后，有权向出售种子的经营者追偿。

第六章　种子监督管理

第四十七条 农业、林业主管部门应当加强对种子质量的监督检查。种子质量管理办法、行业标准和检验方法，由国务院农业、林业主管部门制定。

农业、林业主管部门可以采用国家规定的快速检测方法对生产经营的种子品种进行检测，检测结果可以作为行政处罚依据。被检查人对检测结果有异议的，可以申请复检，复检不得采用同一检测方法。因检测结果错误给当事人造成损失的，依法承担赔偿责任。

第四十八条 农业、林业主管部门可以委托种子质量检验机构对种子质量进行检验。

承担种子质量检验的机构应当具备相应的检测条件、能力，并经省级以上人民政府有关主管部门考核合格。

种子质量检验机构应当配备种子检验员。种子检验员应当具有中专以上有关专业学历，具备相应的种子检验技术能力和水平。

第四十九条 禁止生产经营假、劣种子。农业、林业主管部门和有关部门依法打击生产经营假、劣种子的违法行为，保护农民合法权益，维护公平竞争的市场秩序。

下列种子为假种子：

(1)以非种子冒充种子或者以此种品种种子冒充其他品种种子的；

(2)种子种类、品种与标签标注的内容不符或者没有标签的。

下列种子为劣种子：

(1)质量低于国家规定标准的；

(2)质量低于标签标注指标的；

(3)带有国家规定的检疫性有害生物的。

第五十条 农业、林业主管部门是种子行政执法机关。种子执法人员依法执行公务时应当出示行政执法证件。农业、林业主管部门依法履行种子监督检查职责时，有权采取下列措施：

(1)进入生产经营场所进行现场检查；

(2)对种子进行取样测试、试验或者检验；

(3)查阅、复制有关合同、票据、账簿、生产经营档案及其他有关资料；

(4)查封、扣押有证据证明违法生产经营的种子，以及用于违法生产经营的工具、设备及运输工具等；

(5)查封违法从事种子生产经营活动的场所。

农业、林业主管部门依照本法规定行使职权，当事人应当协助、配合，不得拒绝、阻挠。

农业、林业主管部门所属的综合执法机构或者受其委托的种子管理机构，可以开展种子执法相关工作。

第五十一条 种子生产经营者依法自愿成立种子行业协会，加强行业自律管理，维护成员合法权益，为成员和行业发展提供信息交流、技术培训、信用建设、市场营销和咨询等服务。

第五十二条 种子生产经营者可自愿向具有资质的认证机构申请种子质量认证。经认证合格的，可以在包装上使用认证标识。

第五十三条 由于不可抗力原因，为生产需要必须使用低于国家或者地方规定标准的农作物种子的，应当经用种地县级以上地方人民政府批准；林木种子应当经用种地省、自治区、直辖市人民政府批准。

第五十四条 从事品种选育和种子生产经营以及管理的单位和个人应当遵守有关植物检疫法律、行政法规的规定，防止植物危险性病、虫、杂草及其他有害生物的传播和蔓延。

禁止任何单位和个人在种子生产基地从事检疫性有害生物接种试验。

第五十五条 省级以上人民政府农业、林业主管部门应当在统一的政府信息发布平台上发布品种审定、品种登记、新品种保护、种子生产经营许可、监督管理等信息。

国务院农业、林业主管部门建立植物品种标准样品库,为种子监督管理提供依据。

第五十六条 农业、林业主管部门及其工作人员,不得参与和从事种子生产经营活动。

第七章 种子进出口和对外合作

第五十七条 进口种子和出口种子必须实施检疫,防止植物危险性病、虫、杂草及其他有害生物传入境内和传出境外,具体检疫工作按照有关植物进出境检疫法律、行政法规的规定执行。

第五十八条 从事种子进出口业务的,除具备种子生产经营许可证外,还应当依照国家有关规定取得种子进出口许可。

从境外引进农作物、林木种子的审定权限,农作物、林木种子的进口审批办法,引进转基因植物品种的管理办法,由国务院规定。

第五十九条 进口种子的质量,应当达到国家标准或者行业标准。没有国家标准或者行业标准的,可以按照合同约定的标准执行。

第六十条 为境外制种进口种子的,可以不受本法第五十八条第一款的限制,但应当具有对外制种合同,进口的种子只能用于制种,其产品不得在境内销售。

从境外引进农作物或者林木试验用种,应当隔离栽培,收获物也不得作为种子销售。

第六十一条 禁止进出口假、劣种子以及属于国家规定不得进出口的种子。

第六十二条 国家建立种业国家安全审查机制。境外机构、个人投资、并购境内种子企业,或者与境内科研院所、种子企业开展技术合作,从事品种研发、种子生产经营的审批管理依照有关法律、行政法规的规定执行。

第八章 扶持措施

第六十三条 国家加大对种业发展的支持。对品种选育、生产、示范推广、种质资源保护、种子储备以及制种大县给予扶持。

国家鼓励推广使用高效、安全制种采种技术和先进适用的制种采种机械,将先进适用的制种采种机械纳入农机具购置补贴范围。

国家积极引导社会资金投资种业。

第六十四条 国家加强种业公益性基础设施建设。

对优势种子繁育基地内的耕地,划入基本农田保护区,实行永久保护。优势种子繁育基地由国务院农业主管部门商所在省、自治区、直辖市人民政府确定。

第六十五条 对从事农作物和林木品种选育、生产的种子企业,按照国家有关规定给予扶持。

第六十六条 国家鼓励和引导金融机构为种子生产经营和收储提供信贷支持。

第六十七条 国家支持保险机构开展种子生产保险。省级以上人民政府可以采取保险费补贴等措施,支持发展种业生产保险。

第六十八条 国家鼓励科研院所及高等院校与种子企业开展育种科技人员交流,支持本单位的科技人员到种子企业从事育种成果转化活动;鼓励育种科研人才创新创业。

第六十九条 国务院农业、林业主管部门和异地繁育种子所在地的省、自治区、直辖市人民政府应当加强对异地繁育种子工作的管理和协调，交通运输部门应当优先保证种子的运输。

第九章 法律责任

第七十条 农业、林业主管部门不依法作出行政许可决定，发现违法行为或者接到对违法行为的举报不予查处，或者有其他未依照本法规定履行职责的行为的，由本级人民政府或者上级人民政府有关部门责令改正，对负有责任的主管人员和其他直接责任人员依法给予处分。

违反本法第五十六条规定，农业、林业主管部门工作人员从事种子生产经营活动的，依法给予处分。

第七十一条 违反本法第十六条规定，品种审定委员会委员和工作人员不依法履行职责，弄虚作假、徇私舞弊的，依法给予处分；自处分决定作出之日起五年内不得从事品种审定工作。

第七十二条 品种测试、试验和种子质量检验机构伪造测试、试验、检验数据或者出具虚假证明的，由县级以上人民政府农业、林业主管部门责令改正，对单位处五万元以上十万元以下罚款，对直接负责的主管人员和其他直接责任人员处一万元以上五万元以下罚款；有违法所得的，并处没收违法所得；给种子使用者和其他种子生产经营者造成损失的，与种子生产经营者承担连带责任；情节严重的，由省级以上人民政府有关主管部门取消种子质量检验资格。

第七十三条 违反本法第二十八条规定，有侵犯植物新品种权行为的，由当事人协商解决，不愿协商或者协商不成的，植物新品种权所有人或者利害关系人可以请求县级以上人民政府农业、林业主管部门进行处理，也可以直接向人民法院提起诉讼。

县级以上人民政府农业、林业主管部门，根据当事人自愿的原则，对侵犯植物新品种权所造成的损害赔偿可以进行调解。调解达成协议的，当事人应当履行；当事人不履行协议或者调解未达成协议的，植物新品种权所有人或者利害关系人可以依法向人民法院提起诉讼。

侵犯植物新品种权的赔偿数额按照权利人因被侵权所受到的实际损失确定；实际损失难以确定的，可以按照侵权人因侵权所获得的利益确定。权利人的损失或者侵权人获得的利益难以确定的，可以参照该植物新品种权许可使用费的倍数合理确定。赔偿数额应当包括权利人为制止侵权行为所支付的合理开支。侵犯植物新品种权，情节严重的，可以在按照上述方法确定数额的一倍以上三倍以下确定赔偿数额。

权利人的损失、侵权人获得的利益和植物新品种权许可使用费均难以确定的，人民法院可以根据植物新品种权的类型、侵权行为的性质和情节等因素，确定给予三百万元以下的赔偿。

县级以上人民政府农业、林业主管部门处理侵犯植物新品种权案件时，为了维护社会公共利益，责令侵权人停止侵权行为，没收违法所得和种子；货值金额不足五万元的，并处一万元以上二十五万元以下罚款；货值金额五万元以上的，并处货值金额五倍以上十倍以下罚款。

假冒授权品种的，由县级以上人民政府农业、林业主管部门责令停止假冒行为，没收违法所得和种子；货值金额不足五万元的，并处一万元以上二十五万元以下罚款；货值金额五万元以上的，并处货值金额五倍以上十倍以下罚款。

第七十四条 当事人就植物新品种的申请权和植物新品种权的权属发生争议的，可以向人民法院提起诉讼。

第七十五条 违反本法第四十九条规定，生产经营假种子的，由县级以上人民政府农业、林业主管部门责令停止生产经营，没收违法所得和种子，吊销种子生产经营许可证；违法生产经营的货值金额不足一万元的，并处一万元以上十万元以下罚款；货值金额一万元以上的，并处货值金额十倍以上二十倍以下罚款。

因生产经营假种子犯罪被判处有期徒刑以上刑罚的，种子企业或者其他单位的法定代表人、直接负责的主管人员自刑罚执行完毕之日起五年内不得担任种子企业的法定代表人、高级管理人员。

第七十六条 违反本法第四十九条规定，生产经营劣种子的，由县级以上人民政府农业、林业主管部门责令停止生产经营，没收违法所得和种子；违法生产经营的货值金额不足一万元的，并处五千元以上五万元以下罚款；货值金额一万元以上的，并处货值金额五倍以上十倍以下罚款；情节严重的，吊销种子生产经营许可证。

因生产经营劣种子犯罪被判处有期徒刑以上刑罚的，种子企业或者其他单位的法定代表人、直接负责的主管人员自刑罚执行完毕之日起五年内不得担任种子企业的法定代表人、高级管理人员。

第七十七条 违反本法第三十二条、第三十三条规定，有下列行为之一的，由县级以上人民政府农业、林业主管部门责令改正，没收违法所得和种子；违法生产经营的货值金额不足一万元的，并处三千元以上三万元以下罚款；货值金额一万元以上的，并处货值金额三倍以上五倍以下罚款；可以吊销种子生产经营许可证：

(1)未取得种子生产经营许可证生产经营种子的；

(2)以欺骗、贿赂等不正当手段取得种子生产经营许可证的；

(3)未按照种子生产经营许可证的规定生产经营种子的；

(4)伪造、变造、买卖、租借种子生产经营许可证的。

被吊销种子生产经营许可证的单位，其法定代表人、直接负责的主管人员自处罚决定作出之日起五年内不得担任种子企业的法定代表人、高级管理人员。

第七十八条 违反本法第二十一条、第二十二条、第二十三条规定，有下列行为之一的，由县级以上人民政府农业、林业主管部门责令停止违法行为，没收违法所得和种子，并处二万元以上二十万元以下罚款：

(1)对应当审定未经审定的农作物品种进行推广、销售的；

(2)作为良种推广、销售应当审定未经审定的林木品种的；

(3)推广、销售应当停止推广、销售的农作物品种或者林木良种的；

(4)对应当登记未经登记的农作物品种进行推广，或者以登记品种的名义进行销售的；

(5)对已撤销登记的农作物品种进行推广，或者以登记品种的名义进行销售的。

违反本法第二十三条、第四十二条规定，对应当审定未经审定或者应当登记未经登记的农作物品种发布广告，或者广告中有关品种的主要性状描述的内容与审定、登记公告不一致的，依照《中华人民共和国广告法》的有关规定追究法律责任。

第七十九条 违反本法第五十八条、第六十条、第六十一条规定，有下列行为之一的，由县级以上人民政府农业、林业主管部门责令改正，没收违法所得和种子；违法生产经营的货值金额不足一万元的，并处三千元以上三万元以下罚款；货值金额一万元以上的，并处货值金额三倍以上五倍以下罚款；情节严重的，吊销种子生产经营许可证：

(1)未经许可进出口种子的；

(2)为境外制种的种子在境内销售的；

(3)从境外引进农作物或者林木种子进行引种试验的收获物作为种子在境内销售的；

(4)进出口假、劣种子或者属于国家规定不得进出口的种子的。

第八十条 违反本法第三十六条、第三十八条、第四十条、第四十一条规定，有下列行为之一的，由县级以上人民政府农业、林业主管部门责令改正，处二千元以上二万元以下罚款：

(1)销售的种子应当包装而没有包装的；

(2)销售的种子没有使用说明或者标签内容不符合规定的；

(3)涂改标签的；

(4)未按规定建立、保存种子生产经营档案的；

(5)种子生产经营者在异地设立分支机构、专门经营不再分装的包装种子或者受委托生产、代销种子，未按规定备案的。

第八十一条 违反本法第八条规定，侵占、破坏种质资源，私自采集或者采伐国家重点保护的天然种质资源的，由县级以上人民政府农业、林业主管部门责令停止违法行为，没收种质资源和违法所得，并处五千元以上五万元以下罚款；造成损失的，依法承担赔偿责任。

第八十二条 违反本法第十一条规定，向境外提供或者从境外引进种质资源，或者与境外机构、个人开展合作研究利用种质资源的，由国务院或者省、自治区、直辖市人民政府的农业、林业主管部门没收种质资源和违法所得，并处二万元以上二十万元以下罚款。

未取得农业、林业主管部门的批准文件携带、运输种质资源出境的，海关应当将该种质资源扣留，并移送省、自治区、直辖市人民政府农业、林业主管部门处理。

第八十三条 违反本法第三十五条规定，抢采掠青、损坏母树或者在劣质林内、劣质母树上采种的，由县级以上人民政府林业主管部门责令停止采种行为，没收所采种子，并处所采种子货值金额二倍以上五倍以下罚款。

第八十四条 违反本法第三十九条规定，收购珍贵树木种子或者限制收购的林木种子的，由县级以上人民政府林业主管部门没收所收购的种子，并处收购种子货值金额二倍以上五倍以下罚款。

第八十五条 违反本法第十七条规定，种子企业有造假行为的，由省级以上人民政府农业、林业主管部门处一百万元以上五百万元以下罚款；不得再依照本法第十七条的规定申请品种审定；给种子使用者和其他种子生产经营者造成损失的，依法承担赔偿责任。

第八十六条 违反本法第四十五条规定，未根据林业主管部门制定的计划使用林木良种的，由同级人民政府林业主管部门责令限期改正；逾期未改正的，处三千元以上三万元以下罚款。

第八十七条 违反本法第五十四条规定，在种子生产基地进行检疫性有害生物接种试验的，由县级以上人民政府农业、林业主管部门责令停止试验，处五千元以上五万元以下罚款。

第八十八条 违反本法第五十条规定，拒绝、阻挠农业、林业主管部门依法实施监督检查的，处二千元以上五万元以下罚款，可以责令停产停业整顿；构成违反治安管理行为的，由公安机关依法给予治安管理处罚。

第八十九条 违反本法第十三条规定，私自交易育种成果，给本单位造成经济损失的，依法承担赔偿责任。

第九十条 违反本法第四十四条规定，强迫种子使用者违背自己的意愿购买、使用种子，给使用者造成损失的，应当承担赔偿责任。

第九十一条 违反本法规定，构成犯罪的，依法追究刑事责任。

第十章 附 则

第九十二条 本法下列用语的含义是：

(1)种质资源是指选育植物新品种的基础材料，包括各种植物的栽培种、野生种的繁殖材料以及利用上述繁殖材料人工创造的各种植物的遗传材料。

(2)品种是指经过人工选育或者发现并经过改良，形态特征和生物学特性一致，遗传性状相对稳定的植物群体。

(3)主要农作物是指稻、小麦、玉米、棉花、大豆。

(4)主要林木由国务院林业主管部门确定并公布；省、自治区、直辖市人民政府林业主管部门可以在国务院林业主管部门确定的主要林木之外确定其他八种以下的主要林木。

(5)林木良种是指通过审定的主要林木品种，在一定的区域内，其产量、适应性、抗性等方面明显优于当前主栽材料的繁殖材料和种植材料。

(6)新颖性是指申请植物新品种权的品种在申请日前，经申请权人自行或者同意销售、推广其种子，在中国境内未超过一年；在境外，木本或者藤本植物未超过六年，其他植物未超过四年。

本法施行后新列入国家植物品种保护名录的植物的属或者种，从名录公布之日起一年内提出植物新品种权申请的，在境内销售、推广该品种种子未超过四年的，具备新颖性。

除销售、推广行为丧失新颖性外，下列情形视为已丧失新颖性：

1.品种经省、自治区、直辖市人民政府农业、林业主管部门依据播种面积确认已经形成事实扩散的；

2.农作物品种已审定或者登记两年以上未申请植物新品种权的。

(7)特异性是指一个植物品种有一个以上性状明显区别于已知品种。

(8)一致性是指一个植物品种的特性除可预期的自然变异外，群体内个体间相关的特征或者特性表现一致。

(9)稳定性是指一个植物品种经过反复繁殖后或者在特定繁殖周期结束时，其主要性状保持不变。

(10)已知品种是指已受理申请或者已通过品种审定、品种登记、新品种保护，或者已经销售、推广的植物品种。

(11)标签是指印制、粘贴、固定或者附着在种子、种子包装物表面的特定图案及文字说明。

第九十三条 草种、烟草种、中药材种、食用菌菌种的种质资源管理和选育、生产经营、管理等活动，参照本法执行。

第九十四条 本法自 2016 年 1 月 1 日起施行。

二、农作物种子生产经营许可管理办法

（2016 年 7 月 8 日农业部令 2016 年第 5 号公布，2017 年 11 月 30 日农业部令 2017 年第 8 号、2019 年 4 月 25 日农业农村部令 2019 年第 2 号、2020 年 7 月 8 日农业农村部令 2020 年第 5 号、2022 年 1 月 7 日农业农村部令 2022 年第 1 号、2022 年 1 月 21 日农业农村部令 2022 年第 2 号修订）

第一章 总 则

第一条 为加强农作物种子生产经营许可管理，规范农作物种子生产经营秩序，根据《中华人民共和国种子法》，制定本办法。

第二条 农作物种子生产经营许可证的申请、审核、核发和监管，适用本办法。

第三条 县级以上人民政府农业农村主管部门按照职责分工，负责农作物种子生产经营许可证的受理、审核、核发和监管工作。

第四条 负责审核、核发农作物种子生产经营许可证的农业农村主管部门，应当将农作物种子生产经营许可证的办理条件、程序等在办公场所公开。

第五条 农业农村主管部门应当按照保障农业生产安全、提升农作物品种选育和种子生产经营水平、促进公平竞争、强化事中事后监管的原则，依法加强农作物种子生产经营许可管理。

第二章 申请条件

第六条 申请领取种子生产经营许可证的企业，应当具有与种子生产经营相适应的设施、设备、品种及人员，符合本办法规定的条件。

第七条 申请领取主要农作物常规种子或非主要农作物种子生产经营许可证的企业，应当具备以下条件：

（一）基本设施。生产经营主要农作物常规种子的，具有办公场所 150 平方米以上、检验室 100 平方米以上、加工厂房 500 平方米以上、仓库 500 平方米以上；生产经营非主要农作物种子的，具有办公场所 100 平方米以上、检验室 50 平方米以上、加工厂房 100 平方米以上、仓库 100 平方米以上；

（二）检验仪器。具有净度分析台、电子秤、样品粉碎机、烘箱、生物显微镜、电子天平、扦样器、分样器、发芽箱等检验仪器，满足种子质量常规检测需要；

（三）加工设备。具有与其规模相适应的种子加工、包装等设备。其中，生产经营主要农作物常规种子的，应当具有种子加工成套设备，生产经营常规小麦种子的，成套设备总加工能力 10 吨/小时以上；生产经营常规稻种子的，成套设备总加工能力 5 吨/小时以上；生产经营常规大豆种子的，成套设备总加工能力 3 吨/小时以上；生产经营常规棉花种子的，成套设备总加工能力 1 吨/小时以上；

（四）人员。具有种子生产、加工贮藏和检验专业技术人员各 2 名以上；

（五）品种。生产经营主要农作物常规种子的，生产经营的品种应当通过审定，并具有 1 个以上与申请作物类别相应的审定品种；生产经营登记作物种子的，应当具有 1 个以上的登记品

种。生产经营授权品种种子的，应当征得品种权人的书面同意；

（六）生产环境。生产地点无检疫性有害生物，并具有种子生产的隔离和培育条件；

（七）农业农村部规定的其他条件。

第八条 申请领取主要农作物杂交种子及其亲本种子生产经营许可证的企业，应当具备以下条件：

（一）基本设施。具有办公场所200平方米以上、检验室150平方米以上、加工厂房500平方米以上、仓库500平方米以上；

（二）检验仪器。除具备本办法第七条第二项规定的条件外，还应当具有PCR扩增仪及产物检测配套设备、酸度计、高压灭菌锅、磁力搅拌器、恒温水浴锅、高速冷冻离心机、成套移液器等仪器设备，能够开展种子水分、净度、纯度、发芽率四项指标检测及品种分子鉴定；

（三）加工设备。具有种子加工成套设备，生产经营杂交玉米种子的，成套设备总加工能力10吨/小时以上；生产经营杂交稻种子的，成套设备总加工能力5吨/小时以上；生产经营其他主要农作物杂交种子的，成套设备总加工能力1吨/小时以上；

（四）人员。具有种子生产、加工贮藏和检验专业技术人员各5名以上；

（五）品种。生产经营的品种应当通过审定，并具有自育品种或作为第一选育人的审定品种1个以上，或者合作选育的审定品种2个以上，或者受让品种权的品种3个以上。生产经营授权品种种子的，应当征得品种权人的书面同意；

（六）具有本办法第七条第六项规定的条件；

（七）农业农村部规定的其他条件。

第九条 申请领取实行选育生产经营相结合、有效区域为全国的种子生产经营许可证的企业，应当具备以下条件：

（一）基本设施。具有办公场所500平方米以上，冷藏库200平方米以上。生产经营主要农作物种子或马铃薯种薯的，具有检验室300平方米以上；生产经营其他农作物种子的，具有检验室200平方米以上。生产经营杂交玉米、杂交稻、小麦种子或马铃薯种薯的，具有加工厂房1000平方米以上、仓库2000平方米以上；生产经营棉花、大豆种子的，具有加工厂房500平方米以上、仓库500平方米以上；生产经营其他农作物种子的，具有加工厂房200平方米以上、仓库500平方米以上；

（二）育种机构及测试网络。具有专门的育种机构和相应的育种材料，建有完整的科研育种档案。生产经营杂交玉米、杂交稻种子的，在全国不同生态区有测试点30个以上和相应的播种、收获、考种设施设备；生产经营其他农作物种子的，在全国不同生态区有测试点10个以上和相应的播种、收获、考种设施设备；

（三）育种基地。具有自有或租用（租期不少于5年）的科研育种基地。生产经营杂交玉米、杂交稻种子的，具有分布在不同生态区的育种基地5处以上、总面积200亩以上；生产经营其他农作物种子的，具有分布在不同生态区的育种基地3处以上、总面积100亩以上；

（四）品种。生产经营主要农作物种子的，生产经营的品种应当通过审定，并具有相应作物的作为第一育种者的国家级审定品种3个以上，或者省级审定品种6个以上（至少包含3个省份审定通过），或者国家级审定品种2个和省级审定品种3个以上，或者国家级审定品种1个和省级审定品种5个以上。生产经营杂交稻种子同时生产经营常规稻种子的，除具有杂交稻要求的品种条件外，还应当具有常规稻的作为第一育种者的国家级审定品种1个以上或者省级审定品种3个以上。生产经营非主要农作物种子的,应当具有相应作物的以本企业名义单独申请获得植物新品种权的品种5个以上。生产经营授权品种种子的,应当征得品种权人的书面同意;

(五)生产规模。生产经营杂交玉米种子的,近3年年均种子生产面积2万亩以上;生产经营杂交稻种子的,近3年年均种子生产面积1万亩以上;生产经营其他农作物种子的,近3年年均种子生产的数量不低于该类作物100万亩的大田用种量;

(六)种子经营。具有健全的销售网络和售后服务体系。生产经营杂交玉米种子的,在申请之日前3年内至少有1年,杂交玉米种子销售额2亿元以上或占该类种子全国市场份额的1%以上;生产经营杂交稻种子的,在申请之日前3年内至少有1年,杂交稻种子销售额1.2亿元以上或占该类种子全国市场份额的1%以上;生产经营蔬菜种子的,在申请之日前3年内至少有1年,蔬菜种子销售额8 000万元以上或占该类种子全国市场份额的1%以上;生产经营其他农作物种子的,在申请之日前3年内至少有1年,其种子销售额占该类种子全国市场份额的1%以上;

(七)种子加工。具有种子加工成套设备,生产经营杂交玉米、小麦种子的,总加工能力20吨/小时以上;生产经营杂交稻种子的,总加工能力10吨/小时以上(含窝眼清选设备);生产经营大豆种子的,总加工能力5吨/小时以上;生产经营其他农作物种子的,总加工能力1吨/小时以上。生产经营杂交玉米、杂交稻、小麦种子的,还应当具有相应的干燥设备;

(八)人员。生产经营杂交玉米、杂交稻种子的,具有本科以上学历或中级以上职称的专业育种人员10人以上;生产经营其他农作物种子的,具有本科以上学历或中级以上职称的专业育种人员6人以上。生产经营主要农作物种子的,具有专职的种子生产、加工贮藏和检验专业技术人员各5名以上;生产经营非主要农作物种子的,具有专职的种子生产、加工贮藏和检验专业技术人员各3名以上;

(九)具有本办法第七条第六项、第八条第二项规定的条件;

(十)农业农村部规定的其他条件。

第十条 申请领取转基因农作物种子生产经营许可证的企业,应当具备下列条件:

(一)农业转基因生物安全管理人员2名以上;

(二)种子生产地点、经营区域在农业转基因生物安全证书批准的区域内;

(三)有符合要求的隔离和生产条件;

(四)有相应的农业转基因生物安全管理、防范措施;

(五)农业农村部规定的其他条件。

从事种子进出口业务、转基因农作物种子生产经营的企业和外商投资企业申请领取种子生产经营许可证,除具备本办法规定的相应农作物种子生产经营许可证核发的条件外,还应当符合有关法律、行政法规规定的其他条件。

第十一条 申请领取种子生产经营许可证,应当提交以下材料:

(一)种子生产经营许可证申请表(式样见附件1);

(二)单位性质、股权结构等基本情况,公司章程、营业执照复印件,设立分支机构、委托生产种子、委托代销种子以及以购销方式销售种子等情况说明;

(三)种子生产、加工贮藏、检验专业技术人员和农业转基因生物安全管理人员的基本情况,企业法定代表人和高级管理人员名单及其种业从业简历;

（四）种子检验室、加工厂房、仓库和其他设施的自有产权或自有资产的证明材料；办公场所自有产权证明复印件或租赁合同；种子检验、加工等设备清单和购置发票复印件；相关设施设备的情况说明及实景照片；

（五）品种审定证书复印件；生产经营转基因农作物种子的，提交农业转基因生物安全证书复印件；生产经营授权品种种子的，提交植物新品种权证书复印件及品种权人的书面同意证明；

（六）委托种子生产合同复印件或自行组织种子生产的情况说明和证明材料；

（七）种子生产地点检疫证明；

（八）农业转基因生物安全管理、防范措施和隔离、生产条件的说明；

（九）农业农村部规定的其他材料。

第十二条 申请领取选育生产经营相结合、有效区域为全国的种子生产经营许可证，除提交本办法第十一条所规定的材料外，还应当提交以下材料：

（一）自有科研育种基地证明或租用科研育种基地的合同复印件；

（二）品种试验测试网络和测试点情况说明，以及相应的播种、收获、烘干等设备设施的自有产权证明复印件及实景照片；

（三）育种机构、科研投入及育种材料、科研活动等情况说明和证明材料，育种人员基本情况及其企业缴纳的社保证明复印件；

（四）近三年种子生产地点、面积和基地联系人等情况说明和证明材料；

（五）种子经营量、经营额及其市场份额的情况说明和证明材料；

（六）销售网络和售后服务体系的建设情况。

第三章 受理、审核与核发

第十三条 种子生产经营许可证实行分级审核、核发。

（一）从事主要农作物常规种子生产经营及非主要农作物种子经营的，其种子生产经营许可证由企业所在地县级以上地方农业农村主管部门核发；

（二）从事主要农作物杂交种子及其亲本种子生产经营以及实行选育生产经营相结合、有效区域为全国的种子企业，其种子生产经营许可证由企业所在地县级农业农村主管部门审核，省、自治区、直辖市农业农村主管部门核发；

（三）从事农作物种子进出口业务以及转基因农作物种子生产经营的，其种子生产经营许可证由农业农村部核发。

第十四条 农业农村主管部门对申请人提出的种子生产经营许可申请，应当根据下列情况分别作出处理：

（一）不需要取得种子生产经营许可的，应当即时告知申请人不受理；

（二）不属于本部门职权范围的，应当即时作出不予受理的决定，并告知申请人向有关部门申请；

（三）申请材料存在可以当场更正的错误的，应当允许申请人当场更正；

（四）申请材料不齐全或者不符合法定形式的，应当当场或者在五个工作日内一次告知申请人需要补正的全部内容，逾期不告知的，自收到申请材料之日起即为受理；

（五）申请材料齐全、符合法定形式，或者申请人按照要求提交全部补正申请材料的，应当予以受理。

第十五条 审核机关应当对申请人提交的材料进行审查,并对申请人的办公场所和种子加工、检验、仓储等设施设备进行实地考察,查验相关申请材料原件。

审核机关应当自受理申请之日起二十个工作日内完成审核工作。具备本办法规定条件的,签署审核意见,上报核发机关;审核不予通过的,书面通知申请人并说明理由。

第十六条 核发机关应当自受理申请或收到审核意见之日起二十个工作日内完成核发工作。核发机关认为有必要的,可以进行实地考察并查验原件。符合条件的,发给种子生产经营许可证并予公告;不符合条件的,书面通知申请人并说明理由。

选育生产经营相结合、有效区域为全国的种子生产经营许可证,核发机关应当在核发前在中国种业信息网公示五个工作日。

第四章 许可证管理

第十七条 种子生产经营许可证设主证、副证(式样见附件2)。主证注明许可证编号、企业名称、统一社会信用代码、住所、法定代表人、生产经营范围、生产经营方式、有效区域、有效期至、发证机关、发证日期;副证注明生产种子的作物种类、种子类别、品种名称及审定(登记)编号、种子生产地点等内容。

(一)许可证编号为"___(××××)农种许字(××××)第××××号"。"——"上标注生产经营类型,A为实行选育生产经营相结合,B为主要农作物杂交种子及其亲本种子,C为其他主要农作物种子,D为非主要农作物种子,E为种子进出口,F为外商投资企业,G为转基因农作物种子;第一个括号内为发证机关所在地简称,格式为"省地县";第二个括号内为首次发证时的年号;"第××××号"为四位顺序号;

(二)生产经营范围按生产经营种子的作物名称填写,蔬菜、花卉、麻类按作物类别填写;

(三)生产经营方式按生产、加工、包装、批发、零售或进出口填写;

(四)有效区域。实行选育生产经营相结合的种子生产经营许可证的有效区域为全国。其他种子生产经营许可证的有效区域由发证机关在其管辖范围内确定;

(五)生产地点为种子生产所在地,主要农作物杂交种子标注至县级行政区域,其他作物标注至省级行政区域。

种子生产经营许可证加注许可信息代码。许可信息代码应当包括种子生产经营许可相关内容,由发证机关打印许可证书时自动生成。

第十八条 种子生产经营许可证载明的有效区域是指企业设立分支机构的区域。

种子生产地点不受种子生产经营许可证载明的有效区域限制,由发证机关根据申请人提交的种子生产合同复印件及无检疫性有害生物证明确定。

种子销售活动不受种子生产经营许可证载明的有效区域限制,但种子的终端销售地应当在品种审定、品种登记或标签标注的适宜区域内。

第十九条 种子生产经营许可证有效期为五年。转基因农作物种子生产经营许可证有效期不得超出农业转基因生物安全证书规定的有效期限。

在有效期内变更主证载明事项的,应当向原发证机关申请变更并提交相应材料,原发证机关应当依法进行审查,办理变更手续。

在有效期内变更副证载明的生产种子的品种、地点等事项的,应当在播种三十日前向原发证机关申请变更并提交相应材料，申请材料齐全且符合法定形式的，原发证机关应当当场予以变更登记。

种子生产经营许可证期满后继续从事种子生产经营的，企业应当在期满六个月前重新提出申请。

第二十条 在种子生产经营许可证有效期内，有下列情形之一的，发证机关应当注销许可证，并予以公告：

（一）企业停止生产经营活动一年以上的；

（二）企业不再具备本办法规定的许可条件，经限期整改仍达不到要求的。

第五章 监督检查

第二十一条 有下列情形之一的，不需要办理种子生产经营许可证：

（一）农民个人自繁自用常规种子有剩余，在当地集贸市场上出售、串换的；

（二）在种子生产经营许可证载明的有效区域设立分支机构的；

（三）专门经营不再分装的包装种子的；

（四）受具有种子生产经营许可证的企业书面委托生产、代销其种子的。

前款第一项所称农民，是指以家庭联产承包责任制的形式签订农村土地承包合同的农民；所称当地集贸市场，是指农民所在的乡（镇）区域。农民个人出售、串换的种子数量不应超过其家庭联产承包土地的年度用种量。违反本款规定出售、串换种子的，视为无证生产经营种子。

第二十二条 种子生产经营者在种子生产经营许可证载明有效区域设立的分支机构，应当在取得或变更分支机构营业执照后十五个工作日内向当地县级农业农村主管部门备案。备案时应当提交分支机构的营业执照复印件、设立企业的种子生产经营许可证复印件以及分支机构名称、住所、负责人、联系方式等材料（式样见附件 3）。

第二十三条 专门经营不再分装的包装种子或者受具有种子生产经营许可证的企业书面委托代销其种子的，应当在种子销售前向当地县级农业农村主管部门备案，并建立种子销售台账。备案时应当提交种子销售者的营业执照复印件、种子购销凭证或委托代销合同复印件，以及种子销售者名称、住所、经营方式、负责人、联系方式、销售地点、品种名称、种子数量等材料（式样见附件 4）。种子销售台账应当如实记录销售种子的品种名称、种子数量、种子来源和种子去向。

第二十四条 受具有种子生产经营许可证的企业书面委托生产其种子的，应当在种子播种前向当地县级农业农村主管部门备案。受委托生产转基因农作物种子的，应当有专门的管理人员和经营档案，有相应的安全管理、防范措施及国务院农业农村主管部门规定的其他条件。备案时应当提交委托企业的种子生产经营许可证复印件、委托生产合同，以及种子生产者名称、住所、负责人、联系方式、品种名称、生产地点、生产面积等材料（式样见附件 5）。受托生产杂交玉米、杂交稻种子的，还应当提交与生产所在地农户、农民合作组织或村委会的生产协议。受委托生产转基因种子的，还应当提交转基因生物安全证书复印件。

第二十五条 种子生产经营者应当建立包括种子田间生产、加工包装、销售流通等环节形成的原始记载或凭证的种子生产经营档案，具体内容如下：

（一）田间生产方面：技术负责人，作物类别、品种名称、亲本（原种）名称、亲本（原种）来源，生产地点、生产面积、播种日期、隔离措施、产地检疫、收获日期、种子产量等。委托种子生产的，还应当包括种子委托生产合同。

(二)加工包装方面：技术负责人，品种名称、生产地点，加工时间、加工地点、包装规格、种子批次、标签标注，入库时间、种子数量、质量检验报告等。

(三)流通销售方面：经办人，种子销售对象姓名及地址、品种名称、包装规格、销售数量、销售时间、销售票据。批量购销的，还应包括种子购销合同。

种子生产经营者应当至少保存种子生产经营档案五年，确保档案记载信息连续、完整、真实，保证可追溯。档案材料含有复印件的，应当注明复印时间并经相关责任人签章。

第二十六条 种子生产经营者应当按批次保存所生产经营的种子样品，样品至少保存该类作物两个生产周期。

第二十七条 申请人故意隐瞒有关情况或者提供虚假材料申请种子生产经营许可证的，农业农村主管部门应当不予许可，并将申请人的不良行为记录在案，纳入征信系统。申请人在一年内不得再次申请种子生产经营许可证。

申请人以欺骗、贿赂等不正当手段取得种子生产经营许可证的，农业农村主管部门应当撤销种子生产经营许可证，并将申请人的不良行为记录在案，纳入征信系统。申请人在三年内不得再次申请种子生产经营许可证。

第二十八条 农业农村主管部门应当对种子生产经营行为进行监督检查，发现不符合本办法的违法行为，按照《中华人民共和国种子法》有关规定进行处理。

核发、撤销、吊销、注销种子生产经营许可证的有关信息，农业农村主管部门应当依法予以公布，并在中国种业信息网上及时更新信息。

对管理过程中获知的种子生产经营者的商业秘密，农业农村主管部门及其工作人员应当依法保密。

第二十九条 上级农业农村主管部门应当对下级农业农村主管部门的种子生产经营许可行为进行监督检查。有下列情形的，责令改正，对直接负责的主管人员和其他直接责任人依法给予行政处分；涉嫌犯罪的，及时将案件移送司法机关，依法追究刑事责任：

(一)未按核发权限发放种子生产经营许可证的；

(二)擅自降低核发标准发放种子生产经营许可证的；

(三)其他未依法核发种子生产经营许可证的。

第六章 附 则

第三十条 本办法所称种子生产经营，是指种植、采收、干燥、清选、分级、包衣、包装、标识、贮藏、销售及进出口种子的活动；种子生产是指繁(制)种的种植、采收的田间活动。

第三十一条 本办法所称种子加工成套设备，是指主机和配套系统相互匹配并固定安装在加工厂房内，实现种子精选、包衣、计量和包装基本功能的加工系统。主机主要包括风筛清选机(风选部分应具有前后吸风道，双沉降室；筛选部分应具有三层以上筛片)、比重式清选机和电脑计量包装设备；配套系统主要包括输送系统、储存系统、除尘系统、除杂系统和电控系统。

第三十二条 本办法规定的科研育种、生产、加工、检验、贮藏等设施设备，应为申请企业自有产权或自有资产，或者为其绝对控股子公司的自有产权或自有资产。办公场所应在种子生产经营许可证核发机关所辖行政区域，可以租赁。对申请企业绝对控股子公司的自有品种可以视为申请企业的自有品种。申请企业的绝对控股子公司不可重复利用上述办证条件申请办理种子生产经营许可证。

第三十三条 本办法所称不再分装的包装种子，是指按有关规定和标准包装的、不再分拆的最小包装种子。分装种子的，应当取得种子生产经营许可证，保证种子包装的完整性，并对其所分装种子负责。

有性繁殖作物的籽粒、果实，包括颖果、荚果、蒴果、核果等以及马铃薯微型脱毒种薯应当包装。无性繁殖的器官和组织、种苗以及不宜包装的非籽粒种子可以不包装。

种子包装应当符合有关国家标准或者行业标准。

第三十四条 申请领取鲜食、爆裂玉米的种子生产经营许可证的，按非主要农作物种子的许可条件办理。

第三十五条 生产经营无性繁殖的器官和组织、种苗、种薯以及不宜包装的非籽粒种子的，应当具有相适应的设施、设备、品种及人员，具体办法由省级农业农村主管部门制定，报农业农村部备案。

第三十六条 没有设立农业农村主管部门的行政区域，种子生产经营许可证由上级行政区域农业农村主管部门审核、核发。

第三十七条 种子生产经营许可证由农业农村部统一印制，相关表格格式由农业农村部统一制定。种子生产经营许可证的申请、受理、审核、核发和打印，以及种子生产经营备案管理，在中国种业信息网统一进行。

第三十八条 本办法自2016年8月15日起施行。农业部2011年8月22日公布、2015年4月29日修订的《农作物种子生产经营许可管理办法》(农业部令2011年第3号)和2001年2月26日公布的《农作物商品种子加工包装规定》(农业部令第50号)同时废止。

本办法施行之日前已取得的农作物种子生产、经营许可证有效期不变，有效期在本办法发布之日至2016年8月15日届满的企业，其原有种子生产、经营许可证的有效期自动延展至2016年12月31日。

本办法施行之日前已取得农作物种子生产、经营许可证且在有效期内，申请变更许可证载明事项的，按本办法第十三条规定程序办理。

附件(略)。

参考文献

1. 白晓琦，苏庆，单会霖．我国花卉业现状与发展趋势[J]．现代农业科技，2015，(19)：164.
2. 薄永明．浙江省蔬菜商业化育种的现状与发展对策[J]．浙江农业科学，2020，61(5)：817-821，824.
3. 程堂仁，王佳，张启翔．发展我国创新型花卉种业的思考[J]．北方园艺，2013，(10)：170-175.
4. 戴祖云，顾万昌，王雯雯，等．我国蔬菜种业企业科技创新现状、问题及对策[J]．中国瓜菜，2015，28(1)：73-75.
5. 盖钧镒．中国大豆产业、科技、种业和转基因育种的思考(Ⅰ)[J]．大豆科技，2011，(4)：1-2.
6. 盖钧镒．作物育种学各论[M]．2版．北京：中国农业出版社，2006.
7. 高鸿业．西方经济学(微观部分)[M]．6版．北京：中国人民大学出版社，2015.
8. 弓利英，梅四卫．种子法规[M]．北京：中国农业大学出版社，2013.
9. 谷茂，杜红．作物种子生产与管理[M]．2版．北京：中国农业出版社，2002.
10. 国家大豆产业技术体系．中国现代农业产业可持续发展战略研究-大豆分册[M]．北京：中国农业出版社，2016.
11. 郝建平，时侠清．种子生产与经营管理[M]．北京：中国农业出版社，2008.
12. 胡晋，王世恒，谷铁城．现代种子经营和管理[M]．北京：中国农业出版社，2004.
13. 黄山松，田伟红，李子昂，等．外资蔬菜种子企业的现状与发展趋势[J]．中国蔬菜，2014，(1)：2-6.
14. 黄巍，段晓铨，王日勇，等．浅析影响蔬菜种子营销的主要因素[J]．长江蔬菜，2015，(17)：57-58.
15. 霍志军，尹春．种子生产与管理[M]．3版．北京：中国农业大学出版社，2021.
16. 贾鑫．浅谈园艺花卉行业的发展现状和构想[J]．园林园艺，2015，9(24)：121-122.
17. 降蕴彰．种业对外政策审查趋严[J]．农产品市场周刊，2012，36：52-53.
18. 荆新．财务管理学[M]．北京：中国人民大学出版社，2011.
19. 乐明凯．我国农业种子安全的法律问题研究——基于当前外资进入背景[D]．华中农业大学，2012.
20. 黎玉才，龚玉子．浅论观赏苗木的标准化体系建设[J]．湖南林业科技，2012，39(6)：42-44.
21. 李崇光．农产品营销学[M]．北京：高等教育出版社，2010.
22. 李军民，马志强，储玉军，等．世界种业发展变化对我国种业安全的影响分析[J]．中国种业，2013(8)：1-5.
23. 李晓芬．新《农作物种子生产经营许可管理办法》焦点问题释疑[J]．农业科技与信息，2013

(6):8-9.
24. 李亚东. 实施科学管理,加速推进种子认证[J]. 中国种业,2009(7):22-23.
25. 李艳军,李万君. 荷兰蔬菜种业模式及启示[J]. 湖北农业科学, 2012,51(17):3882-3886.
26. 李艳梅. 绿化观赏苗木产业如何转型升级[J]. 中国花卉园艺,2015(21):31-34.
27. 李燕,彭汉良.《农作物种子生产经营许可管理办法》解读[J]. 江苏农村经济,2013(3):7-71.
28. 李长健,汪燕. 基于产业安全的我国外资种子企业监管法律问题研究[J]. 中国种业,2012(6):1-3.
29. 李振坚. 花卉种苗产业现状与创新[J]. 中国农村科技,2015(6):42-45.
30. 李子敬,陈晓,董爱香,等. 北京花卉种苗产业现状分析与发展策略[J]. 农学学报,2015,5(1):51-55.
31. 李子宪. 加强种子质量管理体系建设的主要措施[J]. 种子世界,2009(18):16.
32. 廖玉凡,金文林. 种子经营管理学[M]. 北京:高等教育出版社,2012.
33. 刘汝敏. 如何打造种子品牌[J]. 中国种业, 2015(06):27-28.
34. 刘振伟,余欣荣,张建龙. 中华人民共和国种子法导读[M]. 北京:中国法制出版社,2016.
35. 刘中堂. 从种子产业的形式看大豆种业的发展[J]. 大豆科技,2011,(2):32-36.
36. 娄建英,黄文斌,舒骏. 蔬菜种业商业化育种体系建设思考[J]. 浙江农业科学,2015,56(5):685-686.
37. 吕波. 权威解读《农作物种子标签和使用说明管理办法》. 农业日报,2016 年 8 月 9 日.
38. 马德华. 蔬菜种子企业现状及发展建议[J]. 中国蔬菜,2014(2):1-4.
39. 牛盾. 2012 国际农业研究报告[M]. 北京:中国农业出版社,2012.
40. 农业部种子管理局,全国农业技术推广服务中心,农业部科技发展中心. 水稻种子产地检疫规程(GB 8371—2009)[M]. 北京:中国农业出版社, 2016.
41. 欧盛伟. 大豆种子生产的生物学特性[J]. 黑龙江科技信息,2014,(32):276-276.
42. 戚佳妮,赵明晶. 辽宁蔬菜种业发展 SWOT 分析[J]. 园艺与种苗, 2013(3):54-57,62.
43. 齐博. 中国花卉产业国际竞争力研究[D]. 中国农业科学院,2015.
44. 屈连伟,苏君伟,赵展,等. 国产郁金香种球产业化及市场营销策略探析[J]. 园艺与种苗,2016(9):42-45.
45. 全产区+全产业链! 圣丰豆种,就这么任性! 圣丰人微信平台文章:2016-01-16.
46. 全国大豆种业专项调研报告. 国家大豆良种重大科研攻关规划编制组,2014(7).
47. 孙华. 我国蔬菜种子行业竞争现状、存在问题与对策[J]. 中国瓜菜,2016,29(6):38-41.
48. 田园,杜珣. 我国花卉产品出口贸易及应对措施探讨[J]. 国际经济合作,2014(8):74-78.
49. 王春巧,王宁. 浅谈种子企业如何加强财务管理工作[J]. 中国经贸,2015(21):178-179.
50. 王芳. 基于 SWOT 模型浅析我国蔬菜种子产业发展对策[J]. 农业经济,2014(2):45-46.
51. 王海波,高翔. 农作物种子质量认证与管理[M]. 北京:中国农业大学出版社,2009.
52. 王建华,茹薛,谢超杰. 中外种子认证体系的比较研究[J]. 种子,2002(2):44-46.
53. 王娟娟,张真和. 我国蔬菜和瓜类种子进口情况浅析[J]. 长江蔬菜. 2014(12):1-7.
54. 王立浩,方智远,杜永臣,等. 我国蔬菜种业发展战略研究[J]. 中国工程科学, 2016,18(1):123-136.

55. 王澎,吴晓玲.解读《农作物种子标签和使用说明管理办法》.农业日报,2016 年 11 月 7 日.
56. 王钦,郝建全,何伟,等.浅析种子企业品牌营销策略[J].长江蔬菜,2019(07):55-56.
57. 王书平, 张小燕.关于我国大豆种企发展的几点思考[J].中国种业,2012(4):31-31.
58. 王晓璐.我国蔬菜种子出口企业国际竞争力问题研究——甘肃敦煌种业为例[D].对外经济贸易大学,2015.
59. 王晓明.外资"曲线并购"绕开监管加速向国内种业上游渗透[J].农家参谋(种业大观),2011(2):11-13.
60. 王永成.蔬菜种子产业现状及发展对策[J].现代农业,2016(11):39-40.
61. 吴崇海.农作物种子质量管理综合技术研究[J].中国种业,2009(1):29-31.
62. 吴佳颖,张宝.基于多项式模型的中国花卉出口问题研究[J].中国花卉园艺,2013(06):45-47.
63. 吴敬森.建立与规范种子生产经营档案之我见[J].种子科技,2008, 26(5):14-14.
64. 吴少华,张钢,吕英民.花卉种苗学[M].北京:中国林业出版社,2013.
65. 吴伟,邹文雄,严见方.推行种子质量认证制度提高种业高质量发展的探讨[J].浙江农业科学,2019,60(5):697-702.
66. 武喆.蔬菜种子生产与管理[M].北京:中国农业出版社,2015.
67. 项晓娟.我国花卉产品出口存在的困境与应对之策[J].对外经贸实务,2016(1):49-51.
68. 徐东辉,方智远.中国蔬菜育种科研机构及平台建设概况[J].中国蔬菜,2013(21):1-5.
69. 徐明新,代延安,陈苏生.种子质量管理体系探讨[J].中国种业,2009(11):30-31.
70. 许文兴.人力资源管理通论[M].北京:中国农业出版社,2009.
71. 杨舒婷.广西花卉产业发展现状及提升对策[D].广西大学,2015.
72. 杨跃辉.中国主要花卉产品国际竞争力研究[D].福建农林大学,2013.
73. 殷洪生.国内球根花卉产业现状及发展趋势[J].淮海工学院学报(人文社会科学版),2014,12(12):95-97.
74. 郁忠英, 叶尧良, 顾晓红.如何建立种子经营档案[J].种子世界,2002(11):10-10.
75. 张春庆.玉米水稻杂交种子生产技术[M].济南:山东科学技术出版社,2015:72-75.
76. 张管印,张秀龙.我国蔬菜种业展望与市场营销的变革[J].长江蔬菜,2014(5):57-59.
77. 张管印.浅谈蔬菜种子的销售问题与发展思路[J].长江蔬菜,2015(23):56-57.
78. 张剑锋.学习《农作物种子生产经营许可管理办法》的认识[J].种子世界,2011(12):15.
79. 张启翔.国内外主要商品花卉品种创新进展与趋势[J].中国花卉园艺,2013(19):18-19.
80. 张启翔.转型期中国花卉业形势及面临的挑战[J].中国园林,2015,31(10):17-19.
81. 张荣亭.种子行业渠道冲突的现状与对策[J].市场营销案例,2005(7):42-45.
82. 张守攻.中国林木花卉种业发展现状与对策建议[J].中国农村科技,2012(2):36-38.
83. 张艳,倪国平,周丽霞.浙江省花卉苗木产业发展现状与对策[J].湖州职业技术学院学报,2016(1):91-94
84. 张扬勇,方智远,刘泽洲,等.2013 第三届"中国蔬菜种业发展论坛"专题(二)中国蔬菜育成品种概况[J].中国蔬菜,2014(12):1-4.
85. 张扬勇,方智远,刘泽洲,等.中国蔬菜育成品种概况[J].中国蔬菜,2013(23):1-4.
86. 张永强.中国蔬菜种子产业发展研究[M].北京:中国农业出版社,2011.

87. 赵梁军. 我国花卉产业面临的关键问题与解决途径[J]. 中国花卉园艺，2015(21)：18-21.
88. 郑怀远，赵静娟，秦晓婧，等. 全球作物种业发展概况及对我国种业发展的战略思考[J]. 中国工程科学，2021，23(4)：45-55.
89. 支巨振. 国际种子认证组织与种子质量认证[J]. 中国标准化，1997(6)：31-32.
90. 中华人民共和国国家发展改革委员会，中华人民共和国农业部. 全国蔬菜产业发展规划(2011—2020 年)[J]. 中国蔬菜，2012(5)：1-12.
91. 周红. 如何做好花卉种子销售[J]. 价值工程，2013(8)：296-297.
92. 周彦辉，郗颖，王州，等. 浅析中国蔬菜种业的发展瓶颈[J]. 长江蔬菜，2014(5)：57-59.
93. 朱学军. 花卉苗木产品电子商务问题研究[J]. 中国电子商务，2014(7)：9.